経営システム工学ライブラリー 8

オペレーションズ・リサーチ

森　雅夫・松井知己 著

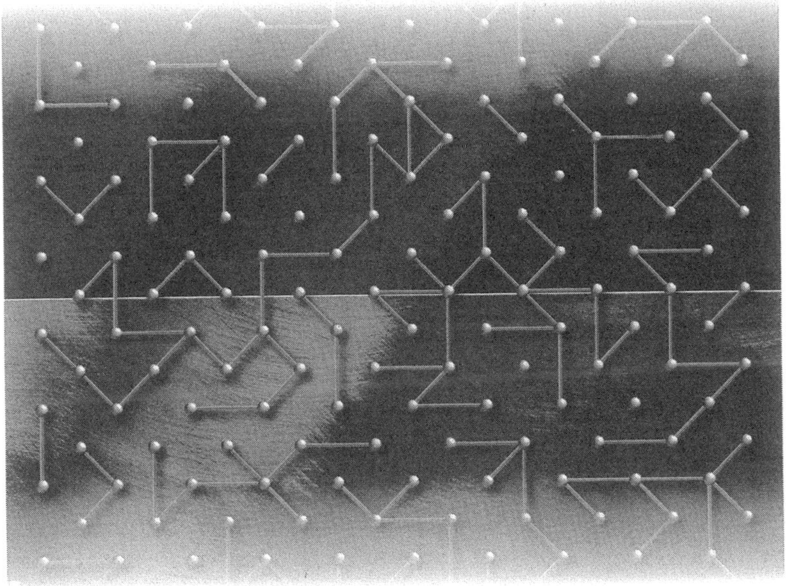

朝倉書店

編集者

森　雅夫　　圓川隆夫

慶應義塾大学教授　　東京工業大学教授

はじめに

本書は経営工学関係や経営情報学関係の学科で，オペレーションズ・リサーチ(operations research, OR)を初めて学ぶ，あるいはORを広く勉強したい学部学生諸君のためのテキストとして書かれたものである．ORの手法は時とともに進化し，そのカバーする領域は広がっている．それらを1冊のテキストで解説することは分量的にもきわめて難しい．アメリカでは大学院で初めてＯＲを学ぶこともあり，OR関係のコースでは，1200ページを超えるような分厚いテキストをベースに，ORのかなり広い分野を1年かけて集中的に学習するところも多い．日本の大学では学部ではあまり専門化せず各分野の基礎を広く学ぶことを方針とするため，1つの科目にそう多くの時間をとることがない．卒業研究や大学院に入ってから興味ある手法や理論についてより専門的に深く学ぶというやり方が行われている．アメリカの大学院で学ぶＯＲ入門のテキストをまともに翻訳すると，日本のテキストの6,7冊分の分量になり，やや話が細かくなりすぎて学部のテキストには使いにくい．かといって，大学院ではより専門的に勉強・研究するために，advancedな専門書が読まれる．

本書は，そのジレンマに苛まれながら，ORの幅広い分野を知る手がかりとなるよう，各分野の手法の基礎となる項目を取り上げ，できるだけやさしく解説したつもりである．ORの領域を大きく，「評価と意思決定」，「計画策定」，「不確実性の分析」の柱に切り分け，それに該当する基本的な項目といま話題性のある項目をいくつか選んで解説した．他に取り上げるべき手法も多々あることは承知しているが，ページ数と著者たちの力量との関係もあり，やや偏った選択となっているかもしれない．

本書を授業のテキストとして使っていただく場合，時間の関係でこれらすべてを取り上げてやっていただかなくともよいと思う．授業時間の範囲でできる項目をいくつか選んで，随意な形で展開していただいてよいと思う．学生諸君には，授業でやらなかったところは，少しでも覗いてみて興味をもっていただければ幸いである．

本書では，できるだけ身のまわりの問題を取り上げ，少しでもORを実際の問題と結びつけて感じてもらえるよう心がけた．

また，本書は森・松井の2人の著者が書いたため，説明の仕方にそれぞれ色合いが違って，最初はとまどうかもしれない．人間の頭の構造は，人によって異なっており，何かを理解したり説明したりするやり方も人によって違ってくる．森は，松井の学生時代からものの理解の仕方の独自さと，それを人に理解させる説明の美しさを楽しんできた．また松井は，数学的な主張に匂いや手触りのような現実感を付与する森の解説に，学生時代から憧憬の念を抱いている．スタイルを統一して凡庸な文章になるよりはとの思いから，あえてスタイルを統一しなかった．初等者向けのテキストとしてはスタイルの違いは好ましいものではないが，賢明なる読者諸氏はなるほどこんな説明の仕方もあるものかと，鷹揚に読んでいただければ幸いである．各章の内容は，大事と思うことを著者たちなりにわかりやすく説明したつもりである．

森の原稿については，東京工業大学時代の助手の飯田哲夫氏と研究室の学生の一人，大井洋子さんに丁寧に通読していただき，間違いやわかりにくいところを指摘していただいた．また，シミュレーションの実験では，元東京工業大学大学院生の小西秀臣君と慶應義塾大学大学院生の阿部島誉幸君にプログラム作成などの助力をお願いした．ここに感謝する．

著者たちの遅筆を辛抱強く待っていただき，それに懲りずに常々励ましていただいた朝倉書店編集部諸氏には，心から感謝申し上げたい．とくに，この「経営システム工学ライブラリー」そのものも編集部の熱意なくしては稔りえなかったことを痛感し，興味深く意義のあるテキストがいくつか生まれたことにあらためて感謝したい．

2004年4月

森　雅夫
松井知己

目　　次

I

ORの考え方と評価・意思決定のモデル

1　ORの考え方

1.1　OR　と　は

OR (オペレーションズ・リサーチ, operations research) —— 生まれて半世紀以上も経つのに，いまだ日本語の名前はない．中国では，「運疇学」というすてきな名前がついている．はかりごとをめぐらせる科学という意味だそうである．もっとも，台湾では「作業研究」というダイレクトな命名で大学のテキストが書かれている．

operationとは，辞書でみると実にいろいろな意味がある．(機械の) 運転，(物事の) 運用，作業，作用，計画，事業，操作，作戦，手術，演算など，何かをうまくはたらかせることに関連した言葉である．

このORは，20世紀半ば，ヒットラーが台頭しヨーロッパの雲行きがあやしくなった時期に，イギリスで生まれた．イギリスはドイツの空からの攻撃を警戒して，当時考えられるあらゆる科学技術を総点検し，レーダーを探り当てた．電波を送ってその反射を調べ，物体の存在を確認する技術である．20世紀初頭から，霧の多い英仏海峡を航行する船などの安全確保のために，レーダーは多少使用されていた．しかし，飛行機のような小さくて速い物体を確認するとなると，まだ十分な道具ではなかった．原理的には明快で，実験室段階ではうまくいっても，フィールドに出ると予想外のノイズが入りうまくはたらかない．この計画のリーダーであった科学技術庁長官のH. Tizardは，後のノーベル物理学者であるP. M. S. Brackettやノーベル生理学者のA. V. Hill，その他数学者など各方面の人材を集め，レーダーの道具としての開発とともに，その運用の仕方を併せて研究し，ドイツのポーランド進攻が始まる1939年には，イギリス国内20か所にステーションを設置した．それと同時に，レーダーで発見した航空機を海上で早期に迎撃するための要撃システムを整え，ドイツの空からの攻撃を最小限に食い止めることができた．

今の言葉で言うと，ハードの開発とともに，それをうまく使うためのソフトを併せて研究したことになる．メンバーの1人A. P. Roweはこのアプローチの仕方の重要性を意識してイギリス流に“operational research”と命名した．このグループの活動はレーダーの開発だけにとどまらず，兵器が高度になり軍人だけではうまく使いこなせなくなったので，戦場というフィールドで科学的な分析を行い，高射砲の運用や対潜水艦爆雷の改善などめざましいはたらきをした．そのあまりのめざましさに，人々はブラケット・サーカスと呼んだほどである．

そのORの考え方は，1940年にはレーダー，ソーナー，ジェットエンジンの技術とともにアメリカに伝えられ，その地でイギリスよりもより組織的にORの活動が進められた．アメリカのリーダーの1人である物理学者のP. M. MorseとG. E. Kimballは，そこでの活動を戦後すぐに『オペレーションズ・リサーチの方法』(1946年)という本にまとめた．そのなかで，「とらわれない観察眼」で実体を眺め，「綿密な記録」をとり，それに基づいて「健全で科学的な常識」をはたらかせて問題の解決に当たるのがORの要諦であると書いている．ORの名前もアメリカ流に“operations research”に変わっている．

戦争が終わるとともに，ORグループなどで活躍した軍人が企業に戻り，企業のマネジメントの諸側面でORの考え方を生かし，「経営の科学」の方法として発展させてきた．アメリカでは，もともと工場を効率よく運営するために，「仕事を科学的に管理する」IE (industrial engineering) の考え方や手法が普及しており，ORを受け入れやすい素地があったといえよう．

ところで，21世紀のスタートした現代において，ORはどんなところに使われ，役に立っているのだろうか．いくつか，その例を見てみよう．

① **電車乗換案内などのソフトウェア**： 都内で学会などの用があるとき，目的地の近くの駅はわかっていても，どのルートで行くのが安くて，早く行けるか，また予定時間に着くためには何時に部屋を出ればよいかなどを手軽に調べられるソフトウェアが，インターネットで利用できる．就職の時期になると，研究室の学生にとっては会社訪問準備の必須の道具である．どのルートで行くと最も早いかなどを調べる問題を「最短路問題」といい，これらのソフトウェアにはこのような問題を効率よく解く方法がおりこまれている．

② **コンビニエンスストアの配送計画**： コンビニエンスストアに行くと，おにぎり

やパンなどの品物が少なくなってきたときに，タイミングよく新しい品物が配達されてくるのを目にするだろう．コンビニエンスストアの地域センターには，各店舗から必要な品物を何時頃までに届けてほしいという注文が入る．センターでは品揃えなどの段取りをしたうえで，各店舗に約束した時間に間に合うように配送する．店舗によっては，店の前の道路事情などで○○時～△△時の間に届けてほしいなどと厳しい制約もつけられる．出発前に配送する店の道順を決めて，各店の要請に応えながら，効率よく配送したい．このようにセンターに戻るまでの時間やガソリン代をできるだけ節約するように配送の道順を決める問題を「ルーティング問題」あるいは「配送計画問題」といい，最近ではこれらの問題を手軽に解くソフトウェアも多く出回っている．

③ **携帯電話のネットワーク整備**： 電車の中はもちろん，街中でも歩きながら電話をかけている人を多く見かける．ある地域で多くの人が一斉に電話をかけたら，パンクしてつながらなくなる．携帯電話の通信網は，街中ではだいたい300 m おきぐらいに，それぞれの受けもつゾーン (基地局から端末への電波が届く範囲) が重なり合うように基地局が配置されている．ゾーンが重なっているため，移動しながらでも電話が切れないように工夫されている．このような状況で，あるゾーン内での新たな電話の受・発信の割合や通話しながら移動してくる顧客の割合を推定したうえで，必要なチャンネル数をあらかじめ割り当てておく必要がある．割り当てチャンネル数が少ないとすぐにパンクしてしまうし，多くとりすぎると近隣の他のゾーンに割り当てる電波のチャンネル数が不足することになる．このような問題は，「待ち行列の問題」として扱われ，適正な設備計画を行う方針を知ることができる．

これらはいずれもわれわれの生活にとって身近なものであり，それぞれ当たり前のように利用しているが，裏ではORの方法が適用され，知らず知らずのうちにその便宜にあずかっている．上のような問題を解くのは，そう容易ではない．本書では，目次にあるようにORのいろいろな方法について紹介していくが，それらは基本的なことばかりである．残念ながら，本書を読んだだけでは，上のような問題はすぐには解けない．しかし，問題のもつ意味や構造が理解できるようになり，ほかにどんな勉強をすればよいか見通しが立ってくるであろう．

1.2 ORの考え方とモデル

まず次のような問題を考えてみよう．

例1—— モンティ・ホールのジレンマ

モンティ・ホールとはアメリカの有名なクイズ番組であり，ご存じの読者も多いだろう．ステージの奥の方に3つの扉 A, B, C があり，その1つの扉の向こうに車が隠されている．参加者は車のある扉を選べば，その車がもらえる．司会者のモンティ氏は，まず参加者にどの扉を選びますかと聞く．参加者が1つの扉を指定した後で，モンティ氏は残りの2つの扉のうちで車のない扉を開けてみせる．そのうえで，参加者に扉を選び直してよいですよと告げる．

「さて，あなたなら扉を選び直しますか？ それとも，そのままにしますか？」

さて，どう考えたらよいのだろう．アメリカの有名な数学者でも，理解するのにかなり混乱したとも聞いている[1]．まずは，以下を読む前に自分で手を動かして考えてみてほしい．皆さんは，「考える」とは頭で考えることだと思っているかもしれない．それはそうなのだが，筆者は学生の頃，数学の先生に「手で考えろ」とよく言われた．イメージのつかみにくいことは，自分なりに絵や図を書いてみたり，簡単な例を書いてあれこれいじくってみたりしながら考えを深めていくことが大切である．何度もやって慣れた問題についてはイメージがはっきりして，書かなくとも頭の中だけですむこともある．ちょっとした計算だけにしても，手を動かしながら考えるとやりやすいであろう．

ここでは，2つのやり方で上の問題を考えてみよう．

解答例1： このクイズの進展を次のように整理し直してみる．

① 参加者が扉を選ぶ．ここでは，扉 A を選んだとする．

② 神様が扉 A, B, C のどれかの裏にランダムに車をおいたと考える．本当は，クイズの始まる前に，番組の関係者が参加者にわからないようにあらかじめ車をおいておくのだが，参加者はどこに車がおいてあるかまったくわからないので，神様がランダムにおいたと考えても同じことであろう．この段階では，もちろん参加者には車が見えない．

③ 参加者は，「扉をそのままにする」か「扉を選び直す（変更）」の2つの選択肢から，どちらかを選ぶ．

ここで，このクイズを2人で対戦するゲームのように考えると，①と③は参加者の手番で，②は相手方の手番である．相手方は，神様がランダムに扉を選ぶようなわけだから，この場合，自然手番ともいう．この進展の状況をそのまま図にしたものが，図1.1である．このような図を**決定の木**という．普通の木と逆さに書いてあるが，一番上

[1] モンティ・ホールの問題についてだが，その正しい解答について議論を引き起こした「マリリンに聞け」のコラムは今も健在のようである．最近は HP (http://www.marilynvossavant.com/) として開設されている．また事の顛末は The New York Times, July 21, 1991 に記事となっている (http://www.icdc.com/~samba/marlright/montynyt.htm)．司会者のモンティ氏は，解答者に対してドアを開けてみせなかったことも時折あったようで，それがまたこの議論をややこしくしてしまったようである．

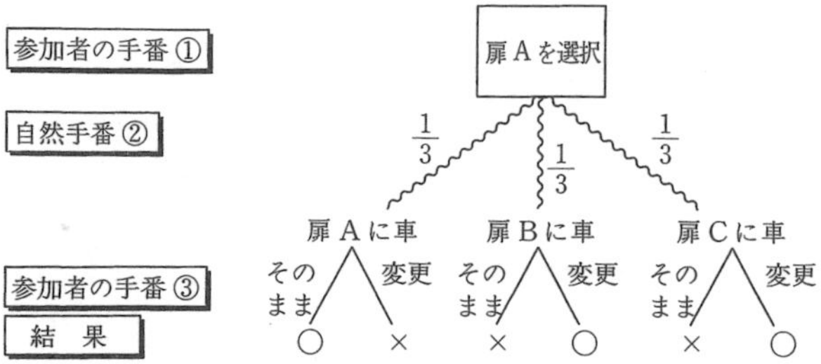

図1.1　モンティ・ホール問題の決定の木

の部分を根(ルート)，それから手番に応じた枝が分かれて，最下段の葉(リーフ)に至る．葉の部分には結果の評価値を書き込む．ここでは簡単に，手番③の結果，車が当たれば○，当たらなければ×と書き入れてある．

この場合の決定の木を詳しく書くのであれば，参加者が扉A, B, Cを選ぶ①の手番をあと2つ横に並べて全部書けばよいが，図が大きくなりすぎるし，どれを選んでも同じことなので省いてある．

この決定の木から，参加者が「そのままにする」という戦略をとった場合は○が1つ，「選び直す(変更)」という戦略をとった場合は○が2つとなる．もし，神様がまったくランダムに車をおいた場合，扉A, B, Cの後ろにおかれる確率は1/3となるので，車の当たる確率は戦略「そのまま」は1/3，戦略「選び直す(変更)」は2/3となる．当たる確率が大きい方が望ましいと考えれば，戦略「選び直す(変更)」をとるのがよいであろう．ある意味で合理的な考え方といえる．しかし，たった1回の挑戦であれば，本当に当たるかどうかは保証されないわけだから，本当のところは判断に困る．その人の判断や勘にもよるが，合理的な方法をとっておけば他人には説明しやすいというメリットはある．

解答例2：　いま，このゲームにサークルの仲間15人が毎回1人ずつ出たとしよう．サークルの仲間が意思統一して，戦略「選び直す」をとったとすると，2/3×15=10台の車が当たることが期待される．その意味で，戦略「選び直す」をとる方が合理的であるという考え方も頷ける．しかし，決定の木だけでは，本当のところわかった気がしないという読者は実際に実験をやってみるとよいだろう．

いま，実験の結果の表を簡単にまとめるために，サークルの仲間のそれぞれが最初に選んだ扉をAと名前をつけかえる．神様の代わりはサイコロにやってもらうことにする．サイコロを振って，1, 2の目が出たらA, 3, 4ならB, 5, 6ならCの扉を神様が選んだと考える．いずれも，1/3の確率で選ばれることになる(表1.1)．

○が多い戦略の方が好ましいわけであるが，この15人分を何回か繰り返し，その回数を多くすれば，○のつく比率は戦略「そのまま」をとった場合は1/3，戦略「選び直

表1.1　参加者が扉Aを選んだとしたときの実験結果

参加者番号	サイコロの目	サイコロで選ばれた扉	戦略「そのまま」	戦略「選び直す」
1	4	B	×	○
2	1	A	○	×
3	4	B	×	○
4	6	C	×	○
5	2	A	○	×
⋮				
15				
計				

○印：車が当たる　　×印：外れ

す」の場合は2/3に近づいてくるであろう．このように実際の現象を物まねする実験を**シミュレーション**という．決定の木の説明では納得できなかった人でも，このシミュレーションをやってみれば，納得するであろう．

この問題を解く方法は，確率論の得意の人であれば，ベイズの公式を使って説明することもできるだろう．他にもいろいろな方法があるかと思う．解答例1では，この問題を「決定の木」というモデルを用いて分析した．解答例2では，サイコロを使って物まねをする「シミュレーションのモデル」をつくって考えた．

このように，ORでは対象とする問題に適した「モデル」を考えて，いろいろと分析をし，考察を進めていく．もう1つほかの例を見てみよう．

例2—— 総合医療センターの建設

ある県の3町・2村がまとまって共同で大きな総合医療センターをつくることになった．各町村の位置関係や人口は図1.2にあるとおりである．病院建設の候補地としてA, Bの2つの町が希望しており，土地の広さや立地の環境条件の面からは甲乙つけがたい．はたして，どちらの町に建設するのがよいであろうか．5町村の住民を納得させることのできる方針を示してほしい，ということである．皆さんならよい考えがあるだろうか．

北海道などでは，公共施設の効率的な利用の観点から，このような試みや広域の市町村合併などが検討され，上記と似たような問題もところどころで生じている．住民の皆さんを納得させるような方針となると，なかなか自信がない．大胆ではあるが，いくつか自分なりの考え方を述べてみよう．

解答の方針例：

① 住民の皆さんの誰もを満足させるのは難しいので，いっそのこと3町A, B, Cの

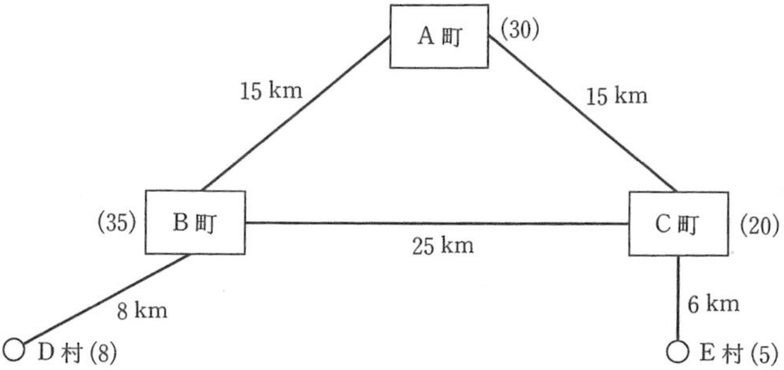

図1.2　各町村間の道路距離と人口
(　)の数字が人口で単位は千人．道路距離はそれぞれの町村の中心からの距離を示している．

真ん中あたりに土地を確保して，道路も引いてしまう．しかし，上下水道の問題もあるか，これは困った．

② 人口の多い町の方が賑やかでよいし，病院に勤務するお医者さんや職員も喜んでくれるだろう．とはいってもそれほど町の便利さには差がない．車で行けば，どの町にも30分もあれば行ける．

③ A, Bどちらも譲らず，似たような状況だから，C町の考えを重視しよう．そうすると，C町に近いA町がよいかもしれない．各村は人口は少ないけれど，やはり無視できない．

④ 病院を利用する人の割合は人口に比例すると考えて，その地域住民全体での1人当たりの移動距離(あるいは時間)の小さい方がよいという考え方もある．それをお金に換算すれば，みんなのムダの少ない方が好ましいというのもわかりやすい．

⑤ みんなが利用するのに抵抗が少ないというように考えると，病院から一番遠い人の距離(あるいは時間)をできるだけ小さくするという考えもあるかもしれない．

などなど，いろいろな考えが浮かぶ．上の5つは，評価の考え方は違うが，それぞれの仕組み，つまり「モデル」に基づいて代替案の評価はできそうである．どのような考えが，住民の皆さんの気持ちに合うかよく話し合う必要があるが，各方針案のメリット，デメリットをよく考えたうえで，少しでも合理的な方策を選択していきたい，というのがORの考え方である．

1.3　ORの進め方とモデル化

前節で見たように，問題を解決するに当たって，その対象となる問題を考えるための「モデル」をつくって，そのうえでいろいろと思考実験をし，計算を進め，代替案の善し悪しを評価する…これをやるのがOR流のようである．しかし，人間がものごとを考え，何らかの解決を図る場合には，やはり何らかのモデルを考え，そのうえであれこれ思考し，答えらしきものを見いだしていくやりかたをとる．知的な作業プロセスの進め方はいずれも似たようなものであり，もちろん，ORだけが特別なやり方をするわけではない．

ただ，一般のやり方よりも，問題を明確にし，評価の仕方をどうするかという点に多く気を配り，その評価がしやすいような「操作性の高いモデル」をつくり，精緻な検討を進め，意思決定を支援する点にORの大きな特徴がある．モデルにはいくつかのモードがある．

① 認識を助けるものとしてのモデル，あるいはパラダイム
② 問題･現象を理解するための，思考実験および数理実験手段としてのモデル
③ 意思決定のシステム化を促進するための手段としてのモデル

ORでも，いろいろなモードのモデルを使っているが，主として③のレベルのモデルを目指している．このモデルの役割を図式化すると図1.3のようになる．

また，ORの進め方の流れを絵にすると図1.4のようになる．いまこの図を見てもその意味するところが十分にはわからないと思うが，本書を一通り学んで，自分で何か問題を解決しようとなると，これらの手順を踏むことの大切さがわかってくるであろう．あるいは，いつの間にか，このサイクルにのっとって仕事を進めていることに気づくであろう．

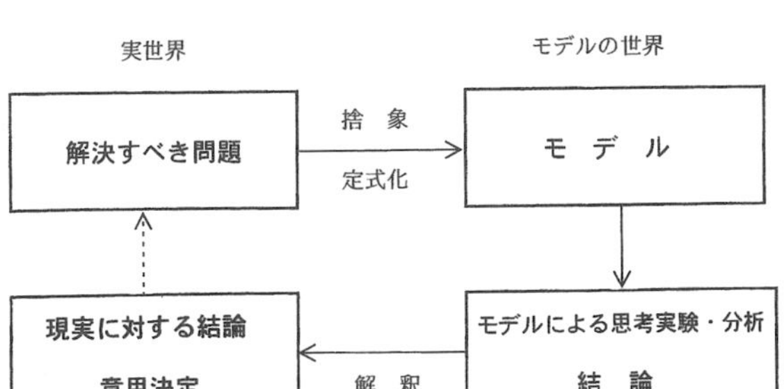

図1.3　モデルの役割

上で述べた思考プロセスを定式化した図．左側の上向き矢印は，一応の問題解決の後で新たな問題が発生することがあるので，点線で書き入れてある．

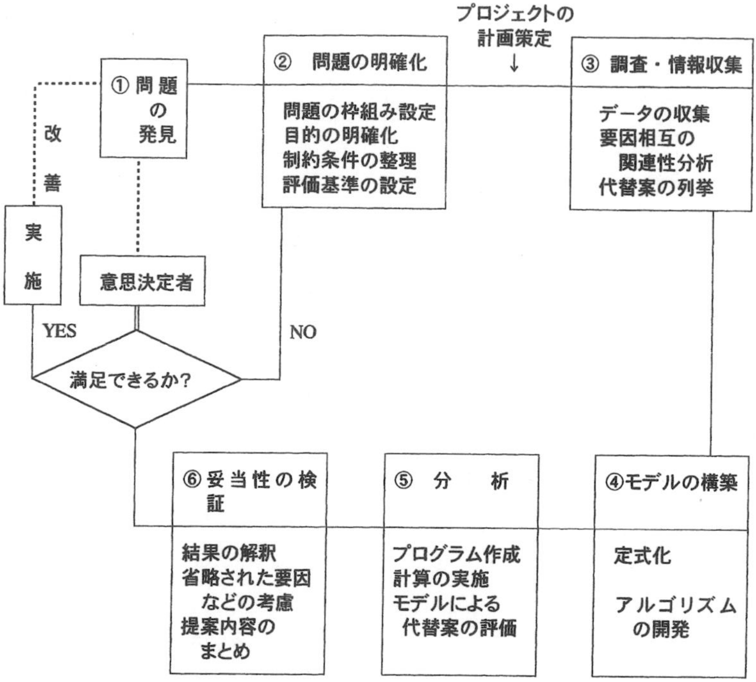

図 1.4 ORのサイクル(ORの仕事の進め方)

【演習問題】

1.1 例2では病院という近くにあれば利便性の高い施設を考えたが，これがゴミ処理場だったらどうだろうか．例2のような評価の考え方をいくつか考えてみよ．

【参考文献】

[1] 今田高俊，橋爪大三郎編著：社会理工学入門，日科技連出版社 (2000).
[2] 森 雅夫，森戸 晋他：オペレーションズ・リサーチ I，II，朝倉書店 (1989/91).
[3] 森村英典：おはなしOR，日本規格協会 (1983).
[4] F. S. Hillier and G. E. Lieberman : *Introduction to Operations Research* (7th Ed.) (CD-ROM 付き), McGraw-Hill (2001).

* [4]は，多くの例題を軸に，ORを広くやさしく解説した名著の7版である．本文も例もモダンな内容に書き換えられ，ソフトウェアの使用のガイダンスも充実している．演習問題も豊富である．分厚いが，アメリカでは1年間でこのくらいを集中して学ぶ．

2　評価と意思決定

「決断力のない人は責任ある地位につけない」とよく言われる．「決断」というと大げさであるが，われわれは日常何かを「決める」ことを迫られる．今日の晩ご飯は何にしようかという些細なことから，どの会社に就職しようかという人生の岐路となることまでいろいろなレベルの決定を，何とはなく行っている．ここでは，何となく行っている「決定のプロセス」を少しでも明示化し，客観化して，共通の土俵で議論できるような足場をつくりたい．

2.1　評点法と効用

例 1 —— チームの補強

M 氏は週末には女子サッカーのチームの世話をしている．中学生チームはかなりよいチームで，この数年，県予選，関東地区の予選を勝ち上がり，全国大会に出場している．中学生の関東大会，全国大会は単独チームでの出場，あるいは数名の補強，さらには県レベルで選抜チームをつくって出場することも認められている．今年も県で優勝し，関東大会への出場権を得た．M 氏は，今年は中学生メンバーの人数は揃っていても，1 年生や初心者も多く，2, 3 名補強しないと単独では関東大会を勝ち上がって全国大会に出場するのは難しいと考えた．とはいっても戦うのは選手であり，選手の意見を十分考慮しないといけない．

そこで選手とのミーティングで，まず，補強をする場合としない場合のメリット，デメリットについて次のような話をした．

〔メリット〕

・優れた選手が加わることによりチームの弱点がカバーされ，勝つチャンスが増え，全国大会に出場できれば，多くの人に自分たちのサッカーを見てもらえる．

・個人にとっても，うまい選手と練習し競争することにより技術を高めることができる．

表 2.1　補強に関するアンケート用紙

アンケート

関東大会に向けて，他チームから 2,3 名補強した方がよいと思いますか，しない方がよいと思いますか，適切と思うところに○を付けてください．

あなたの学年は：　3 年，2 年，1 年

	補強する方がよい	補強する方がまあよい	どちらともいえない	補強しない方がまあよい	補強しない方がよい
(a) 自分個人にとって	+2	+1	0	−1	−2
(b) チーム全体にとって	+2	+1	0	−1	−2

〔デメリット〕

・うまい選手が加わることにより，出場の機会が少なくなる選手もでる．

・チームとしても，目的意識を明確にしないと和が保てないおそれもある．

M 氏は，選手とも十分意見交換をしたうえで，次のような形で意見をまとめることを提案した．

① 表 2.1 のアンケートを配布し，自分個人からみた場合と，チーム全体としてみた場合の 2 つの観点から，2 つの代替案〈補強する〉と〈補強しない〉について，各人に 5 段階で評価してもらう．

② アンケートの集計は次のように行う．
サッカーの経験やチームでの経験が学年によって違うので，3 年生の評点は 3 倍し，2 年生の評点は 2 倍し，1 年生はそのままとすることで 3 年生の意見を尊重する．また，自分個人にとっての評価と，チーム全体についての評価を同じウエイトで重みづける．総和がプラスになれば〈補強する〉，マイナスになれば〈補強しない〉ものとする．

アンケートの集計結果は表 2.2 のようになった．チームメンバーは，3 年生 5 人，2 年生 8 人，1 年生 5 人，計 18 人である．結果をみると，3 年生は最後のチャンスでもあり，多少いろいろなことがあっても全国大会出場を狙いたい，2 年生はレギュラーすれすれの選手が多く，頭ではわかるが割り切れない，また，仲間への同情や遠慮もある．1 年生はまだ本当のところ様子がわからない，という様子が見てとれ，M 氏の予想していた通りでもあった．この結果を学年ごとの重みをつけて集計すると，補強に賛成が

表 2.2 アンケートの集計結果

評価要因＼代替案		補強する方が よい +2	補強する方が まあよい +1	どちらともいえない 0	補強しない方が まあよい −1	補強しない方が よい −2
自分個人にとって	3年	3人 (+6)	1人 (+1)	0人 (0)	1人 (−1)	0人 (0)
	2年	2人 (+4)	1人 (+1)	1人 (0)	2人 (−2)	2人 (−4)
	1年	2人 (+2)	0人 (0)	2人 (0)	0人 (0)	1人 (−2)
チーム全体にとって	3年	3人 (+6)	0人 (0)	0人 (0)	2人 (−2)	0人 (0)
	2年	0人 (0)	1人 (+1)	3人 (0)	1人 (−1)	3人 (−6)
	1年	1人 (+2)	1人 (+1)	2人 (0)	0人 (0)	1人 (−2)
計(3年×3+2年×2+1年)		+48	+8	0	−15	−24
単純集計の場合		+20	+4	0	−6	−14

( ) 内の数字は学年ごとの評点

+56，反対が −39 となり，補強に踏み切ることにした．ちなみに，学年ごとの重みなしで単純に集計すると，補強に賛成が +24，反対が −20 であり，チーム感情としては微妙なものがあることがわかる．

これらを公表するとともに，3 年生を集め，補強してほしい他チームの選手名をあげさせ，M 氏がそれを参考に候補選手のチームの監督と相談し，最終的に 2 名の補強を行った．その後，新チームで気持ちを新たに練習を重ね，関東大会の決勝で破れはしたものの，無事全国大会出場の夢を果たすことができた．

—— 後日談ではあるが，2 年生の 1 名が出場機会が減ったことに不満でチームを離脱したが，他の選手はあまり影響されず，全国大会を目指してこれまで以上に気持ちを入れて練習に励んでいる．それにしても，「決定を下す」ことは難しい．ある成果が得られるとともに，多くの場合苦みを残す．また，決定をするということはもう 1 つの可能性を失うことであるということも確かである．

ここで取り上げた**評点法**を整理すると次のようになる．選択すべき各**代替案** (alternative) j に対して，**評価項目 (要因)** k ごとに評点 Q_{jk} を与える．さらに，評価項目の軽重を測りながら**重み** w_k を定める．この重みつきの総和 (加重和)

$$S_j = \sum_k w_k Q_{jk} \tag{2.1}$$

を代替案 j の総合評価の指標とする．高校入試などの際に用いられる内申書の点数などもこれと同じ仕組みである．各評点や重みをどのように与えるか，まじめに考えれば難しい問題である．十分な常識をはたらかせて他の参加者が納得できる形で決めていくことが望まれる．次章で紹介する AHP 手法はこの評価値や重みを定める1つの工夫を提案している．

このような評点を経済学では**効用**(utility)と呼び，消費者が財やサービスの消費から得る満足の程度を測る度合いをいう．効用については次のようなことが知られている．

いま，選択の対象となる代替案の集合を$A=\{a, b, c, ...\}$とし，意思決定者はこれらの代替案に対し，どちらが好ましいか首尾一貫した選好の判断ができるものとしよう．つまり，代替案aがbより同程度以上に好ましいとき，$a \gtrsim b$と表し，aがbと同程度に好ましい(または無差別である)とき，$a \sim b$と表すとすると，選好の一貫性は次のように書くことができる．

選好の一貫性　選好関係$\gtrsim$が，次の3つの性質をもつとき，選好は一貫性をもつという．

① 強完備性：　Aの異なる任意のa, bに対して，$a \gtrsim b$または$b \gtrsim a$のどちらかがいえる．

② 反射律：　Aの任意のaに対して，$a \gtrsim a$が成り立つ．

③ 推移律：　任意のa, b, cに対して，$a \gtrsim b$かつ$b \gtrsim c$ならば，$a \gtrsim c$が成り立つ．

選好に一貫性がある場合，各代替案に矛盾のない形で評点(効用値)を与えることができる．つまり，次の命題が知られている．

命題〔効用関数の存在〕　選好関係$\gtrsim$に一貫性があるとき，次の性質を満たす関数$u: A \to [0, 1]$が存在する．

$$u(a) \geqq u(b) \Leftrightarrow a \gtrsim b.$$

この関数$u(\ \ )$を**効用関数**(utility function)と呼ぶ．

このような効用関数がいったん与えられてしまえば，われわれは代替案の集合Aのなかから，効用関数値を最大にする代替案を選択すればよいことになる．

効用最大化の原理　代替案の集合Aに対して，効用関数$u(\ \ )$が与えられたとき，

$$u(a^*) \geqq u(a), \qquad \forall a \in A$$

となる代替案a^*を選択するのが最善である．

前記の命題により，効用関数が存在することはわかったとしても，それでは具体的にこの関数をどう定めるかは難しい問題である．1つの方法として，確率p

で代替案 a が当たり，$1-p$ で代替案 b が当たるというような仮想の「くじ」をたくさんつくり，それらの「くじ」の好ましさを測ることにより，効用関数を与える工夫がされている．また，不確実性を伴う場合，その効用を期待効用で表すのが妥当であることが示される [1]．

以下では，もう少し限定された場合について効用関数を求める例を紹介しよう．命題では効用を基準化して比較するために，効用値が $[0,1]$ の値をとるように設定しているが，効用値は実数値であればよい．

例 2 —— アパート選び

A 君は 4 月から大学院に入ることになり，自宅を離れてアパートを借りることにした．アパートを選ぶに当たって，家賃，通学時間，部屋の広さ，陽当たり，環境，コンビニエンスストアが近くにあるかなどいろいろの評価項目が考えられたが，学生であまり金銭的な余裕もないし，大学院だと夜遅く帰ることも多いので通学に便利なことと，友達が遊びに来られるように部屋の広さをまず重視することとした．大学の近くの不動産屋でいくつか物件を当たってみると，2 つだけこれならよいかなという候補が見つかった (表 2.3)．これらの物件は A 君にとって同程度に好ましい．いずれもミニバス・水洗トイレ付きで，この点も問題ない．

表 2.3 候補物件のデータ

候補物件	家賃月額	通学時間	面積
物件 1	70 千円	30 分 (電車)	6 畳和室・4 畳 DK (25 m^2)
物件 2	85 千円	10 分 (徒歩)	7 畳洋室・5 畳 DK (27 m^2)

不動産屋 B 氏はなかなかおもしろい人で，A 君といろいろな話をしながら，次のようなことを聞いてきた．

「物件 1 と同じ面積で，通学時間が徒歩で 10 分だったら，いくらまで出せる？」

A 君にとっては，すぐには答えにくい質問ではあったが，だいたいの勘で 75 千円かなと答えた．しばらくして，コンピュータで調べながらこんな物件もあるよと物件 3 を教えてくれた．そこの駅の近くにはちょっとした本屋もあるというし，これでまあよいかと，A 君は B 氏の勧めにしたがって物件 3 に決めた．

物件 3	80 千円	20 分 (電車)	8 畳洋室・4 畳 DK (27 m^2)

ところで B 氏は，どのようにして A 君に適切なアドバイスができたのだろう．B 氏は A 君の考えを聞きながら，A 君の効用関数を推定することにした．だいたいこの程度の物件に関しては，A 君の効用は家賃，通学時間，面積の多少の変化に関して線形

であろうと推察した上で，物件 j に対して効用関数が次のように表されると仮定した．

線形効用関数のモデル：

$$u(j) = -(\text{家賃月額}) - (\text{電車 1 か月定期代}) - a \times (\text{通学時間}/10) + b \times (\text{面積}) \qquad (2.2)$$

効用が大きい方が望ましいと考えると，家賃や通学時間が増えると効用が下がるのでそれらは負の値とした．通学時間は 10 分単位で計ることとした．ここでは，効用を金額ベースで測っていることになる．係数 a は，通学時間の 10 分減少がいくらの金額価値を表すかを示し，b は面積の $1\,\mathrm{m}^2$ の増加がいくらの価値に相当するかを表す．経済学では**限界効用**という．

物件 1 の場合の定期代は 3 千円である．これらから物件 1, 2 の効用は

$$u(\text{物件 1}) = -73 - 3a + 25b$$

$$u(\text{物件 2}) = -85 - 1a + 27b$$

となる．この物件 1, 2 が A 君にとっては同程度に好ましい (無差別) ということだから，この 2 つの効用値は等しいと考えてよい．これだけでは，a, b は決まらないので，B 氏は先のような質問をした．それに相応する物件を物件 0 と名づけると下表のようになる．

物件 0	75 千円	10 分 (徒歩)	6 畳和室・4 畳 DK (25 m²)

物件 0 の効用は，

$$u(\text{物件 0}) = -75 - 1a + 25b$$

となる．物件 0, 1, 2 が無差別であることから，$u(\text{物件 0}) = u(\text{物件 1}) = u(\text{物件 2})$ とおくことにより，$a=1$, $b=5$ と求まる．したがって，それぞれの物件の効用値は

$$u(\text{物件 0}) = u(\text{物件 1}) = u(\text{物件 2}) = +49$$

である．これに対し，物件 3 の場合の定期代が 2 千円であるとすると，$u(\text{物件 3}) = +51$ となり，通りがかりによい本屋もあり物件 3 が A 君には少しばかりよく思えたという次第である．

このようにいくつかの評価項目を勘案しながら効用関数を表現し分析する方法を，**多属性効用分析**という．B 氏の質問のように無差別なものを聞き出しながら，効用関数のパラメータを推定し，効用関数を同定する．これを，**無差別実験**と呼ぶ．実際は，アパート選びの場合の効用にしても，陽当たりや環境などの情報も暗には入ってくるであろうし，判断するときの心のゆらぎも入るであろうから，(2.2) 式に誤差項 ε を加えて考える必要がある．誤差項を考慮した場合，パラメータの推定は上のように単純ではないが，基本的に類似な方法で推定することができる [5]．

—— 意思決定を行うためには，代替案に対して何らかの評価を行う必要がある．評価とは価値を測ることであり，これは本当に難しいことである．今世紀の初頭に小泉氏が首相に就任した折，山本有三作の戯曲「米百俵」の小林虎三郎（病翁）の事跡が喧伝された．越後長岡藩が戊辰戦争で破れ領地を3分の1に削られるなど壊滅状態にあったとき，分家の三根山藩から米百俵が届けられることになった．藩民の多くはその日の米にも困る飢餓状態にあったので，その分配を待ち望んでいた．家老の病翁は今の飢えよりも人材を養成し後々藩の人々が豊かになるように施策するのがよいと考え，その米を売って藩校をつくることを提案し，重役たちや藩民を命がけで説得して藩校を開設した．筆者も，100年後にではあるがその後身となる高校に入り恩恵を受けた．このように，可能と思われる代替案を洗い出すときに，真の意味で価値の高い代替案を創案し価値を生み出していくことこそ，意思決定者の望ましい姿であろう．

2.2　不確実性のある場合の意思決定

例3 —— ファイブダイス

ファイブダイスというゲームを知っているだろうか．最初に5個のサイコロを投げて，目の出方を見て役を宣言し，その後，残ったサイコロを2回投げてその役ができればなにがしかの得点がもらえるというゲームである．例えば，all one という役がある．3回の間に全部のサイコロで1の目が出そろえばall oneの役ができたことになり，得点100がもらえる．できなければ0点である．all oneをはじめから狙ってやるとなると難しい役で，その確率は $(1-(5/6)^3)^5=0.01327$ となる．この計算は，サイコロの色が全部違うと考えて，各色のサイコロを3度投げて1度は1の目が出る確率は $1-(5/6)^3$ だから，これが5つとも出るということで上のようになる．

もし，最初に5個のサイコロを投げて，1の目が k 個出たときに，all oneの役をやると宣言したとすると，あと2回の試行のうちに残り $5-k$ のサイコロですべて1の目を出さなくてはならず，その確率は $(1-(5/6)^2)^{5-k}$ となる．$k=2$ のときは0.02853, $k=3$ のときは0.09336, $k=4$ のときは0.30556となる．つまり，最初に1の目が4個出ても，all oneを宣言するのは勇気がいる．

もう1つ別の役に「1を集める」という役がある．これはサイコロを投げるたびに1の目が出たら脇にとり置き，残りを投げてまた1の目を拾い出すというふうにやる．3回やって1の目が n 個集まったら，$10n$ 点もらえる．

さて，all oneか「1を集める」のどちらかの役しかないときに，最初の試行で k 個の1の目が出たら，どちらの役をやると宣言しますか？

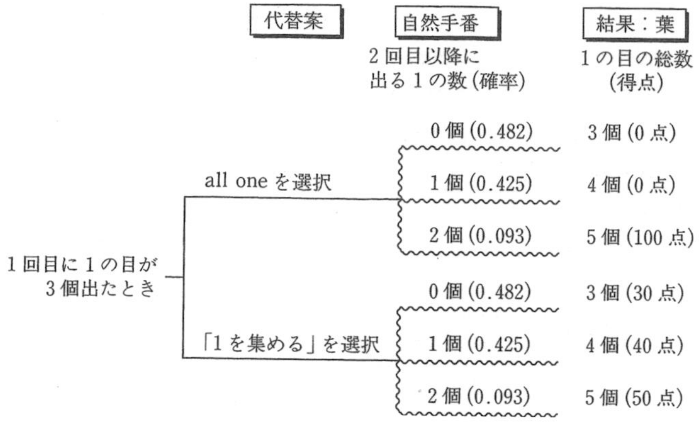

図 2.1　1回目に1が3個出たときの決定の木

この場合の**決定の木** (decision tree) は次のように書ける．決定の木については第1章のモンティ・ホールのジレンマで簡単に紹介したが，ここでは各段階での行動の内容を明示しやすくするため横書きで表すことにする．いま，1回目に $k=3$ 個の1の目が出た場合の木を書くと図2.1のようになる．

ここでは，ゲームをやる人(意思決定者)の代替案(**行動** (action)，あるいは**手番**，**手**ともいう)の選択の枝を実線で書き，残り2回サイコロを振ったときの偶然による分かれ道の枝(**自然手番**という)を波線で表している，木の枝分かれした末端を**葉** (leaf) といい，そこに達したときの**結果**(**利得・効用**)を付記しておく．all one を選択してたまたま100点が得られればこれほど嬉しいことはないが，その確率は小さい．このような不確実性のある場合，代替案の評価をその代替案を選んだ場合の**期待利得**(**期待効用**)を計算してその評価値とするのが普通である．今の場合の期待利得は，all one を選んだとき9.3,「1を集める」を選んだとき36.11となり，「1を集める」を選択する方がはるかに好ましいことになる．期待値ベースで代替案を選択することを考えると，1回だけこのゲームをやるときの決定の木は図2.2のようになり，最初に1の目が5個出たとき以外はいずれも「1を集める」を選択するのが好ましいことになる．このように相手方(この場合は自然手番)の出方に応じて，行動の仕方を決めておくことを**戦略** (strategy) を決めるという．ここでは自然手番の各結果に対して太字の行動をとることが最適な戦略となる．

期待利得の計算は，all one のときは，最初に k 個1が出たときの100×all one のできる確率を求めればよく，$100\times(1-(5/6)^2)^{5-k}$ を計算すればよい．「1を集める」の場合は，表が出る確率が p のコインを n 枚投げたときの表の出る枚数の分布が2項分布でその期待値が np となるから，ここでは $p=1-(5/6)^2=11/36$ とおいて $10\,k+10(5-k)p$

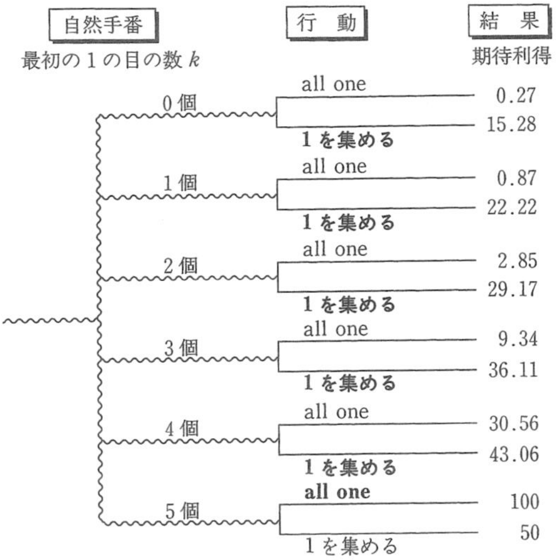

図 2.2 ファイブダイスを1回やるときの戦略

を計算すればよい．

上の例は，サイコロの出方によって結果が違ってくる不確実性のある場合の決定の仕方について考えたものであった．この場合は葉の部分の最終的な得点がわかっており，確率も客観的に計算できるため，各行動の期待得点を計算して比較することで行動の善し悪しの比較ができ，ある程度納得のいく決定ができた．

しかし，実際には，結果の評価も確率も主観的に与えながら決定せざるをえない場合が多くある．その例を見てみよう．

例 4 —— 雨かな，試合を行えるかな？

再びM氏のサッカーチームのことである．試合の予定された日は，M氏は前日から天気が気になってしようがない．天気予報で翌日の雨の可能性が30%を越えていると，何度も予報を確かめながら，翌朝もおちおち眠っていられず，5時半頃から空を眺めたり，天気予報を見直したりで，心労この上もない．このときばかりはサッカーチームの世話など本当にやりたくないと思う．例えば，その日の最初の試合が午前10時から始まるとしよう．試合にはかなり遠くのチームも集まるので，遅くとも3~4時間前には中止にするか否かの判断をする必要がある．多少の雨でもグラウンドの使用が許可されればよいので，第1試合が近場のチームどうしの試合のときは，最初のチームはいったん定刻に集まったうえで判断をする．そこで少し時間をずらしてでも試合ができれば問題ないが，使用が許可されなかった場合，遠くから来たチームの選手たちの交通費もムダになり，時間も浪費することになる．試合を中止すると判断した場合でも，あと2時間ほど天気の様子を見て，少しでも練習ができそうであれば，自分のチームの選手は集めて，練習するように努力する．何しろ，土・日しかサッカーができないクラブチームでは，グラウンドを使えなくても，少しのスペースを利用して身体を動かす努力をしないと強くはなれない．というわけで，M氏は日曜のごとに悩んでいる．

問題を分析してみよう．まず，最初にM氏のとりうる3つの行動に対して，生じうる結果の評価を表2.4にまとめてみよう．ここでは，中止の決断を下して，その通り雨が降りグラウンドが使えなかったときの効用を +1 とし，試合決行と決めて実際に試合ができたときの効用を +5 とおいて，他の結果についてどのくらいになるか関係者と相談しながら評価した．例えば，中止にしておいて実際はグラウンドが利用できた場合は，その無念さと再調整の面倒さを加味して −5 とする．最初のチームが集まって判断する場合は，その日試合ができても遅れるなど多少の混乱が生ずるので +4，試合ができなかった場合は来た人のムダと試合が流れたことによる再調整の面倒さを考えて −8 と考える．このような表を**利得表** (pay-off matrix) と呼ぶ．この j 行 k 列の要素を Q_{jk} と表すことにする．つまり，Q_{jk} は自分の打った手 j に対して，相手(または自然手番)が手 k をとったときの自分にとっての利得を表す．

表 2.4　天気の結果の評価(利得表)

結　果：k ／ 行　動：j	b_1 グラウンド使用可能	b_2 グラウンド使用不可	s_j 最悪値
a_1：中止の指令を出す	−5	+1	−5
a_2：最初のチームはいったん集まる	+4	−8	−8
a_3：中止の指令を出さない	+5	−10	−10

まず，M氏が雨の降る可能性についての判断がまったくできない場合はどのように行動を決めればよいだろうか．このような場合，これまでいくつかの判断基準が提案されている．

① **悲観屋の基準(マクシミン基準)**：　何か行動しようというときに，いつも悪いことばかり考えて手を打つ人をよく見かける．この人は自分の打った手に対しいつも最悪の結果が起こるかも知れないと思って，その最悪の結果のなかでも最もましな結果が得られるよう手を打つ．手堅いほどに慎重である．行動 j をとったときの最悪の結果を s_j とする．この最悪値のなかで最大値を選び，それに対応する手を打つであろう．つまり，このタイプの人は

$$j^* = \arg(\max_j \min_k Q_{jk})$$

を選択する．arg(　)は(　)の関係を達成する変数(argument) j を表す．したがって，この場合は，a_1「中止の指令を出す」を選ぶ．非常に慎重を要する問題の場合はこのような態度も捨てがたいものである．

② **のんき者の基準(マクシマクス基準)**：　寅さんのようにいつも夢ばかり追う人もいる．自分の打つ手に対して最良の結果が出ると夢み，そのなかでも最大のものを狙おうという人である．つまり，

$$j^* = \arg(\max_j \max_k Q_{jk})$$

という手を打つ．この場合は，a_3「中止の指令を出さない」を選ぶことになる．

③ **後悔好きの基準(ミニマックス・リグレット基準)**：　後になってこうしておけばよかったと悔やむ向きは，はじめからそのように行動するとよい．まず，ある結果が出た後で別な手を打っておけばよかったとするものとの差を後悔(regret)の度合いと考える．つまり，行動 j をとり結果 k が生じたときの**リグレット**を

$$R_{jk} = \max_i Q_{ik} - Q_{jk}$$

と表す．このリグレットの最も大きな量をできるだけ小さくするように行動すればよいと考える．すなわち，

$$j^* = \arg(\min_j \max_k R_{jk})$$

を選択する．いまの例では，リグレットの値は表2.5のようになる．したがって，この場合は行動 a_2「最初のチームはいったん集まる」を選択することになる．

表2.5　リグレット R_{jk}

結果＼行動	b_1 使用可能	b_2 使用不可能	最大値
a_1	10	0	10
a_2	1	9	9
a_3	0	11	11

これらの選択基準のどれがよいかは一概にはいえないが，判断基準を明確にして行動すれば他の人との議論も明確になるであろう．しかし，M氏はこれだけでは納得できない．雨の降る可能性の見込み，天気情報を判断基準に取り入れられないだろうか．

M氏は午前6時の段階で，天気予報の降水確率などを参考にして，日中雨が降ってグラウンドが使えない確率は p であると踏んでいる．このとき，期待利得(**期待効用**)を計算してその値の大きい行動を選択するという考えがある．

④ **期待値主義者(期待効用最大化の原理)**：　雨でグラウンドが使えない確率が p，何とか使えると予想される確率が $1-p$ のときの，各行動に対する期待効用を計算する

と次のようになる．

a_1(中止の指令を出す)：　$u(a_1)=-5(1-p)+p$

a_2(最初のチームはいったん集める)：　$u(a_2)=4(1-p)-8p$

a_3(中止の指令を出さない)：　$u(a_3)=5(1-p)-10p$

これらの値を p の関数としてグラフに書いてみると容易にわかるが，p の大きさによって最善の行動が違ってくる．少しあたってみると，

$$a_1>a_2 \Leftrightarrow u(a_1)>u(a_2) \Leftrightarrow p>9/18=0.50$$

$$a_2>a_3 \Leftrightarrow u(a_2)>u(a_3) \Leftrightarrow p>1/3=0.33$$

となる．つまり，

$p>0.50$ のとき：　中止の指令を出す

$0.33<p\leqq 0.50$ のとき：　最初のチームはいったん集める

$p\leqq 0.33$ のとき：　中止の指令を出さない

が最適な行動となる．この結果は日頃M氏が判断している感覚とも合っている．

以上の結果は，試合を中止にするか否かだけの判断であったが，中止の場合，自分のチームの練習を行うかどうかの2段階目まで考慮して利得表を書き直すと，表2.6のようになる．本来は，2時間後の天気状況を見て判断するのだが，ここでは午前6時の段階で判断する場合を考える．試合の中止指令を出したが，チームを集めて運良くグラウンドが使えれば，自分のチームの利得は+3と考え，グラウンドが使えなくともどこかで身体がほぐせれば+1と考えた．チームを集めなくて後でグラウンドが使えたことがわかった場合は悔いが残るので−3，グラウンドが使えなかった場合は好判断で+2とした．

表2.6　チーム練習を考慮した利得表

結果 ＼ 行動	b_1 使用可能	b_2 使用不可能
a_{11}：a_1+チームを集めない	−5−3	1+2
a_{12}：a_1+チームを集める	−5+3	1+1
a_2	4	−8
a_3	5	−10

このとき先のような期待効用を計算して判断すると，

$p>0.80$ のとき：　試合中止の指令を出し，自チームを集めない

$0.41<p\leqq 0.80$ のとき：　試合中止の指令を出すが，自チームを集める

$0.33<p\leqq 0.41$ のとき：　最初のチームはいったん集める

$p\leqq 0.33$ のとき：　試合中止の指令を出さない

が最適となる．雨の予想がよほど高くないと自チームの活動は休まないし，少しあやし

いときは試合は中止する可能性が高くなり，自チームの練習だけはするように心がけているM氏の行動選択をうまく説明している．

【演習問題】

2.1　例3のファイブダイスのゲームは1回だけのゲームであったが，今後2ゲーム残されているとして，その2ゲームの間に2つの役 all one と「1を集める」の両方に挑戦しなければならないとしたら，決定の仕方は違ってくるだろうか．最初のゲームで1の目が k 個出たとしたときに，最初に all one をやって，後から「1を集める」をやる方が得策だろうか．決定の木を書いて考えてみよ．

2.2　自分の身のまわりの問題で，この節で取り上げたような例を自分なりに考え，分析してみよ．

【参考文献】

[1] 桑島健一，高橋伸夫：組織と意思決定（シリーズ意思決定の科学3），朝倉書店 (2001).

[2] 瀬尾芙巳子：多目的評価と意思決定，日本評論社 (1984).

[3] 藤田恒夫，原田雅顕：決定分析入門，共立出版 (1989).

[4] 松原　望：意思決定の基礎（シリーズ意思決定の科学1），朝倉書店 (2001).

[5] R. L. Keeney and H. Raiffa（高原康彦監訳）：多目標解決の理論と実例，企画センター (1980).

3 階層的意思決定のモデル — AHP —

評点や重みを誰もが納得する形で与えることは難しい．本節では，同じように意思決定者のフィーリングに頼るとはいえ，評点や重みの与え方のプロセスを手順化して誰もができるように工夫した1つの方法を紹介する．

3.1 階層的構造と一対比較

例1—— プロジェクト・リーダーを選ぶ

ある電気メーカーで若者向けのビジュアル・オーディオ機器の新製品を開発することになった．担当部長のM氏は30歳前後の若手からプロジェクト・リーダーを選びたいと考えている．3人ほどの候補者が頭の中に浮かぶがいずれも優劣がつけがたい．その3人をいろいろな観点から比較し，適切な人材を選びたいと考えている．大学に残っている友人に相談してみたら，AHPで頭の中を整理してみたらと言われた．

AHPはanalytic hierarchy processes(**階層的意思決定法**)の略称で，T. L. Saatyが1980年代のはじめに創案したものだそうである．サーティによれば，世の中の一見複雑に見える問題も，整理してみれば，図3.1のように階層構造として捉えることができるという．

M氏は階層構造をつくる前に問題を自分なりに整理してみた．目標はプロジェクトを成功させるために適切な人材を選出することである．いま，3人の候補者(代替案)がおり，その優先順位を決めたい．その評価基準として，M氏は統率力，交渉力，夢を語る能力，技術力を主要なものと考えた．そのプロジェクトに入るメンバーは20人ほどおり，そのグループをまとめて引っ張っていけるだけの統率力が欲しい．また，リーダーはいろいろな部門の長や外部の関係者との調整をする仕事も多く，交渉力も要求される．新しいタイプの製品を企画していくため，グループメンバーの創作力を引き出すためにもリーダー自身が夢をもち，それを語れることも肝要と考えている．対象とする

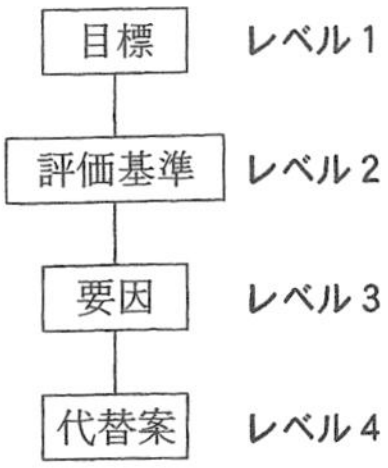

図 3.1　階層構造モデル

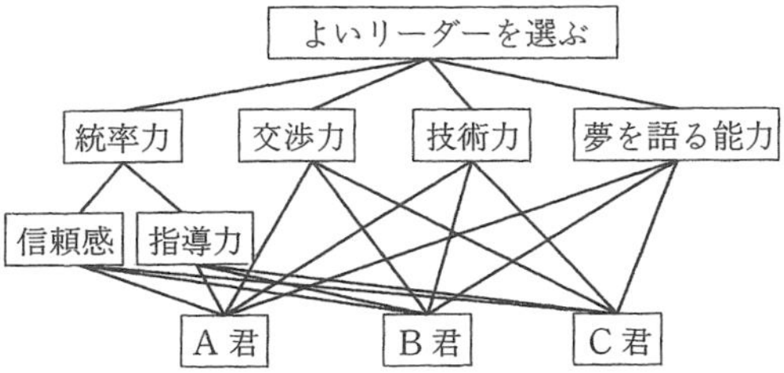

図 3.2　よいリーダーを選ぶための階層構造モデル

企画品に対する技術の可能性についても十分な知識があることが望ましいと考えた．また，統率力については他人からの信頼感と先頭に立ってグループメンバーを引っ張っていく指導力の2つの要因があるように思われる．

この例題に基づきながら，AHP の手順を示そう．

a. 問題を整理し階層構造に描く

① 最上階の要素数は1個とする(目標，ゴールなどと呼ぶ)．

② レベルの段数は問題の深さに応じていくつでもよい．

その問題において，最も重要と思われるものを上のレベルにおき，その内容等を順次下位のレベルで説明していき，問題のストーリーがわかるように工夫する．

③ 各レベルの要素数は9個以下にするとよい．

④ 各レベル内では，要素は互いに従属性をもたないように選ぶ．

このテキストでは述べないが，従属性がどの程度あるか調べ，その影響を排除する方法も工夫されている．

⑤ 最下位のレベルに，可能な代替案を並べる．

当面する意思決定のなかでこの階層構造をつくることが最も創造的なプロセスであり，結果に最も重要な影響を与えるので，慎重に行う必要がある．階層をつくるときに，その下の要素を上の要素から見て比較可能かどうかをチェックしながら進める必要がある．また，まずは目標から下に向けて階層をつくり，さらに代替案からさかのぼってストーリーに無理がないかをチェックするとよい．当然のことながら，最終目標を明確にすることが最初にやるべき重要な課題である．

M 氏がこの手順に基づいて描いたのが図 3.2 の階層図である．

b. 各要素の重要度（プライオリティ）を評価する

① 一対比較を行い，重要度の比を適当に数値化する

例えば，レベル2の評価基準の4つの要素のうち，どれが重要かを合計100点となるように与えるという方法もあるが，要素数が多くなると整合的に与えることは難しい．AHPでは，要素の重要さについて**一対比較**を行い，それをもとに**重要度**を算出する方法を提案している．心理学の実験によれば，比較する要素数が9個以下であれば，人間は比較判断がかなり整合的にできるという．一対比較の方法としては，図3.3のような質問票を使うとやりやすい．この質問票では，"重要"，"明らかに重要"などの言葉を直接的に使ったが，問題に応じて適切な言葉を選ぶとよい．

重要度の比，つまり

$$a_{ij}=\frac{\text{要素 } i \text{ の重要さ}}{\text{要素 } j \text{ の重要さ}}, \quad a_{ji}=\frac{1}{a_{ij}}$$

の値として，比較可能な程度の違いという意味で極端に大きな値をとったりせず，ふつうは，1/9, 1/8, ..., 1/2, 1, 2, 3, ..., 8, 9の値をとるとよいとされている．例えば，要素 i が要素 j よりやや重要であれば $a_{ij}=3$，やや重要と重要の中間であれば4というふうに与える．

よく似たようなものを比較し，差異がわずかであれば，1.1, 1.2, 1.3, ..., 1.8, 1.9などの値を用いることもある．比であるから a_{ij} と a_{ji} は逆数の関係にある

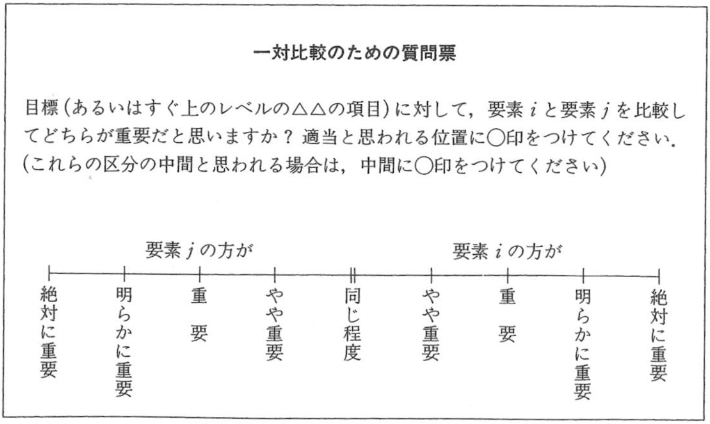
一対比較のための質問票
目標（あるいはすぐ上のレベルの△△の項目）に対して，要素 i と要素 j を比較してどちらが重要だと思いますか？ 適当と思われる位置に○印をつけてください．
（これらの区分の中間と思われる場合は，中間に○印をつけてください）
要素 j の方が
要素 i の方が
絶対に重要
明らかに重要
重要
やや重要
同じ程度
やや重要
重要
明らかに重要
絶対に重要

図 3.3　一対比較のための質問票

のは当然である．

この重要度の比をまとめた行列

$$A=(a_{ij})$$

を**一対比較行列**という．

② 一対比較による判断の整合性をチェックする

一対比較による判断に矛盾がなかったかをチェックする．まず，大きさ $n \times n$ の一対比較行列 $A=(a_{ij})$ の最大固有値 $\lambda_{\max}$ を求める．これを用いて**整合度** (consistency index)

$$\text{整合度 (C. I.)} = \frac{\lambda_{\max} - n}{n-1}$$

および，

$$\text{整合比 (C. R.)} = \frac{\text{C. I.}}{\text{R. I.}}$$

を計算する．R. I. は

R. I. ＝大きさ $n \times n$ の一対比較行列をランダムに発生したときの整合度の平均値

である．整合度および整合比 (consistency ratio) が 0.1～0.2 程度以下であれば，一対比較がそれほど矛盾なく行われたと考えてよい．R. I. の値は表 3.1 に与えられる．

判断の整合性を C. I. などでチェックする理由は，次のとおりである．もし各要素の重要度 w_i が事前にわかれば，重要度比を $a_{ij}=w_i/w_j$ と与えるだろう．この場合 $\lambda_{\max}=n$ となり整合度は 0 となる．整合度は a_{ij} の望ましい値 w_i/w_j からのズレの大きさを一対比較行列 A 全体で測っていると考えてよい．

表 3.1 R. I. の値 (ランダムに発生したときの整合度の平均値)

n	1	2	3	4	5	6	7	8	9
R. I.	0.0	0.0	0.58	0.90	1.12	1.24	1.32	1.41	1.45

③ 各要素の重要度 w_i を計算する (固有ベクトル法)

一対比較行列 A において，親要素に対して各要素がどの程度重要視されているかを算出する．親要素に対する要素 i の**重要度**を w_i とするとき，$\boldsymbol{w}=(w_1, w_2, \dots, w_n)$ を重要度ベクトル，あるいは重みベクトルという．重みの総和は 1 にな

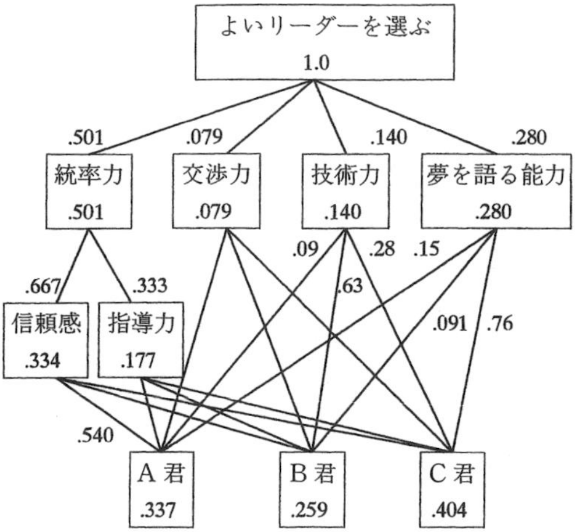

図 3.4 よいリーダーを選ぶための階層構造モデル

るように調整する．この重みベクトルは，行列 A の最大固有値 $\lambda_{\max}$ に対する固有ベクトルとして計算する．つまり，

$$A\boldsymbol{w}=\lambda_{\max}\boldsymbol{w}, \quad \sum_{i=1}^{n} w_i=1$$

の解である．

重みベクトルをなぜこのように算出するのかというと，行列 A で比較をするという目をもった人が，心のなかで何度も繰り返し比較しなおしたときの重みが $\boldsymbol{w}$ に収束するからである．つまり，任意の初期重み $\boldsymbol{v}$ に対して，$(A/\lambda_{\max})^k\boldsymbol{v} \to \boldsymbol{w}(k \to \infty)$ となることが保証されているからである．

④ 重みの合成

最終的に各代替案が目標（ゴール）に対してどのような重要度をもつか調べる．図 3.4 のように上の方法で算出した重みが親要素から各要素に至る枝に付与されていると考えて次のように計算する．

代替案 X のゴールに対する重要度

$$= \sum_{\text{目標から } X \text{ へのすべてのパス}} (\text{ゴールから代替案 } X \text{ に至るパス上の重みの積})$$

すなわち，ゴールから代替案 X へのすべてのパスについて，パス上の重みの積を求め，その総和を計算する．いわば，ゴールに注いだ全体で 1 の量の水が，各枝の重みに比例して分流してゆくとき代替案 X に流れ込む水の量が X の重要度となる.

⑤ 階層構造モデル全体としての整合性をチェックする

各比較行列のC.I.の値にその親要素の重みを掛けて階層全体について総和をとり，Cとする．同様に各比較行列と同じサイズのR.I.の値に親の重みを掛けて総和をとったものをRとする．階層モデル全体としての**階層整合比**を$H=C/R$で測る．この値が0.1〜0.15程度以下であれば望ましい．

3.2 AHPによる分析例

分析例 —— プロジェクトリーダーを選ぶ(例1)： 上述した手順にしたがって，M氏の問題を分析してみよう．表3.2はM氏がよいリーダーを選ぶという目標に対して，4つの評価項目の一対比較を行った重要度の比である．

M氏はこの仕事のリーダーの資質として，統率力と夢を語る能力を重視し，交渉力や技術力はスタッフにある程度その能力のあるものを配置すればよいとも考えている．

この例の対称部分に逆数を代入した行列をAとすると，$\lambda_{max}=4.0277$, C.I.=0.0092, C.R.=0.0103となり，整合性については問題ない．要素数が多くなると判断に混乱が生じやすいが，要素数が少なければあまり問題は生じない．これに対する重みベクトルは

$$\boldsymbol{w}=(0.5008, 0.0793, 0.1400, 0.2799)$$

となる．これらの計算はインターネットでキーワード「階層的意思決定法」を検索すると，Web上で計算をサポートしてくれるサイトがいくつか見つかるので，それを利用すると便利である．それぞれの親要素に対して一対比較を行い，最終的にとりまとめた結果を図3.4に記入してある．M氏にとって，統率力，交渉力，技術力もそこそこで，夢を語れるC君がリーダーとして望ましいことになる．この場合，階層整合比Hも計算するまでもなく小さい．

AHPを支援する市販のソフトもいくつかあり，それらには，例えば，技術力をより重視したら結果がどのように変わるかなどを検討できる感度分析の情報を与えてくれるものもある．意思決定を行う場合，ある設定された値に対する結果

表3.2 "よいリーダーを選ぶこと"に対する評価基準の一対比較行列

i \ j	統率力	交渉力	技術力	夢を語る能力
統率力	1	5	4	2
交渉力		1	1/2	1/4
技術力			1	1/2
夢を語る能力				1

だけでなく，設定値がこの範囲までは動いたとしても解は変化しないなどの感度分析情報もわかれば，安心して利用できる．

ここでは，階層的なツリー構造をもつ場合だけを紹介したが，各要因が一般のネットワーク構造をもつ場合に対しても同様な分析ができる．その場合は，**ANP** (analytic network process) と呼ばれている [2]．

以下では，学生が AHP を利用してつくった「アパート探し支援システム」について簡単に紹介する．第 2 章の効用を比較する場合より，より簡単に多くの属性を同時に考慮できるので都合がよい．

例 2 —— アパート探し

大学の近くで 9 万円以内のアパートを探したい．インターネットで物件の情報を調べると大学から 1，2 駅離れた地域まで入れると 50 件程度の物件がある．表 3.3 はその情報をもとに整理したある物件のデータ例である．

表 3.3　アパート物件例

物件 No. 27	所在地：　目黒区△△町△丁目		
最寄り駅：目蒲線「洗足」	通学時間：歩 13 分	築年：1997 年	
家賃：8.0 万円/月	管理費：0.3 万円/月	礼金・敷金：2 ヶ月・2 ヶ月	
階　：2 階	方位：東向き	広さ：22 m^2	間取り：1 K (洋 6, K 3.5)
設備：エアコン，バス付き，室内洗濯機置き場			

クラスの何人かに聞きながら評価項目を整理し，階層構造モデルをつくると図 3.5 のようになった．この下に代替案となる物件が 50 件ほどぶら下がるのであるが，多すぎてそのままでは一対比較を整合的に行うことも難しいし，時間的にも大変である．そこ

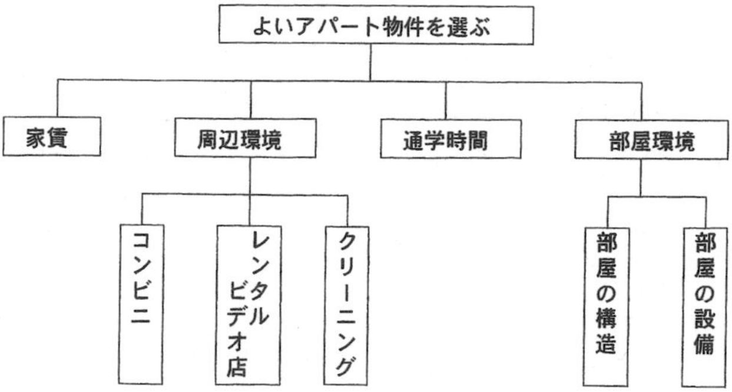

図 3.5　アパート探しの階層構造モデル

で作業を2段階に分け，第1段階で数件の望ましい物件に(自動的に)絞り込み，第2段階で各物件に関してもう一度，評価項目ごとに一対比較を行うこととした．

第1段階：

① まず，評価項目ごとに何人かの学生の意見を聞きながら，相対的な5段階の評点を与えておく．例えば，家賃であれば，

6.0万円未満 ： 5点，　6.0〜6.8万円： 4点，　6.8〜7.6万円： 3点
7.6〜8.4万円： 2点，　8.4万円以上 ： 1点

とおく．コンビニエンスストアなどについても地図で時間距離を推定し，近いほど点数が高くなるよう設定しておく．この評点の表を用いて，各物件の評価項目ごとの相対評点を求めておく．

② アパートを探しているD君が，AHPの手法で各評価項目の重みを求める．

③ D君による物件 X の総合評価

$$=\sum(\text{D君のある評価項目の重要度})\times(\text{物件}X\text{のその評価項目に関する評点})$$

を各物件に対し自動的に計算する．

第2段階：　総合評価の高い物件を数件選び，D君が各評価項目に対しそれらの物件の一対比較を行い，AHPに基づき最終選択を行う．

以上は，東京工業大学経営システム工学科3年前期の授業科目「モデル化とOR」における2000年度の自由課題に対するレポートを整理要約したものである．多くの物件を第1段階で自動的に数個に絞り込む仕組みを工夫したことは興味深い．できれば，評価項目ごとの相対評点を決めるのにも一対比較を用いるとなお面白くなったと思う．

このようにAHPは比較的手軽で，いろいろな問題に適用することができる．

【演習問題】

3.1 AHPがうまく適用できる例をあげ，分析してみよ(重要度ベクトルなどの計算を行うにはインターネットで適当なサイトを探すのも1つの方法である)．

【参考文献】

[1] 木下栄蔵：AHPの理論と実際，日科技連出版社(2000)．
[2] 高橋磐郎：AHPからANPへの諸問題，Ⅰ〜Ⅵ，オペレーションズ・リサーチ(1998.1〜6)．
[3] 刀根　薫：ゲーム感覚意思決定法—AHP入門—，日科技連出版社(1986)．
[4] 刀根　薫，真鍋龍太郎：AHP事例集—階層的意思決定法—，日科技連出版社(1990)．
[5] 八巻直一，高井英造：問題解決のためのAHP入門，Excelの活用と実務的例題(CD-ROM付き)，日本評論社(2005)．
[6] T. L. Saaty: *Analytic Hierarchy Process*, RWS Publications (1990).

4　効率性の評価分析モデル—DEA 包絡分析法—

4.1　DEA モデル

本章では，事業体の経営効率を評価・分析する包絡分析法（data envelopment analysis；DEA）という分析手法を紹介する．DEA は 1978 年に Charnes と Cooper らによって開発された，多入力多出力システムの効率性を測るための数理モデルである．

まず最初に 1 入力 1 出力のシステムから考える．例えば自動車を，燃料という入力を行うと一定距離を走るという出力を行う装置と考えよう．この装置の効率を測る一般的な方法は，単位燃料あたりの走行距離を測る，すなわち出力量を入力量で割った値をみることである．しかしながら自動車という装置を維持するには，燃料以外にもさまざまな整備を行う必要がある．また出力には一定距離を走るだけでなく，スピードや安全性などさまざまなものが求められる．このような多入力多出力のシステムの効率はどのように測ればよいだろうか．

DEA の 1 つめのアイデアは，出力量を入力量で割るという考えをそのまま用いる点である．それには，複数の入出力量から，入力量と出力量の 2 つの値を決める必要がある．最も単純なアイデアは，複数ある入力量を適当な重みで足し合わせ，出力についても複数の出力量を適当な重みで足し合わせ，入力量と出力量をそれぞれ 1 つずつにすることである．この際に問題となるのは，「適当な重み」の決め方である．重みの付け方によって，ある自動車に不利になったり，有利になったりする．DEA の 2 つめのアイデアは，分析する対象によって重みを変えてもよいとし，その対象にとって最も都合のよい重みを用いる点である．ただしその重みは，他の分析対象にも効率として用いることができるものでなければならない．以下では上記の 2 つのアイデアを，DEA がどのようにモデル化したのかについて説明する．

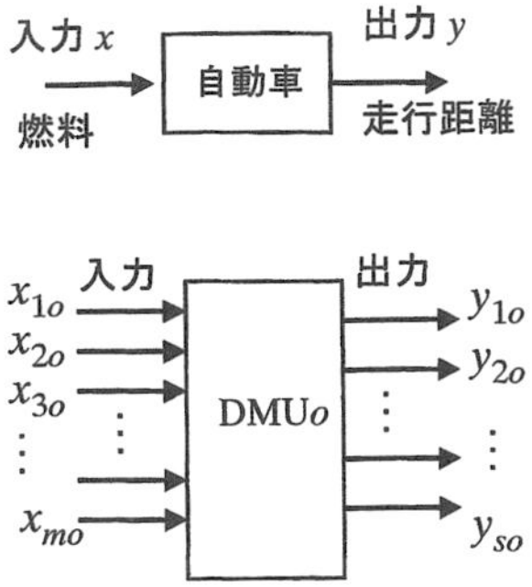

図 4.1 多入力多出力システム

DEA において分析の対象となるシステムを**事業体**(**decision making unit ; DMU**) と呼ぶ．DMU は全部で n 個あると仮定し，各 DMU は同種の産業中に属し，同じ環境のなかで互いに競い合っているものと考える．各 DMU_j $(j=1, \ldots, n)$ は m 種の入力 x_{ij} $(i=1, \ldots, m)$ を使い，s 種の出力 y_{rj} $(r=1, \ldots, s)$ を生産していると仮定する．DEA は，このような諸仮定に基づいて，事業体の経営「効率」を評価する分析手法である (図 4.1).

DEA では，分析対象の事業体 (当該事業体) に対し，その事業体にとって最も有利なウエイトづけのもとで他の事業体との効率性の比較を行う．具体的には，分析の対象とする各 DMU_o $(o=1, \ldots, n)$ ごとに[1]，次のような線形性を含んだ分数計画問題 FP を解くことで相対的な効率を定義している．

$$
\begin{aligned}
\mathrm{FP}:\ \max.\quad & \left(\sum_{r=1}^{s} u_r y_{ro}\right) \Big/ \left(\sum_{i=1}^{m} v_i x_{io}\right) & & \\
\mathrm{s.\,t.}\quad & \left(\sum_{r=1}^{s} u_r y_{rj}\right) \Big/ \left(\sum_{i=1}^{m} v_i x_{ij}\right) \leqq 1 & & (j=1, \ldots, n) \\
& u_r > 0 & & (r=1, \ldots, s) \\
& v_i > 0 & & (i=1, \ldots, m)
\end{aligned}
\qquad (4.1)
$$

上の問題は DMU ごとに定義されることから，全部で n 個の問題が存在する．変数 $(v_1, v_2, \ldots, v_m)$ は，入力量ベクトル $(x_{1o}, x_{2o}, \ldots, x_{mo})$ を足し合わせる重みであり，変数 $(u_1, u_2, \ldots, u_s)$ は，出力量ベクトル $(y_{1o}, y_{2o}, \ldots, y_{so})$ を足し合わせる重みである．$(\sum_{r=1}^{s} u_r y_{rj})/(\sum_{i=1}^{m} v_i x_{ij}) \leqq 1$ という制約は，DMU_o に用いる重み $(v_1, v_2, \ldots, v_m\,;\, u_1, u_2, \ldots, u_s)$ を他の DMU_j に用いたときの値も 1 以下となって

[1] 0 (ゼロ) ではなく，objective の頭文字の o (オー) であることに注意せよ．

いるという制約である．すなわち，効率は1の値が最もよいと定め，他のDMUについてその重みを用いて効率値を測ってもそれが効率となる，すなわち1以下となることを要求している制約である．最後に，目的関数を最大化しているのは，DMU_oにとって最も都合のよい重みを求めていることに対応している．

上記の問題を解いて得られた値をDMU_oのDEA効率値と呼ぶ．DEA効率値が1のDMUはDEA効率的であるといい，1未満のDMUはDEA非効率的という．FPの最適解を$(v_1{}^*, v_2{}^*, \ldots, v_m{}^*\,;\, u_1{}^*, u_2{}^*, \ldots, u_s{}^*)$としたとき，$v_i{}^* x_{io}$を入力$i$の仮想入力値と呼び，$u_r{}^* y_{ro}$を出力$r$の仮想出力値と呼ぶ．

例1 —— DEA を用いた野球打者の評価[2)]

以下ではDEAを用いた野球打者の評価を見てみよう．

表4.1は，1991年の日本プロ野球において規定打席に達した打者66人の結果の一部である．上位・下位それぞれ5名程度を掲載した．このシーズンはパ・リーグは西武，セ・リーグは広島が優勝している．

ここでは，打者というDMUは与えられる打席という入力を得点に結びつけるシステムと捉える．また得点への貢献は安打，四死球，盗塁，犠打，打点，併殺打で判断するが，併殺打は値が小さいほどよいので，入力の1つとして捉えている．66人の打者それぞれに対し問題FPを解いた結果，表4.2の16人がDEA効率的な打者となった．表4.2には各打者の打率順位も記入してある．

表4.2によれば，湯上谷(ダ)と川相(読)は打率順位が低いにもかかわらず，DEA効率的と評価されている．この2人に対する仮想入出力値を見ると表4.3のようになっている．

湯上谷は盗塁に重きをおいた重みづけとなっていることがわかる．逆にこれをみることで，湯上谷の特徴は盗塁の上手さであることが数値的に確認される．また川相は犠打の上手さで評価されていることも確認できる．

DEAの定義から容易に予想されるように，他と異なった特徴をもつDEAは，無条件にDEA効率的と判断されることが多い．これはDEAの特徴であり，DEAを用いる際には注意をする必要がある．他と異なることがよいことであるような状況では，DEAはよい指標となっている．

上記の例において，打者のなかで最も DEA 効率値の低いものはウィン(神)の0.7452である．このように，すべてのDEA効率値が大きな(比較的1に近

2) この結果は，橋本昭洋：DEAによる野球打者の評価，オペレーションズ・リサーチ，1993，3，pp. 146-153による．

表 4.1 入出力の上位・下位5人程度とその値

打席	併殺打	安打	四死球
403 平井（ロ）	2 西村（ロ）	170 野村（広）	103 デストラーデ（西）
407 大内（日）	3 佐々木（ダ）	163 高木（洋）	99 落合（中）
411 白井（日）	3 中島（オ）	160 駒田（読）	89 清原（西）
415 田辺（西）	4 白井（日）	156 佐々木（ダ）	85 高木（洋）
419 秦（ヤ）	4 藤井（オ）	152 松永（オ）	77 松永（オ）
・	4 秦（ヤ）	・	・
・	4 前田（広）	・	・
・	・	・	・
571 小川（オ）	14 和田（神）	・	31 田中（日）
571 辻（西）	14 ブラドリ（読）	92 岡（神）	31 秦（ヤ）
573 野村（広）	15 大島（日）	89 藤井（オ）	31 宮里（洋）
574 佐々木（ダ）	15 パチョレク（洋）	88 大内（日）	27 ライアル（中）
588 高木（洋）	16 駒田（読）	85 達川（広）	26 ブーマ（オ）
605 立浪（中）	18 石嶺（オ）	83 伊東（西）	19 ウィン（神）

盗塁	犠打	打点
42 大野（ダ）	68 川相（読）	99 広沢（ヤ）
36 佐々木（ダ）	53 平野（西）	92 トレーバ（近）
31 野村（広）	38 大内（日）	92 デストラーデ（西）
30 湯上谷（ダ）	34 小川（オ）	91 落合（中）
24 高木（洋）	34 前田（広）	88 秋山（西）
・	・	・
・	2 清原（西）	・
・	2 ウィンタース（日）	・
・	2 藤井（オ）	・
・	2 レイノルズ（洋）	・
0 石嶺（オ）	2 駒田（読）	25 大野（ダ）
0 藤井（オ）	2 オマリ（神）	25 前田（広）
0 パチョレク（洋）	2 ブラドリ（読）	22 本西（日）
0 オマリ（神）	2 広沢（ヤ）	18 大内（日）
0 レイ（ヤ）	1 ウィン（神）	17 西村（ロ）

表 4.2 DEA 効率的な打者とその打率順位

パ3 白井（日）	パ8 堀（ロ）	パ28 湯上谷（ダ）	セ4 野村（広）
パ4 佐々木（ダ）	パ9 平野（西）	セ1 古田（ヤ）	セ5 レイノルズ（洋）
パ6 秋山（西）	パ10 西村（ロ）	セ2 落合（中）	セ7 パチョレク（洋）
パ7 大野（ダ）	パ23 デストラーデ（西）	セ3 高木（洋）	セ25 川相（読）

表 4.3 湯上谷と川相の仮想入出力値

打者	打席	併殺打	安打	四死球	盗塁	犠打	打点
湯上谷（ダ）	0.646	0.355	0	0	0.514	0.356	0.129
川相（読）	0.944	0.057	0.180	0.095	0.062	0.490	0.174

い）値をもっていたり，またDEA効率的と判断されるDMUが非常に多いことがしばしばある．これも，DEAが各DMUごとに最も都合のよい重みを用いていることから容易に想像される結果である．これはDEAの短所として知られており，これをある程度回避するさまざまな工夫が提案されている．

4.2 双対問題とその解釈

問題FPにおいて，目的関数の分母を$1/\mu$と置き換えると，以下のような問題になる．

$$\begin{aligned}
\text{FP}' : \max.\quad & \mu\sum_{r=1}^{s} u_r y_{ro} \\
\text{s.t.}\quad & \sum_{r=1}^{s} u_r y_{rj} \leqq \sum_{i=1}^{m} v_i x_{ij}\ (j=1,\ldots,n), \\
& u_r > 0 \qquad (r=1,\ldots,s), \\
& v_i > 0 \qquad (i=1,\ldots,m), \\
& \mu\sum_{i=1}^{m} v_i x_{io} = 1.
\end{aligned} \tag{4.2}$$

ここで$\mu>0$であることに注意して，$u'_r=\mu u_r (r=1,\ldots,s)$，および$v'_i=\mu v_i (i=1,\ldots,m)$と変数変換を行うと以下の問題が得られる．

$$\begin{aligned}
\text{LPO} : \max.\quad & z_o = \sum_{r=1}^{s} u'_r y_{ro} \\
\text{s.t.}\quad & \sum_{r=1}^{s} u'_r y_{rj} - \sum_{i=1}^{m} v'_i x_{ij} \leqq 0\ (j=1,\ldots,n), \\
& \sum_{i=1}^{m} v'_i x_{io} = 1, \\
& u'_r > 0 \qquad (r=1,\ldots,s), \\
& v'_i > 0 \qquad (i=1,\ldots,m).
\end{aligned} \tag{4.3}$$

上記の問題は線形計画によく似ているが，各変数が（非負でなく）正であるという制約がついている点が異なっている．実際に正制約を扱うには，十分小さな正の数εを用いて，$u'_r \geqq \varepsilon$, $v'_i \geqq \varepsilon$と置き換えることが多い[3)]．この置き換えによって，上記の問題は線形計画問題となる（線形計画問題については第6章を参照のこと）．線形計画問題は，非常に高性能なソフトウェアがあるため，大きな問題

[3)] 厳密には2段階法と呼ばれる方法を用いるのがよいが，専門的になるのでここでは割愛する．

でも非常に高速に解くことができる．

以下では，上記で導入された線形計画問題の双対問題を解くことで，さらにさまざまな情報が得られることを示す．上記で導入された線形計画問題の双対問題は，

$$\begin{aligned}
\text{min.}\quad & \theta_o - \varepsilon\sum_{r=1}^{s}\xi_r - \varepsilon\sum_{i=1}^{m}\zeta_i \\
\text{s.t.}\quad & \sum_{j=1}^{n} y_{rj}\lambda_j - \xi_r = y_{ro} \qquad (r=1, \ldots, s), \\
& -\sum_{j=1}^{n} x_{ij}\lambda_j + x_{io}\theta_o - \zeta_i = 0 \qquad (i=1, \ldots, m), \\
& \lambda_j \geqq 0\ (j=1, \ldots, n), \quad \xi_r \geqq 0\ (r=1, \ldots, s), \quad \zeta_i \geqq 0\ (i=1, \ldots, m),
\end{aligned}$$

となる (6.8 節参照)．ε の値は非常に小さいことから，これを 0 と見なして目的関数から第 2, 3 項を取り除き，さらに ξ_r と ζ_i を変数消去すると，上記の問題は

$$\begin{aligned}
\text{D : min.}\quad & \theta_o \\
\text{s.t.}\quad & \sum_{j=1}^{n} y_{rj}\lambda_j \geqq y_{ro} \qquad (r=1, \ldots, s), \\
& -\sum_{j=1}^{n} x_{ij}\lambda_j + x_{io}\theta_o \geqq 0 \qquad (i=1, \ldots, m), \\
& \lambda_j \geqq 0 \qquad (j=1, \ldots, n),
\end{aligned}$$

と変形される[4]．以下ではこの問題について考察する．

例 2——2 入力 1 出力の例

2 入力 1 出力をもつ表 4.4 のような 6 つの DMU を考えよ．

表 4.4 例 2

DMU	A	B	C	D	E	F
入力 1	1	2	4	7	4	5
入力 2	9	6	3	2	6	4
出力	1	1	1	1	1	1

説明を簡単にするために，すべての出力値は 1 としてある．すると DMU E に対する上記の双対問題 D は，

$$\begin{aligned}
\text{min.}\quad & \theta_E \\
\text{s.t.}\quad & \lambda_A + \lambda_B + \lambda_C + \lambda_D + \lambda_E + \lambda_F \geqq 1,
\end{aligned}$$

[4] 実際に計算する際にも，ξ_r と ζ_i を消去したこの問題を解くことが多い．

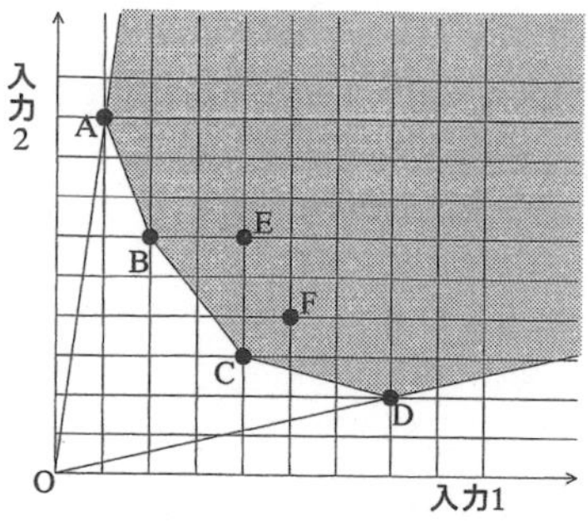

図 4.2　非負結合領域

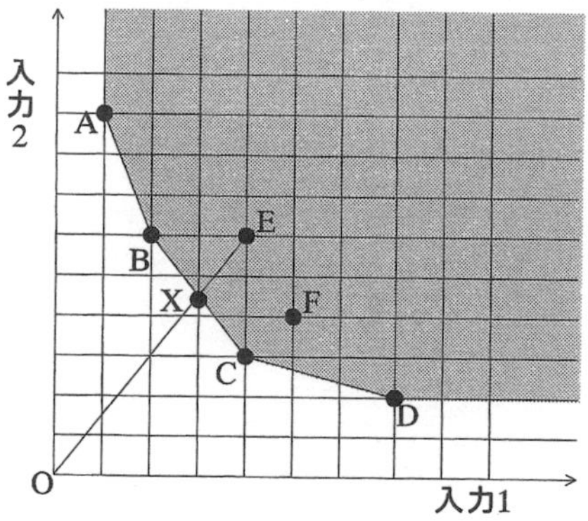

図 4.3　生産可能集合

$$\lambda_A\begin{pmatrix}1\\9\end{pmatrix}+\lambda_B\begin{pmatrix}2\\6\end{pmatrix}+\lambda_C\begin{pmatrix}4\\3\end{pmatrix}+\cdots+\lambda_F\begin{pmatrix}5\\4\end{pmatrix}\leqq\theta_E\begin{pmatrix}4\\6\end{pmatrix},$$

$$\lambda_A,\ \lambda_B,\ \lambda_C,\ \lambda_D,\ \lambda_E,\ \lambda_F\geqq 0,$$

となる．以下ではこの問題について図を用いて解釈を行う．$\lambda_A+\lambda_B+\cdots+\lambda_F\geqq 1$ を満たす非負の $\lambda_A, \lambda_B, \ldots, \lambda_F$ を用いた際，$\lambda_A\begin{pmatrix}1\\9\end{pmatrix}+\lambda_B\begin{pmatrix}2\\6\end{pmatrix}+\lambda_C\begin{pmatrix}4\\3\end{pmatrix}+\cdots+\lambda_F\begin{pmatrix}5\\4\end{pmatrix}$ というベクトルの表すことのできる領域は，図 4.2 の網を掛けた領域である．上記の問題の目的関数は θ_E の最小化であるから，$\begin{pmatrix}4\\6\end{pmatrix}$ というベクトルをできるだけ縮め，そのベクトルが図 4.3 の網掛け領域を出ないようにする際，どれだけ縮めることができるかを問う問題となっている．またその最適値は図 4.3 中の OX の長さを OE の長さで割った値，すなわち 0.75 となる．この問題は，与えられた DMU を適当な重み (λ_j) で足し合わせた仮想的なDMUをつくり，仮想的なDMUの出力値はすべて当該DMU以上となるとしたとき，入力をどのくらい抑えられるかを求めている．上記の問題例では，DMU Bを0.5倍したものとDMU Cを0.5倍したものを加えたような仮想的なDMUをつくることにより，(入力1，入力2；出力)=(3, 4.5；1)というDMUをつくることができ，この仮想的なDMUはDMU Eの入力の0.75倍の入力で同じ出力を行っていることを示している．DMU Eについては，それが非効率的と判断された仮想的なDMUは「お手本」あるいは目指すべき「努力目標」として解釈することができる．すなわち，DMU EはDMU BとDMU Cをお手本として努力することで，DEA効率値をある程度容易に上げることができると予想される．

上記の解釈から，双対問題を解くことによりさらにさまざまな情報が得られることがわかる．DMU_oに対する双対問題Dの最適解において，変数λ_jが正になっているDMUの集合を参照集合と呼ぶ．すると，DEA非効率的になったDMUにとって参照集合はお手本として機能する．また，非効率的DMUのうち多くのものの参照集合に入っているDMUは，一般的な特徴を備えた代表的な優秀DMUであることがわかる．

分析例 —— 野球打者の評価(例1)：　先ほどの野球打者の例において，DEA非効率的となった原(読)について，上記の解析を行ってみよう．原のDEA効率値は0.9936であった．原に対する参照集合は(落合，川相，秋山，デストラーデ)の4人であり，それぞれの打者に対するλ_jの値は，0.61(落合)+0.07(川相)+0.37(秋山)+0.01(デストラーデ)となっている．この4人の打者を上記の割合で足し合わせたような打者を目指すことが，原にとって効率値を上げるよい方策であることが示唆される．

逆にDEA効率的な打者について，参照集合に何回出現するかを調べると，以下のようになる．落合(中)と野村(広)は25打者以上の参照集合に出現しており，このシーズンの代表的な優秀選手であることがわかる．他方，西村(ロ)と湯上谷(ダ)は参照集合に一度も出現せず，全体の傾向に対して非常に特殊な打者であることを表している．

上記で扱ったモデルはDEAの基本モデルであり，1978年にCharnes, Cooper and Rhodesによって提案されたことからCCRモデルと呼ばれる．CCRモデルが提案されて以降，さまざまなヴァリエーションが提案されている．

・BCCモデル　以下ではBanker, Charnes and Cooperによって提案されたBCCモデルについて簡単に説明する．

例 3 —— 野球打者の例における BCC モデル

上記の野球打者の例において，原 (読) のお手本となるのは，0.61 (落合)+0.07 (川相)+0.37 (秋山)+0.01 (デストラーデ) という仮想的な打者であったが，この重みをすべて加えると 0.61+0.07+0.37+0.01=1.06 となり 1 より大きい．仮想的とはいえ，このような打者が実際に存在しうるかについては疑わしい．

BCC モデルは，双対問題 D にさらに $\sum_{j=1}^{n}\lambda_j=1$ という制約を加えた問題を解くというものである．これにより，仮想的な打者 (DMU) として許されるものは，現在いる打者 (DMU) を総和が 1 となる重みで足し合わせたもののみとなる．

【演習問題】

4.1　例 2 において，DMU F の DEA 効率値と参照集合を求めよ．

4.2　日本プロ野球の先シーズンの結果を用いて，例 1 と同様の分析を行え．

【参考文献】

[1] 刀根　薫：経営効率性の測定と改善—包絡分析法 DEA による，日科技連出版社 (1993).

[2] A. Charnes, W. W. Cooper, A. Y. Lewin and L. M. Seiford (eds.) : *Data Envelopment Analysis : Theory, Methodology, and Application*, Kluwer Academic (1994) (刀根　薫，上田　徹監訳：経営効率評価ハンドブック—包絡分析法の理論と応用，朝倉書店 (2000)).

5　ゲーム的状況の表現 — その公理論的特徴づけ —

物事を決定する際は，可能な多数の選択肢のなかから最もよいものを探索し，それを選択することが望ましい．しかしながら，最もよい選択肢がはじめから存在しないこともしばしばある．例えば仲のよいグループで食事に行く際，候補のレストランのうちどれを選ぶかを決定しなければならないとしよう．このとき，人により好き嫌いが異なれば最もよい選択肢というものはそもそも存在しない．あるいは，ある地域において産業の隆盛を目指す人たちと，自然環境の保全を訴える人たちがおり，その2つが相反するならば，最もよい選択肢というものは存在しないだろう．そんなとき，どうやって決定を下せばいいのか．

「よさ」の基準にさまざまなものがあるときに，選択肢間の優劣を定めるのに使われる議論の方法に，公理論的アプローチがある．これは，決定する選択肢が満たさねばならない(最低限の)性質を議論することで，可能な選択肢を(できれば1つに)定める方法を定めるというものである．もしこれが可能となれば，議論すべき対象は，選択肢そのものではなく，選択肢が満たすべき性質となる．

このような方法がいつでも成功するわけではないが，いくつかの状況では大きな成功をおさめることがある．本章ではそのような例について解説する．

5.1　クラス編成問題

例 1 —— クラス編成

M塾の夏ゼミ合宿では，生徒の希望と成績の2つから，クラス分けをしているとする．各生徒の希望するクラスが表5.1の通りであるとき，クラス定員に沿うようにクラス分けするには，いったいどうしたらよいだろう．

生徒の成績は，生徒aが最もよく，以下順にb, c, d, e, fの順となっている．また各クラスの定員は2名であるとする．この場合，6人の生徒をそれぞれどのクラスに振り分ければよいだろうか.

表 5.1　各生徒の志望順位

	第 1 志望	第 2 志望	第 3 志望
生徒 a	クラス A	クラス B	クラス C
生徒 b	クラス A	クラス B	クラス C
生徒 c	クラス A	クラス B	クラス C
生徒 d	クラス B	クラス A	クラス C
生徒 e	クラス A	クラス C	クラス B
生徒 f	クラス B	クラス A	クラス C

このとき容易に思いつく方法として以下の方法がある. それは, 成績のよい学生から順に, 可能な限り (定員に余裕のある限り) 志望順位の高いクラスに配属させる方法である. これは志望表を各段ごとに左から右へ見ていく方法と説明することができる. 上記の志望表でこの方法を実行すると以下のようになる.

方法 1

生徒 a は第 1 志望のクラス A へ.
生徒 b も第 1 志望のクラス A へ.
生徒 c はクラス A が定員一杯なので第 2 志望のクラス B へ.
生徒 d は第 1 志望のクラス B へ.
生徒 e はクラス A が定員一杯なので, 第 2 志望のクラス C へ.
生徒 f はクラス A とクラス B が定員一杯なので第 3 志望のクラス C へ.

この方法を, 以下では方法 1 と呼ぶ. この方法を使ってよいのだろうか? そもそもよい方法とは何だろうか? どんな方法を用いるかを皆で議論せねばならないとしたら, 何を議論すればよいのか?

このようなとき, 公理論的なアプローチをとるという方法がある. 公理論的なアプローチとは, それぞれの方法を導く性質 (公理) を見つけるというアプローチである. 以下では, 上記の方法を導く公理を議論しよう. 方法 1 は以下の性質を満たしていることが容易にわかる.

公理 1　任意の生徒において以下が成り立つ. その生徒が配属されたクラスより (その生徒の) 志望順位がよいクラスにいる生徒は, 皆その生徒より成績がよい.

例えば，方法1で振り分けて第2志望のクラスBに配属された生徒cにとって，第1志望であったクラスAに配属されている生徒a, bはどちらも自分より成績がよい．このとき以下が成り立つ．

定理1 定員の総和は生徒数に等しいとする．定員を満たす配属で，公理1を満たすものは，方法1で得られる配属のみである．

証明： まず最初に，方法1で得られる配属は公理1を満たすことを示す．方法1で得られた配属が公理1を満たさないとしよう．公理1の性質を満たさない生徒のなかで最も成績のよい生徒を i とする．また方法1で生徒 i の配属されたクラスをクラス j とする．仮定より，生徒 i にとって j より志望順位のよいクラス j' が存在し，j' に生徒 i より成績の悪い生徒 i' が配属されている．クラス j' の定員を u' とする．すると，クラス j' にいる生徒で i より成績のよい生徒は $u'-1$ 以下である．方法1で生徒 i の配属を決定した時点では，クラス j' にすでに配属が決定している生徒は皆 i より成績がよい．すなわち，この時点でクラス j' に配属が決定した生徒は高々 $u'-1$ 人であり，まだ定員に達していない．ゆえに方法1に従うならば，生徒 i がクラス j に配属されることはない．

次に公理1を満たす配属は2つ以上は存在しないことを示そう．公理1を満たす相異なる配属 x と x' があったとしよう．x と x' で配属が異なる生徒のなかで最も成績のよい生徒を i としよう．配属 x, x' での生徒 i のクラスをそれぞれ j, j' と書く．一般性を失うことなく，生徒 i は j より j' を好むと仮定することができる．すると，配属 x においてクラス j' にいる生徒はすべて i より成績がよい．生徒 i の定義より，生徒 i より成績のよい生徒は x と x' で配属されているクラスが同じである．すなわち，配属 x でクラス j' に配属されている生徒は，配属 x' においてもクラス j' に所属している．配属 x' では生徒 i もクラス j' に所属していることから，配属 x' でクラス j' に所属している生徒の数は，配属 x でクラス j' に所属している生徒数より1人以上多い．これは配属 x と x' の両方が定員を満たしていることに矛盾する． ■

5.2 Shapley-Shubik 指数

n 人の投票者それぞれが，議案に「賛成」するか「反対」するか投票を行って，議案を通すか通さないかを決定する制度について議論しよう．このような制度において，各投票者のもつ影響力を測るにはどうすればよいだろうか．

$N=\{1, 2, ..., n\}$ を投票者の集合とする．以下では，投票者の部分集合を提携と呼ぶ．ある提携 $S \subseteq N$ が，「提携 S 中の投票者が全員「賛成」の回答を投票し，提携 S に入っていない投票者が全員「反対」の回答を投票した結果，議案を通すことができる」とき，提携 S は勝利提携であるということにする．また，勝利提携でない提携を敗北提携と呼ぶ．たとえば各投票者は政党にあたり，現在3政党ある会議を考えよう．各政党の議席数は 10, 10, 1 として，過半数である 11 を超える賛成が得られたとき議案が通過するとする．すると政党の集合 $\{1,2,3\}$ に対し，勝利提携は $\{\{1,2,3\},\{1,2\},\{2,3\},\{1,3\}\}$ の 4 つ存在する．勝利提携すべての集合を $\mathscr{W}$ と表し，投票者の集合と勝利提携の集合の組 $(N,\mathscr{W})$ を投票ゲームと呼ぶ．本節では，勝利提携の集合 $\mathscr{W}$ は

$$N \in \mathscr{W},\ \emptyset \notin \mathscr{W},\ [S \in \mathscr{W} \text{ かつ } S \subseteq T \subseteq N] \text{ ならば } T \in \mathscr{W},$$

を満たすとする．この性質は，通常の投票制度ならば備わっている性質であろう．

例 2 —— 4 政党の投票ゲーム

例えば，$N=\{1,2,3,4\}$ とし，勝利提携 $\mathscr{W}$ が

$$\mathscr{W}=\{\{1,2,3,4\},\{1,2,3\},\{1,2,4\},\{2,3,4\},\{1,2\},\{2,3\}\}$$

となっているとき，投票ゲーム $(N,\mathscr{W})$ の各投票者の影響力はどのくらいだろうか．例えば，各投票者の入っている勝利提携の数を影響力としてはどうだろうか？すなわち投票者 1, 2, 3, 4 の入っている勝利提携の数，4 個，6 個，4 個，3 個を各投票者の影響力と呼ぶのはどうだろう[1]．また他にもいろいろな尺度がありそうに思われる[2]．

さまざまな尺度があるとき，互いの優劣を比べるのは容易ではない．そもそも，「影響力」とは何なのか明確でないため，最もよい尺度がただ1つあるわけではなさそうでもある．このようなとき，投票者の影響力を測る尺度の満たすべき性質を議論することにより，望ましい尺度を導くことが行われる．

以下では，投票ゲーム $G=(N,\mathscr{W})$ が与えられたとき，各投票者の影響力を測る尺度を指数と呼び，これについて議論する．投票者 i の指数（の値）を $\alpha_G(i) \in \mathrm{R}$ とし，$\alpha(G) \stackrel{\text{def.}}{=} (\alpha_G(1), \alpha_G(2), \ldots, \alpha_G(n)) \in \mathrm{R}^n$ と書くことにする．議論するのは，投票者 i の影響力が強いならば $\alpha_G(i)$ が大きくなるような尺度（指数）である．以

[1] この方法の短所を思いつくだろうか？

[2] 他のよさそうな尺度（多少欠点があってもよい）を思いつくだろうか？1つも思いつかない読者は，頭が柔軟でないと思ってほしい．

下では，公理論的アプローチを採用して「指数はどのような性質を満たすべきであるか」から議論しよう．投票者集合 N に対する投票ゲーム全体の集合を $\mathcal{G}$ とすると，

$$\mathcal{G} \stackrel{\text{def.}}{=} \left\{ (N, \mathcal{W}) \,\middle|\, \begin{array}{l} \mathcal{W} \text{ は } N \text{ の部分集合の集合，} N \in \mathcal{W}, \emptyset \notin \mathcal{W}, \\ [S \in \mathcal{W} \text{ かつ } S \subseteq T \subseteq N] \text{ ならば } T \in \mathcal{W} \end{array} \right\}$$

となる．指数とは，$\mathcal{G}$ 中の要素である投票ゲームを1つ指定すると，各投票者の指数の値を返す関数とみることもできる．以下では，指数は $\mathcal{G}$ から n 次元ベクトルへの関数 $\alpha: \mathcal{G} \to \mathrm{R}^n$ とし，その満たすべき性質について議論する．

まず最初に，指数の総和について

公理 1 $\forall G \in \mathcal{G}$, $\alpha_G(1) + \alpha_G(2) + \cdots + \alpha_G(n) = 1$,

という性質を導入しよう．この公理によって，$\exists G \in \mathcal{G}, \alpha_G(1) = \alpha_G(2) = \cdots = \alpha_G(n) = 0$ となるような指数は許されなくなる．公理1を満たす指数のなかで，どのようなものがよいだろうか．結果にまったく影響を与えない投票者の影響力は0とするのがよいと思われる．そこで

公理 2 任意の投票ゲーム $G \in \mathcal{G}$ において以下が成り立つ．投票者 $i \in N$ が $[\forall S \subseteq N \backslash \{i\}, S \cup \{i\} \in \mathcal{W} \Rightarrow S \in \mathcal{W}]$ を満たすならば，$\alpha_G(i) = 0$,

を導入しよう．公理2の性質を満たす投票者 i はダミーと呼ぶ．定義より，ダミーの投票者 i の投票は結果に影響を与えないことがわかる．実は例2において，投票者4はダミーとなっており，他の投票者はダミーではない．ゆえに，各投票者の所属する勝利提携の数を影響力の尺度とする指数は，上記の公理2を満たさない．次に，勝利提携での立場がまったく同じ投票者は指数が同じ値になる，という性質，

公理 3 任意の投票ゲーム $G \in \mathcal{G}$ において以下が成り立つ．投票者 i, j が $[\forall S \subseteq N \backslash \{i, j\}, S \cup \{i\} \in \mathcal{W} \Leftrightarrow S \cup \{j\} \in \mathcal{W}]$ を満たすならば，$\alpha_G(i) = \alpha_G(j)$ を満たす，

を導入しよう．公理3の性質を満たす投票者 i, j は対称的であるという．例2では投票者1, 3は対称的である．最後に Shapley と Shubik によって導入されたゲームの合成に関する性質を導入しよう．

公理 4　任意の投票ゲームの対 $G, G' \in \mathcal{G}$ に対し，$G=(N, \mathcal{W})$，$G'=(N, \mathcal{W}')$ とすると $\alpha(G)+\alpha(G')=\alpha(G \vee G')+\alpha(G \wedge G')$ である，ただし $G \vee G'$ と $G \wedge G'$ は $G \vee G'=(N, \mathcal{W} \cup \mathcal{W}')$, $G \wedge G'=(N, \mathcal{W} \cap \mathcal{W}')$ で定義される投票ゲームである．

公理 4 は，直感的には $|\mathcal{W}|+|\mathcal{W}'|=|\mathcal{W} \cup \mathcal{W}'|+|\mathcal{W} \cap \mathcal{W}'|$ という要素数間の関係式を指数に当てはめたものと解釈できるが，その必要性についてはさまざまな議論がある．例 2 で考案した，各投票者の所属する勝利提携の数を影響力の尺度とする指数は，上記の公理 4 を満たしている．これについては，読者は各自証明を試みられたい．

各投票者の所属する勝利提携の数を影響力の尺度とする指数は，公理 3, 4 を満たしているが，公理 1, 2 は満たしていない．では上記のような 4 つの公理をすべて満たす指数がよいとしたら，それはどのようなものになるだろうか．そもそもそんな指数は存在するのだろうか．

実は Shapley と Shubik によって提案された指数は，上記の公理を満たす唯一のものである．以下ではまず，まず Shapley と Shubik の提案した指数（SS 指数）を定義しよう．投票ゲーム $G=(N, \mathcal{W}) \in \mathcal{G}$ が与えられたとき，SS 指数 $\beta(G) \stackrel{\text{def.}}{=} (\beta_G(1), \ldots, \beta_G(n))$ は以下のように定義される．投票者全員を適当な順序で並べた順列 $\pi=(p_1, p_2, \ldots, p_n)$ に対して，投票者 i が $i=p_j$, $\{p_1, p_2, \ldots, p_{j-1}\} \notin \mathcal{W}$, $\{p_1, p_2, \ldots, p_{j-1}, p_j\} \in \mathcal{W}$ を満たすとき，i は（G において）π に関するピヴォットであるという．この状況は，投票者が $(p_1, p_2, \ldots, p_n)$ の順に賛成の回答を表明していった場合，投票者 $p_j(=i)$ が賛成した時点で議案が初めて通ったと捉えることができる．投票者の順列すべての集合を $\prod_N$ と表す．順列は全部で $n!$ 通り存在する．投票者 i の SS 指数 $\beta_G(i)$ は，順列の集合 $\prod_N$ のなかで i がピヴォットとなるようなものの割合と定義される．正確には，$\beta_G(i) \stackrel{\text{def.}}{=} |\{\pi \in \prod_N | i$ は π に関するピヴォットである$\}|/n!$ と定義される

SS 指数の例：　冒頭の例では投票者が 4 人であることから，順列は全部で 24 通り存在する．それぞれについてピヴォットは

(1, 2, 3, 4) : 2	(1, 4, 2, 3) : 2	(2, 3, 1, 4) : 3	(3, 1, 2, 4) : 2	(3, 4, 1, 2) : 2	(4, 2, 1, 3) : 1
(1, 2, 4, 3) : 2	(1, 4, 3, 2) : 2	(2, 3, 4, 1) : 3	(3, 1, 4, 2) : 2	(3, 4, 2, 1) : 2	(4, 2, 3, 1) : 3
(1, 3, 2, 4) : 2	(2, 1, 3, 4) : 1	(2, 4, 1, 3) : 1	(3, 2, 1, 4) : 2	(4, 1, 2, 3) : 2	(4, 3, 1, 2) : 2
(1, 3, 4, 2) : 2	(2, 1, 4, 3) : 1	(2, 4, 3, 1) : 3	(3, 2, 4, 1) : 2	(4, 1, 3, 2) : 2	(4, 3, 2, 1) : 2

となっている，ただし上記の表記は「順列：ピヴォット」を表している．これより投票者1,3がピヴォットとなる順列はそれぞれ4個であり，投票者2がピヴォットとなる順列は16個である．ゆえにこのゲーム G のSS指数は $\alpha(G)=(4/24, 16/24, 4/24, 0)=(1/6, 4/6, 1/6, 0)$ である．

SS指数について下記が成り立つ．

定理 2 SS指数は，公理1～4をすべて満たす唯一の指数である．

この定理より，SS指数の正当性や指数としての表現力を議論する際は，順列を用いた計算方法について議論するのではなく，公理1～4の正当性や表現力について議論をすればよいことがわかる．

SS指数の計算例： 1998年10月20日の時点における，参議院会派別所属議員と議席数比率，各プレイヤー(会派)のSS指数とBanzhaf指数(9.6節参照)は表5.2のようになる．

表 5.2 SS指数の計算例

会派	議員数	議席数比率	SS指数	Banzhaf指数
自由民主党	105	0.38321	0.49723	0.88000
民主党・新緑風会	56	0.20438	0.11870	0.12000
公明党	24	0.08759	0.08566	0.11944
日本共産党	23	0.08394	0.08145	0.11865
社会民主党・護憲連合	13	0.04380	0.03810	0.05994
自由党	12	0.04380	0.03810	0.05994
参議院の会	10	0.03650	0.03341	0.05456
二院クラブ・自由連合	4	0.01460	0.01394	0.01060
各派に属しない議員(注)	5	0.00365	0.00365	0.00347

注：「各派に属しない議員(5)」は，票数1のプレイヤーが5名いると見なす．

補遺

以下では定理2を証明する．まず最初に，公理1～4を満たす $\alpha: \mathcal{G} \to \mathrm{R}^n$ は高々1つしか存在しないことを示そう．これを示すには，最初に特殊な投票ゲームについて議論する．投票者の部分集合 $N_1, \ldots, N_k$ が互いに交わりをもたないとは，$[\forall l, \forall l' \in \{1, 2, \ldots, k\},\ l \neq l' \Rightarrow N_l \cap N_{l'} = \emptyset]$ が成り立つことである．互いに

交わりをもたない非空な部分集合 $N_1, ..., N_k \subseteq N$ に対し，投票ゲーム $G[N_1, ..., N_k]$ を，勝利提携の集合 $\mathscr{W}' = \{S \subseteq N | N_l \cap S \neq \emptyset,\ \forall l \in \{1, 2, ..., k\}\}$ をもつ投票ゲーム $(N, \mathscr{W}')$ と定義する．

補題 1　公理 1～4 を満たす指数 $\alpha : \mathscr{G} \to \mathrm{R}^n$ が存在するならば，互いに交わりをもたない非空な部分集合 $N_1, ..., N_k \subseteq N$ に対し，$\alpha(G[N_1, ..., N_k])$ は唯一に定まる．

証明：　公理 1～4 を満たす $\alpha : \mathscr{G} \to \mathrm{R}^n$ が存在すると仮定して，唯一性を議論する．k に関する帰納法を用いる．

$k=1$ の場合．N_1 に入っていない投票者はすべてダミーであり，N_1 中の投票者は互いに対称的である．N_1 は非空であり，指数の総和が 1 であることから，$\alpha(G[N_1])$ は，

$$\alpha_{G[N_1]}(i) = \begin{cases} 0 & (i \notin N_1), \\ 1/|N_1| & (i \in N_1), \end{cases}$$

を満たし，$\alpha(G[N_1])$ はこれ以外には存在しない．

$k \geq 2$ の場合．互いに交わりをもたない非空な部分集合 $N_1, ..., N_k \subseteq N$ に対する投票ゲーム $G_0 = G[N_1, ..., N_k]$ について議論する．3 つの投票ゲーム

$$G_1 = G[N_1, N_2, ..., N_{k-2}, N_{k-1}],$$
$$G_2 = G[N_1, N_2, ..., N_{k-2}, N_k],$$
$$G_3 = G[N_1, N_2, ..., N_{k-2}, N_{k-1} \cup N_k],$$

を導入しよう．定義から明らかに $G_1 \vee G_2 = G_3$ と $G_1 \wedge G_2 = G_0$ が成り立つ．帰納法の仮定より，$\alpha(G_1), \alpha(G_2), \alpha(G_3)$ は唯一に定まる．公理 4 より $\alpha(G_0) = \alpha(G_1) + \alpha(G_2) - \alpha(G_3)$ が成り立つため，$\alpha(G_0)$ は唯一に定まる．■

定理 3　公理 1～4 を満たす $\alpha : \mathscr{G} \to \mathrm{R}^n$ が存在するならば，それは唯一である．

証明：　公理 1～4 を満たす $\alpha : \mathscr{G} \to \mathrm{R}^n$ が存在すると仮定して，その唯一性を示す．勝利提携の数の帰納法を用いる．

投票ゲーム $G = (N, \mathscr{W})$ の勝利提携の数が 1 個ならば $\mathscr{W} = \{N\}$ である．すべての投票者は互いに対称的となることと，指数の総和が 1 であることから，$[\forall i \in N, \alpha_G(i) = 1/n]$ が成り立ち，$\alpha(G)$ は他には存在しない．

投票ゲーム $G_0 = (N, \mathscr{W}_0)$ は，$|\mathscr{W}_0| \geq 2$ を満たすとする．$\mathscr{W}_0$ 中の勝利提携のうち，そのサイズ（提携中の投票者数）が最小のものを S とする（最小のものが複数ある場合は，そのうちどれか 1 つを選び S とする）．$|\mathscr{W}_0| \geq 2$ より $S \neq N$ である．投票ゲーム $G_1 = (N, \mathscr{W}_1)$，$G_2 = (N, \mathscr{W}_2)$，$G_3 = (N, \mathscr{W}_3)$ を $\mathscr{W}_1 \overset{\mathrm{def.}}{=} \mathscr{W} \setminus \{S\}$，$\mathscr{W}_2 \overset{\mathrm{def.}}{=} \{S' \subseteq N | S \subseteq S'\}$，$\mathscr{W}_3 \overset{\mathrm{def.}}{=}$

$\mathcal{W}_2 \backslash S$，と定義しよう．定義から明らかに $G_1 \wedge G_2 = G_3$，$G_1 \vee G_2 = G_0$ が成り立つ．帰納法の仮定より $\alpha(G_1)$ は唯一に定まる．集合 S の要素を $S \overset{\text{def.}}{=} \{p_1, p_2, \ldots, p_k\}$ とし，互いに交わりをもたない非空な集合 $N_1 \overset{\text{def.}}{=} \{p_1\}$，$N_2 \overset{\text{def.}}{=} \{p_2\}, \ldots, N_k \overset{\text{def.}}{=} \{p_k\}$，$N_{k+1} \overset{\text{def.}}{=} N \backslash S$ を導入しよう．すると $G_2 = G[N_1, N_2, \ldots, N_k]$，$G_3 = G[N_1, N_2, \ldots, N_k, N_{k+1}]$ が成り立ち，補題1より $\alpha(G_2), \alpha(G_3)$ は唯一に定まる．ゆえに公理4より $\alpha(G_0) = \alpha(G_1) + \alpha(G_2) - \alpha(G_3)$ が成り立ち，$\alpha(G_0)$ は唯一に定まる． ■

次に SS 指数について下記を示そう．

定理 4　SS 指数は，公理 1～4 をすべて満たす．

証明：　公理 1～3 を満たすことは明らかであろう．以下では公理 4 について簡単に説明する．

任意の投票者 i と，任意の投票ゲーム $G, G' \in \mathcal{G}$ について，

$\check{P}_i = \{\pi \in \prod_N | i$ は $G \vee G'$ でピヴォットである$\}$

$P_i = \{\pi \in \prod_N | i$ は G でピヴォットである$\}$

$P'_i = \{\pi \in \prod_N | i$ は G' でピヴォットである$\}$

$\hat{P}_i = \{\pi \in \prod_N | i$ は $G \wedge G'$ でピヴォットである$\}$

と定義する．また $G, G', G \vee G', G \wedge G'$ の勝利提携の集合をそれぞれ $\mathcal{W}, \mathcal{W}', \mathcal{W}_\vee, \mathcal{W}_\wedge$ とする．

順列 $\pi = (p_1, p_2, \ldots, p_n)$ を 1 つ固定し，$i = p_j$ であったとする．また，$S = \{p_1, p_2, \ldots, p_{j-1}\}$，$S^+ = S \cup \{i\}$ とする．

(1) [$\pi \in P_i \cap P_i'$ ならば $\pi \in \check{P}_i \cap \hat{P}_i$] を示す．$\pi \in P_i \cap P_i'$ より，$S \in \mathcal{W}$，$S \in \mathcal{W}'$，$S^+ \notin \mathcal{W}$，$S^+ \notin \mathcal{W}'$ が成り立つ．ゆえに，$S \in \mathcal{W} \cap \mathcal{W}' = \mathcal{W}_\wedge$，$S^+ \notin \mathcal{W} \cap \mathcal{W}' = \mathcal{W}_\wedge$ が成り立ち，$\pi \in \hat{P}_i$ となる．さらに，$S \in \mathcal{W} \cup \mathcal{W}' = \mathcal{W}_\vee$，$S^+ \notin \mathcal{W} \cup \mathcal{W}' = \mathcal{W}_\vee$ が成り立ち，$\pi \in \check{P}_i$ となる．

(2) [$\pi \in P_i$ かつ $\pi \notin P_i'$ ならば π は $\check{P}_i$ と $\hat{P}_i$ のどちらかちょうど一方に入っている] を示す．$\pi \notin P_i'$ より，次の 2 通りの場合がある．

(2-1) $S \notin \mathcal{W}'$ の場合．このとき，$S \in \mathcal{W} \cup \mathcal{W}' = \mathcal{W}_\vee$ と $S^+ \notin \mathcal{W} \cup \mathcal{W}' = \mathcal{W}_\vee$ が成り立ち，$\pi \in \check{P}_i$ となる．さらに $S \notin \mathcal{W} \cap \mathcal{W}' = \mathcal{W}_\wedge$ より，$\pi \in / \hat{P}_i$ である．

(2-2) $S^+ \in \mathcal{W}'$ の場合．このとき，$S \in \mathcal{W} \cap \mathcal{W}' = \mathcal{W}_\wedge$ と $S^+ \notin \mathcal{W} \cap \mathcal{W}' = \mathcal{W}_\wedge$ が成り立ち，$\pi \in \hat{P}_i$ となる．さらに $S^+ \in \mathcal{W} \cup \mathcal{W}' = \mathcal{W}_\vee$ より，$\pi \notin \check{P}_i$ である．

(3) [$\pi \notin P_i$ かつ $\pi \in P_i'$ ならば π は $\check{P}_i$ と $\hat{P}_i$ のどちらかちょうど一方に入っている] は，(2) と同様に示すことができる．

(4) [$\pi \notin P_i \cup P_i'$ ならば $\pi \in \check{P}_i \cup \hat{P}_i$] も，いくつかの場合分けを行って示すことができるが，場合分けが多い (4 通り) ので割愛する．

以上より，任意の順列 π について，$|\{\pi\} \cap P_i| + |\{\pi\} \cap P_i'| = |\{\pi\} \cap \hat{P}_i| + |\{\pi\} \cap \check{P}_i|$ が成

り立ち，$|P_i|+|P_i'|=|P_i^{\wedge}|+|P_i^{\vee}|$ となる．この式の両辺を $n!$ で割ることにより，公理 4 の式が得られる． ■

5.3 Arrow の一般可能性定理

Arrow の一般可能性定理は，2 人以上で 3 つ以上の選択肢を好ましい順に並べる合理的な決め方は，誰かが独裁者になるしかない，という定理である．定理の内容が上記のように曖昧に語られる場合が多いが，実際の定理は，公理論的アプローチに基づく数学的な主張である．以下で説明する Arrow の一般可能性定理によって，よい決め方が満たしていてほしい性質 (公理) は，あまりたくさんは望めないことが判明する．

例 3 —— 選択肢が 2 つの場合

A 研究室では，毎回のセミナーの後に昼食を全員で食べる．昼食の食堂は x と y の 2 つしかなく，いつもどちらかに決定しなければならない．毎回の選択を簡単にするために，「食堂の決め方」を固定してしまおうと，教授が言い出した．各人が，今日は x と y のどちらがよいか，あるいはどちらも同じくらいよいということを申告したら，その結果として x と y のどちらかの食堂か，あるいはどちらも同じくらいよいということが決まるような，一覧表をつくってしまおうというのだ[3)]．

この表はどんな性質を満たしているべきだろうか．例えば極端な場合として，全員が「x よりも y がよい」と言ったら，結果として食堂 y に行くのは，きわめて自然と思われる．そこで，以下の性質を導入しよう．

公理 1　2 つの選択肢の好きな順について，全員の申告が一方より他方がよいという意見で一致している (誰も「同じくらいよい」と申し出ておらず，全員の申告が一致している) ならば，結果も全員の申告に一致している．

例えば，A 研究室が森先生と松井君の 2 人だけならば，公理 1 を満たす表には以下のようなものがある．

---

3) 決定の結果が「同じくらいよい」の場合，具体的にどうするのかという疑問は当然存在するが，一般可能性定理の証明ではこの疑問に答える必要はない．なぜならば，一般可能性定理は，「同じくらいよい」という結果を許したとしても「合理的な決定方法が独裁者を導く」ことを主張しているからである．「同じくらいよい」という結果を許さないのならば，「合理的な決定方法が独裁者を導く」という証明はより容易になる．

森\松	$(x>y)$	$(y>x)$	$(x\simeq y)$
$(x>y)$	$(x>y)^*$	$(x>y)$	$(x>y)$
$(y>x)$	$(y>x)$	$(y>x)^*$	$(y>x)$
$(x\simeq y)$	$(x\simeq y)$	$(x\simeq y)$	$(x\simeq y)$

森\松	$(x>y)$	$(y>x)$	$(x\simeq y)$
$(x>y)$	$(x>y)^*$	$(x>y)$	$(x>y)$
$(y>x)$	$(x>y)$	$(y>x)^*$	$(x>y)$
$(x\simeq y)$	$(x>y)$	$(x>y)$	$(x>y)$

上記の表で，$(x>y)$ は「食堂 x を y より好む」という申告を，$(y>x)$ は「食堂 y を x より好む」という申告を意味し，$(x\simeq y)$ は「2つの食堂を同じくらい好む」という申告を意味する．上記の表で *印のついている場所が，公理1で結果が定められる場所である．例えば左の表は「いつでも森先生のいう通り」，右は「食堂 y に行くのは2人が同意したときに限り，それ以外は食堂 x へ行く」という表である．

2人の場合は，「2人とも $(x>y)$ を申告する」，「2人とも $(y>x)$ を申告する」以外の $3^2-2=7$ 通りの場合を何にするかで，$3^7=2187$ 通りの表が存在する．研究室の人数が3人なら，3^{3^3-2} 通り，n 人なら 3^{3^n-2} 通りの表が存在する．

食堂が x, y, z の3つになったら何が起こるだろう．以降では，A研究室の各メンバーをプレイヤーと呼ぶ．プレイヤーは全部で n 人であり，$1, 2, \ldots, n$ と番号づけされているとする．ここでは $n\geqq 2$ と仮定する．食堂が3つになった際は，次のように議論を進める．食堂 x と y について，先ほどのような表がある (研究室には n 人いることに注意せよ)．この表は，食堂 z が休みの日に使える．食堂 x が休みの日のために，食堂 y と z についても同様の表がある．さらに，食堂 y が休みの日のために，食堂 z と x についても同様の表がある．すなわち次の性質が成り立つ[4)]．

公理 2　選択肢の対ごとに，「対のどちらが好ましいか，あるいは同じ程度か」を全員が申告すると，決定の結果として「対のどちらが好ましいか，あるいは同じ程度か」がわかる表がある．

公理2における表は，次のような関数として捉えることもできる．まず，x, y, z の対ごとに，「対のどちらが好ましいか，あるいは同じ程度か」という申告を表す以下の集合を定義する．$\mathscr{D}_{xy}=\{(x>y), (y>x), (x\simeq y)\}$，$\mathscr{D}_{yz}=\{(y>z), (z>y), (y\simeq z)\}$，$\mathscr{D}_{zx}=\{(z>x), (x>z), (z\simeq x)\}$．ただし $(x>y)$ は「x の方が y より好ましい」という申告を意味し，$(x\simeq y)$ は「x と y は同じ程度に好ましい」

4) 公理2は「無関係対象からの独立」と呼ばれる．それは，例えば x と y の対について決めるときは，無関係な z に依存しないで決められるということからきている．

という申告を意味する．各プレイヤーが x, y の選好を申告した際に得られる決定の結果を表す関数を $f_{xy}: \mathscr{D}_{xy}^n \to \mathscr{D}_{xy}$ とする．ただし $\mathscr{D}_{xy}^n$ は，$\mathscr{D}_{xy}$ の要素を n 個並べたものすべての集合 $\mathscr{D}_{xy} \times \mathscr{D}_{xy} \times \cdots \times \mathscr{D}_{xy}$ である．同様に $f_{yz}: \mathscr{D}_{yz}^n \to \mathscr{D}_{yz}$ と $f_{zx}: \mathscr{D}_{zx}^n \to \mathscr{D}_{zx}$ を定義する．

公理 2 を認め，上記の記号を用いるならば，公理 1 は以下のように表される．

公理 1　関数 f_{xy}, f_{yx}, f_{zx} は以下の 6 式をすべて満たす．

$$f_{xy}((x>y),(x>y),\ldots,(x>y))=(x>y),\ f_{xy}((y>x),(y>x),\ldots,(y>x))=(y>x),$$
$$f_{yz}((y>z),(y>z),\ldots,(y>z))=(y>z),\ f_{yz}((z>y),(z>y),\ldots,(z>y))=(z>y),$$
$$f_{zx}((z>x),(z>x),\ldots,(z>x))=(z>x),\ f_{zx}((x>z),(x>z),\ldots,(x>z))=(x>z).$$

選択肢が 3 つになると，新たな問題が生じる．例えば，あるプレイヤーの申告が $((x>y),(y>z),(z>x))$ というように循環していると，そのプレイヤーは 3 つの選択肢を好きな順に並べられないことになる．また $((x>y),(y>z),(z\simeq x))$ という組も，現実に何を意味するかが明確でない．

上記のような問題を引き起こさない選好の 3 つ組として，**弱順序**と呼ばれるものが定義されている．それは表 5.3 のような 13 通りの 3 つ組である（本章では以後，併記された「略記法」を用いる）．弱順序になっている 3 つ組 13 通りの集合を $\mathscr{D}$ と書く．すなわち，以下のように定義される．$\mathscr{D}=\{\boldsymbol{p}\in\mathscr{D}_{xy}\times\mathscr{D}_{yz}\times\mathscr{D}_{zx}\,|\,\boldsymbol{p}=(a, b, c)$ は弱順序$\}$.

弱順序でない 3 つ組は，それが実際に何を意味するかが明確でないことから，決定の結果も，弱順序になっている方が望ましいと考えられる．そこで，「すべてのプレイヤーの申告が弱順序ならば，結果も弱順序である」という性質を導入しよう．公理 2 を認めるならば，この性質は以下のように記述される．

表 5.3　弱順序

弱順序の 3 つ組	略記法	弱順序の 3 つ組	略記法
$((x>y),(y>z),(x>z))$	$(x>y>z)$	$((x\simeq y),(z>y),(z>x))$	$(z>x\simeq y)$
$((x>y),(z>y),(x>z))$	$(x>z>y)$	$((y>x),(y\simeq z),(z>x))$	$(y\simeq z>x)$
$((y>x),(y>z),(x>z))$	$(y>x>z)$	$((x>y),(y\simeq z),(x>z))$	$(x>y\simeq z)$
$((y>x),(y>z),(z>x))$	$(y>z>x)$	$((x>y),(z>y),(z\simeq x))$	$(z\simeq x>y)$
$((x>y),(z>y),(z>x))$	$(z>x>y)$	$((y>x),(y>z),(z\simeq x))$	$(y>z\simeq x)$
$((y>x),(z>y),(z>x))$	$(z>y>x)$	$((x\simeq y),(y\simeq z),(z\simeq x))$	$(x\simeq y\simeq z)$
$((x\simeq y),(y>z),(x>z))$	$(x\simeq y>z)$		

公理 3　関数 f_{xy}, f_{yz}, f_{zx} は以下の性質を満たす．すべてのプレイヤー i について，$(a_i, b_i, c_i)\in\mathscr{D}$ ならば，$(a, b, c)\in\mathscr{D}$ が成り立つ．ただし，

$a=f_{xy}(a_1, a_2, \ldots, a_n)$,　$b=f_{yz}(b_1, b_2, \ldots, b_n)$,

$c=f_{zx}(c_1, c_2, \ldots, c_n)$ である．

例えば，次のような関数は公理 1, 2 を満たすが公理 3 を満たさない．

公理 1, 2 を満たすが公理 3 を満たさない例：　3つの関数として，公理 1 で要求されている場合以外は，すべて「同じくらいよい」となるものについて議論しよう．正確には，以下のような関数である．

$$f_{xy}(a_1, \ldots, a_n)=\begin{cases}(x>y) & (a_1=\cdots=a_n=(x>y)),\\(y>x) & (a_1=\cdots=a_n=(y>x)),\\(x\simeq y) & (\text{その他}).\end{cases}$$

$$f_{yz}(b_1, \ldots, b_n)=\begin{cases}(y>z) & (b_1=\cdots=b_n=(y>z)),\\(z>y) & (b_1=\cdots=b_n=(z>y)),\\(y\simeq z) & (\text{その他}).\end{cases}$$

$$f_{zx}(c_1, \ldots, c_n)=\begin{cases}(z>x) & (c_1=\cdots=c_n=(z>x)),\\(x>z) & (c_1=\cdots=c_n=(x>z)),\\(z\simeq x) & (\text{その他}).\end{cases}$$

上記の関数において，プレイヤー1が $(x>y>z)$ という意見を申告し，他のプレイヤーすべてが $(z>x>y)$ という意見を申告したとしよう．このとき，どのプレイヤーの意見も弱順序であるが，関数値の3つ組は $((x>y), (y\simeq z), (z\simeq x))$ となり，弱順序でない．

次に独裁者の概念を定義しよう．以下では公理 2 が満たされ，関数の3つ組 (f_{xy}, f_{yz}, f_{zx}) が存在するとしよう．**関数の 3 つ組** (f_{xy}, f_{yz}, f_{zx}) **が，プレイヤー** j **を独裁者としてもつ**とは，(f_{xy}, f_{yz}, f_{zx}) が以下の (D1)～(D6) すべてを同時に満たすことをいう．

(D1)　$\forall(a_1, \ldots, a_n)\in\mathscr{D}^n_{xy}$, $[a_j=(x>y)$ ならば $f_{xy}(a_1, \ldots, a_n)=(x>y)]$ である．

(D2)　$\forall(a_1, \ldots, a_n)\in\mathscr{D}^n_{xy}$, $[a_j=(y>x)$ ならば $f_{xy}(a_1, \ldots, a_n)=(y>x)]$ である．

(D3)　$\forall(b_1, \ldots, b_n)\in\mathscr{D}^n_{yz}$, $[b_j=(y>z)$ ならば $f_{yz}(b_1, \ldots, b_n)=(y>z)]$ である．

(D4)　$\forall(b_1, \ldots, b_n)\in\mathscr{D}^n_{yz}$, $[b_j=(z>y)$ ならば $f_{yz}(b_1, \ldots, b_n)=(z>y)]$ である．

(D5)　$\forall(c_1, \ldots, c_n)\in\mathscr{D}^n_{zx}$, $[c_j=(z>x)$ ならば $f_{zx}(c_1, \ldots, c_n)=(z>x)]$ である．

(D6)　$\forall(c_1, \ldots, c_n)\in\mathscr{D}^n_{zx}$, $[c_j=(x>z)$ ならば $f_{zx}(c_1, \ldots, c_n)=(x>z)]$ である．

上記の定義において，プレイヤー j の申告が $(x \simeq y)$, $(y \simeq z)$, $(z \simeq x)$ の際は決定の結果はどうなっていてもよいことに注意されたい．

Arrow の一般可能性定理は以下のものである．

定理 5 3つの選択肢 x, y, z とプレイヤー $\{1, 2, \ldots, n\}$ について以下が成り立つ．3つの関数 $f_{xy} : \mathscr{D}^n_{xy} \to \mathscr{D}_{xy}$, $f_{yz} : \mathscr{D}^n_{yz} \to \mathscr{D}_{yz}$, $f_{zx} : \mathscr{D}^n_{zx} \to \mathscr{D}_{zx}$ が存在し（公理 2），関数の3つ組 (f_{xy}, f_{yz}, f_{zx}) が公理1と公理3を満たすならば，(f_{xy}, f_{yz}, f_{zx}) は，プレイヤー $1, 2, \ldots, n$ のうち誰かを独裁者としてもつ．

では証明を始めよう．以下ではプレイヤーの集合を $N=\{1, 2, \ldots, n\}$ と書き，プレイヤーの部分集合を**提携**と呼ぶ．証明のために，独裁者より緩やかな概念を導入しよう．プレイヤーの非空な提携 $N' \neq \emptyset$ について，N' 中の全員が $(x>y)$ を申告し，N' に入っていないプレイヤー全員が $(y>x)$ を申告したとき，f_{xy} の値が $(x>y)$ となるならば，**関数 f_{xy} は提携 N' を $(x>y)$-支持提携としてもつ**という．正確には，関数 f_{xy} と $N' \subseteq N$ が

$$a_i = \begin{cases} (x>y) & (i \in N'), \\ (y>x) & (i \in N-N'), \end{cases} \quad \text{ならば} \quad f_{xy}(a_1, \ldots, a_n) = (x>y),$$

を満たすとき，f_{xy} は N' を $(x>y)$-支持提携としてもつという．上記と同様に，次のような計6種類の支持提携を定義することができる．

(W1) f_{xy} は N' を $(x>y)$-支持提携としてもつ．

(W2) f_{xy} は N' を $(y>x)$-支持提携としてもつ．

(W3) f_{yz} は N' を $(y>z)$-支持提携としてもつ．

(W4) f_{yz} は N' を $(z>y)$-支持提携としてもつ．

(W5) f_{zx} は N' を $(z>x)$-支持提携としてもつ．

(W6) f_{zx} は N' を $(x>z)$-支持提携としてもつ．

関数 f_{xy} が N' を「$(x>y)$-支持提携としてもつ」ことと「$(y>x)$-支持提携としてもつ」ことは，定義が異なることに注意されたい．関数の3つ組 (f_{xy}, f_{yz}, f_{zx}) とプレイヤーの部分集合 N' が，(W1)～(W6) のうち少なくとも1つを満たすとき，(f_{xy}, f_{yz}, f_{zx}) **は N' を弱支持提携としてもつ**という[5)]．

補題 2 関数 f_{xy}, f_{yz}, f_{zx} が公理1と公理3を満たすならば，関数の3つ組

[5)] 佐伯胖の「きめ方の論理」[4] における定義とは言葉遣いが異なるので注意されたい．

(f_{xy}, f_{yz}, f_{zx}) は $\{1\}, \{2\}, \ldots, \{n\}$ のうちどれかを，弱支持提携としてもつ.

証明：　以下では，関数の 3 つ組 (f_{xy}, f_{yz}, f_{zx}) がもつ最も小さな (人数の少ない) 弱支持提携は，1 人からなることを示す．プレイヤー全員の集合 N は弱支持提携であることから，最小の弱支持提携は必ず存在する．最小弱支持提携は 1 つとは限らないが，そのうちの 1 つを N' とする．もちろん $N' \subseteq N$ であり，現時点では $N'=N$ の可能性もある．以下では，最小の弱支持提携 N' が 2 人以上のプレイヤーを含むと仮定して矛盾を導こう．N' 中のプレイヤーを 1 人選び，これを j と書くことにする．また N' 中の j 以外のプレイヤーの集合を，N'' とする，すなわち $N''=N'-\{j\} \neq \emptyset$ である．

関数 f_{xy} が N' を $(x>y)$-支持提携としてもつ場合について議論しよう (N' が他の選択肢対について支持提携であるときも，以下と同様に証明される)．N' に入っていないプレイヤーが (存在するならば) $(y>z>x)$ を申告し，プレイヤー j が $(z>x>y)$ を，N'' 中のプレイヤーは $(x>y>z)$ を申告した場合について議論する．すなわち上記の申告を関数の 3 つ組 (f_{xy}, f_{yz}, f_{zx}) に入力 (代入) した場合に，3 つの関数の値 (決定の結果) がどうなるかについて議論する[6]．以下では f_{yz} の値によって場合分けを行うが，f_{yz} の値は，各プレイヤーの y と z に関する申告のみに依存することに注意されたい．

① f_{yz} の値が $(z>y)$ の場合：　$(z>y)$ を申告しているのは j だけであり，他のプレイヤーはすべて $(y>z)$ を申告している．f_{yz} の値が $(z>y)$ なので，関数 f_{yz} は $\{j\}$ を $(z>y)$-支持提携としてもつ．すなわち (f_{xy}, f_{yz}, f_{zx}) は，$\{j\}$ を 1 名からなる弱支持提携としてもつ．これは，最小の弱支持提携 N が 2 名以上のプレイヤーを含んでいることに矛盾．

② f_{yz} の値が $(y>z)$ または $(y \simeq z)$ の場合：　x と y については，N 中のプレイヤーが $(x>y)$ を申告し，N に入っていないプレイヤーは $(y>x)$ を申告している．関数 f_{xy} が N を $(x>y)$-支持提携としてもつことから，f_{xy} の値は $(x>y)$ となる．全員の申告が弱順序であることから，公理 3 より，結果も弱順序であり，$(x>y)$ と「$(y>z)$ または $(y \simeq z)$」より f_{zx} の値は $(x>z)$ でなければならない．z と x について $(x>z)$ を申告しているのは N'' だけであり，他のプレイヤーはすべて $(z>x)$ を申告している．ゆえに関数 f_{zx} は N'' を $(x>z)$-支持提携としてもつことが導かれた．すなわち関数の 3 つ組 (f_{xy}, f_{yz}, f_{zx}) は，N'' を弱支持提携としてもち，これは N の最小性に矛盾する．

■

[6] 証明のこの仮定について「プレイヤーたちが他の申告をした場合は考慮しなくてよいのか？」という質問をしばしば受けるが，その必要はない．まず最初に，関数の 3 つ組が与えられた (固定された) という前提で定理の主張がされていることに注目されたい (プレイヤーが関数を選ぶわけではない)．次に，(以下は証明完了後に判明することであるが) 公理 3 のうち「上記の特殊な弱順序の申告に対し，結果も弱順序である」ということだけから，最小の弱支持提携が 1 人からなることが導かれることに注意されたい．これは，公理 3 の「任意の弱順序の申告に対し，結果も弱順序である」という要求が，必要以上にきつい要求であることを示唆している．

補題3　関数 f_{xy}, f_{yz}, f_{zx} が公理1と公理3を満たすとする．関数の3つ組 (f_{xy}, f_{yz}, f_{zx}) が，プレイヤーの部分集合 $\{j\}$ を弱支持提携としてもつならば，以下すべてが成り立つ．

(a) f_{xy} は $\{j\}$ を $(x>y)$-支持提携としてもつ，

(b) f_{xy} は $\{j\}$ を $(y>x)$-支持提携としてもつ，

(c) f_{yz} は $\{j\}$ を $(y>z)$-支持提携としてもつ，

(d) f_{yz} は $\{j\}$ を $(z>y)$-支持提携としてもつ，

(e) f_{zx} は $\{j\}$ を $(z>x)$-支持提携としてもつ，

(f) f_{zx} は $\{j\}$ を $(x>z)$-支持提携としてもつ．

証明：　関数の3つ組 (f_{xy}, f_{yz}, f_{zx}) が，$\{j\}$ を弱支持提携としてもつならば，(W1)～(W6) のうちどれかが成り立つことから，(a)～(f) のうち少なくとも1つが成り立つことがわかる．以下の証明では，次のように (1)～(6) を示すことにより，(a)～(f) のうちどれか1つが成り立てば，(a)～(f) すべてが成り立つことを示す．

$$\text{(a)} \overset{(1)}{\Rightarrow} \text{(f)} \overset{(2)}{\Rightarrow} \text{(c)} \overset{(3)}{\Rightarrow} \text{(b)} \overset{(4)}{\Rightarrow} \text{(e)} \overset{(5)}{\Rightarrow} \text{(d)} \overset{(6)}{\Rightarrow} \text{(a)}$$

(1) (a) ⇒ (f) を示す．すなわち，f_{xy} が $\{j\}$ を $(x>y)$-支持提携としてもっていた場合に，f_{zx} が $\{j\}$ を $(x>z)$-支持提携としてもつことを示す．プレイヤー j が $(x>y>z)$ を申告し，j 以外のプレイヤー全員が $(y>z>x)$ を申告したとしよう．x と y については，f_{xy} が $\{j\}$ を $(x>y)$-支持提携としてもつことより，f_{xy} の値は $(x>y)$ となる．f_{yz} については，全プレイヤーが $(y>z)$ を申告しており，公理1より f_{yz} の値は $(y>z)$ となる．$(x>y)$ と $(y>z)$ が得られたことから，公理3より，f_{zx} の値は $(x>z)$ となるが，$(x>z)$ を申告しているのは j だけなので，f_{zx} は $\{j\}$ を $(x>z)$-支持提携としてもつ．

(2) (f) が成り立つならば (c) が成り立つことを示す．すなわち，f_{zx} が $\{j\}$ を $(x>z)$-支持提携としてもつならば，f_{yz} は $\{j\}$ を $(y>z)$-支持提携としてもつことを示す．プレイヤー j が $(y>x>z)$ を申告し，j 以外のプレイヤー全員が $(z>y>x)$ を申告したとしよう．f_{zx} は $\{j\}$ を $(x>z)$-支持提携としてもつことより，f_{zx} の値は $(x>z)$ となる．公理1より f_{xy} の値は $(y>x)$ となる．そして公理3より，f_{yz} の値は $(y>z)$ となる．ゆえに，f_{yz} は $\{j\}$ を $(y>z)$-支持提携としてもつ．

(3)「(c) ならば (b)」は，(1) と同様に示すことができる．

(4)「(b) ならば (e)」は，(2) と同様に示すことができる．

(5)「(e) ならば (d)」は，(1) と同様に示すことができる．

(6)「(d) ならば (a)」は，(2) と同様に示すことができる．■

補題4　関数 f_{xy}, f_{yz}, f_{zx} が公理1と公理3を満たすとする．関数の3つ組 (f_{xy}, f_{yz}, f_{zx}) がプレイヤーの部分集合 $\{j\}$ を弱支持提携としてもつならば，$(f_{xy}, f_{yz},$

f_{zx}) はプレイヤー j を独裁者としてもつ.

証明：　まず，独裁者の定義中の条件 (D1) について議論しよう．$(x>y)$ を申告したプレイヤーの集合を N_1 とし，$(y>x), (x\simeq y)$ を申告したプレイヤーの集合をそれぞれ N_2, N_3 とする．ここで，プレイヤーの集合 N は $N=N_1\cup N_2\cup N_3$ を満たしている．以下では，$j\in N_1$ のとき f_{xy} の値が $(x>y)$ となることを示そう．

補題3より，f_{zx} は $\{j\}$ を $(x>z)$-支持提携としてもつ．$N_1-\{j\}$ 中のプレイヤーが (存在するならば) $(z>x>y)$ を申告し，j が $(x>z>y)$ を申告，N_2 中のプレイヤーが $(z>y>x)$ を申告，N_3 中のプレイヤーが $(z>y\simeq x)$ を申告したとする．この申告は，上記の N_1, N_2, N_3 の定義を満たしていることに注意されたい．補題3より，f_{zx} は $\{j\}$ を $(x>z)$-支持提携としてもっており，j だけが $(x>z)$ を申告し，残りは $(z>x)$ を申告しているので，f_{zx} の値は $(x>z)$ となる．全員 $(z>y)$ を申告していることから，公理1より f_{yz} の値は $(z>y)$ となる．ゆえに公理3より f_{xy} の値は $(x>y)$ となる．

(D2)～(D6) についても同様に証明できる．■

最後に，一般可能性定理の証明をまとめよう．補題2より，関数の3つ組 (f_{xy}, f_{yz}, f_{zx}) は1名からなる弱支持提携を必ずもち，補題4より (f_{xy}, f_{yz}, f_{zx}) はその弱支持提携をつくっているプレイヤーを独裁者としてもつことが示される．以上で定理の証明は終了した．

Arrow の定理は，合理的かつ民主的な決め方の存在が不可能である，といったような主張をしていることから，その否定的な側面を強調するため，不可能性定理と呼ばれることも非常に多い．ちなみに Arrow の本では "general possibility theorem" と書かれている．

この定理はその内容が本節冒頭のように曖昧に語られることが多い．さらに，曖昧な表現を援用して「民主主義は合理的ではありえない」といった主張が安易にされることがあるが，これには注意を要する．Arrow の定理における合理性や独裁者は，数学的に定義される概念であり，歴史上に実在する合理主義や独裁者とは区別しなければならない．また定理の主張は，「誰かが独裁者になれる」のではなく「誰かが独裁者の役を押しつけられる」という方が正しいことにも注意されたい．

この定理から，よい決め方を選ぶ際には，上記の公理のうちどれかを諦めなければならないことがわかる．

【演習問題】

5.1　クラス編成問題を解く方法1について，その短所をあげよ．

5.2　あなたの住む都道府県の議会について，Shapley-Shubik 指数を計算せよ．

5.3　実際に決定を行う場面を想定して(例えば，ベンチャー企業の会議，楽器演奏会での演奏者の順位づけ，犯罪予防対策予算の使い道の決定など)，Arrow の可能性定理の公理のうちどれを外して議論すべきか検討せよ．

【参考文献】

[1] 今野　浩：数理的意思決定法入門—キャンパスの OR，朝倉書店 (1992).
[2] 久保幹雄，松井知己：組合せ最適化 [短編集]，朝倉書店 (1999).
[3] 武藤滋夫，小野理恵：投票システムのゲーム分析，日科技連出版社 (1998).
[4] 佐伯　胖：きめ方の論理—社会的決定理論への招待，東京大学出版会 (1980).

*　投票力指数の計算については，筆者 (松井知己) の Web サイトにおいて計算 HP を公開している．

II

計画策定の OR モデル

6 線形計画モデル

線形計画法はオペレーションズ・リサーチにおける重要な技法である．以前はOR三種の神器と呼ばれたもののうちの1つであった．線形計画法は現在でも盛んに使われている技法であり，また熱心な研究も引き続き行われている．

6.1 はじめに

線形計画法とは何だろう．JISの定義を見てみよう．

JIS Z 8121 D5：線形計画法　「条件付き極値問題で目的関数が1次であり，制約が1次不等式または等式からなるもの．通常は各変数が非負であるという条件がついている．LPと略称されることがある．」

この定義が通じるのは，はじめから線形計画の定義を知っている人であろう．もう少し平易に説明するならば，「線形不等式系と線形関数が与えられたとき，線形不等式系を満たす解の集合のなかで，与えられた線形関数を最大化(最小化)するものを(1つ)見つける問題」といったところだろうか．実際の例を出すならば，例えば以下のような問題である．今は下記の記法がわからなくても，後の節で解説するので心配する必要はない．

$$
\begin{array}{ll}
\text{max.} & 3x_1+4x_2+x_3+2x_4 \\
\text{s.t.} & 2x_1+3x_2+x_3+3x_4\leqq 4, \\
& 5x_1-2x_2+4x_3+x_4\leqq 3, \\
& x_1\geqq 0,\ x_2\geqq 0,\ x_3\geqq 0,\ x_4\geqq 0.
\end{array}
$$

以下では，実際の問題例を通して，線形計画問題を紹介する．

6.2 線形計画問題

例 1 —— 生産計画問題

ワイン業者 M 社は，自社の葡萄畑からとれた葡萄をもとにワインを製造している．ある年に収穫した葡萄からワインをつくる際，どのワインをどれだけつくればよいか決める問題は，生産計画問題と呼ばれている．以下では非常に簡単な例を考えよう．その年の葡萄の収穫量は Cabernet 4 t，Merlot 8 t，Semmillon 6 t であったとする．またその業者では，赤・白・ロゼそれぞれ 1 種類，計 3 種類のワインの製造ができるとする．各ワインは，複数種類の葡萄を使って下記のように生産されるとしよう．

種類	赤	白	ロゼ	収穫量 [t]
Cabernet	2	0	0	4
Merlot	1	0	2	8
Semmillon	0	3	1	6

上の表は，赤ワインを 1 t つくるには，Cabernet を 2 t と Merlot を 1 t 使うことを表している．各ワインを製造した際の収益は，下記のようになっているとしよう．

種類	赤	白	ロゼ
収益 [百万円/t]	3	4	2

この業者が総収益を最大にするには，どのワインをどれだけ製造したらよいだろう．

できるだけ単純に考えてみよう．白・赤・ロゼの順に重量あたりの収益が高いので，この順番でできるだけたくさん製造するとした場合，白を 2 t 製造したところで Semmillon がなくなり，さらに赤を 2 t 製造すると Cabernet がなくなり，ロゼはもう製造できない．このときの収益は 14 百万円となる．しかしながら，赤 2 t，白 1 t，ロゼ 3 t を製造することも可能であり (確かめて下さい) このときの収益は 16 百万円となり，先ほどの 14 百万円より大きくなる．ではもっと収益を大きくすることができるだろうか．製造量は整数値である必要はなく，2/3 t といった製造量も許すとしても，16 百万円より大きなものは本当にないのだろうか．

上記の答えはさておき，この問題を数学的な問題として定式化しよう．3 つの変数 x_1, x_2, x_3 を下記のように導入しよう．

x_1：赤の製造量 [t]，　x_2：白の製造量 [t]，　x_3：ロゼの製造量 [t]

すると総収益は $3x_1+4x_2+2x_3$ [百万円] となり，業者の目的はこれを大きくすることである．また3種類の葡萄の使用量が収穫量以下であるという性質は，

$$\begin{aligned}
&\text{Cabernet}: && 2x_1 && && \leqq 4,\\
&\text{Merlot}: && x_1 && +2x_3 && \leqq 8,\\
&\text{Semmillon}: && && 3x_2+x_3 && \leqq 6,
\end{aligned}$$

という線形不等式で表される．するとこの問題は，線形計画問題として，

$$\begin{aligned}
\text{max.}\quad & 3x_1+4x_2+2x_3\\
\text{s. t.}\quad & 2x_1 \leqq 4,\\
& x_1 + 2x_3 \leqq 8,\\
& 3x_2 + x_3 \leqq 6,\\
& x_1, x_2, x_3 \geqq 0.
\end{aligned}$$

と定式化される．$x_1, x_2, x_3 \geqq 0$ という不等式は，$x_1 \geqq 0$, $x_2 \geqq 0$, $x_3 \geqq 0$ という3本の不等式を略記したもので，負の量のワインを製造することができないことに対応している．

例2 —— 仕事配分問題

ある工場では，複数の仕事を複数の機械で処理している．このとき，どの作業をどの機械にどれだけ割り当てるかを決定する問題は仕事配分問題と呼ばれる．作業の割り当て方が難しい問題となるのは，機械によって得意とする作業と不得意とする作業があるためである．工場の中には古い機械から最新鋭の機械までがあり，最新鋭の機械は複数種類の仕事を素早くこなせるといった状況を想定していただきたい．工場内の機械を $\mathrm{M}_1, \mathrm{M}_2, \ldots, \mathrm{M}_n$ とし，処理しなければならない仕事を $\mathrm{T}_1, \mathrm{T}_2, \ldots, \mathrm{T}_m$ としよう[1]．仕事 T_j を機械 M_i で完全に処理するとした際にかかる時間を m_{ij} 時間とし，機械 M_i の最大稼動時間は C_i とする．このとき機械の稼動時間の総和を最小にするには，どの機械にどの仕事をどれだけ割り当てたらよいか．ただし，各仕事は複数の機械で分割して処理してもよいとする．

機械の総稼働時間を最小化したい例としては，機械を稼動している間は，それを操作する作業員が従事する必要があり，作業員に支払う給与の総和を最小化したい，といった場合がある．

この問題を定式化する前に，モデルと現実のギャップをある程度埋める作業をしていただきたい．上記の問題設定を読んだ際，あなたの頭の中には，工場の風景が浮かんでいるだろうか．どんな仕事なのか？ 機械は何台くらいあるのか？ 機械の唸りやオイルの焦げた匂いを感じているだろうか？ 上記のように紙の上に数学的な言葉で書かれた問題は，現実的なイメージがすでに取り除かれてしまっている．そこから現実の音や匂

[1] 仕事の記号が T_j なのは，task の頭文字を使っているため．

いを想起できることは，実務に力を発揮するオペレーションズ・リサーチにおいては大切な力である[2])．

では上記の問題に現れるデータを表形式にまとめよう．

	T_1	T_2	$\cdots$	T_m	最大稼動時間
M_1	m_{11}	m_{12}	$\cdots$	m_{1m}	C_1
M_2	m_{21}	m_{22}	$\cdots$	m_{2m}	C_2
M_n	m_{n1}	m_{n2}	$\cdots$	m_{nm}	C_n

ここで機械 M_i が仕事 T_j を実際に処理する時間を x_{ij} と表す．すると総稼働時間は $\sum_{i=1}^{n}\sum_{j=1}^{m}x_{ij}$ となり，これを小さくするのがこの工場の目的となる．また機械 M_i の稼働時間が最大稼働時間以下であるという性質は $\sum_{j=1}^{m}x_{ij} \leqq C_i$ という線形不等式で表される．仕事 T_j の処理が終了するには，$\sum_{i=1}^{n}(1/m_{ij})x_{ij}=1$ という x_{ij} に関する線形等式が成り立っていなければならない．すると上記の問題は，

$$\begin{aligned} \text{min.} \quad & \sum_{i=1}^{n}\sum_{j=1}^{m} x_{ij} \\ \text{s.t.} \quad & \sum_{j=1}^{m} x_{ij} \leqq C_i \qquad (i=1, 2, \ldots, n), \\ & \sum_{i=1}^{n}(1/m_{ij})x_{ij}=1 \quad (j=1, 2, \ldots, m), \\ & x_{ij} \geqq 0 \qquad (i=1, 2, \ldots, n\,;\, j=1, 2, \ldots, m), \end{aligned}$$

と定式化される．最後の $x_{ij} \geqq 0$ という不等式は，機械を負の時間稼動させることは不可能であることを表している．

ここまで線形計画問題の例をいくつか記したが，これらの記法は本来は英語の文章になっていることに注意していただきたい．すなわち，

We consider the following problem

$$\begin{aligned} \text{maximize} \quad & 3x_1+4x_2+\ x_3+2x_4 \\ \text{subject to} \quad & 2x_1+3x_2+\ x_3+3x_4 \leqq 4, \\ & 5x_1-2x_2+4x_3+\ x_4 \leqq 3, \\ & x_1 \geqq 0,\ x_2 \geqq 0,\ x_3 \geqq 0,\ x_4 \geqq 0, \end{aligned}$$

where x_i denotes…….

といった風に英語の文章中に挟み込まれているのが本来の姿である．subject という副詞は「条件とする，支配下にある」という意味である．文章なので，各不

---

[2]) ちなみに筆者の１人は，学生時代にアルバイトしていた旋盤工場を思い出す．そこでは１フロア 100 台程度の自動旋盤が棒材からネジを切り出していた．体にこびりついたオイルの焦げる匂いは，いまでもありありと思い出すことができる．

等式の最後にはカンマがついている．第1行(subject の直前の行)の最後には，カンマをつける流儀とつけない流儀があるようだ．また

$$\begin{array}{ll} \text{max.} & 3x_1+4x_2+\ \ x_3+2x_4 \\ \text{s. t.} & 2x_1+3x_2+\ \ x_3+3x_4\leqq 4, \\ & 5x_1-2x_2+4x_3+\ \ x_4\leqq 3, \\ & x_1, x_2, x_3, x_4\geqq 0, \end{array}$$

あるいは

$$\max\{3x_1+4x_2+x_3+2x_4 \mid 2x_1+3x_2+x_3+3x_4\leqq 4,\\ 5x_1-2x_2+4x_3+x_4\leqq 3,\ x_1, x_2, x_3, x_4\geqq 0\},$$

と略記される場合もある．ちなみに max. は maximize の略のためピリオドが付いており，max{…} は，実数集合の中から最大のものをとる関数であるためピリオドがついていない．さらに s. t. は subject to の略なので，s.t. のように t の直前にスペースがないのは本来は間違いである．日本語の文章に挟み込むならば，上記のような語順は日本語の文法に本来そぐわないのだが，この本では上記のような英語風の表記を用いる．

各係数を，ベクトルや行列を用いて

$$\boldsymbol{c}^\top=(3, 4, 1, 2),\quad \boldsymbol{b}^\top=(4, 3),$$

$$A=\begin{bmatrix} 2 & 3 & 1 & 3 \\ 5 & -2 & 4 & 1 \end{bmatrix},\quad \boldsymbol{x}^\top=(x_1, x_2, x_3, x_4)$$

と表すと，上記の問題を次のように

$$\text{max.}\quad \boldsymbol{c}^\top\boldsymbol{x}\qquad \text{s. t.}\quad A\boldsymbol{x}\leqq\boldsymbol{b},\ \boldsymbol{x}\geqq\boldsymbol{0},$$

と記述することができる．

max. あるいは min. の直後に書かれている関数を**目的関数** (objective function) と呼ぶ．また subjet to の後に書かれている各式を**制約式** (constraint) と呼ぶ．線形計画問題とは，目的関数が線形関数で，制約式が線形不等式または線形等式であるような問題を指す．制約式のなかでも，各変数が非負であるという制約式は，特に区別して**非負制約** (non-negative constraint) と呼ばれる．すべての制約式を満たす解を**許容解** (feasible solution) と呼び，許容解すべての集合を**許容解集合**または**許容領域** (feasible region) と呼ぶ．目的関数を最大(最小)にする許容解を**最適解** (optimal solution) と呼ぶ．最適解での目的関数値を**最適値** (optimal value) と呼ぶ．最適解と最適値は意味が異なることに注意されたい[3]．

──線形計画法は，数学と経済学，そして数理計画の分野で主に研究されてきた．古くは数学の分野において，線形不等式系の理論として研究されていた．線形計画の重要性は，1900 年代前半に経済学において指摘された．それは現在の言葉でいうならば，経済における物流の重要性が認識され，物流問題と線形計画問題とのつながりが指摘されたということであった．さらに von Neuman and Morgenstern によってゲーム理論が創始されたのもこの時代であり，このとき証明された，ゲーム理論において重要な Min-Max 定理は，現在は線形計画法の双対定理の特殊ケースとして理解することができる．その後，世界は第 2 次世界大戦へと突入し，オペレーションズ・リサーチが創始されることになる．第 2 次世界大戦では，武器弾薬人員を輸送する兵站問題として物流問題が研究された．また同時期には，電子計算機が開発され急速に発達した．その後 Dantzig[4] によって発表された単体法は電子計算機に適合した，線形計画の高速解法であった．単体法は，開発されてから 50 年を経た現在でも頻繁に用いられており，さまざまなヴァリエーションをもつ解法である．1975 年に，Koopmans and Kantorovich がノーベル経済学賞を受賞したが，その受賞講演において「Dantzig 教授がともに選ばれなかったのは非常に残念である」と述べたことは有名な事実である．その後，ロシア人の Khachian が，線形計画問題を (理論的に) 高速に解く「楕円体法」を開発し，高速解法の存在性への道を開いた．1984 年には Karmarkar によって，理論的にも実際にも速い方法が提案され，その後この方法は内点法と呼ばれる一連の手法に広がった．内

表 6.1

経　済	数理計画	数　学
		不等式理論
		(1873) Goldan
		(1902) Farkas
(1936) Motzkin		
(1936) Leontief 産業連関分析		
(1944) von Neuman and Morgenstern ゲーム理論		
	(1947) Dantzig 単体法	
	(1947) von Neumann 双対理論	
(1948) Koopmans 経済モデル		
(1975) Koopmans and Kantorovich ノーベル賞		
	(1979) Khachian 多項式時間算法	
	(1984) Karmarker (内点法)	

3) 最適解 (optimal solution) は複数存在する可能性があっても，最適値 (optimal value) は 2 つ以上は絶対に存在しないので，英語では an optimal solution と the optimal value というように用いる冠詞が異なる．

4) ダンツィヒではなくダンツィックと発音する．

点法の研究は2004年の現在も重要な研究テーマとして続いている．現在では，商業用ソフトウェアを用いれば通常のパソコンで数千変数の問題を1分程度で解くことができる．また変数が100以下ならば，ソフトウェア会社が無料公開しているプログラムで十分間に合う．今後の変化は速すぎて予測がつかないというのが現状だろう．

6.3 標　　準　　形

前節の線形計画問題の例では，線形不等式や線形等式が出現した．また目的も最大化であったり，最小化であったりいくつかのヴァリエーションが出現した．本節では線形計画法で扱える問題はどのような問題であるかについて考えよう．それには，どのような問題が，相互に変形可能なのかを知る必要がある．ここでは，標準形と呼ばれる問題の形を1つ定め，それに変形できる問題を探る．本章では以下の問題の形式を標準形と呼ぶことにする．

標準形の例：

$$\begin{array}{lrl} \text{max.} & 3x_1+4x_2+\ \ x_3+2x_4 & \\ \text{s. t.} & 2x_1+3x_2+\ \ x_3+3x_4 & \leqq 4, \\ & -5x_1-2x_2+4x_3+\ \ x_4 & \leqq 3, \\ & x_1 \geqq 0,\ x_2 \geqq 0,\ x_3 \geqq 0,\ x_4 \geqq 0. & \end{array}$$

注目すべき点は，① 目的が最大化であること，② (非負制約以外の) 制約式はすべて線形不等式であり，しかも右辺項で上から抑えられていること，そして，③すべての変数に非負制約がついていること，である．線形不等式として右辺項で上から抑えられているものを用いるのは，目的関数 $3x_1+4x_2+x_3+2x_4$ の値が大きくなるのを上から抑えるというイメージを保つためである．

標準形への変形：

① 目的が最小化の問題は，最大化の問題に変形できる．例えば $3x_1+4x_2+2x_3$ を最小化することは $-3x_1-4x_2-2x_3$ を最大化することと同値である．

② 線形不等式制約は，両辺を -1 倍することで下記のように不等号の向きを反転させることができる．

$$3x_1+4x_2-7x_3+8x_4 \geqq 3 \Rightarrow -3x_1-4x_2+7x_3-8x_4 \leqq -3.$$

③ 線形等式制約は，下記のように2本の線形不等式制約で表すことができる．

$$7x_1-2x_2+4x_3+x_4=3,$$

$$\Rightarrow \begin{cases} 7x_1-2x_2+4x_3+x_4\leqq 3, \\ 7x_1-2x_2+4x_3+x_4\geqq 3, \end{cases} \Rightarrow \begin{cases} 7x_1-2x_2+4x_3+x_4\leqq 3, \\ -7x_1+2x_2-4x_3-x_4\leqq -3, \end{cases}$$

④ 非負制約がない変数は，2つの非負の変数の差で表すことができる．

$$\begin{aligned} \text{max.}\quad & 3x_1+4x_2+x_3+2x_4 \\ \text{s.t.}\quad & 2x_1+3x_2+x_3+3x_4\leqq 4, \\ & -5x_1-2x_2+4x_3+x_4\leqq 3, \\ & x_2\geqq 0,\ x_3\geqq 0,\ x_4\geqq 0, \end{aligned}$$

という問題は，変数 x_1 には非負であるという不等式制約がない．非負制約のついた変数を**非負変数** (non-negative variable) と呼び，非負制約のない変数を**自由変数** (free variable) と呼ぶ．新たな非負変数 y, z を導入してこの変数を

$$x_1=y-z,\ y\geqq 0,\ z\geqq 0.$$

と置き換えることにより，x_1 を非負変数2つの差で表すと，上記の問題は，

$$\begin{aligned} \text{max.}\quad & 3y-3z+4x_2+x_3+2x_4 \\ \text{s.t.}\quad & 2y-2z+3x_2+x_3+3x_4\leqq 4, \\ & -5y+5z-2x_2+4x_3+x_4\leqq 3, \\ & y\geqq 0,\ z\geqq 0,\ x_2\geqq 0,\ x_3\geqq 0,\ x_4\geqq 0. \end{aligned}$$

と変形される．

以上より，最小化問題や線形等式のある問題，さらに自由変数を含む問題を，標準形の問題に帰着することができる．すなわち，標準形の問題を解くことができれば，上記のような問題も解くことができる．

上記の変形に対し，不等式制約を等式制約に (ある意味で) 変形することもできる．正確には，新たな非負変数を導入することで不等式制約を等式制約として書くことができる．例えば $8x_1-3x_2+x_3\leqq 2$ という制約は，新たに s という非負変数を導入して，

$$8x_1-3x_2+x_3+s=3,\quad s\geqq 0,$$

と書き換えることができる．ただしこの場合，不等式制約がなくなるわけではなく，新たに導入した変数の非負制約として姿を変えて残っていることに注意されたい．不等式制約を等式制約に変形するために新たに導入した非負変数 (上記例では変数 s) を**スラック変数** (slack variable) と呼ぶ．slack とはゆるみ，たるみを意味する英語である．スラック変数の導入により，標準形問題を，線形等式と非負変数からなる問題に変形できる．これを第2の標準形と呼ぶことにする．

第 2 の標準形の例：

$$
\begin{array}{ll}
\text{max.} & 3x_1+2x_2+4x_3-2x_4+3x_5 \\
\text{s.t.} & x_1+x_2+2x_3+x_4=4, \\
& 2x_1+2x_3+x_5=5, \\
& x_1, x_2, x_3, x_4, x_5 \geqq 0.
\end{array}
$$

6.4　2 変数の線形計画問題

変数が 2 個の場合について，図を用いて幾何学的なイメージを説明する．

2 変数の線形計画問題：

$$
\begin{array}{ll}
\text{max.} & 20x_1+10x_2 \\
\text{s.t.} & x_1+x_2 \leqq 6, \\
& 3x_1+x_2 \leqq 12, \\
& x_1+2x_2 \leqq 10, \\
& x_1 \geqq 0,\ x_2 \geqq 0,
\end{array}
$$

について議論する．この問題の制約式を x_1-x_2 平面に描くと図 6.1 (a) のようになる．

図 6.1 (b) で加えられた破線は，目的関数の等高線であり，目的関数が最大となるのは図 6.1 (b) で明示されている点である．上記の問題で目的が max. $10x_1+10x_2$ となっていると，目的関数値を最大とする点は唯一とは限らず，図 6.2 の線分 AB 中の点すべてとなる．

与えられた線形計画問題が最適解をもたないこともある．そのような例としては，与えられた問題がそもそも許容解をもたない場合がある．例えば，

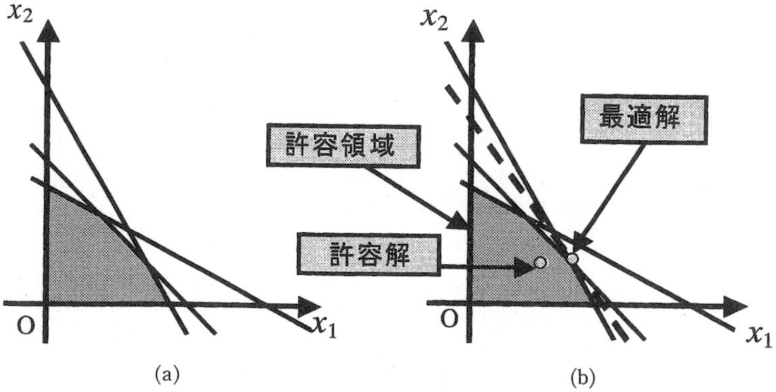

図 6.1　線形計画問題の幾何学的イメージ

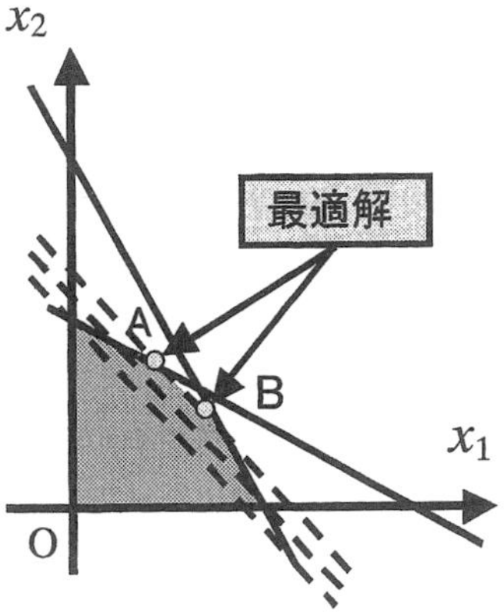

図 6.2　最適解がたくさんある場合

$$
\begin{aligned}
\text{max.}\quad & 3x_1+4x_2+x_3 \\
\text{s.t.}\quad & -x_1+x_2+x_3=-5, \\
& 2x_1+x_2-x_3=7, \\
& x_1\geqq 0,\ x_2\geqq 0,\ x_3\geqq 0,
\end{aligned}
$$

という問題は許容解をもたない．なぜならば，2本の線形不等式をそれぞれ2倍と1倍して下記のように加えると，

$$
\begin{array}{rl}
 & 2\times(-x_1+x_2+x_3=-5) \\
+) & 1\times(\ 2x_1+x_2-x_3=\ \ 7) \\
\hline
 & 0x_1+3x_2+x_3=-3
\end{array}
$$

$0x_1+3x_2+x_3=-3$ という線形不等式が得られるが，これは $x_1\geqq 0$, $x_2\geqq 0$, $x_3\geqq 0$ と両立しない．許容解をもたない線形計画問題は**実行不能** (infeasible) であるという．

その他に最適解がない状況としては，目的関数がいくらでも大きく（小さく）なる場合がある．例えば

$$
\begin{aligned}
\text{max.}\quad & 3x_1+3x_2 \\
\text{s.t.}\quad & x_1+2x_2\geqq 2, \\
& 2x_1+x_2\geqq 2, \\
& x_1\geqq 0,\ x_2\geqq 0,
\end{aligned}
$$

という問題を図示すると，図6.3のようになり，目的関数値をいくらでも大きくできることがわかる．このような線形計画問題は**非有界** (unbounded) であるという．

変数が2個の問題については，上記のように図を描いて最適解を容易に求めることができるが，変数が増えるとこのような方法は使えない．変数がたくさんある場合にも使

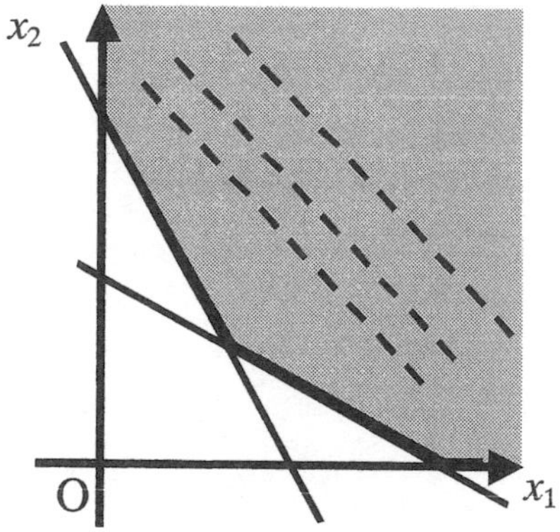

図 6.3　非有界な例

える方法として，次節で説明する**単体法**がある．ここでは，次節の単体法の導入として，変数はたくさんあるけれども非負制約以外に等式制約式が 1 本しかない以下の問題

$$\begin{aligned} \text{max.}\quad & 3x_1+5x_2+4x_3+2x_4 \\ \text{s.t.}\quad & 2x_1+6x_2+3x_3+3x_4=12, \\ & x_1\geqq 0,\ x_2\geqq 0,\ x_3\geqq 0,\ x_4\geqq 0, \end{aligned}$$

について議論しよう．この問題の最適解は $(x_1, x_2, x_3, x_4)=(6, 0, 0, 0)$ なのだが，これはどうしたら確かめられるだろうか．制約式の等式を，最適解において正の値をもつ x_1 を移項して書き直すと，

$$2x_1=12-6x_2-3x_3-3x_4 \Rightarrow x_1=6-3x_2-(3/2)x_3-(3/2)x_4$$

となる．この式を使って問題から変数 x_1 を消去すると，

$$\begin{aligned} \text{max.}\quad & 18-4x_2-(1/2)x_3-(1/2)x_4 \\ \text{s.t.}\quad & 6-3x_2-(3/2)x_3-(3/2)x_4\geqq 0, \\ & x_2\geqq 0,\ x_3\geqq 0,\ x_4\geqq 0, \end{aligned}$$

という問題に変形される．この問題は目的関数の係数がすべて非正なので，各変数の値は小さい方が目的関数は大きくなる．また各変数 (x_2, x_3, x_4) は非負でなければならないため，目的関数値は，すべての変数をゼロとして得られる 18 より大きくなることはありえない．すなわち，上記の問題の最適値は 18 以下であることは明らかである．加えるに，(x_2, x_3, x_4) をすべてゼロとした解は許容解となっている．ゆえに $(x_2, x_3, x_4)=\mathbf{0}$ という解は上記の式の最適解となる．このとき $x_1=6-3x_2-(3/2)x_3-(3/2)x_4$ に $(x_2, x_3, x_4)=\mathbf{0}$ を代入すると，$x_1=6$ が導かれる．このように原問題を等価変形することにより，最適解が明らかな問題に変形することで，「ある解」が最適解であることを確認することができる．実は次節で紹介する単体法はこのアイデアに基づいている．すなわち，問題を等価変形し，最適解が明らかな問題に変形するというアイデアである．その

際，いくつかの変数を消去することで変形を施すが，上記のように等式制約が1本の際は1つの変数を消去している．次節で扱うような一般の場合は，等式制約が m 本ならば m 個の変数を消去することになる．

6.5 単　体　法

本節では，線形計画問題を解く単体法について記す．下記の問題例

$$
\begin{aligned}
\text{P1}:\ \text{max.}\quad & 3x_1+2x_2+4x_3 \\
\text{s.t.}\quad & x_1+x_2+2x_3 \leqq 4, \\
& 2x_1+2x_3 \leqq 5, \\
& x_1, x_2, x_3 \geqq 0,
\end{aligned}
$$

を使って，実際に単体法を実行して，その動きを見てみよう．

まずスラック変数 x_4, x_5 を導入して第2の標準形

$$
\begin{aligned}
\text{max.}\quad & 3x_1+2x_2+4x_3 \\
\text{s.t.}\quad & x_1+x_2+2x_3+x_4 = 4, \\
& 2x_1+2x_3+x_5 = 5, \\
& x_1, x_2, x_3, x_4, x_5 \geqq 0,
\end{aligned}
$$

に直す．さらに目的関数の値を表す変数 z を導入し，z, x_4, x_5 イコールの式に変形すると，

$$
\begin{aligned}
\text{D1}:\ z &= 0+3x_1+2x_2+4x_3, \\
x_4 &= 4-x_1-x_2-2x_3, \\
x_5 &= 5-2x_1-2x_3,
\end{aligned}
$$

となる．このように書き直したものを問題 P1 の**辞書** (dictionary) と呼ぶ．辞書と呼ばれる理由は，右辺の変数を定めると，左辺の変数の値が辞書を引くように容易にわかるからである．変数 x_1, x_2, x_3 の値を例えば $(x_1, x_2, x_3)=(0, 3, 1)$ とすると，

$$
\begin{aligned}
z &= 0+3\times 0+2\times 3+4\times 1=10, \\
x_4 &= 4-0-3-2\times 1=-1, \\
x_5 &= 5-2\times 0-2\times 1=3,
\end{aligned}
$$

となり $(z, x_4, x_5)=(10, -1, 3)$ であることがすぐわかる (辞書を引くようにわかる)．もっとわかりやすい数値例としては，例えば $(x_1, x_2, x_3)=(0, 0, 0)$ とする

と，$(z, x_4, x_5)=(0, 4, 5)$ となることは，右辺の定数項そのものからすぐわかる(辞書を引くようにわかる)ということに注意されたい．

辞書の左辺にある変数を(この辞書の)**基底変数**(basic variable)と呼び，辞書の右辺にある変数を(この辞書の)**非基底変数**(non-basic variable)と呼ぶ[5]．上記のように非基底変数をすべて0にして得られる解を(この辞書の)**基底解**(basic solution)と呼ぶ．上記の辞書に対する基底解は

$$(z\,;\,x_1, x_2, x_3, x_4, x_5)=(0\,;\,0, 0, 0, 4, 5)$$

と書くことにする．

最適辞書：　上記の例において目的関数の係数が下記のような

$$\begin{aligned} \mathrm{P}' : \max. \quad & -5x_1-4x_2+0x_3 \\ \text{s.t.} \quad & x_1+\ x_2+2x_3 \leqq 4, \\ & 2x_1 \qquad +2x_3 \leqq 5, \\ & x_1, x_2, x_3 \geqq 0, \end{aligned}$$

という値だったら，どんなことが成り立つだろうか．目的関数係数がすべて非正なので，最適解は明らかに，$(x_1, x_2, x_3)=(0, 0, 0)$ である．なぜならば (x_1, x_2, x_3) を0より大きくすれば目的関数値は同じか，より小さくなる．ゆえに目的関数値は0より大きくなれない．さらに $(x_1, x_2, x_3)=(0, 0, 0)$ とすれば許容解が得られ，その目的関数値は0となる．すなわち目的関数は0より大きくなれず，0を達成する許容解があるのだから，これが最適解(最大解)である．ここで，上記と同様にスラック変数を導入して辞書をつくると，

$$\begin{aligned} \mathrm{D}' : z &= 0-5x_1-4x_2+0x_3, \\ x_4 &= 4-\ x_1-\ x_2-2x_3, \\ x_5 &= 5-2x_1 \qquad -2x_3, \end{aligned}$$

となる．すると，上記の議論からわかるように，辞書において，

① 第1行の係数がすべて非正，

② 第2行以降の等式において，等号の右辺の定数項が非負(第1行の等号の右辺の定数項は基底解での目的関数なので，その符号は何でもよい)，

が成り立つならば，右辺の変数をすべて0にして得られる基底解は最適解となる．では上記が成り立たないときは何が起こっているのだろうか？「第1行の係数がすべて非正」が成り立たないならば，ある変数の係数が正となっている．このときは，係数が正の変数を0から増やせば目的関数値はさらに増える可能性がある[6]．「第2行以降の等

5) 基底変数という名前から想像されるように，基底変数は，ある線形空間の基底と関連があるが，ここでは詳しくは述べない．

6) 可能性があるだけで，必ず増やせるとは限らないことに注意せよ．

式の等号の右側の定数項が非負」が成り立たないと，基底解が許容解となっていない．

以下で単体法を実際に実行しながら，そのアイデアと方法を紹介する．

単体法：　もとの問題の辞書の第 1 行は $z=0+3x_1+2x_2+4x_3$ となっていて，「第 1 行の係数がすべて非正」が成り立っていない (それどころかすべて正となっている)．この辞書の基底解において，第 1 行の係数が正の非基底変数の値を増やすと，目的関数が増える可能性がある．単体法のポイントは，第 1 行の係数が正の非基底変数のうち 1 つだけを増やし，あとは 0 に固定しておくという点である．ここでは係数が最も大きい x_3 を増やすことにしよう．非基底変数 (x_1, x_2, x_3) の値は基底解において $(x_1, x_2, x_3)=(0, 0, 0)$ となっているが，これを $(x_1, x_2, x_3)=(0, 0, \varepsilon)$ とすると，基底変数の値は辞書を引くように容易に

$$z=0+4\varepsilon,$$
$$x_4=4-2\varepsilon,$$
$$x_5=5-2\varepsilon,$$

となることがわかる．値 ε を増やせば，目的関数値 z が 4 倍のスピードで大きくなる．ε を大きくすれば目的関数はいくらでも大きくなるが，ε をあまり大きくすると x_4 と x_5 の値が負となってしまう．では ε はどれだけ大きくできるだろう．以下に ε を 1, 2, 3 とした場合を書き下すと，

$\varepsilon=1$	$\varepsilon=2$	$\varepsilon=3$
$z=0+4\times1=4$	$z=0+4\times2=8$	$z=0+4\times3=12$
$x_4=4-2\times1=2$	$x_4=4-2\times2=0$	$x_4=4-2\times3=-2$
$x_5=5-2\times1=3$	$x_5=5-2\times2=1$	$x_5=5-2\times3=-1$

となり，ε を 2 より大きくすると x_4 の値が負になってしまうことがわかる．これより，ε を 2 とした解 $(z ; x_1, x_2, x_3, x_4, x_5)=(8 ; 0, 0, 2, 0, 1)$ が，次の解として選ばれる．最初の解が $(z ; x_1, x_2, x_3, x_4, x_5)=(0 ; 0, 0, 0, 4, 5)$ であったのと比較すると，0 となっている変数が 1 か所違うことがわかる．これは 0 であった変数 x_3 を増やし，その代わりに x_4 が 0 になったためである．ではこの新しい解を基底解としてもつ辞書をつくってみよう．基底解は非基底変数を 0 として得られた解なので，非基底変数は x_1, x_2, x_4，基底変数は x_3, x_5 となる．すなわち，下記のような辞書

$$z=?+?x_1+?x_2+?x_4,$$
$$x_3=?+?x_1+?x_2+?x_4,$$
$$x_5=?+?x_1+?x_2+?x_4,$$

になるはずである．では，上記のような辞書を最初の辞書 D1 を変形してつくろう．新しい辞書をつくるには変数 x_3 を等号の右辺から左辺へ，x_4 を左辺から右辺へ移動しな

ければならない．辞書 D1 の第 2 行は，$x_4=$ という式になっていることから，x_3 と x_4 をそれぞれ反対側に移項して全体を (1/2) 倍すれば，

$$x_4=4-x_1-x_2-2x_3 \quad \text{は} \quad x_3=2-(1/2)x_1-(1/2)x_2-(1/2)x_4$$

となり，新しい辞書の第 2 行にあたる式に変形される．あとは，この式を用いて，辞書 D1 の他の行から変数 x_3 を消去すればよい．すなわち，第 1 行は，

$$z=0+3x_1+2x_2+4(2-(1/2)x_1-(1/2)x_2-(1/2)x_4)=8+x_1-2x_4,$$

第 2 行は

$$x_5=5-2x_1-2(2-(1/2)x_1-(1/2)x_2-(1/2)x_4)=1-x_1+x_2+x_4,$$

と変形される．これらを集めて，新しい辞書として

$$\begin{aligned} \text{D2}:\ z&=8 \quad +x_1 \qquad\qquad -2x_4,\\ x_3&=2-(1/2)x_1-(1/2)x_2-(1/2)x_4,\\ x_5&=1 \quad -x_1 \quad +x_2 \quad +x_4, \end{aligned}$$

が得られる．実はこれで第 1 回目の反復が終了である．以下はこの手続きを繰り返すというのが単体法である．では D2 に同様の手続きを施してみよう．

反復 (第 2 回目)： D2 の第 1 行に正の係数があるので，D2 に対応する基底解は最適解であるか不明である．また変数 x_1 を増やすことにより目的関数値 z を増加できる可能性がある．そこで基底変数 x_2, x_4 を 0 に保ったまま x_1 を ε だけ増加させると，目的関数および基底変数の値の変化は辞書を引くように容易に

$$(z\,;\,x_3, x_5)=(8+\varepsilon\,;\,2-(1/2)\varepsilon, 1-\varepsilon)$$

となることがわかる．これより $\varepsilon=1$ とすると $x_5=0$ となり，ε を 1 より大きくすると x_5 が負の値となる．これより，次の解として $\varepsilon=1$ とした解

$$(z\,;\,x_1, x_2, x_3, x_4, x_5)=(9\,;\,1, 0, 3/2, 0, 0)$$

が得られる．ではこの解に対応する辞書を求めよう．新しい辞書では，D2 で非基底変数の x_1 が基底変数に，D2 で基底変数の x_5 が非基底変数になる．辞書 D2 の式

$$x_5=1-x_1+x_2+x_4$$

において x_1 と x_5 をそれぞれ反対側に移項して

$$x_1=1-x_5+x_2+x_4$$

が得られる．この式を用いて，他の式から変数 x_1 を消去すると，

$$\begin{aligned} \text{D3}:\ z&=9 \qquad -x_5+x_2-x_4,\\ x_3&=(3/2)+(1/2)x_5-x_2-x_4,\\ x_1&=1 \qquad -x_5+x_2+x_4, \end{aligned}$$

という辞書が得られる．

反復 (第 3 回目)： 第 1 行に正の係数があるので，まだ目的関数値を増やせる可能性がある．変数 x_2 を ε 増やした際の目的関数値および基底変数の値の変化は，辞書を引くように容易に

$$(z\,;\,x_3, x_1)=(9+\varepsilon\,;\,3/2-\varepsilon, 1+\varepsilon)$$

であることがわかる．ε の値を 3/2 より大きくすると，x_3 の値が負になってしまうので，$\varepsilon=3/2$ とする．このとき，次の解として，

$$(z\,;\,x_1, x_2, x_3, x_4, x_5)=(21/2\,;\,5/2, 3/2, 0, 0, 0)$$

が得られる．ではこの解を基底解としてもつ辞書を求めよう．新しい辞書では，D3 で基底変数である x_3 が非基底変数になる．そこで D3 の第 2 式を変形して

$$x_3=(3/2)+(1/2)x_5-x_2-x_4 \quad \text{から} \quad x_2=(3/2)+(1/2)x_5-x_3-x_4$$

という式が得られる．あとはこの式を使って他の式から x_2 を消去すれば，

$$\begin{aligned} \text{D4}：z&=21/2-(1/2)x_5-x_3-2x_4,\\ x_2&=(3/2)+(1/2)x_5-x_3-x_4,\\ x_1&=(5/2)-(1/2)x_5-x_3, \end{aligned}$$

という辞書が得られる．

反復（第 4 回目）：　さて，実は次が最後の反復だ．辞書 D4 をみると，第 1 行の係数がすべて非正であるので，目的関数値を大きくするには，どの変数も 0 にするのがよいことがわかる．すると D4 に対する基底解 $(z\,;\,x_1, x_2, x_3, x_4, x_5)=(21/2\,;\,5/2, 3/2, 0, 0, 0)$ は最適解であることがわかる．より正確には，この解は

$$\begin{aligned} \text{P4}：\text{max.}\quad & 21/2-(1/2)x_5-x_3+2x_4\\ \text{s. t.}\quad & (3/2)+(1/2)x_5-x_3-x_4 \geqq 0,\\ & (5/2)-(1/2)x_5-x_3 \geqq 0,\\ & x_3, x_4, x_5 \geqq 0, \end{aligned}$$

という線形計画問題の最適解であることがわかるのだが，上記の問題 P4 が原問題 P と等価であることは，変数の置き換えと移項だけで変形されていることから明らかだろう．

このように，単体法は「与えられた問題を，最適解が明らかな問題に変形する方法」と捉えることができる．ちなみに単体法という名前は，提案者 Dantzig により命名されたもので，ある種の変形を施して幾何学的な表示をすると，反復に伴って，単体と呼ばれる図形が上から下へ落ちていくように見えることから，この名前がついている．この幾何学的な表示法は非常に興味深いのだが，残念ながら紹介するスペースがない．上記の単体法において，各反復で前の辞書から次の辞書を求める操作を**ピヴォット操作**（**枢軸操作**）(pivot) と呼ぶ．ピヴォット操作において，基底変数から非基底変数になる変数を**追い出し変数** (leaving variable) と呼び，逆に非基底変数から基底変数になる変数を**取り入れ変数** (entering variable) と呼ぶ．辞書の第 1 行の係数は**被約費用** (reduced cost) と呼ばれる．

辞書を用いた単体法は，解説には向いているが，プログラミングには向いていない．実際に単体法をプログラムするには，**タブロー(単体表)**(simplex tableau)と呼ばれる，辞書を異なる形式で表した行列を用い，ピボット操作として，掃き出し法と似た操作を行う．

上記で説明した単体法には，まだいくつか不明な点がある．これについて議論しよう．

① **単体法の記述はこれで十分なのか？**： 実は上記の記述だけでは，まだ不十分な点がある．例えば，第1行の係数が正となる変数が複数あるとき，取り入れ変数としていったいどれを選ぶのか．同様に，ε を決定したとき，0となる変数が複数あったら，次の辞書を構成するとき，追い出し変数として何を選ぶのか．この2つの問題は，下記の問題に結びついている．

② **単体法は終わるのか？**： 上記で説明した単体法では，実は有限時間で単体法が終わらない可能性がある．単体法を必ず有限時間で終わらせる方法がいくつか提案されているが，多くは①で指摘した，取り入れ変数と追い出し変数の候補が複数あるときの選択方法に関する特殊な規則を用いたものである．しかしながら，実際には有限時間で終わらない問題は非常に珍しいので，市販のソフトウェアでもその対策はとられていないことが大半のようである．

③ **単体法は始められるのか？**： 上記の例において，第1回の反復で求まった解 $(z\,;\,x_1, x_2, x_3, x_4, x_5)=(0\,;\,0, 0, 0, 4, 5)$ が許容解となったのは，制約式の右辺項が4と5という非負の値だったからである．もしこれが負の値をとっていたら，スラック変数として導入した x_4, x_5 の値が負となり，最初の基底解が許容解とならなくなる(このとき，制約式の両辺を -1 倍して，右辺項を非負とするというトリックを使うことはできない．なぜならば，その後でスラック変数を導入する際に別の問題が起きるからである)．右辺項に負の数値がある場合には，2段階単体法と呼ばれる専用の解法を用いる必要がある．これについては，本書では扱わない．

④ **単体法は速いのか？**： 単体法の速さは，取り入れ変数の選択規則に大きく依存することが知られている．第1行の係数が正となる変数のうちで，係数が最も大きなものを選ぶ規則はDantzigの規則と呼ばれている．この規則は単体法の開発者であるDantzigによって推奨されており，計算実験によれば，辞書の行数の1.5倍程度の回数のピヴォットで単体法が終了することが多いといわれているが，理論的な裏づけはあまりない．近年のソフトウェアではsteepest edgeと呼ばれる規則が成功を納めている．

⑤ **他の方法はないのか？**： 単体法に並ぶ解法としては，近年急速に研究が進んだ内点法がある．内点法の研究はKarmarkarの研究が引き金となっているが，Karmarkarの研究についてはさまざまな逸話があり，その後大きな社会問題にも発展してい

る．詳しくは今野浩『カーマーカ特許とソフトウェア』をご覧いただきたい．内点法は，単体法と同じくらいか50倍程度速いともいわれているが，得手不得手とする問題設定が異なるため，その優劣は単純には比較できない．近年の商業用ソフトウェアでは，両方を装備しているものも増えてきている．

6.6　単体法の幾何学

本節では，前節で記述した単体法の動きを幾何学的に捉えてみよう．前節で取り上げた問題 P1 を，x_1, x_2, x_3 変数を軸としてもつ3次元座標空間中に表す[7]．許容領域は図 6.4 の多面体 OABCDE になる．この多面体は 6 つの頂点と 5 つの面からなっている．三角形 AOE は $x_1 \geqq 0$ が等号で成り立っている面である．同様に四角形 OABD は $x_2 \geqq 0$ が，四角形 ODCE は $x_3 \geqq 0$ が等号で成り立っている面である．残り 2 つの面は，導入したスラック変数に対応している．すなわち四角形 ABCE は $x_4 \geqq 0$ が等号で，三角形 BDC は $x_5 \geqq 0$ が等号で成り立っている面である．4 つの辞書 D1～D4 に対応する基底解は，それぞれ OABC である．辞書 D1 の基底解から変数を $(x_1, x_2, x_3)=(0, 0, \varepsilon)$ とするのは，変数 x_1, x_2 を 0 に固定することから，($x_2=0$ に対応する) 四角形 ABDO と ($x_1=0$ に対応する) 三角形 AOE との共通領域である線分 OA を，頂点 (原点) O から真上の方向へ移動することを意味する．他の変数が

$$z=0+4\varepsilon,$$
$$x_4=4-2\varepsilon,$$

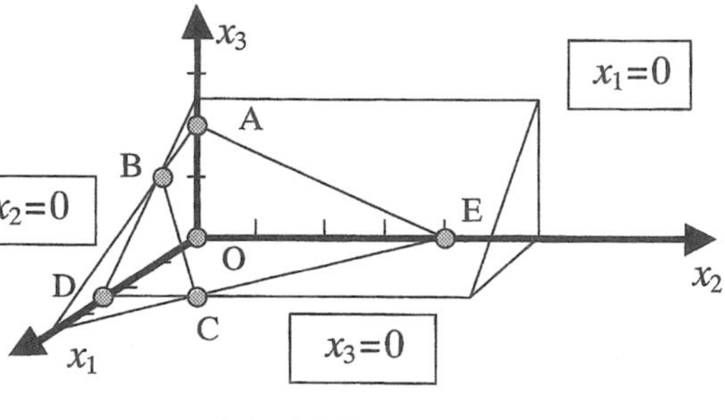

図 6.4　単体法のイメージ

7)　通常，座標空間の原点に書かれている記号はアルファベット大文字オーの立体であってゼロではない．これは原点を意味する origin の頭文字である．

$x_5=5-2\varepsilon,$

となることから，$\varepsilon=2$ で $x_4=0$ となって止まるのは，図において O から上って，$x_4=0$ に対応する四角形 ABCE の頂点 A で止まることに対応する．この後の A から B へ，B から C への移動も，同様に解釈できるので，読者は試みられたい．この絵から，単体法は許容領域を表す多面体の隣り合う頂点をたどりながら，目的関数値を改善していく解法と捉えられる．

—— 上記の図による説明は非常にわかりやすいため，この図で単体法の本質的なイメージがつかめると感じる読者は多いかもしれないが，単体法の図による説明方法はこれだけではない．Dantzig による，単体法の命名の元になった図は，これとはまったく異なっている．図による説明は直感に訴える部分が大きいが，同時に欺かれることもしばしばあるので，上記の図だけで単体法のイメージを固定しないよう注意されたい．上記の図は変数が高々3 つの場合に過ぎず，4 次元以上の高次元の許容領域が本当のところどうなっているのか，われわれが「見て」理解することはできない．

6.7 線形計画問題のヴァリエーション

(1) 最小値最大化問題

実務において解きたい問題として，複数の目的関数の最小値を最大化したいことがしばしばある．例えば，ある資源を n 人に配分するとき，各人の配分量を $(x_1, x_2, \ldots, x_n)$ としたとする．このとき，配分量 x_i が最小の人の配分量を最大化するのは，ある意味で公平ということができるだろう．配分に関する制約が $A\boldsymbol{x} \leqq \boldsymbol{b}$ と表されているとすると，この問題は

$$\begin{aligned}&\text{maximize} \quad \min\{x_1, x_2, \ldots, x_n\}\\&\text{s.t.} \qquad\qquad A\boldsymbol{x} \leqq \boldsymbol{b},\end{aligned}$$

と書くことができる．この問題に $\min\{x_1, x_2, \ldots, x_n\}$ の下界（かかい）を表す変数 z を新たに導入すると，

$$\begin{aligned}&\text{max.} \quad z\\&\text{s.t.} \quad x_1 \geqq z,\ x_2 \geqq z, \ldots, x_n \geqq z,\ A\boldsymbol{x} \leqq \boldsymbol{b},\end{aligned}$$

という線形計画問題に変形することができる．最大値最小化問題も同様な変形が可能である．最小値最小化問題あるいは最大値最大化問題はこのような変形はできない．

(2) 絶対値の入った制約

絶対値が入った式も，線形計画問題で扱えることがある．例えば $2|x|+3|y|-4z\leqq 5$ という式は，新たに x', y' という変数を導入し，

$$-x'\leqq x\leqq x', \quad -y'\leqq y\leqq y', \quad 2x'+3y'-4z\leqq 5$$

と表すことができる．ただし，「絶対値がついた項の係数が負である」あるいは「不等式の方向が逆である」といった場合，具体的には $2|x|-3|y|-4z\leqq 5$, $2|x|+3|y|-4z\geqq 5$ といった制約には上記のテクニックは使えない．

(3) 分数計画

目的関数が(アフィン関数)/(アフィン関数)という問題は，実は線形計画として解くことができる．例えば，

$$\begin{aligned} &\text{min.} \quad (\boldsymbol{c}^\top \boldsymbol{x}+c_0)/(\boldsymbol{d}^\top \boldsymbol{x}+d_0) \\ &\text{s.t.} \quad A\boldsymbol{x}\geqq \boldsymbol{b}, \end{aligned}$$

という問題について考えよう．このとき任意の許容解 $\boldsymbol{x}$ について，$\boldsymbol{d}^\top \boldsymbol{x}+d_0>0$ が成り立っていると仮定する(この仮定がないと，目的関数の分母が0になる可能性があり，その場合は目的関数値が定義できない)．ここで新たな変数として $t=1/(\boldsymbol{d}^\top \boldsymbol{x}+d_0)$ と，$\boldsymbol{y}=t\boldsymbol{x}$ を導入すると，上記の問題は

$$\begin{aligned} &\text{min.} \quad \boldsymbol{c}^\top \boldsymbol{y}+c_0 t \\ &\text{s.t.} \quad A\boldsymbol{y}-\boldsymbol{b}t\geqq 0, \\ &\qquad\quad \boldsymbol{d}^\top \boldsymbol{y}+d_0 t=1, \end{aligned}$$

と変形することができる．もとの分数計画が最大化問題の際も同様の変形が可能である．

6.8 双 対 理 論

この節では双対理論を扱う[8]．まず最初に，**双対問題**について，以下の数値例

$$\begin{aligned} \text{P1}: \text{max.} \quad & 20x_1+10x_2 \\ \text{s.t.} \quad & x_1+x_2\leqq 6, \\ & 3x_1+x_2\leqq 12, \\ & x_1+2x_2\leqq 10, \end{aligned}$$

[8] 相対ではなく，双子の「双」の字を使い，双対(そうつい)と読む．

を使って定義しよう．

上記の問題は最大化問題であるが，この問題を解かずに，最適値の上界(同じか大きめの値)を得る都合のいい方法がないか考えてみよう．例えば，2番目と3番目の制約式をそれぞれ6倍と2倍して加えると，

$$\begin{array}{r} 6\times(\ 3x_1+\ \ x_2\leqq 12) \\ 2\times(\ \ x_1+\ 2x_2\leqq 10) \\ \hline 20x_1+10x_2\leqq 92 \end{array}$$

という不等式が得られる．この不等式の左辺は実は目的関数と同じになっていることに注意されたい．すると，任意の許容解は2, 3番目の不等式を満たすので，上記の $20x_1+10x_2\leqq 92$ という不等式も満たすはずである．すなわち，任意の許容解は，その目的関数値は92以下となる．これより，最適値は92以下であることがわかる．では次に，1番目と2番目の不等式をそれぞれ5倍して加えてみると，

$$\begin{array}{r} 5\times(\ \ x_1+\ \ x_2\leqq\ 6) \\ 5\times(\ 3x_1+\ \ x_2\leqq 12) \\ \hline 20x_1+10x_2\leqq 90 \end{array}$$

という不等式が得られる．得られた不等式の左辺が目的関数と同じであることから，上記と同様に，もとの線形計画問題の最適値が90以下であることがわかる．では，もっとよい制約式の組み合わせ方はないのだろうか．2本ではなく3本の不等式を組み合わせることも可能である．このとき重要なのは，不等式制約を非負の重みで足し合わせ，左辺を目的関数と一緒にすることである．重みは非負でなければならない．なぜならば，負の値を不等式の両辺に掛けると，不等号の方向が反転するからである．

では一般的に，以下のような問題

$$\mathrm{P}:\max\{\boldsymbol{c}^\top\boldsymbol{x}|A\boldsymbol{x}\leqq\boldsymbol{b}\}$$

について，上記の事実を行列を使って表してみよう．ただし問題P(**主問題** (primal problem) という) は最適解をもつと仮定する．線形不等式系 $A\boldsymbol{x}\leqq\boldsymbol{b}$ 中の不等式制約は m 本あるとしよう．m 本の不等式を m 次元非負ベクトル $\boldsymbol{y}\geqq\boldsymbol{0}$ を重みとして足し合わせると $\boldsymbol{y}^\top A\boldsymbol{x}\leqq\boldsymbol{y}^\top\boldsymbol{b}$ という $\boldsymbol{x}$ に関する1本の不等式が得られる．ここで右辺項 $\boldsymbol{y}^\top A\boldsymbol{x}$ が目的関数 $\boldsymbol{c}^\top\boldsymbol{x}$ ならば (すなわち $\boldsymbol{y}^\top A=\boldsymbol{c}^\top$ ならば)，問題Pの最適値は，左辺項 $\boldsymbol{y}^\top\boldsymbol{b}$ 以下となる．Pの最適値の上界である左辺項 $\boldsymbol{y}^\top\boldsymbol{b}$ をできるだけ最適値に近づけるには，これを小さくする必要がある．そこで，左辺項 $\boldsymbol{y}^\top\boldsymbol{b}$ を，できるだけ小さくするような重みベクトル $\boldsymbol{y}$ を求める問題を考えよう．ただし $\boldsymbol{y}$ は非負でなければならず，また $\boldsymbol{y}^\top A=\boldsymbol{c}^\top$ が成り立っていなけれ

ばならない．ゆえに，重みベクトル $\boldsymbol{y}$ を求める問題は

$$\mathrm{D}: \min\{\boldsymbol{y}^\top \boldsymbol{b} | \boldsymbol{y}^\top A = \boldsymbol{c}^\top, \boldsymbol{y} \geqq \boldsymbol{0}\}$$

と定式化される．この問題は，よくみると変数 $\boldsymbol{y}$ に関する線形計画問題となっている．この問題Dが，問題Pの**双対問題** (dual problem) と呼ばれるものである．また問題PはDの主問題と呼ばれる．問題Pを解かずによい上界を得ようとしたら，再び線形計画問題になってしまうのでは，意味がないと思われるかもしれないが，この「再び同じものが出現する」ということから，さまざまな美しい性質が導かれる．

では次に，問題Dから，同様の方法で問題Pが再び得られることを示そう．ただし問題Dは最適解をもつと仮定しておく．まず，非負制約 $\boldsymbol{y} \geqq \boldsymbol{0}$ を単位行列 I を用いて $\boldsymbol{y}^\top I \geqq \boldsymbol{0}^\top$ と表しておく．ではDの問題を解かずに最適値の下界を求めることを考えよう．等式の制約式 $\boldsymbol{y}^\top A = \boldsymbol{c}^\top$ は n 本あるとし，これを n 次元の重みベクトル $\boldsymbol{x}$ を使って加えると $\boldsymbol{y}^\top A\boldsymbol{x} = \boldsymbol{c}^\top \boldsymbol{x}$ という等式が得られる．次に不等式の制約式 $\boldsymbol{y}^\top I \geqq \boldsymbol{0}^\top$ を m 次元の非負重みベクトル $\boldsymbol{s}$ を使って足し合わせると，$\boldsymbol{y}^\top I\boldsymbol{s} \geqq \boldsymbol{0}^\top \boldsymbol{s}$ すなわち，$\boldsymbol{y}^\top \boldsymbol{s} \geqq 0$ という不等式が得られる．この等式と不等式の両辺を加えると，$\boldsymbol{y}^\top A\boldsymbol{x} + \boldsymbol{y}^\top \boldsymbol{s} \geqq \boldsymbol{c}^\top \boldsymbol{x} + 0$ すなわち $\boldsymbol{y}^\top (A\boldsymbol{x} + \boldsymbol{s}) \geqq \boldsymbol{c}^\top \boldsymbol{x}$ という不等式が得られる．$\boldsymbol{x}$ は非負ベクトルである必要はないが，$\boldsymbol{s}$ は非負ベクトルでなければならないことに注意せよ．このとき左辺 $\boldsymbol{y}^\top (A\boldsymbol{x} + \boldsymbol{s})$ が目的関数 $\boldsymbol{y}^\top \boldsymbol{b}$ と同じならば，すなわち $A\boldsymbol{x} + \boldsymbol{s} = \boldsymbol{b}$ ならば，右辺項 $\boldsymbol{c}^\top \boldsymbol{x}$ は問題Dの最適値以下の値となる．そこで右辺項を $\boldsymbol{c}^\top \boldsymbol{x}$ を最も大きくする $\boldsymbol{x}$ と $\boldsymbol{s}$ を求める問題を定式化すると，

$$\mathrm{P}': \max\{\boldsymbol{c}^\top \boldsymbol{x} | A\boldsymbol{x} + \boldsymbol{s} = \boldsymbol{b}, \quad \boldsymbol{s} \geqq \boldsymbol{0}\}$$

となる．この問題は，Pにスラック変数 $\boldsymbol{s}$ を導入して変形した問題にほかならない．問題Dを解かずによい下界を求める問題を定式化すると，再びPに戻ることがわかる．このことから問題Pは問題Dの**双対問題**であるという．また問題Dは問題Pの**主問題**と呼ぶ．あるいは問題の対PとDは**主双対ペア** (primal-dual pair) であるともいう．

問題の対PとDには以下の弱双対定理と呼ばれる性質が成り立つ．

弱双対定理　主問題Pと双対問題Dの任意の許容解の対 $\boldsymbol{x}, \boldsymbol{y}$ は $\boldsymbol{c}^\top \boldsymbol{x} \leqq \boldsymbol{y}^\top \boldsymbol{b}$ を満たす．

証明： $\boldsymbol{c}^\top \boldsymbol{x} = \boldsymbol{y}^\top A\boldsymbol{x} \leqq \boldsymbol{y}^\top \boldsymbol{b}$. ■

証明中の不等式が成り立つためには，$\boldsymbol{y} \geqq \boldsymbol{0}$ が必要であることに注意されたい．

弱双対定理より，主問題 P の目的関数値と双対問題 D の目的関数値を改善すると，両方の目的関数値の差が小さくなることがわかる．では，この差はどこまで小さくなるか？ 以下の性質が成り立つことは容易にわかる．

性質 1　主問題 P と双対問題 D の任意の許容解の対 $\boldsymbol{x}, \boldsymbol{y}$ が $\boldsymbol{c}^\top \boldsymbol{x} = \boldsymbol{y}^\top \boldsymbol{b}$ を満たすならば，$\boldsymbol{x}, \boldsymbol{y}$ はそれぞれ P と D の最適解である．

証明： 弱双対定理より明らか． ■

では，この逆は成り立つか？ これについては以下の強双対定理が答えてくれる．

強双対定理　主問題 P と双対問題 D がどちらも許容解をもつならば，P と D の両方が最適解をもち，両方の最適値は一致する．

この定理の証明は長いので，補遺を参照されたい．また以下の定理も成り立つ．

定理　主問題 P が非有界ならば，双対問題 D は実行不能である．双対問題 D が非有界ならば主問題 P は実行不能である．

上記の定理の逆は成り立たない．すなわち P も D も実行不能であるような場合が存在する．例えば P $\max\{0x_1+x_2 | x_1+0x_2 \leqq 1, -x_1+0x_2 \leqq -2\}$ の双対問題は D $\min\{y_1 - 2y_2 | y_1 - y_2 = 0, 0y_1 + 0y_2 = 1, y_1, y_2 \geqq 0\}$ となるが，この 2 つの問題はどちらも実行不能である．

最適値を求めるだけならば，主問題と双対問題のどちらを解いてもよい．単体法を用いるならば，「初期解が簡単に求まるか」と「辞書の行数はいくつか」等に依存して，主問題と双対問題を解くのにかかる時間が大幅に変わることがある．また多くの線形計画法ソフトウェアでは，主問題を解くと，双対問題の最適解も同時に報告してくれることも多い．

6.9 相補スラック定理

本節では，双対定理と関係の深い相補スラック定理を紹介する．この定理は，後の非線形計画法で取り上げる KKT 条件 (Karush–Kuhn–Tucker 条件) の基本

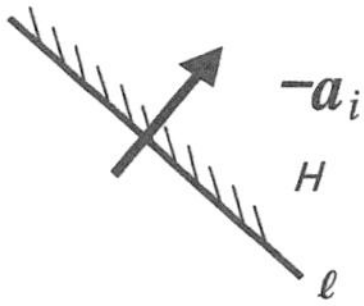

図 6.5 不等式制約の図的解釈

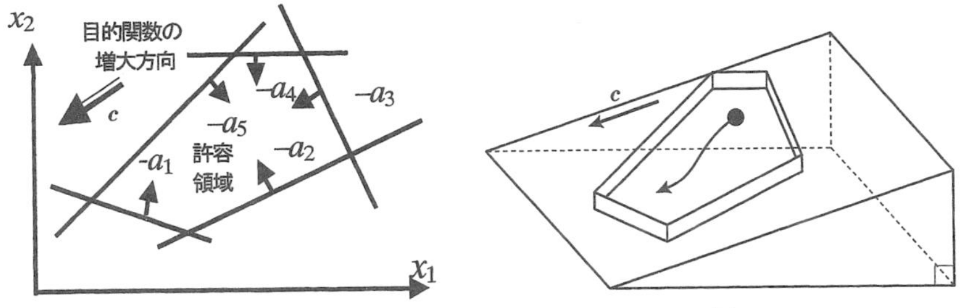

(a) (b)

図 6.6 許容領域と目的関数の図的イメージ

となる定理である．以下では力学的なモデルを用いてこれを説明する．

相補スラック定理

下記のような線形計画問題

$$\mathrm{P}: \max\{\boldsymbol{c}^\top \boldsymbol{x} | \boldsymbol{a}_i{}^\top \boldsymbol{x} \leqq b_i \quad (i=1, 2, \ldots, m)\}$$

について，その相補スラック定理を直感的に導こう．今後の説明のため，m 本ある線形不等式制約は行列を使わず，1 本ずつ書いてある．この問題の双対問題は，

$$\mathrm{D}: \min\{\textstyle\sum_{i=1}^m y_i b_i | \sum_{i=1}^m y_i \boldsymbol{a}_i{}^\top = \boldsymbol{c}^\top, \quad \boldsymbol{y} \geqq \boldsymbol{0}\}$$

である．主問題 P が 2 変数の場合について，この問題を力学的に解釈しよう．不等式制約 $\boldsymbol{a}_1{}^\top \boldsymbol{x} \leqq b_i$ を満たす解は，2 次元平面上のある直線 (図 6.5 中の ℓ) の片側の領域 (図 6.5 中の H) になるが，このとき 2 次元ベクトル $-\boldsymbol{a}_i$ は，直線 ℓ に垂直で，領域 H の内側を向いていることがわかる．

例えば問題 P は 2 変数 5 制約の問題とし，その許容領域を 2 次元平面に表すと，図 6.6 (a) のようになったとする．上記の図から以下のようなおもちゃをつくろう．これは制約式のところに壁を建て，床となる板を目的関数の増大方向に向けて傾けたものである．このおもちゃの壁の中に小さな玉を入れて転がすと，問題 P の最適解の位置で止まることは日常的な直感でも予想できるだろう．さて玉が静止するということは，そこで力が釣り合っていることを意味する．では斜面に沿って (平行に) 玉に働いている

力の釣り合いを見てみよう．玉にかかる重力の，斜面に沿った成分は，斜面の最も急な方向すなわち $\boldsymbol{c}$ の方向になる．これと釣り合うのは各壁が玉を押す抗力である．壁の抗力の方向は常に壁に垂直である．そこで制約式 $\boldsymbol{a}_i^\top \boldsymbol{x} \leqq b_i$ に対応する壁の抗力をベクトル $y_i \boldsymbol{a}_i$ としよう．y_i は抗力の大きさに対応している．すると釣り合いの式は

$$\sum_{i=1}^{m} y_i \boldsymbol{a}_i^\top = \boldsymbol{c}^\top$$

となる．これは双対問題の等式制約にほかならない．壁は玉を押せるが引っ張れないことから，y_i は非負である．すなわち $\boldsymbol{y} \geqq \boldsymbol{0}$ が成り立っている．これで双対問題の制約はすべて出現したことになる．ここで玉を押している壁に注目してみよう．玉が静止した際（その場所を $\boldsymbol{x}$ とする），玉を押している壁（y_i の値が正の壁）は，玉が壁に接して（$\boldsymbol{a}_i^\top \boldsymbol{x} = b_i$ となって）いなければならない．また玉が壁に接していない（$\boldsymbol{a}_i^\top \boldsymbol{x} < b_i$ が成り立っている）ときは壁は玉を押せない（$y_i = 0$）である．すなわち，

$$[y_i > 0 \Rightarrow \boldsymbol{a}_i^\top \boldsymbol{x} = b_i] \text{ かつ } [\boldsymbol{a}_i^\top \boldsymbol{x} < b_i \Rightarrow y_i = 0]$$

が成り立つ．上記の条件が相補スラック条件と呼ばれるもので，最適解で成り立っている性質である．またその逆も成り立つ．

すなわち下記の定理が成り立つことが知られている．

相補スラック定理　下記の主双対問題のペア

P：$\max\{\boldsymbol{c}^\top \boldsymbol{x} | \boldsymbol{a}_i^\top \boldsymbol{x} \leqq b_i \quad (i=1, 2, \ldots, m)\}$,

D：$\min\{\sum_{i=1}^{m} y_i b_i | \sum_{i=1}^{m} y_i \boldsymbol{a}_i^\top = \boldsymbol{c}^\top, \boldsymbol{y} \geqq \boldsymbol{0}\}$,

において，$\boldsymbol{x}$ と $(y_1, \ldots, y_m)$ がそれぞれ P と D の許容解であるとする．このとき以下の ① と ② は必要十分条件である．

①　$\boldsymbol{x}$ と $(y_1, \ldots, y_m)$ がそれぞれ P と D の最適解である

②　任意の $i=1, 2, \ldots, m$ について，

$$[y_i > 0 \Rightarrow \boldsymbol{a}_i^\top \boldsymbol{x} = b_i] \text{ かつ } [\boldsymbol{a}_i^\top \boldsymbol{x} < b_i \Rightarrow y_i = 0]$$

が成り立つ．

証明：　強双対定理より以下が容易に導かれる．

①→②：　$\boldsymbol{x}$ と $(y_1, \ldots, y_m)$ をそれぞれ P, D の最適解であるとすると，強双対定理より，$\boldsymbol{c}^\top \boldsymbol{x} = \sum_{i=1}^{m} y_i b_i$ が成り立つ．解 $(y_1, \ldots, y_m)$ の許容性から，

$$0 = \sum_{i=1}^{m} y_i b_i - \boldsymbol{c}^\top \boldsymbol{x} = \sum_{i=1}^{m} y_i b_i - \left(\sum_{i=1}^{m} y_i \boldsymbol{a}_i^\top\right) \boldsymbol{x} = \sum_{i=1}^{m} y_i (b_i - \boldsymbol{a}_i^\top \boldsymbol{x})$$

が成り立つ．このとき $y_i \geqq 0$ かつ $b_i - \boldsymbol{a}_i^\top \boldsymbol{x} \geqq 0$ が任意の i で成り立つことから，上式の各項 $y_i(b_i - \boldsymbol{a}_i^\top \boldsymbol{x})$ は非負であり，その総和も 0 である．これより任意の i について $y_i(b_i - \boldsymbol{a}_i^\top \boldsymbol{x}) = 0$ が成り立つ．これより ② が成り立つ

②→①：　②より，任意の i について $y_i(b_i-\boldsymbol{a}_i{}^\top \boldsymbol{x})=0$ が成り立つ．ゆえに

$$0=\sum_{i=1}^{m} y_i(b_i-\boldsymbol{a}_i{}^\top \boldsymbol{x})=\sum_{i=1}^{m} y_i b_i-\left(\sum_{i=1}^{m} y_i \boldsymbol{a}_i{}^\top\right)\boldsymbol{x}=\sum_{i=1}^{m} y_i b_i-\boldsymbol{c}^\top \boldsymbol{x}$$

であり，$\boldsymbol{c}^\top \boldsymbol{x}=\sum_{i=1}^{m} y_i b_i$ が成り立つ．弱双対定理の直後に示した性質1より，$\boldsymbol{x}$ と $(y_1, \ldots, y_m)$ がそれぞれPとDの最適解であることがわかる．■

上記の証明より，相補スラック定理から強双対定理を証明することも容易であることがわかる．

補　　遺

強双対定理の証明

強双対定理の証明は，許容解の存在性，つまり線形不等式系の解の存在性の特徴づけと本質的な関わりがある．線形不等式系の解の存在性については，以下のFarkasの補題と呼ばれるものが成り立つ．

Farkasの補題

任意の $m \times n$ 実行列 A と，任意の m 次元実ベクトル $\boldsymbol{b}$ に対し，$X=\{\boldsymbol{x} \in \mathrm{R}^n | A\boldsymbol{x}=\boldsymbol{b}, \boldsymbol{x} \geqq \boldsymbol{0}\}$ と $Y=\{\boldsymbol{y} \in \mathrm{R}^m | \boldsymbol{y}^\top A \geqq \boldsymbol{0}^\top, \boldsymbol{y}^\top \boldsymbol{b}<0\}$ のうちどちらかちょうど1つが要素をもつ(空でない)．

例として，X, Y を下記のように

$$X=\left\{\boldsymbol{x}=(x_1, x_2, x_3) \,\middle|\, \begin{array}{l} -x_1+x_2+x_3=-5, \\ 2x_1+x_2-x_3=7, \ \boldsymbol{x} \geqq \boldsymbol{0} \end{array}\right\}$$

$$Y=\left\{\boldsymbol{y}=(y_1, y_2) \,\middle|\, \begin{array}{ll} -y_1+2y_2 \geqq 0, & y_1+y_2 \geqq 0, \\ y_1-y_2 \geqq 0, & -5y_1+7y_2<0 \end{array}\right\}.$$

と定めると，Y が要素 $\boldsymbol{y}=(2,1)$ をもつことと Farkasの補題より，X が空であることが導かれる．事実，$\boldsymbol{y}=(2,1)$ の重みで X の定義中の等式を加えると，

$$\begin{array}{rl} & 2\times(-x_1+\ \ x_2+x_3)=2\times(-5) \\ +) & 1\times(\ 2x_1+\ \ x_2-x_3)=1\times 7 \\ \hline & (\ 0x_1+3x_2+x_3)=-3 \end{array}$$

となり，$\boldsymbol{x}=(x_1, x_2, x_3) \geqq \boldsymbol{0}$ とは両立しない式となっていることから，X が空であることがわかる．以下では，Farkasの補題の証明を行う．

集合 S と集合 $\{j\}$ に対し，$S \cup \{j\}$ を $S+j$ と書く．また $j \in S$ のとき，$S \backslash \{j\}$

を $S-j$ と書く．集合 S, I, J, K が $I\cap J=J\cap K=K\cap I=\emptyset$ と $S=I\cup J\cup K$ を満たすとき，I, J, K は S の分割であるという．本稿では，冒頭の主張を証明する代わりに，より一般的な形式の以下の主張を証明する．

Farkas の補題 (一般形)

任意の $m\times n$ 行列 A と，任意の m 次元ベクトル $\boldsymbol{b}$ に対し，以下が成り立つ．行列 A の列の添え字集合を $N=\{1, 2, \ldots, n\}$ とし，A_i を A の第 i 列ベクトルとする．N の分割 I, J, K に対し，$X(I, J, K)$，$Y(I, J, K)$ を以下のように定義する．

$$X(I,J,K)=\left\{\boldsymbol{x}\in \mathrm{R}^n \middle| \begin{array}{ll} A\boldsymbol{x}=\boldsymbol{b},\ x_i\geq 0 & (i\in I), \\ \qquad\quad x_i \text{ は自由} & (i\in J), \\ \qquad\quad x_i=0 & (i\in K) \end{array}\right\},$$

$$Y(I,J,K)=\left\{\boldsymbol{y}\in \mathrm{R}^m \middle| \begin{array}{ll} \boldsymbol{y}^\top A_i\geq 0 & (i\in I), \\ \boldsymbol{y}^\top A_i=0 & (i\in J), \\ \boldsymbol{y}^\top A_i \text{ は自由} & (i\in K),\ \boldsymbol{y}^\top\boldsymbol{b}<0 \end{array}\right\}.$$

N の任意の分割 I, J, K に対し，$X(I, J, K)$ と $Y(I, J, K)$ のうちどちらかちょうど 1 つが要素をもつ (空でない)．

表 6.2　$X(I, J, K)$ と $Y(I, J, K)$ における制約

添え字 i	I	J	K
$X(I, J, K)$ における x_i の符号	非負	自由	ゼロ
$Y(I, J, K)$ における $\boldsymbol{y}^\top A_i$ の符号	非負	ゼロ	自由

上記において $I=N$, $J=K=\emptyset$ とすると，冒頭の Farkas の補題となる．集合 $X(I, J, K)$，$Y(I, J, K)$ の定義中の制約は，表 6.2 のようになっている．

証明：　$\hat{\boldsymbol{x}}\in X(I, J, K)$ かつ $\hat{\boldsymbol{y}}\in Y(I, J, K)$ とすると，

$$0>\hat{\boldsymbol{y}}^\top b=\hat{\boldsymbol{y}}^\top A\hat{\boldsymbol{x}}=\sum_{i\in I}\hat{\boldsymbol{y}}^\top A_i\hat{x}_i+\sum_{i\in J}\hat{\boldsymbol{y}}^\top A_i\hat{x}_i+\sum_{i\in K}\hat{\boldsymbol{y}}^\top A_i\hat{x}_i$$
$$=\sum_{i\in I}\hat{\boldsymbol{y}}^\top A_i\hat{x}_i+0+0\geqq 0$$

となり矛盾．ゆえに $X(I, J, K)$ と $Y(I, J, K)$ が同時に要素をもつことはない．以下では，$X(I, J, K)$ と $Y(I, J, K)$ の少なくとも一方が要素をもつことを，I の要素数に関する帰納法を用いて示す．

① $|I|=0$ の場合．この後の補題 1 において証明する．

表 6.3　制約の一覧表

添え字	$I-l$	l	J	K
$X(I,J,K)$	非負	非負	自由	ゼロ
$X(I-l,J+l,K)$	非負	自由	自由	ゼロ
$X(I-l,J,K+l)$	非負	ゼロ	自由	ゼロ
$Y(I,J,K)$	非負	非負	ゼロ	自由
$Y(I-l,J+l,K)$	非負	ゼロ	ゼロ	自由
$Y(I-l,J,K+l)$	非負	自由	ゼロ	自由

② 正整数 k に関して，$|I|<k$ ならば補題の主張が成り立つと仮定して，$|I|=k$ の場合を示す．I 中の要素を 1 つ選び l とする．以下では 6 つの集合 $X(I,J,K), X(I-l, J+l,K), X(I-l,J,K+l), Y(I,J,K), Y(I-l,J+l,K), Y(I-l,J,K+l)$ について議論する．これらの集合の定義中の制約を表 6.2 にならってまとめると，表 6.3 のようになる．

$X(I-l,J,K+l)$ は $X(I,J,K)$ の定義の $x_l \geqq 0$ を $x_l=0$ に代えたものなので $X(I,J, K) \supseteq X(I-l,J,K+l)$ が成り立つ．よって $X(I-l,J,K+l) \neq \emptyset$ ならば $X(I,J,K) \neq \emptyset$ である．ゆえに $X(I-l,J,K+l)=\emptyset$ の場合のみ議論する．帰納法の仮定より，$X(I-l,J,K+l)$ と $Y(I-l,J,K+l)$ はちょうど一方が非空となることから，$Y(I-l,J, K+l)$ が非空の場合のみ議論すればよい．

同様に，$Y(I-l,J+l,K)$ の定義は $Y(I,J,K)$ の定義の $\boldsymbol{y}^\top A_l \geqq 0$ を $\boldsymbol{y}^\top A_l=0$ に代えたものなので，$Y(I,J,K) \supseteq Y(I-l,J+l,K)$ が成り立ち，$Y(I-l,J+l,K) \neq \emptyset$ ならば $Y(I,J,K) \neq \emptyset$ である．ゆえに $Y(I-l,J+l,K)=\emptyset$ の場合のみ議論する．帰納法の仮定より，2 つの集合 $X(I-l,J+l,K)$ と $Y(I-l,J+l,K)$ はちょうど一方が非空なので，$X(I-l,J+l,K)$ が非空の場合のみ議論すればよい．

上記より，次の要素 $\exists\,\bar{\boldsymbol{x}} \in X(I-l,J+l,K), \exists\,\bar{\boldsymbol{y}} \in Y(I-l,J,K+l)$ が存在する場合のみ議論すればよい．解 $\bar{\boldsymbol{x}}, \bar{\boldsymbol{y}}$ の定義より，

$$
\begin{aligned}
0 > \bar{\boldsymbol{y}}^\top \boldsymbol{b} = \bar{\boldsymbol{y}}^\top(A\bar{\boldsymbol{x}}) &= \sum_{i \in I-l} \bar{\boldsymbol{y}}^\top A_i \bar{x}_i + \bar{\boldsymbol{y}}^\top A_l \bar{x}_l + \sum_{i \in J \cup K} \bar{\boldsymbol{y}}^\top A_i \bar{x}_i \\
&= \sum_{i \in I-l} \bar{\boldsymbol{y}}^\top A_i \bar{x}_i + \bar{\boldsymbol{y}}^\top A_l \bar{x}_l \geqq \bar{\boldsymbol{y}}^\top A_l \bar{x}_l
\end{aligned}
$$

となり，$\bar{\boldsymbol{y}}^\top A_l > 0$ または $\bar{x}_l > 0$ が成り立つ．$\bar{\boldsymbol{y}}^\top A_l > 0$ ならば，$\bar{\boldsymbol{y}}$ は $Y(I,J,K)$ の要素である．$\bar{x}_l > 0$ ならば，$\bar{\boldsymbol{x}}$ は $X(I,J,K)$ の要素である．■

補題 1　M を $m \times n$ 行列とする．以下 $X(M, \boldsymbol{b}), Y(M, \boldsymbol{b})$ のうちちょうど 1 つが要素をもつ．

$$
X(M, \boldsymbol{b}) = \{\boldsymbol{x} \in \mathrm{R}^n \mid M\boldsymbol{x} = \boldsymbol{b}\},
$$

$$
Y(M, \boldsymbol{b}) = \{\boldsymbol{y} \in \mathrm{R}^m \mid \boldsymbol{y}^\top M = \boldsymbol{0}^\top, \boldsymbol{y}^\top \boldsymbol{b} < 0\}.
$$

$|I|=0$ の場合のFarkasの補題は，$\{A_i|i\in J\}$ 中の縦ベクトルを並べた行列を M とすると，上記の補題となる．

証明：　ベクトル $\boldsymbol{b}$ を M の列ベクトルの張る線形空間に直交射影して得られるベクトルを $\boldsymbol{b}'$ とし，$\bar{y}=\boldsymbol{b}'-\boldsymbol{b}$ と定義する．直交射影の定義より $[\exists\,\bar{\boldsymbol{x}},\,\boldsymbol{b}'=M\bar{\boldsymbol{x}}]$ と $[\bar{\boldsymbol{y}}^\top M=\boldsymbol{0}^\top]$ が成り立つ．$\bar{\boldsymbol{x}}$ と $\bar{\boldsymbol{y}}$ の定義より，$\bar{\boldsymbol{y}}^\top\boldsymbol{b}=\bar{\boldsymbol{y}}^\top(\boldsymbol{b}'-\bar{\boldsymbol{y}})=\bar{\boldsymbol{y}}^\top M\bar{\boldsymbol{x}}-\|\bar{\boldsymbol{y}}\|^2=-\|\bar{\boldsymbol{y}}\|^2\leqq 0$ である．

（i）$\bar{\boldsymbol{y}}^\top\boldsymbol{b}<0$ ならば，$\bar{\boldsymbol{y}}^\top M=\boldsymbol{0}^\top$ より $\bar{\boldsymbol{y}}\in Y(M,\,\boldsymbol{b})\neq\emptyset$ となる．

（ii）$\bar{\boldsymbol{y}}^\top\boldsymbol{b}=0$ ならば，$0=\bar{\boldsymbol{y}}^\top\boldsymbol{b}=-\|\bar{\boldsymbol{y}}\|^2$ より $\bar{\boldsymbol{y}}=\boldsymbol{0}$ が成り立ち，$M\bar{\boldsymbol{x}}=\boldsymbol{b}'=\boldsymbol{b}'-\boldsymbol{0}=\boldsymbol{b}'-\bar{\boldsymbol{y}}=\boldsymbol{b}$ となり，$\bar{\boldsymbol{x}}\in X(M,\,\boldsymbol{b})\neq\emptyset$ である．■

最後に，Farkasの補題を用いて強双対定理を証明しよう．m,n を任意の正整数とし，$A,\boldsymbol{b},\boldsymbol{c}$ を $m\times n$ 実行列，m 次元実ベクトル，n 次元実ベクトルとする．次の線形計画問題P：$\max\{\boldsymbol{c}^\top\boldsymbol{x}|A\boldsymbol{x}\leqq\boldsymbol{b}\}$ とその双対問題D：$\min\{\boldsymbol{y}^\top\boldsymbol{b}|\boldsymbol{y}^\top A=\boldsymbol{c}^\top,\,\boldsymbol{y}\geqq\boldsymbol{0}\}$ について議論する．

強双対定理　　2つの線形計画問題PとDのどちらも許容解をもつならば，PとDのいずれも最適解をもち，最適値は一致する．

証明：　不等式系 $X=\{\boldsymbol{x}\in\mathrm{R}^n,\,\boldsymbol{y}\in\mathrm{R}^m|A\boldsymbol{x}\leqq\boldsymbol{b},\,A^\top\boldsymbol{y}=\boldsymbol{c},\,\boldsymbol{y}\geqq\boldsymbol{0},\,\boldsymbol{c}^\top\boldsymbol{x}\geqq\boldsymbol{b}^\top\boldsymbol{y}\}$ について議論する．X が空でなく，要素 $\boldsymbol{x},\boldsymbol{y}$ をもつならば，弱双対定理より明らかに $\boldsymbol{x},\boldsymbol{y}$ はそれぞれPとDの最適解であり，PとDの最適値も一致する．以下では，P, Dがそれぞれ許容解 $\bar{\boldsymbol{x}},\bar{\boldsymbol{y}}$ をもつにもかかわらず，X が空であると仮定をして矛盾を導く．スラック変数 $\boldsymbol{s}$ を導入し，X の不等式系を見やすく書くと，

$$\left[\begin{array}{c|c|c} O & O & A^\top \\ \hline A & \multirow{2}{*}{I} & O \\ \cline{1-1}\cline{3-3} -\boldsymbol{c}^\top & & \boldsymbol{b}^\top \end{array}\right]\begin{bmatrix}\boldsymbol{x}\\ \boldsymbol{s}\\ \boldsymbol{y}\end{bmatrix}=\begin{bmatrix}\boldsymbol{c}\\ \boldsymbol{b}\\ 0\end{bmatrix},\ \boldsymbol{s}\geq\boldsymbol{0},\ \boldsymbol{y}\geq\boldsymbol{0},$$

となる．ただし，I は単位行列を表し，O は適当なサイズの零行列を表す．Farkasの補題（一般形）より，X が空ならば次の線形不等式系の解集合

$$Y=\left\{(\boldsymbol{z}^\top,\,\boldsymbol{w}^\top,\,q)^\top\in\mathrm{R}^{m+n+1}\left|\begin{array}{l}\boldsymbol{w}^\top A-q\boldsymbol{c}^\top=\boldsymbol{0}^\top,\ \boldsymbol{w}^\top\geqq\boldsymbol{0}^\top,\ q\geqq 0,\\ \boldsymbol{z}^\top A^\top+q\boldsymbol{b}^\top\geqq\boldsymbol{0}^\top,\ \boldsymbol{z}^\top\boldsymbol{c}+\boldsymbol{w}^\top\boldsymbol{b}<0\end{array}\right.\right\}$$

が非空となる．以下では Y が要素 $(\bar{\boldsymbol{z}}^\top,\,\bar{\boldsymbol{w}}^\top,\,\bar{q})^\top$ をもつと仮定して矛盾を導く．$\bar{q}>0$ ならば，

$$0>\bar{q}(\boldsymbol{c}^\top\bar{\boldsymbol{z}}+\bar{\boldsymbol{w}}^\top\boldsymbol{b})=(\bar{q}\boldsymbol{c}^\top)\bar{\boldsymbol{z}}+\bar{\boldsymbol{w}}^\top(\bar{q}\boldsymbol{b})=\bar{\boldsymbol{w}}^\top A\bar{\boldsymbol{z}}+\bar{\boldsymbol{w}}^\top\bar{q}\boldsymbol{b}=\bar{\boldsymbol{w}}^\top(\bar{\boldsymbol{z}}^\top A^\top+\bar{q}\boldsymbol{b}^\top)^\top\geqq 0,$$

より矛盾．$\bar{q}=0$ ならば，$\bar{\boldsymbol{x}}$ と $\bar{\boldsymbol{y}}$ がPとDの許容解であることから

$$0>\bar{\boldsymbol{z}}^\top\boldsymbol{c}+\bar{\boldsymbol{w}}^\top\boldsymbol{b}\geqq\bar{\boldsymbol{z}}^\top A^\top\bar{\boldsymbol{y}}+\bar{\boldsymbol{w}}^\top A\bar{\boldsymbol{x}}\geqq-\bar{q}\boldsymbol{b}^\top\bar{\boldsymbol{y}}+\bar{q}\boldsymbol{c}^\top\bar{\boldsymbol{x}}=0-0=0$$

となり矛盾. ■

【演習問題】

6.1 次の線形計画問題を単体法で解け. また3次元の図を描いて単体法の動きを説明せよ.

(1) $\max\{3x+y|x+2z\leqq4,\ x+y+z\leqq6,\ x,\ y,\ z\geqq0\}$.

(2) $\max\{3x-y+4z|x+2z\leqq4,\ 2x-2y+2z\leqq5,\ x,\ y,\ z\geqq0\}$.

6.2 次の線形計画問題を標準形に変形せよ.

$\min\{8x-7y-9z|6x+5z=12,\quad 5x-8y+4z\geqq15,\ x,\ y\geqq0\}$

6.3 次の線形計画問題の双対問題を書け.

(1) $\min\{\boldsymbol{c}^\top\boldsymbol{x}|A\boldsymbol{x}=\boldsymbol{b},\ \boldsymbol{x}\geqq\boldsymbol{0}\}$

(2) $\min\{\boldsymbol{c}^\top\boldsymbol{x}|A\boldsymbol{x}\geqq\boldsymbol{b},\ \boldsymbol{x}\geqq\boldsymbol{0}\}$,

6.4 xy 平面上に n 個の点 $\mathrm{P}_1, \mathrm{P}_2, \ldots, \mathrm{P}_n$ が与えられているとする. 点 P_i の座標は (x_i, y_i) とする. 次の問題を線形計画問題に定式化せよ.

(1) 点 $\mathrm{P}_1, \mathrm{P}_2, \ldots, \mathrm{P}_n$ を含む正方形で辺が x 軸または y 軸と平行なもののうち, 周長が最小のものを求めよ.

(2) C_1, C_2 は中心を $c=(x, y)$ とする同心円であり, それぞれの半径は r_1, r_2 (ただし $r_1\geqq r_2$) であるとする. さらに, 点 $\mathrm{P}_1, \mathrm{P}_2, \ldots, \mathrm{P}_n$ は C_1 に含まれ, C_2 の内部には含まれない (C_1 と C_2 の間のドーナツ状の閉領域に含まれる) とする. C_1 の面積から C_2 の面積を引いた値が最小となるように, 中心の座標 c と半径 r_1, r_2 を求めよ.

【参考文献】

[1] 伊理正夫：線形計画法, 共立出版 (1986).
[2] 今野　浩：線形計画法, 日科技連出版社 (1987).
[3] 今野　浩：カーマーカ特許とソフトウェア, 中央公論社 (1995).
[4] 森口繁一：線形計画法入門, 日科技連出版社 (1994).
[5] 平本　巌, 栗原和夫：文科系の線形計画法入門, 牧野書店 (2000).

7 非線形計画法

本章では，非線形計画問題を扱う．非線形計画問題は，目的関数や制約式が非線形な関数で記述されている問題の総称である．非線形関数とは，線形でない関数すべてを指すので，その範囲は非常に広い．そのため非線形計画問題すべてを効率よく解くような解法の存在は，ほとんどありえない．したがって，非線形計画法では，「どのような問題が効率的に解けるのか」と「効率的に解ける可能性のある問題に対する構造の解明と解法の構築」が，中心的なテーマとなる．

7.1 非線形計画問題

本章で扱う非線形計画問題は，

$$
\begin{aligned}
\mathrm{P}:\ \min.\quad & f(\boldsymbol{x}) \\
\mathrm{s.t.}\quad & g_i(\boldsymbol{x}) \leqq 0 \quad (i=1, 2, \ldots, m_1), \\
& h_j(\boldsymbol{x}) = 0 \quad (j=1, 2, \ldots, m_2),
\end{aligned}
$$

という形式で書かれる．ただし $f:\mathrm{R}^n \to \mathrm{R}$, $g_i:\mathrm{R}^n \to \mathrm{R}$, $h_j:\mathrm{R}^n \to \mathrm{R}$ である．上記で不等式が左辺項が 0 以下となっており，線形計画問題の標準形と形式が異なるが，歴史的な経緯からこの形式が使われることが多い．関数 $f(\boldsymbol{x})$ を**目的関数**と呼ぶ．また $g_i(\boldsymbol{x}) \leqq 0$ を**不等式制約**，$h_j(\boldsymbol{x})=0$ を**等式制約**と呼び，双方を単に**制約式**と呼ぶ．制約式すべてを満たす解を**許容解**と呼び，許容解すべての集合，すなわち $\Omega=\{\boldsymbol{x}\in\mathrm{R}^n | g_i(\boldsymbol{x}) \leqq 0\ (i=1, 2, \ldots, m_1), h_j(\boldsymbol{x})=0\ (j=1, 2, \ldots, m_2)\}$ を**許容領域**と呼ぶ．許容解をもたない問題は**実行不能**であると呼ぶ．許容解 $\boldsymbol{x}^* \in \Omega$ が，$\forall \boldsymbol{x} \in \Omega$, $f(\boldsymbol{x}^*) \leqq f(\boldsymbol{x})$ を満たすとき，$\boldsymbol{x}^*$ は問題 P の**最適解**であるという．

非線形計画では，許容解をもち，最適解をもたない一見奇妙な問題が存在する．例え

ば,

P1 : min. x s. t. $x-1\leqq 0$,

P2 : min. $1/x$ s. t. $1-x\leqq 0$,

P3 : min. x s. t. $1-x<0$

という3つの問題はどれも最適解をもたない. 問題P1は, 目的関数をいくらでも小さくできる. 問題P2では目的関数値は常に正であり, 0に限りなく近づくことができるが, 0を達成する解は存在しない. 問題P3でも目的関数は常に1以上であり, 1に限りなく近づくことができるが, 1を達成する解は存在しない[1]. このように, 数理的にモデル化する際に十分注意を払わないと, 最適解が存在しない問題を容易につくってしまう.

7.2 凸 計 画

以下では, 最適解が効率よく求まる可能性がある凸計画について述べる. まず最初に, 凸結合, 凸集合, 凸関数, そして凸計画についてまとめておく (図7.1).

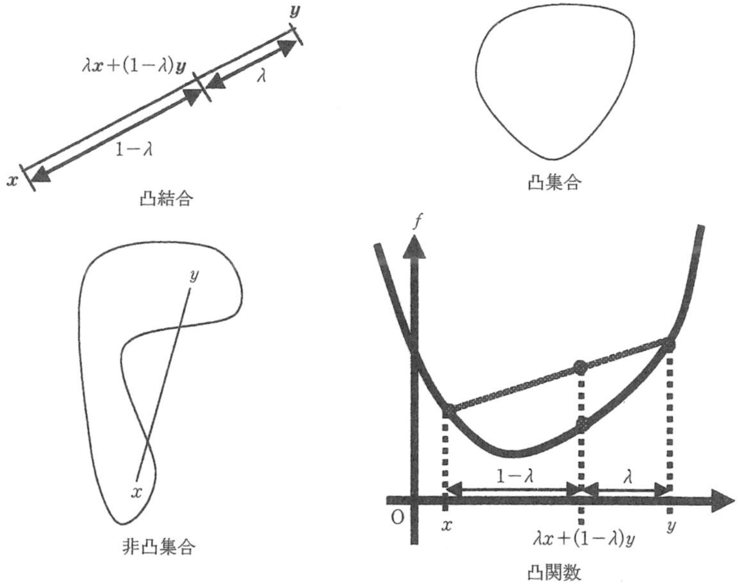

図7.1 凸結合, 凸集合, 凸関数

[1] P3の不等式制約は等号が無いため, 正確には問題Pの形式で書かれたものにはなっていない.

凸結合： n 次元座標空間中の 3 点 $\boldsymbol{x}, \boldsymbol{y}, \boldsymbol{z} \in \mathrm{R}^n$ において，ある係数 $0 \leqq \lambda \leqq 1$ が存在して，等式 $\boldsymbol{z} = \lambda \boldsymbol{x} + (1-\lambda)\boldsymbol{y}$ が成り立つとき，点 $\boldsymbol{z}$ は点対 $\{\boldsymbol{x}, \boldsymbol{y}\}$ の凸結合で表されるという．

凸集合： n 次元座標空間 R^n 中の集合 $S \subseteq \mathrm{R}^n$ において，S 中の任意の 2 点 $\boldsymbol{x}, \boldsymbol{y}$ について，その凸結合で表される任意の点が S に入っているとき（この性質を記号を用いて書くと $[\forall \boldsymbol{x}, \forall \boldsymbol{y} \in S, 0 \leqq \forall \lambda \leqq 1, \lambda \boldsymbol{x} + (1-\lambda)\boldsymbol{y} \in S]$ となる），S は凸集合であるという．

凸関数： 関数 $f: \mathrm{R}^n \to \mathrm{R}$ が，n 次元座標空間中の任意の 2 点 $\boldsymbol{x}, \boldsymbol{y} \in \mathrm{R}^n$ と，任意の係数 $0 \leqq \lambda \leqq 1$ について，$f(\lambda \boldsymbol{x} + (1-\lambda)\boldsymbol{y}) \leqq \lambda f(\boldsymbol{x}) + (1-\lambda) f(\boldsymbol{y})$ を満たすとき，関数 f は凸関数であるという[2]．この定義は $\{(\boldsymbol{x}, z) \in \mathrm{R}^{n+1} | z \geqq f(\boldsymbol{x})\}$ という $n+1$ 次元座標空間中の集合が凸集合であることに等しい．

凸計画： 最適化問題 (P) $\min\{f(\boldsymbol{x}) | g_i(\boldsymbol{x}) \leqq 0 \ (i=1, 2, \ldots, m_1), h_j(\boldsymbol{x}) = 0 \ (j=1, 2, \ldots, m_2)\}$ において，許容領域が凸集合で，目的関数 $f(x)$ が凸関数ならば，P は凸計画であるという．

凸計画は，局所的な最適解が最適解となるというよい性質がある．これを正確に記述するために，局所最適解という概念を定義しよう．ある解 $\boldsymbol{x}^*$ が局所最適解であるとは，点 $\boldsymbol{x}^*$ の十分近い周囲だけを見ている分には，点 $\boldsymbol{x}^*$ より関数値が小さい点がないことをいう．これを数学的に正確に定義しよう．点 $\boldsymbol{a} \in \mathrm{R}^n$ を中心とする半径 $r > 0$ の球 $\{\boldsymbol{x} \in \mathrm{R}^n | \|\boldsymbol{x} - \boldsymbol{a}\| < r\}$ を，$\mathrm{B}(\boldsymbol{a}, r)$ と書き，中心 $\boldsymbol{a}$ と半径 r をもつ**開球**と呼ぶ（名前に「開」とつくのは，この集合が開集合となるからである）．問題 P の許容解 $\boldsymbol{x}^* \in \Omega$ に対し，ある半径 $r > 0$ が存在して，$\boldsymbol{x}^*$ を中心とする半径 r の開球中の任意の許容解 $\boldsymbol{x}'$ が $f(\boldsymbol{x}^*) \leqq f(\boldsymbol{x}')$ を満たすとき（これを式で書くと $[\exists r > 0, \forall \boldsymbol{x}' \in \mathrm{B}(\boldsymbol{x}^*, r) \cap \Omega, f(\boldsymbol{x}^*) \leqq f(\boldsymbol{x}')]$ となる），$\boldsymbol{x}^*$ は**局所最適解** (local optimum) であるという．先に定義された最適解は，局所最適解との違いを明示したいときは，特に**大域的最適解** (global optimum) と呼ぶことも

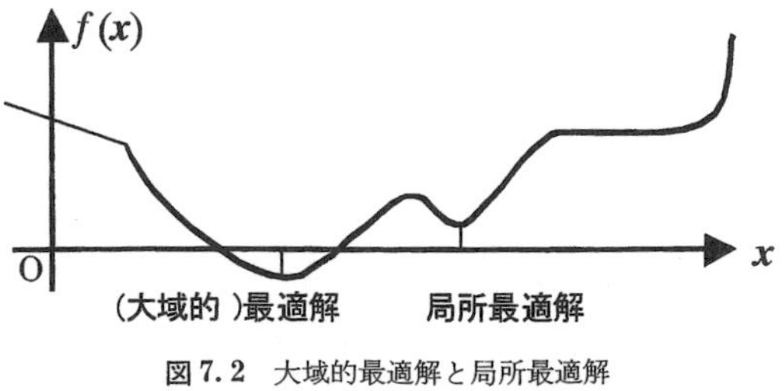

図 7.2 大域的最適解と局所最適解

[2] 凸関数は，その漢字の形状からくるイメージと異なり，関数値をプロットすると下に出っ張ったような形になることに注意されたい．

ある(図7.2).

このとき以下の性質が成り立つ.

定理 問題 $\min\{f(\boldsymbol{x})|\boldsymbol{x}\in\Omega\}$ は凸計画とする. このとき $\boldsymbol{x}^*$ が $\min\{f(\boldsymbol{x})|\boldsymbol{x}\in\Omega\}$ の局所最適解ならば, 大域的最適解である.

証明: $\boldsymbol{x}^*$ は大域的最適解でないと仮定して矛盾を導く. 仮定より, ある解 $\boldsymbol{x}^{**}\in\Omega$ が存在して, $f(\boldsymbol{x}^*)>f(\boldsymbol{x}^{**})$ を満たす. $\boldsymbol{x}^*$ は局所最適解であることから, ある半径 $r>0$ が存在して, $\forall\boldsymbol{x}'\in\mathrm{B}(\boldsymbol{x}^*, r)\cap\Omega$, $f(\boldsymbol{x}^*)\leqq f(\boldsymbol{x}')$ が成り立つ. ここで ε を十分小さな正の数とし, $\boldsymbol{x}''=(1-\varepsilon)\boldsymbol{x}^*+\varepsilon\boldsymbol{x}^{**}$ とおく. 許容領域 Ω と開球 $\mathrm{B}(\boldsymbol{x}^*, r)$ は凸集合であることから $\mathrm{B}(\boldsymbol{x}^*, r)\cap\Omega$ も凸集合であり, ε が十分小さな正の数ならば $\boldsymbol{x}''\in\mathrm{B}(\boldsymbol{x}^*, r)\cap\Omega$ が成り立つ. 関数 f が凸関数であることと $f(\boldsymbol{x}^*)>f(\boldsymbol{x}^{**})$ および ε が正であることから,

$$f(\boldsymbol{x}'')\leqq(1-\varepsilon)f(\boldsymbol{x}^*)+\varepsilon f(\boldsymbol{x}^{**})<(1-\varepsilon)f(\boldsymbol{x}^*)+\varepsilon f(\boldsymbol{x}^*)=f(\boldsymbol{x}^*)$$

が成り立つ. しかしながら $\boldsymbol{x}^*$ の局所最適性より, $f(\boldsymbol{x}^*)\leqq f(\boldsymbol{x}'')$ が成り立つ. 矛盾. ■

上記より, 凸計画において(大域的)最適解を探すには, 局所最適解を探せば十分であることがわかる. ある解が局所最適解であるかどうかは, そのまわりだけを見ればよいので, その確認は容易であることが多い.

7.3 1変数の非線形計画問題

実際に非線形計画を解かなければならない状況では, 変数が1つしかないことがよく存在する. しかしながら非線形計画問題は, 1変数であっても一般の関数では解くことが困難となる場合が多く, 侮ってはならない. また変数が1つの場合は, 市販のソフトウェアを使用するより自作のプログラムの方が高速となることも多い. 本節では, 閉区間 $[L, U]$ 上で定義された1変数の凸関数 $f(x)$ の最小化問題 $\min\{f(x)|x\in[L, U]\}$ を対象とする. 以下では関数 $f(x)$ が区間 $[L, U]$ において微分可能であるとする. $f(x)$ が凸関数であることより $f'(x)$ は単調増加であり, 上記の最小化問題の最適解は $f'(x)=0$ を満たす解 x を求める問題に帰着される. 以下では, $f'(L)<0$ かつ $f'(U)>0$ が成り立っていると仮定する.

(1) 2分探索法

$f'(x)=0$ を解く単純な方法として2分探索法 (binary search method) がある.

これは，最適解が存在する区間を半分に縮めてゆく方法であり，次のように記述される．

Step 0　初期区間を $[L^0, U^0]:=[L, U]$ とする．$k:=0$ とする．

Step 1　$U^k-L^k \leqq \varepsilon$ ならば終了する．

Step 2　$x^*:=(L^k+U^k)/2$ とし，$f'(x)<0$ ならば $[L^{k+1}, U^{k+1}]:=[x^*, U^k]$ とし，$f'(x) \geqq 0$ ならば $[L^{k+1}, U^{k+1}]:=[L^k, x^*]$ とする．$k:=k+1$ として Step 1 へ．

2分探索法は $\lceil \lg((U-L)/\varepsilon) \rceil$ 回の反復で終了する[3]．$\lceil \ \rceil$ は整数値への切り上げを意味する記号である．2分探索法は単純なため，プログラミングと理論的な解析が容易であるが，実際には速くないので使われることはあまりない．

(2) 線形補間法

2分探索法と同様に区間を縮めていく方法としては線形補間法 (linear interpolation method) がある (「補完」ではない) (図 7.3)．これは，区間の両端点で $f'(x)$ と関数値が一致する線形関数を用いて次の探索点を決定する方法であり，以下のように記述される．

Step 0　初期区間を $[L^0, U^0]:[L, U]$ とする．$k:=0$ とする．

Step 1　$U^k-L^k \leqq \varepsilon$ ならば終了する．

Step 2　$x^*:=(f'(U^k)L^k-f'(L^k)U^k)/(f'(U^k)-f'(L^k))$ とし，$f'(x^*)<0$ ならば $[L^{k+1}, U^{k+1}]:=[x^*, U^k]$ とし，$f'(x) \geqq 0$ ならば $[L^{k+1}, U^{k+1}]:=[L^k, x^*]$ とする．$k:=k+1$ として Step 1 へ．

線形補間法は，実際には速く収束することが多いが，関数 $f'(x)$ の形によって

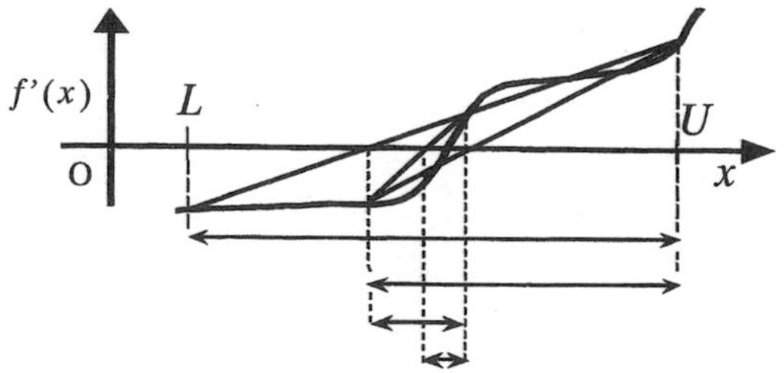

図 7.3 線形補間法

3) 底を 2 とする対数 $\log_2 a$ は単に $\lg a$ と書かれる．ちなみに 10 を底とする常用対数 $\log_{10} a$ は $\log a$ と書かれ，自然対数 $\log_e a$ は $\ln a$ と書かれる．

は非常に遅くなる場合があり，最悪のケースでは2分探索法より遅くなる．

(3) ニュートン法

関数 $f(x)$ の導関数 $f'(x)$ が凸関数で微分可能あれば，下記のようなニュートン法 (Newton method) を用いることができる．ニュートン法は一般には収束が非常に速いが，その問題に適用可能か注意が必要である．

Step 0 初期区間を $[L^0, U^0]:=[L, U]$ とする．$x^0:=U^0$, $k:=0$ とする．
Step 1 $f'(x^k)\leqq\varepsilon$ ならば終了する．
Step 2 $x^{k+1}:=x^k-(f''(x^k))^{-1}f'(x^k)$ として Step 1 へ．

ニュートン法の各反復で得られる点は，図7.4のように x と $f'(x)$ をそれぞれ横軸と縦軸にとった図では，点 $(x^k, f'(x^k))$ を通り傾きが $f''(x^k)$ の直線が横軸と交わる点である．これは，x と $f(x)$ をそれぞれ横軸と縦軸にとった図では，点 $(x^k, f(x^k))$ を通る $y=(1/2)f''(x^k)(x-x^k)^2+f'(x^k)(x-x^k)+f(x^k)$ という2次曲線が最小となる点となっている．機会があれば，ニュートン法を実装してみることを勧める．実装して計算実験を行うと，ニュートン法が非常に速いことが実感できる．どんな問題でも20回程度(あるいはそれ以下)の反復で収束することがほとんどである事実に驚かされるだろう．

対象とする関数 $f(x)$ が連続だが微分可能でないときや，導関数 $f'(x)$ が陽に求まらないときは，微係数 $f'(x)$ の代わりに x の付近の値を調べることで代用する場合がある．すなわち十分小さな正の値 ε を用いて $(f(x+\varepsilon)-f(x))/\varepsilon$ の値を求め，$f'(x)$ の代わりに用いる．

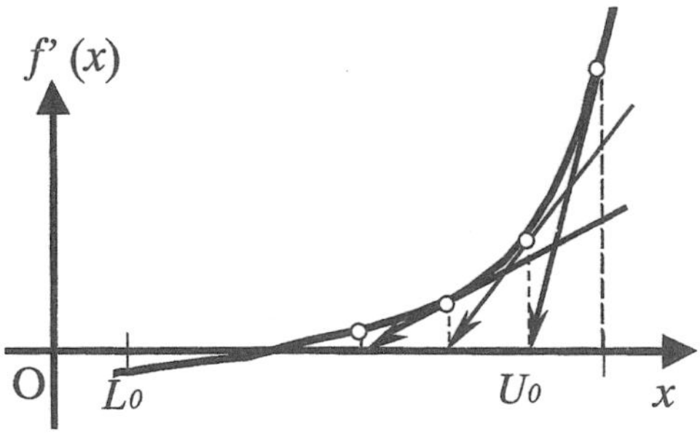

図7.4 ニュートン法

7.4 多変数の非線形関数

本節以降では，変数が複数ある非線形計画問題を扱う．以下では n 変数の (目的) 関数 $f:\mathrm{R}^n\rightarrow\mathrm{R}$ に対する基本的な概念をいくつか定義しよう．

関数 $f:\mathrm{R}^n\rightarrow\mathrm{R}$ の点 $\boldsymbol{x}^*=(x_1^*, x_2^*, \ldots, x_n^*)$ での関数値は $f(\boldsymbol{x}^*)=f(x_1^*, x_2^*, \ldots, x_n^*)$ と書く．関数 $f(\boldsymbol{x})$ が偏微分可能であるとき，関数 $f(\boldsymbol{x})$ を変数 x_i で偏微分して得られる偏導関数を $\partial f/\partial x_i$ と書く (偏導関数 $\partial f/\partial x_i$ とは，f を x_i だけの関数と見なし，他の変数は定数と見なして，f を x_i で微分して得られる関数である)．n 変数関数では，偏微分する変数が n 個存在するため，偏導関数は n 個存在する．関数 $f(\boldsymbol{x})$ を偏微分して得られる n 個の偏導関数を並べた列ベクトル

$$\left(\frac{\partial f}{\partial x_1}, \frac{\partial f}{\partial x_2}, \ldots, \frac{\partial f}{\partial x_n}\right)^\top$$

を，$f(\boldsymbol{x})$ の**勾配ベクトル** (gradient vector) と呼び，$\nabla f(\boldsymbol{x})$ と書く．また $\boldsymbol{x}=\boldsymbol{x}^*$ での偏微分係数 (偏導関数の値) を並べた列ベクトルを $\nabla f(\boldsymbol{x}^*)$ と書く．記号 ∇ は「ナブラ」と読み，三角の形状をしたヘブライの楽器の名前に由来する．関数 $f(\boldsymbol{x})$ が 2 階偏微分可能なとき，関数 $f(\boldsymbol{x})$ を変数 x_j で偏微分したものをさらに x_i で偏微分して得られる 2 階偏導関数を $\partial^2 f/\partial x_i\partial x_j$ と書く．なお $f(\boldsymbol{x})$ が 2 回連続微分可能であるならば ($\partial^2 f/\partial x_i\partial x_j$ と $\partial^2 f/\partial x_j\partial x_i$ の両方が連続関数ならば)，$\partial^2 f/\partial x_i\partial x_j=\partial^2 f/\partial x_j\partial x_i$ が成り立つことが知られている．2 階偏微分に用いる変数の組が n^2 通りあることから 2 階偏導関数は n^2 個存在する．関数 $f(\boldsymbol{x})$ を 2 階偏微分して得られる n^2 個の 2 階偏導関数を並べた行列

$$\begin{pmatrix} \dfrac{\partial^2 f}{\partial x_1\partial x_1} & \dfrac{\partial^2 f}{\partial x_1\partial x_2} & \cdots & \dfrac{\partial^2 f}{\partial x_1\partial x_n} \\ \dfrac{\partial^2 f}{\partial x_2\partial x_1} & \dfrac{\partial^2 f}{\partial x_2\partial x_2} & \cdots & \dfrac{\partial^2 f}{\partial x_2\partial x_n} \\ \vdots & \vdots & & \vdots \\ \dfrac{\partial^2 f}{\partial x_n\partial x_1} & \dfrac{\partial^2 f}{\partial x_n\partial x_2} & \cdots & \dfrac{\partial^2 f}{\partial x_n\partial x_n} \end{pmatrix}$$

を $f(\boldsymbol{x})$ の $\boldsymbol{x}$ における**ヘッセ行列** (Hessian matrix) と呼び，$\nabla^2 f(\boldsymbol{x})$ と書く[4)]．$f(\boldsymbol{x})$ が 2 回連続微分可能ならば，ヘッセ行列は対称行列となることが知られている．点 $\boldsymbol{x}^*$ における 2 階偏微分係数 (2 階偏導関数の点 $\boldsymbol{x}^*$ での値) を並べた行

---

4) Hessian matrix は，ドイツ人の数学者 L. O. Hesse に由来する．

列を $\nabla^2 f(\boldsymbol{x}^*)$ と書く．

勾配ベクトルは関数の1次近似と密接な関係をもっている．n 変数関数 $f(\boldsymbol{x})$ を，点 $\boldsymbol{x}^*$ において1次関数 $g(\boldsymbol{x})$ で近似することを考えよう．すなわち，$g(\boldsymbol{x})$ は $\boldsymbol{x}^*$ で $f(\boldsymbol{x})$ と同じ値をとり $[g(\boldsymbol{x}^*)=f(\boldsymbol{x}^*)]$，傾きすなわち勾配ベクトルが一致する $[\nabla g(\boldsymbol{x}^*)=\nabla f(\boldsymbol{x}^*)]$ ような1次関数とする．関数 $g(\boldsymbol{x})$ を n 次元ベクトル $\boldsymbol{d}$ と定数 d_0 を用いて $\boldsymbol{d}^\top \boldsymbol{x}+d_0$ と表すとする．条件より $\nabla g(\boldsymbol{x}^*)=\boldsymbol{d}=\nabla f(\boldsymbol{x}^*)$ と，$d_0=g(\boldsymbol{x}^*)-\boldsymbol{d}^\top \boldsymbol{x}^*=f(\boldsymbol{x}^*)-\nabla f(\boldsymbol{x}^*)^\top \boldsymbol{x}^*$ が成り立ち，$g(\boldsymbol{x})=\nabla f(\boldsymbol{x}^*)^\top \boldsymbol{x}+f(\boldsymbol{x}^*)-\nabla f(\boldsymbol{x}^*)^\top \boldsymbol{x}^*=\nabla f(\boldsymbol{x}^*)^\top(\boldsymbol{x}-\boldsymbol{x}^*)+f(\boldsymbol{x}^*)$ と書けることがわかる．

1次近似関数：　この1次近似関数の幾何学的なイメージをもつことは重要である．例えば関数 $f(\boldsymbol{x})$ が2変数関数 $f(x_1, x_2)$ である場合を考えよう(図7.5)．2変数関数を変数 x_1, x_2 の値と点 (x_1, x_2) での関数値を軸とする3次元座標空間にプロットしたとしよう．すると，任意の1次関数 $\boldsymbol{d}^\top \boldsymbol{x}+d_0$ をプロットしたものは，3次元空間中の平面となっている．2変数関数 $f(\boldsymbol{x})$ を点 $\boldsymbol{x}^*=(x_1^*, x_2^*)$ で1次近似して得られる1次関数 $g(\boldsymbol{x})=\nabla f(\boldsymbol{x}^*)^\top(\boldsymbol{x}-\boldsymbol{x}^*)+f(\boldsymbol{x}^*)$ は，点 $(\boldsymbol{x}^*, f(\boldsymbol{x}^*))$ を通り，この点の近くでは $f(\boldsymbol{x})$ と非常に近い値をとる平面に対応しているはずである．これは実は，関数 $f(\boldsymbol{x})$ に対応する曲面に対する，点 $(\boldsymbol{x}^*, f(\boldsymbol{x}^*))$ での接平面にほかならない．このことは，関数 $f(\boldsymbol{x})$ が1変数関数ならば，1次関数 $g(x)=\nabla f(x^*)^\top(x-x^*)+f(x^*)$ が(2次元座標平面における)曲線 $(x, f(x))$ 上の点 $(x^*, f(x^*))$ における接線になっていることからも類推できる．

次に，2変数関数における勾配ベクトルと等高線の関係について確認しよう．変数 (x_1, x_2) の位置ベクトルを表す2次元平面上に，関数 $f(\boldsymbol{x})$ の等高線をプロットしたとし

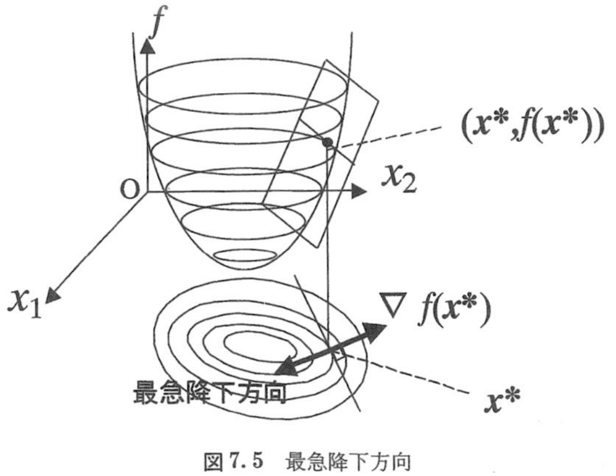

図7.5　最急降下方向

よう．このとき勾配ベクトル $\nabla f(\boldsymbol{x}^*)$ は $\boldsymbol{x}^*$ を通る等高線と垂直な方向となっている．このことは，$\nabla f(\boldsymbol{x}^*)$ と垂直なベクトル $\boldsymbol{d}$ に対し，$f(\boldsymbol{x}^*+\boldsymbol{d})$ の値の 1 次近似が $g(\boldsymbol{x}^*+\boldsymbol{d})=\nabla f(\boldsymbol{x}^*)^\top((\boldsymbol{x}^*+\boldsymbol{d})-\boldsymbol{x}^*)+f(\boldsymbol{x}^*)=\nabla f(\boldsymbol{x}^*)^\top\boldsymbol{d}+f(\boldsymbol{x}^*)=0+f(\boldsymbol{x}^*)$ となっており，$\nabla f(\boldsymbol{x}^*)$ と垂直方向に進んでも関数値が変化しないことから，$\boldsymbol{d}$ が等高線と重なった方向となっていることが類推される．実際に上記の主張を確かめるには，「全微分可能性」や「接平面」，「等高線」といった単語を数学的に詳細に定義する必要がある．

関数 $f(\boldsymbol{x})$ の 1 次近似関数 $\nabla f(\boldsymbol{x}^*)^\top(\boldsymbol{x}-\boldsymbol{x}^*)+f(\boldsymbol{x}^*)$ に対し，点 $\boldsymbol{x}^*$ から距離 1 だけ動く場合，関数値が最も小さくなるような方向はどのようなものか．これは長さ 1 の n 次元ベクトル $\boldsymbol{d}$ のなかで，関数値 $g(\boldsymbol{x}^*+\boldsymbol{d})=\nabla f(\boldsymbol{x}^*)^\top((\boldsymbol{x}^*+\boldsymbol{d})-\boldsymbol{x}^*)+f(\boldsymbol{x}^*)=\nabla f(\boldsymbol{x}^*)^\top\boldsymbol{d}+f(\boldsymbol{x}^*)$ が最も小さくなるものに等しい．ベクトル $\boldsymbol{d}$ の長さが 1 であることから，$\nabla f(\boldsymbol{x}^*)^\top\boldsymbol{d}+f(\boldsymbol{x}^*)$が最も小さくなるのは $\boldsymbol{d}$ と $\nabla f(\boldsymbol{x}^*)$ のなす角度が 180° になるとき，すなわち $-\nabla f(\boldsymbol{x}^*)$ と同じ向きで長さが 1 のベクトルである．これより，$-\nabla f(\boldsymbol{x}^*)$ は関数 $f(\boldsymbol{x})$ の**最急降下方向**と呼ばれる．直感的には，$f(\boldsymbol{x})$ が 2 変数関数であるとき，関数値を高さで表した 3 次元の曲面において，点 $(\boldsymbol{x}^*, f(\boldsymbol{x}^*))$ に小さな玉を置いたとき，最初に転がり出す方向が最急降下方向に対応している[5]．関数 $f(\boldsymbol{x})$ の値を小さくするには，最急降下方向に移動するのが (近視眼的には) よいと予想される．これは次節で紹介する最急降下法の基本的なアイデアとなっている．

上記と同様に，関数 $f(\boldsymbol{x})$ を点 $\boldsymbol{x}^*$ において 2 次関数 $q(\boldsymbol{x})$ で近似してみよう．すなわち，関数 $q(\boldsymbol{x})$ は点 $\boldsymbol{x}^*$ で $f(\boldsymbol{x}^*)$ と同じ値をとり $[q(\boldsymbol{x}^*)=f(\boldsymbol{x}^*)]$，同じ傾きすなわち勾配ベクトルをもち $[\nabla q(\boldsymbol{x}^*)=\nabla f(\boldsymbol{x}^*)]$，勾配の変化も同じ $[\nabla^2 q(\boldsymbol{x}^*)=\nabla^2 f(\boldsymbol{x}^*)]$ となっている 2 次関数とする．関数 $q(\boldsymbol{x})$ を $n\times n$ 行列 D，n 次元ベクトル $\boldsymbol{d}$ と定数 d_0 を用いて $q(x)=(1/2)\boldsymbol{x}^\top D\boldsymbol{x}+\boldsymbol{d}^\top\boldsymbol{x}+d_0$ と表すとすると，条件より $\nabla^2 q(\boldsymbol{x}^*)=D=\nabla^2 f(\boldsymbol{x}^*)$ および $\nabla q(\boldsymbol{x}^*)=D\boldsymbol{x}^*+\boldsymbol{d}=\nabla f(\boldsymbol{x}^*)$，$q(\boldsymbol{x}^*)=(1/2)\boldsymbol{x}^{*\top}D\boldsymbol{x}^*+\boldsymbol{d}^\top\boldsymbol{x}^*+d_0=f(\boldsymbol{x}^*)$ が成り立つ．ヘッセ行列 $\nabla^2 f(\boldsymbol{x}^*)$ が対称であるとすると，関数 $q(\boldsymbol{x})$ は，

$$
\begin{aligned}
q(\boldsymbol{x})=&(1/2)\boldsymbol{x}^\top\nabla^2 f(\boldsymbol{x}^*)\boldsymbol{x}+(\nabla f(\boldsymbol{x}^*)-\nabla^2 f(\boldsymbol{x}^*)^\top\boldsymbol{x}^*)^\top\boldsymbol{x}\\
&+f(\boldsymbol{x}^*)-(1/2)\boldsymbol{x}^{*\top}\nabla^2 f(\boldsymbol{x}^*)\boldsymbol{x}^*-(\nabla f(\boldsymbol{x}^*)-\nabla^2 f(\boldsymbol{x}^*)^\top\boldsymbol{x}^*)^\top\boldsymbol{x}^*\\
=&(1/2)(\boldsymbol{x}-\boldsymbol{x}^*)^\top\nabla^2 f(\boldsymbol{x}^*)(\boldsymbol{x}-\boldsymbol{x}^*)+\nabla f(\boldsymbol{x}^*)^\top(\boldsymbol{x}-\boldsymbol{x}^*)+f(\boldsymbol{x}^*)
\end{aligned}
$$

---

[5] ここでは，うねった曲面を転がってゆく玉のイメージを是非思い浮かべてほしい．低次元のイメージは必ずしも高次元では通用しないが，物理的な直感をもつことは常に重要である．

となる[6]．この関数は，2変数関数 $f(x_1, x_2)$ を3次元空間にプロットした場合，関数 $f(\boldsymbol{x})$ を点 $(\boldsymbol{x}^*, f(\boldsymbol{x}^*))$ において2次曲面で近似したものに対応している．関数 $f(x)$ が1変数関数ならば2次近似関数 $q(x)=(1/2)(x-x^*)^\top\nabla^2 f(x^*)(x-x^*)+\nabla f(x^*)^\top(x-x^*)+f(x^*)$ は2次曲線に対応する．1変数の2次関数 $q(x)$ の形状は，2階微分係数 $\nabla^2 f(x^*)$ の値が正ならば上に開いた放物線であり，凸関数となる．この性質は多変数関数の際は下記のように拡張される．

定理 n 変数の2次関数 $q(\boldsymbol{x})=(1/2)\boldsymbol{x}^\top D\boldsymbol{x}+\boldsymbol{d}^\top\boldsymbol{x}+d_0$ が凸関数となる必要十分条件は，行列 D が半正定値となっていることである[7]．

証明： 行列 D が半正定値であるとする．このとき $\forall\boldsymbol{x}$, $\forall\boldsymbol{y}\in\mathrm{R}^n$, $0\leqq\forall\lambda\leqq 1$ に対し

$$q(\lambda\boldsymbol{x}+(1-\lambda)\boldsymbol{y})=(1/2)(\lambda\boldsymbol{x}+(1-\lambda)\boldsymbol{y})^\top D(\lambda\boldsymbol{x}+(1-\lambda)\boldsymbol{y})+\boldsymbol{d}^\top(\lambda\boldsymbol{x}+(1-\lambda)\boldsymbol{y})+d_0$$
$$=(1/2)\lambda^2\boldsymbol{x}^\top D\boldsymbol{x}+(1/2)\lambda(1-\lambda)(\boldsymbol{x}^\top D\boldsymbol{y}+\boldsymbol{y}^\top D\boldsymbol{x})+(1/2)(1-\lambda)^2\boldsymbol{y}^\top D\boldsymbol{y}$$
$$+\lambda\boldsymbol{d}^\top\boldsymbol{x}+(1-\lambda)\boldsymbol{d}^\top\boldsymbol{y}+d_0$$
$$=\lambda q(\boldsymbol{x})+(1-\lambda)q(\boldsymbol{y})+(1/2)\lambda(1-\lambda)(-\boldsymbol{x}^\top D\boldsymbol{x}+\boldsymbol{x}^\top D\boldsymbol{y}+\boldsymbol{y}^\top D\boldsymbol{x}-\boldsymbol{y}^\top D\boldsymbol{y})$$
$$=\lambda q(\boldsymbol{x})+(1-\lambda)q(\boldsymbol{y})-(1/2)\lambda(1-\lambda)(\boldsymbol{x}-\boldsymbol{y})^\top D(\boldsymbol{x}-\boldsymbol{y})\leqq\lambda q(\boldsymbol{x})+(1-\lambda)q(\boldsymbol{y})$$

が成り立つ．逆に2次関数 $q(\boldsymbol{x})$ が凸関数ならば $\forall\boldsymbol{x}\in\mathrm{R}^n$ に対し，

$$d_0=q(\boldsymbol{0})\leqq(1/2)(q(\sqrt{2}\boldsymbol{x})+q(-\sqrt{2}\boldsymbol{x}))$$
$$=(1/2)(\boldsymbol{x}^\top D\boldsymbol{x}+\sqrt{2}\,\boldsymbol{d}^\top\boldsymbol{x}+d_0+\boldsymbol{x}^\top D\boldsymbol{x}-\sqrt{2}\,\boldsymbol{d}^\top\boldsymbol{x}+d_0)=(1/2)(2\boldsymbol{x}^\top D\boldsymbol{x}+2d_0)=\boldsymbol{x}^\top D\boldsymbol{x}+d_0$$

が成り立ち，$\boldsymbol{x}^\top D\boldsymbol{x}\geqq 0$ が得られる． ■

2次関数 $q(\boldsymbol{x})$ が2変数の凸関数ならば，関数の値をプロットして得られる曲面は放物面（パラボラ）となる（図7.6）．衛星放送用のアンテナがパラボラアン

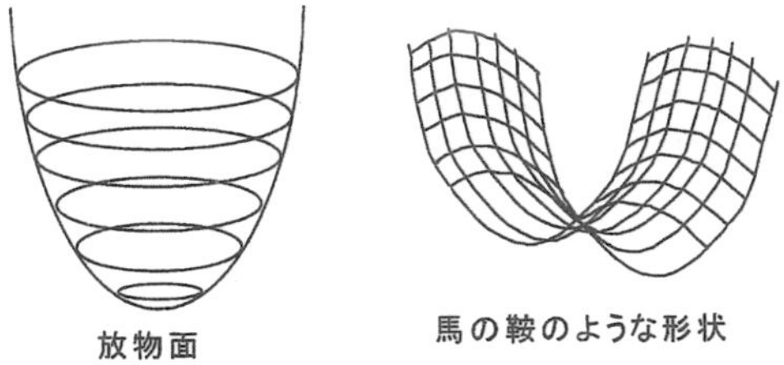

図7.6 2次関数曲面

[6] 1次近似と2次近似の概念は，多変数関数 f の Taylor 展開，
$f(\boldsymbol{x}^*)+\nabla f(\boldsymbol{x}^*)^\top(\boldsymbol{x}-\boldsymbol{x}^*)+(1/2)(\boldsymbol{x}-\boldsymbol{x}^*)^\top\nabla^2 f(\boldsymbol{x}^*)(\boldsymbol{x}-\boldsymbol{x}^*)+\cdots$
に対し，それぞれ1次あるいは2次の項まで用いた近似とみることもできる．Taylor 展開に馴染みのない読者は微積分の教科書等を参照されたい．

[7] 行列 D が半正定値であるとは，$[\forall\boldsymbol{x}\in\mathrm{R}^n, \boldsymbol{x}^\top D\boldsymbol{x}\geqq 0]$ が成り立つことである．また，正定値であるとは，$[\forall\boldsymbol{x}\in\mathrm{R}^n, \boldsymbol{x}\neq\boldsymbol{0}\rightarrow\boldsymbol{x}^\top D\boldsymbol{x}>0]$ が成り立つことである．

テナと呼ばれるのは，アンテナの形状がこの放物面（の底の平らに近い部分）になっているからである[8]．行列 D が半正定値でもなければ，$-D$ が半正定値でもない場合は，関数に対応する曲面は複雑な形状をしている可能性があり，例えば馬の鞍のような形状をしていることもある．

2 次関数の最小化問題の解については下記の定理も成り立つ．

定理　半正定値対称行列 D を用いて定義される 2 次関数 $q(\boldsymbol{x})=(1/2)\boldsymbol{x}^\top D\boldsymbol{x}+\boldsymbol{d}^\top\boldsymbol{x}+d_0$ において，$D\boldsymbol{x}^*+\boldsymbol{d}=\boldsymbol{0}$ ならば，$q(\boldsymbol{x})$ は $\boldsymbol{x}^*$ において最小となっている．

証明：　上記の対偶，すなわち「$q(\boldsymbol{x})$ が $\boldsymbol{x}^*$ で最小でないならば，$D\boldsymbol{x}^*+\boldsymbol{d}\neq\boldsymbol{0}$」を示す．$q(\boldsymbol{x})$ が $\boldsymbol{x}^*$ で最小でないならば，$\boldsymbol{x}^*$ と異なる点 $\boldsymbol{x}'$ で $q(\boldsymbol{x}^*)>q(\boldsymbol{x}')$ を満たすものが存在する．ここで点 $\boldsymbol{x}^*$ と点 $\boldsymbol{x}'$ を結ぶ線分（ただし端点 $\boldsymbol{x}^*$ は含まない）上での関数値について議論しよう．すなわち $0<\forall\lambda\leqq 1$ を満たす λ に対して，点 $\lambda\boldsymbol{x}'+(1-\lambda)\boldsymbol{x}^*$ での関数値 $q(\lambda\boldsymbol{x}'+(1-\lambda)\boldsymbol{x}^*)$ について考えよう．行列 D が半正定値であることから，関数 $q(\boldsymbol{x})$ は凸関数となり，

$$q(\lambda\boldsymbol{x}'+(1-\lambda)\boldsymbol{x}^*)\leqq\lambda q(\boldsymbol{x}')+(1-\lambda)q(\boldsymbol{x}^*)<\lambda q(\boldsymbol{x}^*)+(1-\lambda)q(\boldsymbol{x}^*)=q(\boldsymbol{x}^*)$$

が成り立つ．これより

$$\begin{aligned}
0&>q(\lambda\boldsymbol{x}'+(1-\lambda)\boldsymbol{x}^*)-q(\boldsymbol{x}^*)=(1/2)\boldsymbol{x}^{*\top}D\boldsymbol{x}^*+(1/2)\lambda(\boldsymbol{x}^{*\top}D(\boldsymbol{x}'-\boldsymbol{x}^*)+(\boldsymbol{x}'-\boldsymbol{x}^*)^\top D\boldsymbol{x}^*)\\
&+(1/2)\lambda^2(\boldsymbol{x}'-\boldsymbol{x}^*)^\top D(\boldsymbol{x}'-\boldsymbol{x}^*)+\boldsymbol{d}^\top\boldsymbol{x}^*+\lambda\boldsymbol{d}^\top(\boldsymbol{x}'-\boldsymbol{x}^*)+d_0-q(\boldsymbol{x}^*)\\
&=(1/2)\lambda(\boldsymbol{x}^{*\top}D(\boldsymbol{x}'-\boldsymbol{x}^*)+(\boldsymbol{x}'-\boldsymbol{x}^*)^\top D\boldsymbol{x}^*)+(1/2)\lambda^2(\boldsymbol{x}'-\boldsymbol{x}^*)^\top D(\boldsymbol{x}'-\boldsymbol{x}^*)+\lambda\boldsymbol{d}^\top(\boldsymbol{x}'-\boldsymbol{x}^*)\\
&=\lambda(\boldsymbol{x}'-\boldsymbol{x}^*)^\top D\boldsymbol{x}^*+\lambda(\boldsymbol{x}'-\boldsymbol{x}^*)^\top\boldsymbol{d}+(1/2)\lambda^2(\boldsymbol{x}'-\boldsymbol{x}^*)^\top D(\boldsymbol{x}'-\boldsymbol{x}^*)\\
&=\lambda(\boldsymbol{x}'-\boldsymbol{x}^*)^\top(D\boldsymbol{x}^*+\boldsymbol{d})+(1/2)\lambda^2(\boldsymbol{x}'-\boldsymbol{x}^*)^\top D(\boldsymbol{x}'-\boldsymbol{x}^*)\geqq\lambda(\boldsymbol{x}'-\boldsymbol{x}^*)^\top(D\boldsymbol{x}^*+\boldsymbol{d})
\end{aligned}$$

が成り立つ．ゆえに（$\lambda>0$ と $\boldsymbol{x}'\neq\boldsymbol{x}^*$ より）$D\boldsymbol{x}^*+\boldsymbol{d}\neq\boldsymbol{0}$ でなければならない．■

ちなみにこの定理は，逆の命題も証明することができる．

関数 $f(\boldsymbol{x})$ の $\boldsymbol{x}^*$ における 1 次近似関数 $g(\boldsymbol{x})=\nabla f(\boldsymbol{x}^*)^\top(\boldsymbol{x}-\boldsymbol{x}^*)+f(\boldsymbol{x}^*)$ が最小値をもつには，線形近似関数が変数よらず常に定数値をとる関数となっていなければならない．すなわち $g(\boldsymbol{x})$ の最小値が解 $\boldsymbol{x}^*$ において達成されている必要十分条件は $\nabla f(\boldsymbol{x}^*)=0$ を満たしていることである．また，2 次近似関数 $q(\boldsymbol{x})=(1/2)(\boldsymbol{x}-\boldsymbol{x}^*)^\top\nabla^2 f(\boldsymbol{x}^*)(\boldsymbol{x}-\boldsymbol{x}^*)+\nabla f(\boldsymbol{x}^*)^\top(\boldsymbol{x}-\boldsymbol{x}^*)+f(\boldsymbol{x}^*)$ が，[$\nabla^2 f(\boldsymbol{x}^*)$ は半正定値] かつ [$\nabla f(\boldsymbol{x}^*)=0$] を満たすならば，$q(\boldsymbol{x})$ は $\boldsymbol{x}^*$ において最小となっている．これらの条件をそれぞれ，関数 $f(\boldsymbol{x})$ の最小化に関する 1 次（2 次）の最適性

---

[8] パラボラアンテナの縁（等高線）は円形をしているが，放物面の等高線は一般には楕円形になっていることに注意されたい．

条件と呼ぶ．正確には，下記のようにまとめられる．

(関数 $f(\boldsymbol{x})$ の最小化の) **1 次の最適性条件**：　$\nabla f(\boldsymbol{x}^*)=0$

(関数 $f(\boldsymbol{x})$ の最小化の) **2 次の最適性条件**：　$\nabla^2 f(\boldsymbol{x}^*)$ は半正定値

実は，関数 $f(\boldsymbol{x})$ の 1 階または 2 階の偏導関数におけるいくつかの仮定のもとでは，$f(\boldsymbol{x})$ の最小値を達成する解において上記の条件が成り立っていることを証明できるが，これには多変数関数に対する Taylor の定理が必要なため，ここでは割愛する．1 次の最適性条件を満たしている点を**停留点**と呼ぶ．停留点については下記の定理が成り立つ．

定理　関数 $f:\mathrm{R}^n\rightarrow\mathrm{R}$ が 1 回連続微分可能な凸関数ならば，停留点は $f(\boldsymbol{x})$ の最小化問題の最適解である．

定理　関数 $f:\mathrm{R}^n\rightarrow\mathrm{R}$ が 2 回連続微分可能な関数とする．点 $\boldsymbol{x}^*$ が $f(\boldsymbol{x})$ の停留点であって，ヘッセ行列 $\nabla^2 f(\boldsymbol{x}^*)$ が正定値ならば[9]，解 $\boldsymbol{x}^*$ は $f(\boldsymbol{x})$ の最小化問題の局所最適解である．

(証明は，多変数関数の Taylor の定理が必要なためここでは割愛する)

一般の多変数関数において，それを最小化する解を求める問題は非常に難しい問題となる．そのため多くのアルゴリズムは 1 次の最適性条件を満たす解 (停留点) や，1 次と 2 次の最適性条件を満たす解を求めることを目的としている．しかしながら一般には，1 次および 2 次の最適性条件を満たしていても，最小化を達成する解となっているとは限らない．

7.5　無制約最小化問題の解法

この節では，目的関数 $f:\mathrm{R}^n\rightarrow\mathrm{R}$ に対する，制約のない最小化問題 $\min\{f(\boldsymbol{x})|\boldsymbol{x}\in\mathrm{R}^n\}$ の解法について記す．本節では，関数 $f(\boldsymbol{x})$ は微分可能であると仮定する．無制約問題を解く解法としては，各反復において目的関数を減らす点列を生成する降下法や，各反復で元の問題を近似した問題を解き，近似問題を序々に元の問題に近づけてゆく信頼領域法や近接点法などがある．本節では典型的な降下法として，最急降下法，ニュートン法，準ニュートン法を紹介する．

9) 半正定値ではないことに注意せよ．

無制約最小化問題の解法として自然なものに**降下法** (descent method) がある．これは目的関数の値を減らす (関数値が降下する) 解の列 $\{\boldsymbol{x}^0, \boldsymbol{x}^1, \ldots\}$ を生成する方法である．すなわち，$f(\boldsymbol{x}^0) > f(\boldsymbol{x}^1) > \cdots$ が成り立つような点列を生成する[10]．各反復では，現在の解 $\boldsymbol{x}$ に対し目的関数を改善する可能性のある方向 $\boldsymbol{d}$ を求め，現在の解 $\boldsymbol{x}$ から $\boldsymbol{d}$ 方向に進む．進む距離はパラメータ t を用いて決定され，新たな点 $\boldsymbol{x} + t\boldsymbol{d}$ に解を更新する．方向 $\boldsymbol{d}$ を**探索方向**と呼び，パラメータ t を**ステップサイズ**と呼ぶ．探索方向とステップサイズの決め方によりさまざまな解法を構築することができる．まとめると以下のように記述できる．

Step 0 適当なベクトルを初期解 $\boldsymbol{x}^0$ とする．$k := 0$ とする．
Step 1 $\boldsymbol{x}^k$ が終了条件 $\|\nabla f(\boldsymbol{x}^k)\| \leqq \varepsilon$ を満たしているとき，$\boldsymbol{x}^k$ を出力して終了．
Step 2 探索方向 $\boldsymbol{d}^k$ を求める．
Step 3 ステップサイズ t_k を求める．
Step 4 $\boldsymbol{x}^{k+1} := \boldsymbol{x}^k + t_k \boldsymbol{d}^k$，$k := k+1$ として Step 1 へ戻る．

Step 1 の終了条件のパラメータ ε は $n \times 10^{-6}$ 程度にすることが多い．

降下法の Step 3 においてステップサイズを決めるには，現在の解 $\boldsymbol{x}^k$ から (Step 2 で求められた) 降下方向 $\boldsymbol{d}^k$ の方向に進んで得られる解 $\boldsymbol{x}^k + t\boldsymbol{d}^k$ $(t > 0)$ において，目的関数値が $f(\boldsymbol{x}^k)$ より小さくなるようなものを見つける必要がある．この手続きを**直線探索** (line search) と呼ぶ．直線探索を行うには t に関する 1 変数関数 $g(t) = f(\boldsymbol{x}^k + t\boldsymbol{d}^k)$ を構築し，1 変数の最小化問題 $\min\{g(t) \mid t > 0\}$ を解く方法も考えられる．しかしながら，降下法の各反復で 1 変数の最小化問題を解くのは時間が非常にかかるので，もっと簡便な方法が用いられることが多い．最もよく用いられるものにアルミホ (Armijo) の規則があるが，詳細については非線形計画問題の専門書を参照されたい．

以下では Step 2 の探索方向の決め方について記す．

(1) 最急降下法

探索方向として最急降下方向を用いるような降下法を，特に最急降下法 (steepest descent method) と呼ぶ．最急降下法は，勾配ベクトルのみ計算すればよい

---

[10] $f(\boldsymbol{x}^0) > f(\boldsymbol{x}^1) > \cdots$ を満たすとしても，$\{f(\boldsymbol{x}^0), f(\boldsymbol{x}^1), \ldots\}$ が最適値 (最小値) に収束するとは限らないことに注意されたい．なぜならば，$\{f(\boldsymbol{x}^0), f(\boldsymbol{x}^1), \ldots\}$ が最小値よりも大きな値に収束してしまうような例を簡単につくることができるからである．

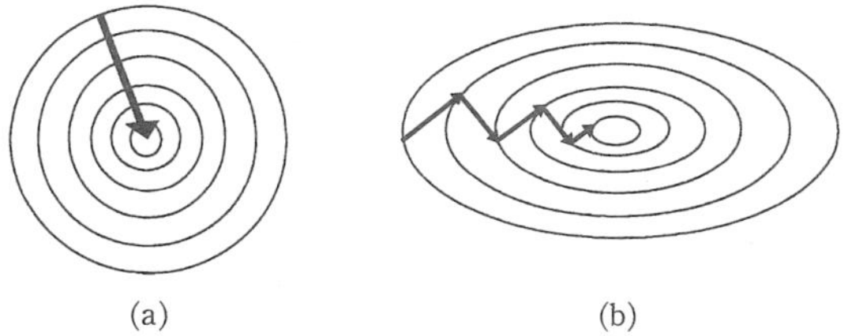

図 7.7 最急降下法

ので簡単であり，解から離れた初期点を選んでも，停留点に収束することが理論的に保証されている．しかしながら実際に実装すると，収束が非常に遅く，必ずしも実用的ではない．また，図 7.7 (a) のように等高線が円となるような 2 変数関数については 1 回の反復で最適解が求まるのに対し，同じ関数の 1 つの変数を定数倍して得られる，楕円を等高線にもつ図 7.7 (b) のような関数については，収束が非常に遅いことが見てとれる[11]．このように最急降下法は，変数を定数倍するという簡単な変換で収束スピードが大きく変わってしまうという欠点をもっている．

(2) ニュートン法

最急降下法は，現在の点 $\boldsymbol{x}^k$ で関数 f を 1 次近似した関数 $\nabla f(\boldsymbol{x}^k)^\top \boldsymbol{x} + f(\boldsymbol{x}^k)$ を最小にする最急降下方向 $-\nabla f(\boldsymbol{x}^k)$ を，探索方向として採用したと解釈することができる．これに対し 2 次関数で近似したものを用いれば，もっとよい探索方向が得られると予想される．このアイデアを用いたのがニュートン法 (Newton method) である．現在の点 $\boldsymbol{x}^k$ で関数 f を 2 次近似した関数 $g(\boldsymbol{x})=(1/2)(\boldsymbol{x}-\boldsymbol{x}^k)^\top \nabla^2 f(\boldsymbol{x}^k)(\boldsymbol{x}-\boldsymbol{x}^k)+\nabla f(\boldsymbol{x}^k)^\top(\boldsymbol{x}-\boldsymbol{x}^k)+f(\boldsymbol{x}^k)$ が凸関数ならば，これが最小となる点は，$\nabla^2 f(\boldsymbol{x}^k)(\boldsymbol{x}-\boldsymbol{x}^k)+\nabla f(\boldsymbol{x}^k)=0$ を満たす解である．ヘッセ行列が逆行列をもつならば，この解は $\boldsymbol{x}^k-(\nabla^2 f(\boldsymbol{x}^k))^{-1}\nabla f(\boldsymbol{x}^k)$ と書くことができる．この解は現在の解 $\boldsymbol{x}^k$ から $-(\nabla^2 f(\boldsymbol{x}^k))^{-1}\nabla f(\boldsymbol{x}^k)$ 方向へ移動しているとみることができる．この $-(\nabla^2 f(\boldsymbol{x}^k))^{-1}\nabla f(\boldsymbol{x}^k)$ という方向を**ニュートン方向**と呼び，探索方向としてニュートン方向を採用する方法をニュートン法と呼ぶ．正確には

---

[11] 図 7.7 (a) を見て，パラボラアンテナの縁に小さな玉を置いたとき，(縁のどこからでも) 真っすぐ中心に向かう様子を思い浮かべてほしい．図 7.7 (b) は，横に置いたラグビーボールの上を水平に切り取ったような曲面である．

$\boldsymbol{x}^{k+1}$ として $\boldsymbol{x}^k-(\nabla^2 f(\boldsymbol{x}^k))^{-1}\nabla f(\boldsymbol{x}^k)$ を用いるものをニュートン法と呼び，ニュートン方向で直線探索を行うものを，**直線探査つきニュートン法**と呼ぶ．

ニュートン法の1次変換に対する不変性：　ニュートン方向は，最急降下方向と違い，変数の定数倍という変換に対し不変性がある（影響を受けない）という特徴をもつ．例えば変数ベクトル $\boldsymbol{x}=(x_1, \ldots, x_n)$ に対し，正の実数係数 $(a_1, \ldots, a_n)$ で変数をスケール変換した新たな変数 $y_i=x_i/a_i$ について議論しよう．与えられた関数 $f(\boldsymbol{x})$ に対し，$g(\boldsymbol{y})=f(a_1y_1, \ldots, a_ny_n)$ と定義する．$(a_1, \ldots, a_n)$ を対角成分にもつ $n\times n$ 行列を A と書く．すると，$\boldsymbol{x}^k=A\boldsymbol{y}^k$ を満たす $\boldsymbol{x}^k$ と $\boldsymbol{y}^k$ に対し，勾配ベクトルについては $\nabla g(\boldsymbol{y}^k)=A^\top\nabla f(\boldsymbol{x}^k)$ が成り立ち[12]，ヘッセ行列については $\nabla^2 g(\boldsymbol{y}^k)=A^\top\nabla^2 f(\boldsymbol{x}^k)A$ が成り立つ（証明は読者に任せる[13]）．これより，点 $\boldsymbol{y}^k$ での関数 g に対するニュートン方向は，$-(\nabla^2 g(\boldsymbol{y}^k))^{-1}\nabla g(\boldsymbol{y}^k)=-A^{-1}(\nabla^2 f(\boldsymbol{x}^k))^{-1}(A^\top)^{-1}A^\top\nabla f(\boldsymbol{x}^k)=-A^{-1}(\nabla^2 f(\boldsymbol{x}^k))^{-1}\nabla f(\boldsymbol{x}^k)$ となっている．ゆえに f のニュートン方向は g のニュートン方向を A で変換して得られる，すなわち $-(\nabla^2 f(\boldsymbol{x}^k))^{-1}\nabla f(\boldsymbol{x}^k)=A(-(\nabla^2 g(\boldsymbol{y}^k))^{-1}\nabla g(\boldsymbol{y}^k))$ が成り立っていることがわかる．これより，ニュートン方向は変数の定数倍という変換でも影響を受けない[14]．

ヘッセ行列 $\nabla^2 f(\boldsymbol{x}^k)$ が正定値ならば，その逆行列 $(\nabla^2 f(\boldsymbol{x}^k))^{-1}$ が存在し正定値行列となることから，ニュートン方向 $-(\nabla^2 f(\boldsymbol{x}^k))^{-1}\nabla f(\boldsymbol{x}^k)$ は，$-\nabla f(\boldsymbol{x}^k)^\top(-(\nabla^2 f(\boldsymbol{x}^k))^{-1}\nabla f(\boldsymbol{x}^k))\geqq 0$ を満たし，最急降下方向 $-\nabla f(\boldsymbol{x}^k)$ との角度が 90° 以内であることがわかる．これに加え $\boldsymbol{x}^k$ が停留点でなければ，$-\nabla f(\boldsymbol{x}^k)^\top(-(\nabla^2 f(\boldsymbol{x}^k))^{-1}\nabla f(\boldsymbol{x}^k))>0$ が成り立ち，最急降下方向との角度は 90° 未満である．このことより，ニュートン方向を用いて直線探索を行えば，目的関数値が現在の解より小さな解を見つけることができる．実際にニュートン法は（収束するならば）その反復回数は通常は非常に少なく，変数の数によらず 10〜20 回程度で収束する．

ニュートン法は，最急降下法とは異なる欠点をもつ．まずは $\nabla^2 f(\boldsymbol{x}^k)$ が逆行列をもたないとニュートン方向が定まらないという問題がある．たとえ $\nabla^2 f(\boldsymbol{x}^k)$ が逆行列をもったとしても，逆行列の計算に時間がかかるため大規模問題には必

---

12)　行列 A は対角にしか非零成分がないので，$A^\top=A$ が成り立つ．ここでわざわざ $A^\top$ を用いているのは，A が対角行列でない一般の場合も成り立つように書いているからである．

13)　もしあなたが学生で，この節をゼミで発表しなければならないならば，準備の際この証明をしておくことを勧める．ゼミの先生はきっと証明を要求するだろう．

14)　ニュートン方向は，変数を正則行列で線形変換しても不変性を保つが，これには関数 f の2回連続微分可能性等の性質が必要であり，やっかいなので証明は割愛した．

ずしも向いていない．大規模問題については，逆列行の計算を用いず，過去の反復で用いた降下方向から次の降下方向を定める共役勾配法が用いられることが多い．また，ニュートン方向は目的関数が降下する方向だとは限らない．例えば $f(\boldsymbol{x})=-(1/2)(x_1{}^2+x_2{}^2)$ とすると，点 (x_1', x_2') でのニュートン方向は $-(x_1', x_2')$ であり，降下方向ではなく，目的関数が最も増加する方向(勾配ベクトルの反対方向)になっている．この欠点を改良した方法に，修正ニュートン法や信頼領域法，および次に取り上げる準ニュートン法がある．

(3)　準ニュートン法

ニュートン法の欠点を改良したものに準ニュートン法(quasi-Newton method)[15] がある．この方法は，ヘッセ行列の代わりにそれを近似した正定値行列 B^k を用い，ニュートン方向 $-(\nabla^2 f(\boldsymbol{x}^k))^{-1}\nabla f(\boldsymbol{x}^k)$ の代わりに $-(B^k)^{-1}\nabla f(\boldsymbol{x}^k)$ を探索方向として用いるものである．B^k が正定値行列であれば，$\nabla f(\boldsymbol{x}^k)\neq 0$ のとき $-\nabla f(\boldsymbol{x}^k)^\top(-(B^k)^{-1}\nabla f(\boldsymbol{x}^k))>0$ が成り立ち，探索方向 $-(B^k)^{-1}\nabla f(\boldsymbol{x}^k)$ と最急降下方向 $-\nabla f(\boldsymbol{x}^k)$ のなす角度は 90° 未満となっている．このため，探索方向に進むことによって目的関数が降下することが期待される．このような行列 B^k の作り方としてさまざまなものが提案されている．以下では有名な BFGS 公式について簡単に記す．

BFGS 公式：　Broyden (1959), Fletcher (1970), Goldfarb (1970), Shanno (1970) によって独立に提案された BFGS 公式は

$$B^{k+1}=B^k-(B^k\boldsymbol{s}_k(B^k\boldsymbol{s}_k)^\top)/(\boldsymbol{s}_k{}^\top B^k\boldsymbol{s}_k)+(\boldsymbol{y}_k\boldsymbol{y}_k{}^\top)/(\boldsymbol{s}_k{}^\top\boldsymbol{y}_k)$$

を用いて B^k を更新する方法である．ただし $\boldsymbol{s}_k=\boldsymbol{x}^{k+1}-\boldsymbol{x}^k$, $\boldsymbol{y}_k=\nabla f(\boldsymbol{x}^{k+1})-\nabla f(\boldsymbol{x}^k)$ である．実際に準ニュートン法を実装するには，$(B^k)^{-1}$ が必要になるが，$H^k=(B^k)^{-1}$ とすると，H^k の更新式は

$$H^{k+1}=H^k-(H^k\boldsymbol{s}_k\boldsymbol{y}_k{}^\top+\boldsymbol{y}_k(H^k\boldsymbol{s}_k)^\top)/(\boldsymbol{s}_k{}^\top\boldsymbol{y}_k)+(1+(\boldsymbol{s}_k{}^\top H^k\boldsymbol{s}_k)/(\boldsymbol{s}_k{}^\top\boldsymbol{y}_k))(\boldsymbol{y}_k\boldsymbol{y}_k{}^\top)/(\boldsymbol{s}_k{}^\top\boldsymbol{y}_k)$$

となっている．H^k の更新式を詳細にみると，行列にベクトルを掛ける演算とベクトルの内積の演算がほとんどであり，計算全体にかかる乗算と加算の回数はたかだか n^2 の定数倍であることがわかる．逆行列を求めるには通常 n^3 の定数倍程度の手間がかかることから，これに比べれば H^k 更新の手間は少ない．問題になんらかの構造がある場合は $H^k=(B^k)^{-1}$ を保持するより B^k を保持するほうが非常に楽なこともある．

[15] quasi は，ケーザイ，ケーサイ，カージィ，カーシィなど，さまざまな読み方がされる．

最後に，上記の各解法の収束についての理論的な結果を簡単にまとめておく．関数 $f:\mathrm{R}^n\to\mathrm{R}$ の最小化問題を反復法で解いて点列 $\{\boldsymbol{x}^k\}$ が得られたとする．任意の初期点から出発して，有限回の反復で最適解が得られるか，最適解に収束する点列が得られるか，$\|\nabla f(\boldsymbol{x}^k)\|$ が 0 に収束するとき，その反復法は**大域的収束性** (global convergence property) をもつという．凸関数 $f:\mathrm{R}^n\to\mathrm{R}$ が適当な仮定を満たすならば，$f(\boldsymbol{x})$ の最小化を解く最急降下法で，直線探索にアルミホの規則を用いたものは大域的収束性をもつことが知られている．点列 $\{\boldsymbol{x}^k\}$ が $\boldsymbol{x}^*$ に収束すると仮定する．このときある定数 $c>0$ と整数 $k'\geqq 0$ が存在して，

$$\forall k\geqq k',\quad \|\boldsymbol{x}^{k+1}-\boldsymbol{x}^*\|\leqq c\|\boldsymbol{x}^k-\boldsymbol{x}^*\|,$$

$$\forall k\geqq k',\quad \|\boldsymbol{x}^{k+1}-\boldsymbol{x}^*\|\leqq c\|\boldsymbol{x}^k-\boldsymbol{x}^*\|^2,$$

が成り立つとき，点列 $\{\boldsymbol{x}^k\}$ は，$\boldsymbol{x}^*$ にそれぞれ 1 次収束，2 次収束するという．経験的には，1 次収束する反復法はあまり速いとはいえず，2 次収束する反復法は非常に速く実用的である．0 に収束する数列 $\{c^k\}$ と整数 $k'\geqq 0$ が存在して，

$$\forall k\geqq k',\quad \|\boldsymbol{x}^{k+1}-\boldsymbol{x}^*\|\leqq c^k\|\boldsymbol{x}^k-\boldsymbol{x}^*\|,$$

が成り立つとき，点列 $\{\boldsymbol{x}^k\}$ は，$\boldsymbol{x}^*$ に超 1 次収束するという．超 1 次収束する反復法は十分実用的である．凸関数 $f:\mathrm{R}^n\to\mathrm{R}$ が適当な仮定を満たすならば，① $f(\boldsymbol{x})$ の最小化を解く最急降下法で，ステップサイズの決定にアルミホの規則を用いたものは 1 次収束する，② 関数 $f(\boldsymbol{x})$ の最小化を解く準ニュートン法で，B^k の更新に BFGS 公式を用い，ステップサイズの決定にアルミホの規則を適用したものは超 1 次収束する，ということが知られている．

7.6 等式制約下の非線形最小化問題

この節では，等式制約下の最小化問題を扱う．特に線形等式制約と凸 2 次関数の組合せについて最初に議論し，その後で一般の場合について簡単に述べる．

(1) 線形等式下の凸 2 次関数最小化問題

まず最初に，

$$\begin{aligned}\mathrm{Q}:\ \min.\quad & q(\boldsymbol{x})=(1/2)\boldsymbol{x}^\top D\boldsymbol{x}+\boldsymbol{d}^\top\boldsymbol{x}\\ \mathrm{s.t.}\quad & A\boldsymbol{x}=\boldsymbol{b},\end{aligned}$$

という問題について扱う，ただし行列 D は対称な半正定値行列とする．D が対

称行列であると仮定しても一般性は失われない．なぜならば，任意の正方行列 M において，$\boldsymbol{x}^\top M\boldsymbol{x}=(1/2)(\boldsymbol{x}^\top M\boldsymbol{x}+\boldsymbol{x}^\top M^\top \boldsymbol{x})=\boldsymbol{x}^\top((1/2)(M+M^\top))\boldsymbol{x}$ と変形することが可能であり，このとき行列 $((1/2)(M+M^\top))$ は対称行列となるからである．以下では問題Qの最適性の条件について議論する．

目的関数 $q(\boldsymbol{x})$ の点 $\boldsymbol{x}^*$ での最急降下方向は $-\nabla q(\boldsymbol{x}^*)\equiv-(D\boldsymbol{x}^*+\boldsymbol{d})$ である．最急降下方向となす角度が 90° 未満の方向に進むならば，最急降下方向は等高線(変数が3つ以上の場合は正確には等高(超平)面)と垂直であることから，目的関数を減らせる可能性がある[16]．しかしながら $-\nabla q(\boldsymbol{x}^*)^\top=\boldsymbol{\lambda}^\top A$ を満たす $\boldsymbol{\lambda}$ が存在する場合は(すなわち $-\nabla q(\boldsymbol{x}^*)^\top$ が A の行ベクトルの線形結合で表現できる場合は)，任意の許容解 $\boldsymbol{x}$ に対し現在の点 $\boldsymbol{x}^*$ から点 $\boldsymbol{x}$ に向かう方向ベクトル $\boldsymbol{x}-\boldsymbol{x}^*$ は，$-\nabla q(\boldsymbol{x}^*)^\top(\boldsymbol{x}-\boldsymbol{x}^*)=\boldsymbol{\lambda}^\top A(\boldsymbol{x}-\boldsymbol{x}^*)=\boldsymbol{\lambda}^\top(A\boldsymbol{x}-A\boldsymbol{x}^*)=\boldsymbol{\lambda}^\top(\boldsymbol{b}-\boldsymbol{b})=0$ を満たし，最急降下方向 $-\nabla q(\boldsymbol{x}^*)$ と垂直な方向となっている．したがってこのときは目的関数がこれ以上減らせないと予想される．上記の直感を保証してくれるのが以下の定理である．

定理　$A\boldsymbol{x}^*=\boldsymbol{b}$, $-\nabla q(\boldsymbol{x}^*)^\top\equiv-(D\boldsymbol{x}^*+\boldsymbol{d})^\top=\boldsymbol{\lambda}^{*\top}A$ を満たす $(\boldsymbol{x}^*, \boldsymbol{\lambda}^*)$ が存在するならば，$\boldsymbol{x}^*$ は問題Qの最適解である．

証明：　$(\boldsymbol{x}^*, \boldsymbol{\lambda}^*)$ は $A\boldsymbol{x}^*=\boldsymbol{b}$, $-\nabla q(\boldsymbol{x}^*)^\top\equiv-(D\boldsymbol{x}^*+\boldsymbol{d})^\top=\boldsymbol{\lambda}^{*\top}A$ を満たしており，$\boldsymbol{x}^*$ は問題Qの最適解でないと仮定して矛盾を導く．仮定より，ある解 $\boldsymbol{x}'$ が存在して $A\boldsymbol{x}'=\boldsymbol{b}$ と $q(\boldsymbol{x}^*)>q(\boldsymbol{x}')$ を満たす．このとき $\boldsymbol{x}'=\boldsymbol{x}^*+(\boldsymbol{x}'-\boldsymbol{x}^*)$ より

$$
\begin{aligned}
q(\boldsymbol{x}')&=(1/2)(\boldsymbol{x}^*+(\boldsymbol{x}'-\boldsymbol{x}^*))^\top D(\boldsymbol{x}'+(\boldsymbol{x}'-\boldsymbol{x}^*))+\boldsymbol{d}^\top(\boldsymbol{x}^*+(\boldsymbol{x}'-\boldsymbol{x}^*))\\
&=q(\boldsymbol{x}^*)+\boldsymbol{x}^{*\top}D(\boldsymbol{x}'-\boldsymbol{x}^*)+(1/2)(\boldsymbol{x}'-\boldsymbol{x}^*)^\top D(\boldsymbol{x}'-\boldsymbol{x}^*)+\boldsymbol{d}^\top(\boldsymbol{x}'-\boldsymbol{x}^*)\\
&=q(\boldsymbol{x}^*)+(D\boldsymbol{x}^*+\boldsymbol{d})^\top(\boldsymbol{x}'-\boldsymbol{x}^*)+(1/2)(\boldsymbol{x}'-\boldsymbol{x}^*)^\top D(\boldsymbol{x}'-\boldsymbol{x}^*)\\
&=q(\boldsymbol{x}^*)+\boldsymbol{\lambda}^{*\top}A(\boldsymbol{x}'-\boldsymbol{x}^*)+(1/2)(\boldsymbol{x}'-\boldsymbol{x}^*)^\top D(\boldsymbol{x}'-\boldsymbol{x}^*)\\
&=q(\boldsymbol{x}^*)+(1/2)(\boldsymbol{x}'-\boldsymbol{x}^*)^\top D(\boldsymbol{x}'-\boldsymbol{x}^*)\geqq q(\boldsymbol{x}^*)
\end{aligned}
$$

が成り立ち $q(\boldsymbol{x}^*)>q(\boldsymbol{x}')$ と矛盾する[17]．　■

この定理より，問題Qの最適解を求める問題は，線形等式系 $A\boldsymbol{x}=\boldsymbol{b}$, $-(D\boldsymbol{x}+\boldsymbol{d})^\top=\boldsymbol{\lambda}^\top A$ を解く問題に帰着される．線形等式系は，掃き出し法等の方法を使って解くことができる．この線形等式で導入された変数 $\boldsymbol{\lambda}$ は**ラグランジュ乗**

---

16)　2変数の場合について楕円形の等高線を書いて図形的な直感を確かめてほしい．

17)　証明を読む際，仮定した性質をどこで用いているかをチェックすることが重要である．上記の証明中で，D の対称性と半正定値性はそれぞれどこで使っているか確認しておこう．

数 (Lagrange multiplier) と呼ばれる.

(2) ラグランジュの未定乗数法

一般の等式制約下の問題,

$$\begin{aligned} \mathrm{Q}': \min.\ & f(\boldsymbol{x}) \\ \text{s.t.}\ & h_j(\boldsymbol{x})=0 \quad (\forall j\in\{1,2,\ldots,m\}), \end{aligned}$$

について簡単に議論しよう. この問題を, 許容解 $\boldsymbol{x}^*$ において, 目的関数を線形関数で近似し, 制約を線形等式で近似すると,

$$\begin{aligned} \mathrm{Q}'': \min.\ & f(\boldsymbol{x}^*)+\nabla f(\boldsymbol{x}^*)^\top(\boldsymbol{x}-\boldsymbol{x}^*) \\ \text{s.t.}\ & \nabla h_j(\boldsymbol{x}^*)(\boldsymbol{x}-\boldsymbol{x}^*)=0 \quad (\forall j\in\{1,2,\ldots,m\}), \end{aligned}$$

となる (正確には, 制約式の関数を線形近似関数で置き換えたものは $h_j(\boldsymbol{x}^*)+\nabla h_j(\boldsymbol{x}^*)(\boldsymbol{x}-\boldsymbol{x}^*)=0$ であるが, $\boldsymbol{x}^*$ が許容解であることから $h_j(\boldsymbol{x}^*)=0$ が成り立っているため上記の等式制約が導かれる). この問題に対して前節と同様の議論を展開することができる. すなわち, 目的関数 $f(\boldsymbol{x})$ の点 $\boldsymbol{x}^*$ での最急降下方向は $-\nabla f(\boldsymbol{x}^*)$ である. 最急降下方向と角度が 90° 未満の方向に進めるならば, 最急降下方向は等高線と垂直であることから, 目的関数を減らせる可能性がある. しかしながら $-\nabla f(\boldsymbol{x}^*)=\sum_{j=1}^{m}\lambda_j\nabla h_j(\boldsymbol{x}^*)$ を満たす $\boldsymbol{\lambda}$ が存在する場合は ($-\nabla f(\boldsymbol{x}^*)$ が $\nabla h_j(\boldsymbol{x}^*)$ の線形結合で表現できる場合は), 任意の許容解 $\boldsymbol{x}$ に対し $-\nabla f(\boldsymbol{x}^*)^\top(\boldsymbol{x}-\boldsymbol{x}^*)=(\sum_{j=1}^{m}\lambda_j\nabla h_j(\boldsymbol{x}^*))^\top(\boldsymbol{x}-\boldsymbol{x}^*)=\sum_{j=1}^{m}\lambda_j(\nabla h_j(\boldsymbol{x}^*)^\top(\boldsymbol{x}-\boldsymbol{x}^*))=\boldsymbol{\lambda}^\top\boldsymbol{0}=0$ が成り立ち, 最急降下方向と垂直な方向にしか進めない. したがってこのときは目的関数が減らせないと予想される. 上記の条件を書き下すと

$$-\nabla f(\boldsymbol{x})=\sum_{j=1}^{m}\lambda_j\nabla h_j(\boldsymbol{x}), \qquad h_j(\boldsymbol{x})=0 \quad (\forall j\in\{1,2,\ldots,m\}),$$

となる. 関数 $f(\boldsymbol{x})$, $h_j(\boldsymbol{x})$ $(\forall j\in\{1,2,\ldots,m\})$ が凸関数で適当な性質を満たせば, Q′ の最適解は上記の等式を満たすことが知られている. 上記の等式系を解いて得られた解を問題 Q′ の解とする方法を**ラグランジュの未定乗数法** (Lagrange's method of undetermined multipliers) と呼ぶ. このときの変数 $\boldsymbol{\lambda}$ もラグランジュ乗数と呼ばれる.

7.7　不等式制約下の最小化問題

(1)　凸 2 次計画

この節は数式がやや多いが，読者は式変形等を自らの手で行って是非理解してほしい．以下では，

$$\begin{aligned} \mathrm{Q}: \min.\quad & q(\boldsymbol{x})=(1/2)\boldsymbol{x}^{\top}D\boldsymbol{x}+\boldsymbol{d}^{\top}\boldsymbol{x} \\ \text{s.t.}\quad & A\boldsymbol{x}\geqq \boldsymbol{b}, \end{aligned}$$

という問題について扱う，ただし行列 D は対称な半正定値行列とする．この問題は凸 2 次計画 (convex quadratic programming) と呼ばれる．上記の不等式制約は，非線形計画問題の標準形と異なり，線形計画の標準形と同様に下から支える形式としている．これは後で線形計画法の結果を用いる際，理解を助けるためである．

不等式制約下の凸 2 次関数最小化問題は，実務においてもさまざまな状況で出現する．以下で典型的な問題例を紹介する．

ポートフォリオ選択問題：　m 銘柄の債券へ，手持ちの資金を投資するとしよう．いま資金が b あるとしたとき，どの銘柄にどれだけの資金を投資すればよいかを決定する問題は，ポートフォリオ選択問題と呼ばれる．この名前は，昔は，購入した債券を紙挟み (portfolio) に入れていたことに由来する．以下では，ある期の頭に資金を投入して債券を購入し，期末にすべての債券を売却すると仮定する．銘柄 i の期末での収益率を R_i とする．通常収益率は不明なので，R_i は確率変数である．期待収益率を $r_i=\mathrm{E}[R_i]$ とする．収益率の分散共分散行列を $S=(\sigma_{ij})$ と書く．すなわち $\sigma_{ij}=\mathrm{E}[(R_i-\mathrm{E}[R_i])(R_j-\mathrm{E}[R_j])]$ である．銘柄 i に $x_i\,(\geqq 0)$ 投資すると，総収益の期待値は $\mathrm{E}[\sum_{i=1}^{m}R_ix_i]=\sum_{i=1}^{m}r_ix_i$ となり，分散は $\mathrm{V}[\sum_{i=1}^{m}R_ix_i]=\boldsymbol{x}^{\top}S\boldsymbol{x}$ となる．Markowitz によって提唱されたモデルは，投資の方法として，① 総収益の期待値が大きい，② 総収益の分散が小さい，というものを選ぶというものである．このような投資の方法として，適当な値 ρ が与えられたもとで，総収益の分散を小さくする問題，

$$\min.\quad \boldsymbol{x}^{\top}S\boldsymbol{x}\qquad \text{s.t.}\quad \sum_{i=1}^{m}r_ix_i\geqq\rho,\ \sum_{i=1}^{m}x_i=b,\ \boldsymbol{x}\geqq\boldsymbol{0}$$

を解いて得られた解を用いるというものがある．このとき ρ は，期待収益として保証される額である．分散共分散行列は半正定値行列になることが知られており，この問題の目的関数は凸 2 次関数である．

最小包囲円問題：　2 次元平面の n 個の点 (の座標) が与えられている．これらの点を含む最小の円を求める問題を最小包囲円問題と呼ぶ．点集合を $S=\{\mathrm{P}_1, \ldots, \mathrm{P}_n\}$ とし，

各点の座標を $P_i=(x_i, y_i)$ とすると，この問題は，

$$\min.\quad r^2 \qquad \text{s.t.}\quad \|\boldsymbol{c}-P_i\|^2 \leqq r^2 \quad (i\in\{1, 2, \ldots, n\})$$

と書くことができる，ここで r は円の半径，$\boldsymbol{c}$ は円の中心のベクトルを表す．ここで新たに $q=\|\boldsymbol{c}\|^2-r^2$ という変数を導入し，変数 r を消去すると，上記の問題は

$$\min.\quad \|\boldsymbol{c}\|^2-q \qquad \text{s.t.}\quad q-2\boldsymbol{c}^\top P_i+\|P_i\|^2\leqq 0 \quad (i\in\{1, 2, \ldots, n\})$$

と変形され，凸 2 次計画となる．

次に，線形不等式制約下の凸 2 次関数最小化問題の最適性条件を議論する．問題 Q の目的関数 $q(\boldsymbol{x})$ を点 $\boldsymbol{x}^*$ で線形関数近似して得られる線形計画問題は

$$\begin{aligned} \mathrm{Q}(\boldsymbol{x}^*):\ \min.\quad & q(\boldsymbol{x}^*)+\nabla q(\boldsymbol{x}^*)^\top(\boldsymbol{x}-\boldsymbol{x}^*)=(D\boldsymbol{x}^*+\boldsymbol{d})^\top\boldsymbol{x}+q(\boldsymbol{x}^*)-(D\boldsymbol{x}^*+\boldsymbol{d})^\top\boldsymbol{x}^* \\ \text{s.t.}\quad & A\boldsymbol{x}\geqq\boldsymbol{b}, \end{aligned}$$

となる．

定理　$\boldsymbol{x}^*$ が問題 $\mathrm{Q}(\boldsymbol{x}^*)$ の最適解ならば，$\boldsymbol{x}^*$ は問題 Q の最適解となる．また逆も成り立つ．

証明：　$\boldsymbol{x}^*$ が問題 $\mathrm{Q}(\boldsymbol{x}^*)$ の最適解であり，かつ $\boldsymbol{x}^*$ は問題 Q の最適解でないと仮定して矛盾を導く．仮定より，ある解 $\boldsymbol{x}'$ が存在して $A\boldsymbol{x}'\geqq\boldsymbol{b}$ と $q(\boldsymbol{x}^*)>q(\boldsymbol{x}')$ を満たす．関数 $q(\boldsymbol{x})$ と関数 $q(\boldsymbol{x})$ の線形近似関数 $q(\boldsymbol{x}^*)+\nabla q(\boldsymbol{x}^*)^\top(\boldsymbol{x}-\boldsymbol{x}^*)=(D\boldsymbol{x}^*+\boldsymbol{d})^\top\boldsymbol{x}+q(\boldsymbol{x}^*)-(D\boldsymbol{x}^*+\boldsymbol{d})^\top\boldsymbol{x}^{*\top}$ の大小関係について，

$$\begin{aligned} & q(\boldsymbol{x})-(q(\boldsymbol{x}^*)+\nabla q(\boldsymbol{x}^*)^\top(\boldsymbol{x}-\boldsymbol{x}^*)) \\ &=(1/2)\boldsymbol{x}^\top D\boldsymbol{x}+\boldsymbol{d}^\top\boldsymbol{x}-(D\boldsymbol{x}^*+\boldsymbol{d})^\top\boldsymbol{x}-q(\boldsymbol{x}^*)+(D\boldsymbol{x}^*+\boldsymbol{d})^\top\boldsymbol{x}^* \\ &=(1/2)\boldsymbol{x}^\top D\boldsymbol{x}-\boldsymbol{x}^\top D\boldsymbol{x}^*-(1/2)\boldsymbol{x}^{*\top}D\boldsymbol{x}^*-\boldsymbol{d}^\top\boldsymbol{x}^*+\boldsymbol{x}^{*\top}D\boldsymbol{x}^*+\boldsymbol{d}^\top\boldsymbol{x}^* \\ &=(1/2)\boldsymbol{x}^\top D\boldsymbol{x}-\boldsymbol{x}^\top D\boldsymbol{x}^*+(1/2)\boldsymbol{x}^{*\top}D\boldsymbol{x}^*=(1/2)(\boldsymbol{x}-\boldsymbol{x}^*)^\top D(\boldsymbol{x}-\boldsymbol{x}^*)\geqq 0 \end{aligned}$$

が成り立つ．ゆえに，

$$q(\boldsymbol{x}^*)+\nabla q(\boldsymbol{x}^*)^\top(\boldsymbol{x}^*-\boldsymbol{x}^*)=q(\boldsymbol{x}^*)>q(\boldsymbol{x}')\geqq q(\boldsymbol{x}^*)+\nabla q(\boldsymbol{x}^*)^\top(\boldsymbol{x}'-\boldsymbol{x}^*)$$

が成り立つ．これは $\boldsymbol{x}^*$ が問題 $\mathrm{Q}(\boldsymbol{x}^*)$ の最適解であることに矛盾する．

次に，$\boldsymbol{x}^*$ は問題 Q の最適解であり，かつ問題 $\mathrm{Q}(\boldsymbol{x}^*)$ の最適解が $\boldsymbol{x}^*$ でないと仮定する．仮定よりある解 $\boldsymbol{x}'$ が存在して $A\boldsymbol{x}'\geqq\boldsymbol{b}$ と $(D\boldsymbol{x}^*+\boldsymbol{d})^\top\boldsymbol{x}^*>(D\boldsymbol{x}^*+\boldsymbol{d})^\top\boldsymbol{x}'$ を満たす．$0\leqq\varepsilon\leqq 1$ を満たす ε を適当に選び $\boldsymbol{x}^{**}\equiv\boldsymbol{x}^*+\varepsilon(\boldsymbol{x}'-\boldsymbol{x}^*)$ とする．このとき明らかに $A\boldsymbol{x}^{**}\geqq\boldsymbol{b}$ が成り立つ（何故か？）．さらに

$$\begin{aligned} q(\boldsymbol{x}^{**}) &=(1/2)(\boldsymbol{x}^*+\varepsilon(\boldsymbol{x}'-\boldsymbol{x}^*))^\top D(\boldsymbol{x}^*+\varepsilon(\boldsymbol{x}'-\boldsymbol{x}^*))+\boldsymbol{d}^\top(\boldsymbol{x}^*+\varepsilon(\boldsymbol{x}'-\boldsymbol{x}^*)) \\ &=q(\boldsymbol{x}^*)+\varepsilon\boldsymbol{x}^{*\top}D(\boldsymbol{x}'-\boldsymbol{x}^*)+(1/2)\varepsilon^2(\boldsymbol{x}'-\boldsymbol{x}^*)^\top D(\boldsymbol{x}'-\boldsymbol{x}^*)+\varepsilon\boldsymbol{d}^\top(\boldsymbol{x}'-\boldsymbol{x}^*) \\ &=q(\boldsymbol{x}^*)+\varepsilon(D\boldsymbol{x}^*+\boldsymbol{d})^\top(\boldsymbol{x}'-\boldsymbol{x}^*)+(1/2)\varepsilon^2(\boldsymbol{x}'-\boldsymbol{x}^*)^\top D(\boldsymbol{x}'-\boldsymbol{x}^*) \end{aligned}$$

となる．仮定より $(D\boldsymbol{x}^*+\boldsymbol{d})^\top(\boldsymbol{x}'-\boldsymbol{x}^*)<0$ かつ $(\boldsymbol{x}'-\boldsymbol{x}^*)^\top D(\boldsymbol{x}'-\boldsymbol{x}^*)\geqq 0$ である．ε として十分小さな正の値を選択すれば，$(1/2)\varepsilon(\boldsymbol{x}'-\boldsymbol{x}^*)^\top D(\boldsymbol{x}'-\boldsymbol{x}^*)<-(D\boldsymbol{x}^*+\boldsymbol{d})^\top(\boldsymbol{x}'$

$-\boldsymbol{x}^*)$ が成り立つ．ゆえに ε が十分小さな正の実数であれば $q(\boldsymbol{x}^{**})<q(\boldsymbol{x}^*)$ となり，$\boldsymbol{x}^*$ は問題 Q の最適解であるという仮定に矛盾する． ■

上記の定理より，問題 Q の解を求めるには，問題 $\mathrm{Q}(\boldsymbol{x}^*)$ の最適解が $\boldsymbol{x}^*$ となる $\boldsymbol{x}^*$ を見つければよいことがわかる．すなわち，ある許容解 $\boldsymbol{x}^*$ が最適解であるかどうかは，線形計画問題 $\mathrm{Q}(\boldsymbol{x}^*)$ を解くことで確認できる．これにより，与えられた許容解の最適性をチェックする方法（手続き）を得たことになる．これを，手続き的なものでなく，最適解が満たす条件として陽に表すことはできないだろうか．線形計画法の相補スラック条件を用いると以下の定理が得られる．

定理　問題 Q の解 $\boldsymbol{x}^*$ に対し，

$$(D\boldsymbol{x}^*+\boldsymbol{d})^\top=\boldsymbol{\lambda}^{*\top}A,\ A\boldsymbol{x}^*\geqq\boldsymbol{b},\ \boldsymbol{\lambda}^*\geqq 0,\ \boldsymbol{\lambda}^{*\top}(A\boldsymbol{x}^*-\boldsymbol{b})=0$$

を満たす $\boldsymbol{\lambda}^*$ が存在するならば，解 $\boldsymbol{x}^*$ は問題 Q の最適解である．

証明：　定理の条件を満たす $(\boldsymbol{x}^*, \boldsymbol{\lambda}^*)$ が存在するならば，相補スラック定理より $(\boldsymbol{x}^*, \boldsymbol{\lambda}^*)$ は線形計画問題 $\mathrm{Q}(\boldsymbol{x}^*)$ の最適解となる．ゆえに直前の定理より $\boldsymbol{x}^*$ は問題 Q の最適解となる． ■

上記の定理において，係数 $\boldsymbol{\lambda}^*$ はラグランジュ乗数と呼ばれる．ラグランジュ乗数の値は，相補スラック定理における双対変数と同様の力学的な解釈が可能である．すなわち，目的関数値を高さとする 2 次関数曲面において，点 $\boldsymbol{x}^*$ に小さな玉を置いたとき，その転がり出す方向 $-(D\boldsymbol{x}^*+\boldsymbol{d})$ に斜面に沿ってかかる力に対して，$\boldsymbol{\lambda}^*$ の値は各要素に対応する制約の壁が斜面に沿って玉を押す力に対応する．

以下では，問題 Q を解く解法として**有効制約法** (active set method) を簡単に紹介する．

Step 1　問題 Q の適当な許容解を見つけ $\boldsymbol{x}^0$ とし，$k:=0$ とする．
Step 2　制約式 $A\boldsymbol{x}\geqq\boldsymbol{b}$ の番号のうち，$\boldsymbol{x}^k$ が等式で満たすものの集合を J^k とする．
Step 3　行列 A とベクトル $\boldsymbol{b}$ のうち J^k 中の番号が行番号となっているものを，それぞれ $A', \boldsymbol{b}'$ とする．問題 $\min\{q(\boldsymbol{x})|A'\boldsymbol{x}=\boldsymbol{b}'\}$ の最適解 $\boldsymbol{x}^*$ とラグランジュ乗数 $\boldsymbol{\lambda}^*$ を，$A'\boldsymbol{x}^*=\boldsymbol{b}'$, $-\nabla q(\boldsymbol{x}^*)^\top\equiv-(D\boldsymbol{x}^*+\boldsymbol{d})^\top=\boldsymbol{\lambda}^{*\top}A'$ を解いて得る．
Step 4　$\boldsymbol{x}^k\neq\boldsymbol{x}^*$ ならば，$t^*=\max\{t|A(\boldsymbol{x}^k+t(\boldsymbol{x}^*-\boldsymbol{x}^k))\geqq\boldsymbol{b}\}$ とし，$\boldsymbol{x}^{k+1}:=\boldsymbol{x}^k+t^*(\boldsymbol{x}^*-\boldsymbol{x}^k)$, $k:=k+1$ と更新して Step 2 に戻る．

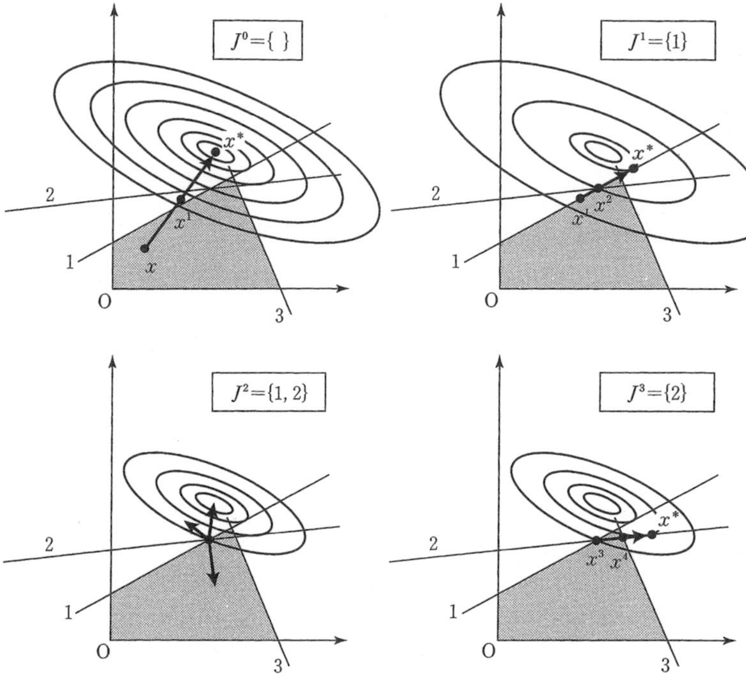

図 7.8 有効制約法

Step 5 $\boldsymbol{x}^k=\boldsymbol{x}^*$ かつ $\boldsymbol{\lambda}^* \geqq 0$ ならば，$\boldsymbol{x}^*$ を出力して終了．

Step 6 $[\boldsymbol{x}^k=\boldsymbol{x}^*]$ かつ $[\boldsymbol{\lambda}^* \geqq 0$ が成り立たない$]$ ならば，$\boldsymbol{\lambda}^*$ のうち要素が負となっている行番号を J^k から取り除いたものを J^{k+1} とし，$k:=k+1$ と更新して Step 3 へ戻る．

上記の算法を有限の反復で終了させるには，Step 6 で J^k より取り除く要素の候補が複数あるときの選択規則が必要となる．また，上記の算法を始めるには，なんらかの方法で初期解を求める必要がある．実際に上記の方法を実装する際は，単体法の辞書に似たデータ構造を利用して解法を高速化することができる．

(2) カルーシュ-キューン-タッカー条件

以下では，制約つき非線形計画問題の最適性条件として知られているカルーシュ-キューン-タッカー条件 (Karush-Kuhn-Tucker conditions) について，簡単に記す．以下では不等式制約をもつ問題

$$\mathrm{Q}' : \min.\quad f(\boldsymbol{x}) \qquad \text{s.t.}\quad g_i(\boldsymbol{x}) \leqq 0 \quad (\forall i \in \{1, 2, \ldots, m\}),$$

について議論しよう．前節と同様に目的関数を線形関数で近似し，また制約式の関数も線形関数で近似したもので置き換えると，問題

$$\mathrm{Q}'' : \min.\quad f(\boldsymbol{x}^*) + \nabla f(\boldsymbol{x}^*)^\top(\boldsymbol{x} - \boldsymbol{x}^*)$$
$$\text{s.t.}\quad g_i(\boldsymbol{x}^*) + \nabla g_i(\boldsymbol{x}^*)^\top(\boldsymbol{x} - \boldsymbol{x}^*) \leqq 0 \quad (\forall i \in \{1, 2, \ldots, m\}),$$

が得られる．目的関数と制約において適当な仮定が成り立つならば，前節と同様に，［$\boldsymbol{x}^*$ が問題 Q″ の最適解ならば，$\boldsymbol{x}^*$ は Q′ の最適解である］ことが保証される．この問題を $\boldsymbol{x}$ に関する線形計画問題と見なし，相補スラック条件を書くと，

$$\nabla f(\boldsymbol{x}^*) + \textstyle\sum_{i=1}^m \lambda_i \nabla g_i(\boldsymbol{x}^*) = \boldsymbol{0},$$
$$g_i(\boldsymbol{x}^*) + \nabla g_i(\boldsymbol{x}^*)^\top(\boldsymbol{x} - \boldsymbol{x}^*) \leqq 0 \quad (\forall i \in \{1, 2, \ldots, m\}),$$
$$\boldsymbol{\lambda} \geqq \boldsymbol{0},$$
$$\lambda_i(g_i(\boldsymbol{x}^*) + \nabla g_i(\boldsymbol{x}^*)^\top(\boldsymbol{x} - \boldsymbol{x}^*)) = 0 \quad (\forall i \in \{1, 2, \ldots, m\})$$

となる．ここで $\boldsymbol{x}$ に $\boldsymbol{x}^*$ を代入したものが**カルーシュ-キューン-タッカー条件（KKT 条件）**[18] と呼ばれるものであり，まとめると

$$\text{(KKT 条件)}\quad \nabla f(\boldsymbol{x}^*) + \textstyle\sum_{i=1}^m \lambda_i \nabla g_i(\boldsymbol{x}^*) = \boldsymbol{0},$$
$$g_i(\boldsymbol{x}^*) \leqq 0 \quad (\forall i \in \{1, 2, \ldots, m\}),$$
$$\boldsymbol{\lambda} \geqq \boldsymbol{0},$$
$$\lambda_i g_i(\boldsymbol{x}^*) = 0 \quad (\forall i \in \{1, 2, \ldots, m\})$$

と書くことができる．最後の条件 $\lambda_i g_i(\boldsymbol{x}^*) = 0$ は**相補性条件**と呼ばれる．このときも変数 $\boldsymbol{\lambda}$ はラグランジュ乗数と呼ばれる．さらに，ラグランジュ乗数の値は，線形計画の相補スラック定理と同様に，力学的なモデルで解釈することができる．このとき各制約に対応する壁が押す力の方向ベクトルは $-\nabla g_i(\boldsymbol{x}^*)$ で表され，玉の転がる方向ベクトルは $-\nabla f(\boldsymbol{x}^*)$ で表される．

KKT 条件を満たす解が元の問題 Q′ の最適解となるには，Q′ が凸計画であるだけでは不足であり，制約想定と呼ばれるさまざまな条件の組合せが提案されている．制約想定の紹介については，専門的になるためここでは省略する．

KKT 条件の例：　以下では簡単な凸計画問題，

$$\min.\quad -12/(x-10) + (3/2)y^2 + 5z \qquad \text{s.t.}\quad x+y+z \geqq 9,\ x \leqq 9,\ y \geqq 0,\ z \geqq 0,$$

---

18)　KKT 条件は，以前 Kuhn-Tucker 条件（KT 条件）と呼ばれていたものと同じものである．近年になって，早い時期に同じ条件が Karush により提案されていたことが判明し，現在では KKT 条件と呼ばれるようになっている．

について，KKT 条件を用いて解いてみる．4本の制約式 $-x-y-z+9\leqq 0$, $x-9\leqq 0$, $-y\leqq 0$, $-z\leqq 0$ に対応するラグランジュ乗数をそれぞれ $\lambda_0, \lambda_1, \lambda_2, \lambda_3$ とすると，KKT 条件は，

$$12/(x-10)^2-\lambda_0+\lambda_1=0,\ 3y-\lambda_0-\lambda_2=0,\ 5-\lambda_0-\lambda_3=0,$$
$$-x-y-z+9\leqq 0,\ x-9\leqq 0,\ -y\leqq 0,\ -z\leqq 0,$$
$$\lambda_0, \lambda_1, \lambda_2, \lambda_3\geqq 0,\ \lambda_0(-x-y-z+9)=0,\ \lambda_1(x-9)=0,\ -\lambda_2 y=0,\ -\lambda_3 z=0,$$

となる．相補性条件の1本目を満たすには，$\lambda_0=0$ または $-x-y-z+9=0$ の少なくともどちらか一方が成立しなければならない．相補性条件の2本目を満たすには，$\lambda_1=0$ または $x-9=0$ の少なくとも1つが成り立たなくてはならない．同様に，$\lambda_2=0$ と $y=0$ のどちらか一方が少なくとも成り立ち，$\lambda_3=0$ と $z=0$ のどちらか一方が少なくとも成り立つ．以上より $2^4=16$ 通りすべてを調べればよい．例えば $-x-y-z+9=0$, $x=9$, $y=0$, $z=0$ という組合せは，KKT 条件の式を満たす $\lambda_0, \lambda_1, \lambda_2, \lambda_3$ は存在しない（確認せよ）．実は，$-x-y-z+9=0$, $\lambda_1=0$, $\lambda_2=0$, $z=0$ という組合せについて確認すると，KKT 条件の他の式から $x=8$, $y=1$, $\lambda_0=3$, $\lambda_3=2$ となり，KKT 条件の式をすべて満たす．ゆえに KKT 条件を満たす解は $x=8$, $y=1$, $z=0$ であり，対応するラグランジュ乗数の値は $\lambda_0=3$, $\lambda_1=0$, $\lambda_2=0$, $\lambda_3=2$ となる．実はこの解は最適解となっている．

(3) 不等式制約下の最小化問題の解法

不等式制約下の最小化問題の解法はさまざまなものが提案されている．このクラスは解くことが困難な問題を容易につくることができるので，どんな問題も高速に解ける万能薬のような解法は存在しない．しかしながら長年の研究の結果開発され，成功を収めてきた解法がいくつかある．以下ではそのような解法のいくつかを簡単に解説する．

a. 罰金法

罰金法 (penalty method) は，目的関数に制約式を組み込み，制約式を取り除き，得られた無制約問題を解く，という発想で構築されている．目的関数に制約を組み込む際，制約を破りそうになるとそれが目的関数を悪化させるように，すなわち罰金として機能するように設計されていることから，罰金法と呼ばれる．

例えば問題 $\min\{f(\boldsymbol{x})|g_i(\boldsymbol{x})\leqq 0\ (\forall i\in\{1, 2, \ldots, m\})\}$ に対しては，以下のような無制約最適化問題

$$\min.\quad f(\boldsymbol{x})-\lambda\sum_{i=1}^{m}(1/g_i(\boldsymbol{x})),$$

$$\min.\quad f(\boldsymbol{x})+\lambda\sum_{i=1}^{m}(1/g_i(\boldsymbol{x}))^2,$$

$$\min.\quad f(\boldsymbol{x})-\lambda\sum_{i=1}^{m}\log(-g_i(\boldsymbol{x})),$$

が用いられる．λ はペナルティパラメータと呼ばれる．λ を $\lambda_1>\lambda_2>\cdots>0$ を満たすように徐々に小さな値に更新しながら，対応する無制約問題を解き，得られた解の点列が元の問題の最適解に収束することを期待するものである．ペナルティパラメータ λ を小さな値に更新した際，直前の値での無制約問題の最適解を初期解とすることがポイントである．このような方法を**内点罰金法**と呼ぶ．

初期解として許容解を1つ求めるのさえ困難な場合には，罰金として，許容領域内では0の値をとり，許容領域外では許容領域から離れると大きくなるようなものを導入する方法がある．このような方法を**外点罰金法**と呼ぶ．例えば $\min\{f(\boldsymbol{x})|g_i(\boldsymbol{x})\leqq 0\ (i=1,2,\ldots,m_1),\ h_j(\boldsymbol{x})=0\ (j=1,2,\ldots,m_2)\}$ という問題に対しては $\min.\ f(\boldsymbol{x})+\rho(\sum_i|\max\{0,g_i(\boldsymbol{x})\}|^a+\sum_j|h_j(\boldsymbol{x})|^b)$ といった無制約問題が用いられる，ただし a,b は1以上の定数である．パラメータ ρ を徐々に大きくしながら，対応する無制約問題を解き，解の点列を生成する．

罰金法の問題点としては，λ を0に近づけるあるいは ρ を大きくすると，無制約問題の目的関数が許容領域の境界付近で急激に大きくなる性質をもつため，無制約問題の解法の挙動が不安定になることが多いことがあげられる．

b.　逐次2次計画法

現在，中規模の問題に対して最も有効とされている方法に，逐次2次計画法 (sequential quadratic programming) がある．この方法は近似的な2次計画問題をつくり探索方向を決定するという方法である．例えば，問題

$$\min\{f(\boldsymbol{x})|g_i(\boldsymbol{x})\leqq 0\ (\forall i\in\{1,2,\ldots,m\})\}$$

に対して，現在の解 $\boldsymbol{x}^*$ において

$$\begin{aligned}&\min. && f(\boldsymbol{x}^*)+\nabla f(\boldsymbol{x}^*)^\top\boldsymbol{d}+(1/2)\boldsymbol{d}^\top B\boldsymbol{d}\\ &\text{s.t.} && g_i(\boldsymbol{x}^*)+\nabla g_i(\boldsymbol{x}^*)^\top\boldsymbol{d}\leqq 0\quad(\forall i\in\{1,2,\ldots,m\}),\end{aligned}$$

という2次計画問題をつくる．ただし B はヘッセ行列 $\nabla^2 f(\boldsymbol{x}^*)$ を近似する半正定値対称行列であり，BFGS 公式を制約つき問題用に修正したものを用いて求めることが多い．上記の問題を解いて得られる最適解 $\boldsymbol{d}^*$ を探索方向として採用して直線探索を行い，適当なステップサイズ t を定め，$\boldsymbol{x}^*$ を $\boldsymbol{x}^*+t\boldsymbol{d}^*$ に更新する．この方法は多くの非線形計画ソフトウェアに組み込まれている．逐次2次計画法は，適当な仮定の下では大域的収束し，BFGS 公式の修正版を用いること

により超1次収束することが知られている．詳しくは専門書を参考にされたい．

【演習問題】

7.1 凸集合 $S, T \in \mathrm{R}^n$ に対し，$S \cap T$ もまた凸集合となることを示せ．

7.2 凸関数 $f: \mathrm{R}^n \to \mathrm{R}$ と $g: \mathrm{R}^n \to \mathrm{R}$ に対し，$f(\boldsymbol{x})+g(\boldsymbol{x})$ と $\max\{f(\boldsymbol{x}), g(\boldsymbol{x})\}$ のどちらも凸関数となることを示せ．

7.3 1次関数 $g(\boldsymbol{x})=\boldsymbol{d}^\top \boldsymbol{x}+d_0$ の勾配ベクトル $\nabla g(\boldsymbol{x})$ を求めよ．

7.4 2次関数 $q(\boldsymbol{x})=(1/2)\boldsymbol{x}^\top D\boldsymbol{x}+\boldsymbol{d}^\top \boldsymbol{x}+d_0$ の $\nabla^2 q(\boldsymbol{x})$ と $\nabla q(\boldsymbol{x})$ を求めよ．

7.5 Sherman-Morisson の公式 [A を $n \times n$ 行列とし，$\boldsymbol{u}, \boldsymbol{v} \in \mathrm{R}^n$ とする．$1+\boldsymbol{v}^\top A\boldsymbol{u} \neq 0$ ならば $(A+\boldsymbol{u}\boldsymbol{v}^\top)=A^{-1}-(A^{-1}\boldsymbol{u}\boldsymbol{v}^\top A^{-1})/(1+\boldsymbol{v}^\top A^{-1}\boldsymbol{u})$ である] を示せ．

7.6 Sherman-Morisson の公式を用いて，BFGS 公式において $(B^{k+1})^{-1}=H^{k+1}$ が成り立つことを示せ．

7.7 最小包囲円問題において，与えられた点を含む円 C が最小の円である十分条件は，C の円周上にある点でつくられる多角形 (2点の場合は線分) の中に円 C の中心が含まれること (円 C の中心が多角形の頂点の凸結合で表されること) であることを確認せよ．

7.8 以下の問題に対し，KKT 条件を満たす解を求めよ．

(1) min. $4x^2-4xy+5y^2+2yz+2z^2-4x$.

(2) min. $x^2+3y^2+2z^2$ s.t. $2x+3y+z \geqq 7, 3x+y+2z \geqq 11$.

(3) min. $-(3x+9)/(x+1)+(1/2)y^2+5z$ s.t. $x+y+z \geqq 4, x \geqq 0, y \geqq 0, z \geqq 0$.

(4) min. $\boldsymbol{x}^\top A\boldsymbol{x}$ s.t. $\|x\|^2=1$, $\boldsymbol{b}^\top \boldsymbol{X}=0$, ただし $\boldsymbol{x} \in \mathrm{R}^3$, A は $(2, 4, 6)$ を対角要素にもつ 3×3 の対角行列，$\boldsymbol{b}^\top=(\sqrt{3}, \sqrt{2}, \sqrt{3})$ である．

7.9 D を半正定値行列とするとき，min. $q(\boldsymbol{x})=(1/2)\boldsymbol{x}^\top D\boldsymbol{x}+\boldsymbol{d}^\top \boldsymbol{x}$ s.t. $A\boldsymbol{x} \geqq \boldsymbol{b}$, $M\boldsymbol{x}=\boldsymbol{c}$ の最適性条件を求めよ．

【参考文献】

[1] 茨木俊秀，福島雅夫：最適化の手法，共立出版 (1993).
[2] 小島政和，土谷　隆，水野真治，矢部　博：内点法，朝倉書店 (2001).
[3] 今野　浩，山下　浩：非線形計画法，日科技連出版社 (1978).
[4] 竹中淑子：極値問題，培風館 (1996).
[5] 田中謙輔：凸解析と最適化理論，牧野書店 (1994).
[6] 田村明久，村松正和：最適化法，共立出版 (2002).
[7] 津野義道：劣微分と最適問題—凸解析入門，牧野書店 (1997).
[8] 福島雅夫：非線形最適化の基礎，朝倉書店 (2001).
[9] 矢部　博，八巻直一：非線形計画法 (応用数値計算ライブラリ)，朝倉書店 (1999).

8　整数計画モデル

最適化問題において，変数が整数値をとるという制約がいくつかの変数についているとき，これを整数計画(integer programming)(整数計画法，整数計画問題)と呼ぶ．現実的な問題設定において何かを決定する際は，何かを「やる」，「やらない」といった二者択一の決定が要求されることが多い．このような決定は，線形計画法のような連続変数では表すことが一般に困難である．整数計画では，上記のような問題の記述が可能となる．

8.1　整数計画問題

(1)　整数計画問題の例

以下では，典型的な問題を紹介する．

例 1 —— ナップサック問題

いま手元に 4 つの商品があるとしよう．これをナップサックに詰めて街に売りに行くとする．それぞれの重さと，売った際の収益は表 8.1 の通りとする．

表 8.1　商品の重さと収益

商品	1	2	3	4
収入 [万円]	3	4	1	2
重さ [kg]	2	3	1	3

商品はどれも，街にもっていけば必ず売れるとする．ただし，街にもっていく際ナップサックに詰めて運ぶのだが，ナップサックに積載重量制限があり，最大でも 4 kg までしか積めないとする．このとき，ナップサックの重量制限以内で総収益を最大にするには，どの荷物を詰めていったらよいか？

この問題はナップサック問題と呼ばれる．より一般的に記述しよう．荷物の集合 $\{1, 2, \ldots, n\}$，荷物 i の価値を v_i，荷物 i の重量を w_i，ナップサックの重量制限を b とする．このとき，価値の総和が最大になるよう荷物をナップサックに詰める問題が，ナップサック問題である．ただし荷物の総重量はナップサックの重量制限を超えてはいけない．荷物 i をナップサックに入れるならば 1，入れないならば 0 となる変数 x_i を導入すると，0-1 整数計画問題として

$$\text{KP}: \max. \sum_{i=1}^{n} v_i x_i \quad \text{s.t.} \quad \sum_{i=1}^{n} w_i x_i \leqq b, \ x_1, \ldots, x_n \in \{1, 0\},$$

と定式化することができる．ナップサックへの荷物の入れ方は，荷物が n 個あれば 2^n 通りある．これは有限ではあるが，n が大きくなると急激に大きくなることが知られている．

ナップサック問題は，現実において実際にナップサックに荷物を詰める際に解かれているわけではない．ナップサックやそれに入れる荷物，また重量や価値といった数値を置き換えることにより，さまざまな問題がナップサック問題となる．例えば，人工衛星を打ち上げる際に積み込む観測機器を決める問題は，荷物を観測機器，ナップサックを人工衛星と見なせば，同じように定式化されることがわかるだろう．表 8.2 にそのような例をあげる．ナップサック問題を解くことができれば表 8.2 のような問題も解くことができる[1]．

表 8.2 ナップサック問題の応用例

荷　物	ナップサックの重量制限	荷物の重量	価　値
観測機器	人工衛星の積載重量制限	観測機器の重量	観測結果の価値
工作機械	工場の総電力量	機械の使用電力	加工製品の量
雇用できる作業員	雇用予算	作業員の給与	製造製品の量
イベント企画	プロジェクト総予算	各イベント企画予算	イベントの収益

現実問題においては，目的と制約の境界が曖昧であることも多い．例えばナップサック問題において，価値の総和が v 以上となる荷物の詰め方で，総重量が最小となる方法を求めたい場合もあるだろう．このような問題は，

$$\text{KP}': \min. \sum_{i=1}^{n} w_i y_i \quad \text{s.t.} \quad \sum_{i=1}^{n} v_i y_i \geqq v, \quad y_1, \ldots, y_n \in \{1, 0\},$$

と定式化される．実はこの問題は，$1-y_i$ を改めて x_i とおけば KP と同じような形の問題に変形される．この変形については，読者自ら変形を施して確認されたい．

例 2 —— 巡回セールスマン問題

あるセールスマンが，訪問が予定されているすべての都市をちょうど 1 回ずつ訪れて出発地に戻る際，総移動距離を最小にする訪問順序を決定する問題である．グラフ理論の用語を用いると以下のように記述することができる．頂点と呼ばれる集

[1] 上記以外にもナップサック問題となるような問題設定について考えつくだろうか．最低 2, 3 個は考えつかない読者は，頭が柔軟でないと思ってほしい．

合 $V=\{1,2,\ldots,n\}$ と枝と呼ばれる集合 $E=\{(i,j)|i,j\in V,i\neq j\}$ が与えられたとする．枝 (i,j) の枝重み（あるいは長さ）を w_{ij} とする．すべての頂点をちょうど1回ずつ通過し，出発点に戻ってくる道のりをハミルトン閉路 (Hamiltonian cycle) と呼ぶ（図8.1）．巡回セールスマン問題は，ハミルトン閉路のなかで通過する枝重みの総和が最小のものを求める問題である．

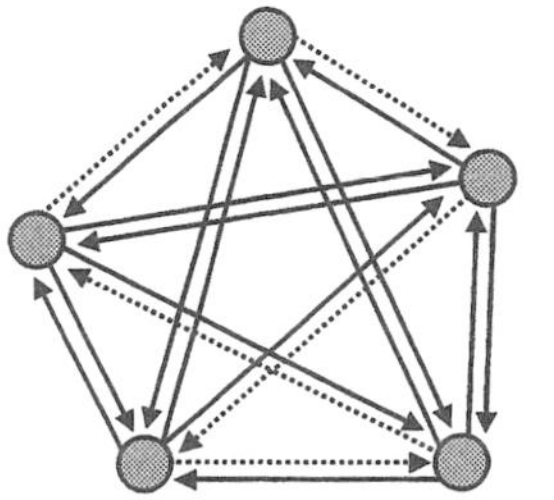

図 8.1　ハミルトン閉路
破線による道のりがハミルトン閉路となっている．

各枝 (i,j) について，変数 x_{ij} を導入し，x_{ij} は枝 (i,j) を解で用いるならば1，そうでないときに0となる変数とすると，巡回セールスマン問題は以下のように定式化される．各都市 $i\in V$ はちょうど1回到着することから，$\sum_{j\in V-\{i\}}x_{ij}=1$ が成り立つ．同様に，各都市 $j\in V$ はちょうど1回それを出発することから，$\sum_{i\in V-\{j\}}x_{ij}=1$ が成り立つ．上記の制約だけでは，都市をいくつかのグループに分割して訪問することが許されてしまうため（図8.2），都市の任意の真部分集合 S について，それを離れることが必ずあることを表す制約 $\sum_{i\in S}\sum_{j\in V-S}x_{ij}\geqq 1$ が必要となる．上記より，巡回セールスマン問題は

$$
\begin{aligned}
\text{TSP : min.}\quad & \sum_{\{i,j\}\in E} w_{ij}x_{ij} \\
\text{s. t.}\quad & \sum_{j\in V-\{i\}} x_{ij}=1\ (\forall i\in V), \\
& \sum_{i\in V-\{j\}} x_{ij}=1\ (\forall j\in V), \\
& \sum_{i\in S}\sum_{j\in V-S} x_{ij}\geqq 1\ (\emptyset\neq\forall S\subset V), \\
& x_{ij}\in\{0,1\}\ (\forall (i,j)\in E),
\end{aligned}
$$

と定式化することができる．上記の定式化では，不等式制約の数が都市数 n に対し 2^n-2 となっており非常に多くの不等式を含んでいる．このため，上記の定式化を商用の整数計画法のソフトウェア等に直接入力することは，都市数が多くなると非常に困難となる[2]．都市をすべて巡る方法は，都市数が n ならば $(n-1)!$ 通り存在する．

巡回セールスマン問題は，実際にセールスマンが解くことは（多分）ない．実際にこ

2)　$n=100$ としたとき，2^n-2 本の式を（1行に1本）印刷するとどの程度の紙が必要か見積もってみよ．ただし1行の幅は5 mm程度とする．

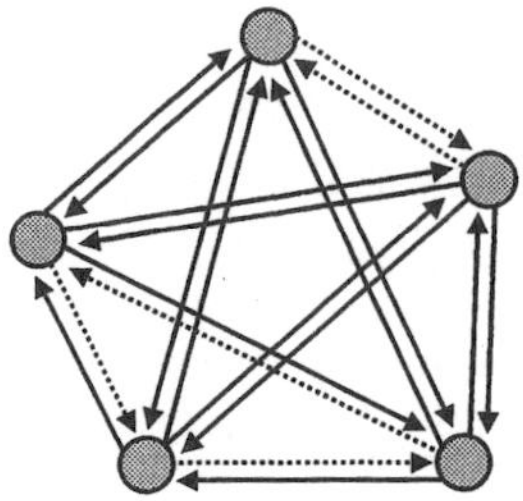

図 8.2 都市をいくつかのグループに分割して訪問するような解
破線の枝に対応する変数を 1，実線の枝に対応する変数を 0 とした解は，全体を 2 グループに分割して訪問している.

の問題が解かれる例としては，工場の塗装工程における塗装順序の決定問題がある．1 台の産業用ロボットが塗装工程を扱っており，塗装に使用する色を変えるたびにタンクやノズルの洗浄が必要とする．ただし色や塗料の組合せによっては，色の変更の際の洗浄費用が異なる．例えば，薄い色のあと濃い色に変える際は簡単な洗浄でよい．注文に応じていくつかの色で塗装を行う際，洗浄にかかる費用を最小化するには，色の順番をどうすればよいかという問題について議論しよう．塗装作業を都市とし，初期状態と最終状態の両方に対応する「完全に洗浄を行った状態」も 1 つの都市として加える．各都市から都市への移動費用は，対応する塗装作業 (順序) 対において必要な洗浄の費用とする．すると塗装の順番を決定する問題は，セールスマンに対応する塗装機械が，塗装作業に対応する都市を訪れる問題として捉えることができる．またその通過費用は，洗浄費用の総和に等しい．一般に，1 機械のスケジューリング問題は，巡回セールスマン問題と似た構造をもっている．

都市が 2 次元平面上の点として表され，都市間の距離が 2 点間のユークリッド距離で定義される問題は，平面巡回セールスマン問題と呼ばれる．平面巡回セールスマン問題

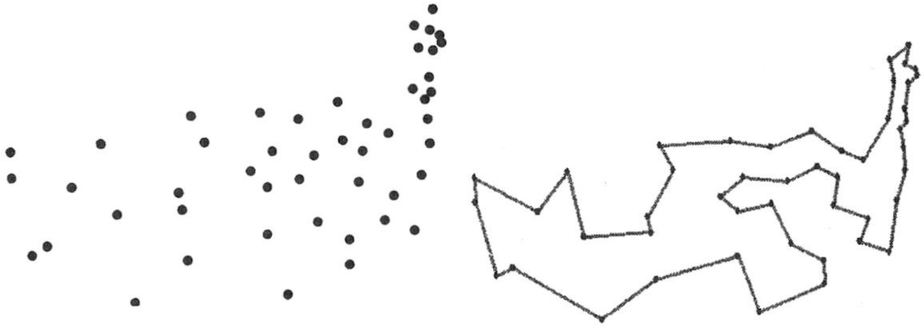

図 8.3 アメリカ 48 都市を巡る平面巡回セールスマン問題の問題と最適解

の実用例としては，電子基盤にドリルで穴を開ける際に，ドリルの訪問順序を決定する問題がある．穴を都市とし，ドリルの刃をセールスマンとすれば，ドリルの移動にかかる時間を減らすことにより，基盤の穿孔作業にかかる時間を短縮することができる．

例 3 —— 施設配置問題

ある種の製品を生産し，それを需要地に送る際，生産を行う供給施設の建設費と，そこからの輸送費の両方を加えた費用を最小化する問題を施設配置問題と呼

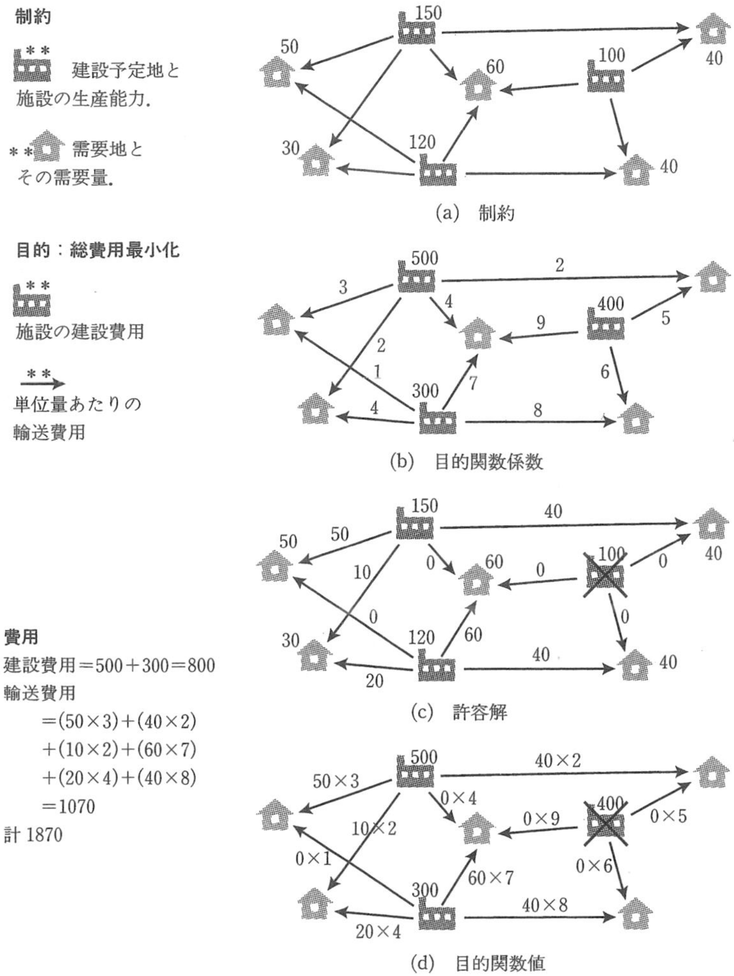

図 8.4 施設配置問題

ぶ．より正確には以下のように記述される．供給施設の候補の集合を $\{1, 2, \ldots, n\}$ とし，需要地の集合を $\{1, 2, \ldots, m\}$ とする．施設 i の建設費用を w_i とし，それが建設された際の供給能力を a_i とする．また，施設 i から需要地 j までの単位量あたりの輸送費用を c_{ij} とし，需要地 j の需要量を b_j とする．建設する施設を決定し，さらに建設された施設から各需要地までの輸送方法を決定する問題が施設配置問題である．目的関数は，施設の建設費用と輸送費用の和の最小化である（図 8.4）．

この問題は，変数 y_i を施設 i を建設するならば 1，建設しないならば 0 となる変数とし，施設 i から需要地 j への輸送量を変数 x_{ij} で表すことにより，次のように定式化される．各需要地 j へ送られる輸送量の総和は需要量 b_j となっていなければならないことから，$\sum_{i=1}^{n} x_{ij} = b_j$ という等式が成り立つ．施設 i を建設すれば施設 i より a_i の量の製品を供給できることから $\sum_{j=1}^{m} x_{ij} \leq a_i y_i$ という制約が成り立つ．すなわち，上記の問題は

$$
\begin{aligned}
\text{min.} \quad & \sum_{i=1}^{n} w_i y_i + \sum_{i=1}^{n}\sum_{j=1}^{m} c_{ij} x_{ij} \\
\text{s. t.} \quad & \sum_{i=1}^{n} x_{ij} = b_j \ (j \in \{1, 2, \ldots, m\}), \\
& \sum_{j=1}^{m} x_{ij} \leqq a_i y_i \ (i \in \{1, 2, \ldots, n\}), \\
& y_i \in \{0, 1\} \ (i \in \{1, 2, \ldots, n\}), \\
& x_{ij} \geqq 0 \ (i \in \{1, 2, \ldots, n\}\,;\ j \in \{1, 2, \ldots, m\}),
\end{aligned}
$$

と定式化される．

この問題は，0-1 変数 y_i と連続変数 x_{ij} が混じりあっている．0-1 変数は n 個であり，それに比べ連続変数の数が nm 個と非常に多くなっている．建設する施設を決定してしまった後も，問題は輸送問題に帰着され，線形計画問題を解かなければならない．0-1 変数の決め方は 2^n 通り存在する．

(2) 整数計画問題の分類

整数計画問題のなかで，特にすべての変数が 0 または 1 の値をとるものを，**0-1 整数計画問題**（0-1 integer programming problem）と呼ぶ．また，すべての変数が整数値をとるものを，**全整数計画問題**（all integer programming problem）と呼ぶ．整数値をとる変数と，実数値をとる変数が混じっている問題は，**混合整数計画**（mixed integer programming problem）と呼ばれるが，MIP（ミップ）と省略して呼ばれることも多い．

例えば，目的関数を最大化するような 0-1 整数計画問題は，

$$\begin{aligned} \text{max.} \quad & \sum_{j=1}^{n} c_j x_j \\ \text{s. t.} \quad & \sum_{j=1}^{n} a_{ij} x_j \leqq b_i \quad (i \in \{1, 2, \ldots, m\}), \\ & x_1, x_2, \ldots, x_n \in \{0, 1\}, \end{aligned}$$

と記述される．整数値をとる変数は，整数変数と呼ばれ，0 または 1 の値をとる変数は，0-1 変数と呼ばれる．上のような問題は特に，0-1 線形整数計画問題と呼ばれることもある．

(3) 指数爆発

整数計画法は，許容解の種類は有限であることが多いが，その数は膨大であり，すべてを列挙して確かめることは現実的な時間では通常不可能である．例えば 100 MIPS (mega instructions per second) の計算機を用いると，1 秒間に 1 億回の命令を実行できるが，この計算機で $n, n^2, n^3, 2^n, n!$ といった回数の命令を実行した際の計算時間は表 8.3 のようになる．

上記のように 2^n や $n!$ という値は爆発的に大きくなることから，指数爆発という言葉も使われる．計算時間は，将来計算機が高速化されれば解決される問題と思われるかもしれないが，それは 2 つの理由で間違っている．

1 つめは，$n!$ といった数は容易にとてつもなく大きくなるが，(現在われわれが使っている) 計算機は速度に限界が存在することである．計算機の進歩についてよく知られているムーアの法則は，「半導体チップの集積度は，およそ 18 か月で 2 倍になる」という経験的な法則である[3]．集積度と計算速度は必ずしも比例するわけではないが，実際

表 8.3 指数爆発する計算時間

n	n	n^2	n^3	2^n	$n!$
10	1×10^{-7} 秒	1×10^{-6} 秒	1×10^{-5} 秒	2.1×10^{-5} 秒	0.036 秒
20	2×10^{-7} 秒	4×10^{-6} 秒	8×10^{-5} 秒	1.05×10^{-2} 秒	771 年
30	3×10^{-7} 秒	9×10^{-6} 秒	2.7×10^{-4} 秒	10 秒	5.61×10^{6} 宙齢
40	4×10^{-7} 秒	1.6×10^{-5} 秒	6.4×10^{-4} 秒	3.05 時間	1.72×10^{22} 宙齢
50	5×10^{-7} 秒	2.5×10^{-5} 秒	1.25×10^{-3} 秒	130 日	6.42×10^{38} 宙齢
100	1×10^{-6} 秒	1×10^{-4} 秒	0.01 秒	26798 宙齢	1.77×10^{132} 宙齢

* 宙齢は，ビッグバンが起きてから現在までの時間 150 億年を指す (山本芳嗣，久保幹雄，「巡回セールスマン問題への招待」，朝倉書店，より抜粋)

[3] 法則というよりは「Intel 社のスローガン」と言った方が正しいだろう．

の計算速度はこれに近い比率で向上している．この速度で計算速度が向上したら，数十年後にはどうなっているだろうか？ 現在の計算機速度を1000 MIPS程度とすると，例えば48年後には2^{32}倍，すなわち4.3×10^{12} MIPS程度の計算機となる．この計算機で1命令の実行にかかる時間内に，光は6.3×10^{-9} mしか進めない．固体の原子間距離が通常$2\sim5\times10^{-10}$ mであることから，6.3×10^{-9} mは原子が数十個しか並べない距離となる．現在の物理学では，光より速いものをわれわれは作り出せない．すなわち，このスピードの計算機をつくるには，原子数十個のサイズの処理装置をつくらねばならない．計算機の高速化の限界は遠い未来ではない．

2つめは，一定の時間で解ける問題のサイズについてである．たとえば都市数nの巡回セールスマン問題を$(n-1)!$の定数倍程度の命令で解くことができるプログラムA_1と，(そんなものは現在見つかっていないが) n^2の定数倍程度の命令で解くプログラムA_2があったとしよう．定数の違いにより，現在どちらのプログラムも10都市の問題を1分程度で解けるとし，将来計算機が10000倍速くなったと考えよう．プログラムA_1が14都市の問題を1分で解くには$10\times11\times12\times13=17160$倍程度計算機が速くなる必要があるのに対し，プログラムA_2は1分で(現在の$\sqrt{10000}$倍の) 1000都市の問題を解くことができるようになる．すなわち，同じ時間内に解けるようになる問題サイズはA_1では高々4都市しか増えないが，A_2では990都市増加する．このように，将来計算機が速くなれば2つのプログラムの性能は(ある意味で)より広がる．将来計算機が速くなるからこそ，高速のプログラム(アルゴリズム)を現在開発しておくのは重要なのである．

(4) 解法の種類

整数計画法を解く算法は，大きく分けて以下の3つに分かれる．

厳密解法：　最適解を1つ見つける解法を厳密解法 (exact method) と呼ぶ．公共に関わる問題などでは，公正さを保つためには最適であることが必要となることがあり，このような場合は時間がかかる解法であっても厳密解法であることが必要となる．

近似解法：　出力される解の最適解に対する精度が保証されている解法を近似解法 (approximation method) と呼ぶ．適当な精度を指定すると，その精度を保証する解法が構築できるような仕組みがあるとき，その仕組みを近似スキーム (aproximation scheme) と呼んで区別する．近似スキームでは，指定する精度を上げると，それにしたがって必要な計算時間は増大するのが通常である．また近似精度を何で測るかによって，同じ解法でもその精度は異なる (例えば最適値との比で測るのか差で測るのか等)．このため近似解法の優劣を論じるのは困難を伴うことが多い．さらに，設定された精度の解が適当な確率で求まる解法など，近似解法にはさまざまな変種が存在する．

発見的解法： 出力される解の精度保証がない解法を，一般に発見的解法(heuristic method)と呼ぶ．発見的解法の性能比較は，計算実験によって行う必要がある場合が多い．計算実験によって解法の比較を行う際は，例題の生成や比較する解法の選択，解法の実装やパラメータの設定などに十分注意する必要がある．

8.2 定式化のテクニック

整数計画問題の定式化は，それを解くことを視野に入れて行う必要がある．同じ問題であっても，それを商用の整数計画ソフトウェアを用いて解いた際に，定式化の違いによって求解にかかる時間が大幅に変わることがしばしばある．その理由は，多くの商用整数計画ソフトウェアが分枝限定法と線形緩和法を用いているためであるが，詳細については後の章で述べる．以下では，商用ソフトウェアを使う際に重要となる典型的なテクニックをいくつかあげる．

固定費用関数： 十分に大きな数値を係数として入れることが要求されているとき，あまりに大きな数値を用いると，多くの場合求解を困難にする．そのため可能ならば小さな数値を用いるのがよい．以下では，よくある例として固定費用つきの費用関数について述べる．変数 x が製品の生産量を表し，生産費用が $f(x)$ で表されるとする．可能な生産量の領域が Ω で表されるとして，生産費用を最小化する問題 $\min\{f(x) | x \geqq 0, x \in \Omega\}$ について議論しよう．生産費用に固定費用がついている関数

$$f(x)=\begin{cases} 0 & (x=0), \\ a+bx & (x>0), \end{cases}$$

で生産費用が表されるとする．すなわち上記の関数は，生産を行うならば量に関わらず固定費用 a が必要であることを表している．生産量が正ならば 1 となる 0-1 変数 y を新たに導入して，上記の問題の関数を以下のように線形不等式を用いて書き変えることができる；

$$\min\{ay+bx | x \geqq 0,\ x \in \Omega,\ My \geqq x, y \in \{0,1\}\}.$$

上記で M は十分大きな数値を入れればよい．しかしながら，M として必要以上に大きな数値を入れることは，整数計画ソフトウェア等での求解時間の増加を招くことが多い．そのため，最適性を損なわない限り，できるだけ小さな M を選ぶのがよい．残念ながら，M をどのくらいまで小さくできるかを知る効率的な方法は，一般的には存在しない．そのため M の選択の方法は問題ごとに依存した先見的な知識を用いる必要がある．

整数変数の使用について： 定式化において整数変数の使用はできるだけ避け，0-1 変

数の使用で容易に置き換えられるものは，0-1変数を用いる方がよい．有名な例として，巡回セールスマン問題の定式化において，各都市を何番目に訪問したかを表す整数変数を導入して定式化したものより，前節のように各枝ごとにそれを通過したか (しないか) を表す0-1変数を用いて定式化したものの方が (経験的ではあるが) 定式化として優れているとされている．

制約式の削除について：　定式化において，少ない本数の不等式で問題を表すのがよいとは限らない．まったく同じ式を2回入れるといった，本当に冗長な制約式の導入はもちろん避けるべきではあるが，多くの場合そのような明らかな冗長性はあまり問題にならない．しかしながら，逆に，制約式の無理な削減が求解時間の増大を招くことがしばしばある．例えば，

$$\{\boldsymbol{x}\in \mathrm{R}^4 | x_1+x_2=1,\ x_3+x_4=1,\ x_1, x_2, x_3, x_4\in\{0,1\}\}$$

という集合は，

$$\{\boldsymbol{x}\in \mathrm{R}^4 | x_1+x_2+3x_3+3x_4=4,\ x_1, x_2, x_3, x_4\in\{0,1\}\}$$

と等式制約1本で表すこともできるが，このような変形は，通常は計算時間の増加を招くので，やってはいけない．一般に，整数制約を取り除いた際 (0-1変数であれば0以上1以下という制約に取り替えた際)，許容領域が狭い方がソフトウェア等での計算時間が短くなり，よい定式化となることが多い．上記の例では，最初の定式化の整数制約を不等式制約で緩和してしまうと

$$\Omega_1=\{\boldsymbol{x}\in \mathrm{R}^4 | x_1+x_2=1,\ x_3+x_4=1, 0\leqq x_1, x_2, x_3, x_4\leqq 1\}$$

となり，後の定式化の整数制約式を不等式制約で取り替えると

$$\Omega_2=\{\boldsymbol{x}\in \mathrm{R}^4 | x_1+x_2+3x_3+3x_4=4, 0\leqq x_1, x_2, x_3, x_4\leqq 1\}$$

となり $\Omega_1\subset\Omega_2$ が成り立っている．さらに Ω_2 は，$(1, 1, 2/3, 0)$ といった，Ω_1 に含まれない解を含んでいる．求解時間が変わる理由は，多くのソフトウェアでは，次節の緩和法をなんらかの形で内部に組み込んでいるため，緩和した際の解領域が狭い方が緩和法の性能が向上するからである．

制約式 (切除平面) の導入：　一見冗長に見える制約を付け加えることによって，求解時間を大幅に縮小できる経験的な手法がいくつか知られている．例えば0-1整数計画において，ある変数の部分集合 $\{x_i | i\in S\}$ のうち，1となるのが高々1個であることが (先見的な知識で) わかったならば，$\sum_{i\in S}x_i\leqq 1$ という制約を加えることは，強く勧められる．このとき集合 $\{x_i | i\in S\}$ は，大きければ大きいほど，その制約を加える効果は大きくなる．ある変数の部分集合 $\{x_i | i\in T\}$ が，全部同時に1となることがないということが (先見的な知識で) わかったならば，$\sum_{i\in T}x_i\leqq |T|-1$ という制約を加えることも，強く勧められる．上記のように，係数が1または0の制約式は，見つかる限りすべて入れ込むことが多くの場合よい結果をもたらす．

非線形制約の取り扱い：　ソフトウェアによっては，非線形の制約を扱えるものもある

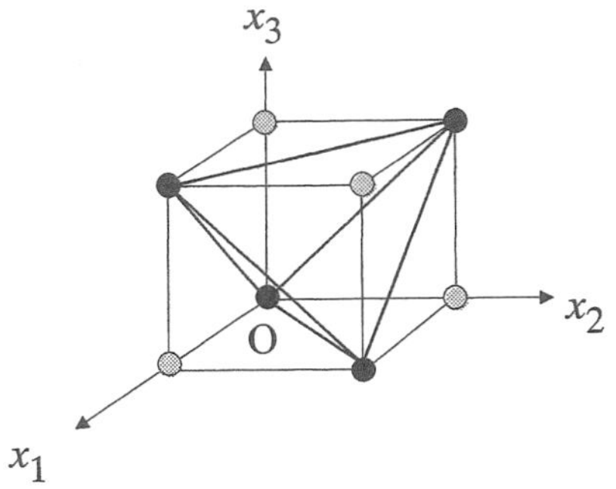

図 8.5 4 点を頂点とする 4 面体

が，これは可能な限り使わない方がよい．例えば 2 次式の制約を扱えるソフトウェアであっても，「$x_1+x_2+x_3$ が 0 または 2 という値をとる」ことを，$(x_1+x_2+x_3-1)^2=1$ という制約で表すことは勧められない．その代わりに

$$\left\{(x_1, x_2, x_3)\in\{0, 1\}^3 \middle| \begin{array}{l} x_1+x_2+x_3\leqq 2,\ x_1-x_2-x_3\leqq 0, \\ -x_1+x_2-x_3\leqq 0,\ -x_1-x_2+x_3\leqq 0 \end{array}\right\}$$

という線形不等式制約を用いることにより，計算時間を大幅に短縮できるだろう．上記の 4 本の線形不等式制約は，$(0, 0, 0), (1, 1, 0), (1, 0, 1), (0, 1, 1)$ という 4 点を頂点とする 4 面体の 4 枚の面に対応している (図 8.5).

これは，非線形の制約は一般には扱いが困難であり，これに対処できる性能のよい解法はあまり知られていないためである．そのため，非線形制約を扱えるソフトでも，内部での処理は原始的な算法しか組み込んでいないことがしばしばある．また同様の理由で，$\neq$ を扱えるソフトウェアであっても，この使用はできる限り避ける方がよい．原則的な指針は，できる限り線形 (不) 等式を用いるというものである．非線形制約が存在する場合も，適当な人工変数を導入して線形 (不) 等式を用いる方がよいことが多い．

目的関数の導入： 取り扱う問題によっては，目的関数が存在せず，許容解を見つけさえすればよいこともある．そのような場合でも，何らかの目的関数を導入しておくことがよい．例えば変数添え字を係数とした目的関数の最大化や，単に変数の総和の最大化でも構わないことも多い．この理由は，多くの商用ソフトウェアでは，分枝限定法を用いているため，目的関数がないと (最大化問題の際は) 上界を用いた限定操作の効力が弱くなるためである．

ℓ_1 ノルムの導入： 目的 (関数) が複数ある場合，複数の目的関数値を並べたベクトルと，各目的関数値の理想値を並べたベクトルとの距離を小さくしたい場合がある．例えば，許容領域 Ω 上で，複数の目的関数値を表す変数 $z_1, \ldots, z_n$ をできるだけ $z_1^*, \ldots, z_n^*$ に近くしたい場合，$|z_i^*-z_i|$ が最も大きいものを最小化する min-max 基準を採用する

ならば

$$\min\{z_0 | -z_0 \leqq z_i^* - z_i \leqq z_0\ (i=1, 2, \ldots, n),\ (z_1, z_2, \ldots, z_n) \in \Omega\}$$

という問題を解けばよい．しかしながらこの目的関数は，次節で扱う緩和法が効かないことが多く，そのために求解に時間がかかることが多い．また2乗距離を導入するならば，

$$\min\left\{\sum_{i=1}^{n}(z_i^* - z_i)^2 \middle| (z_1, z_2, \ldots, z_n) \in \Omega\right\}$$

という問題となるが，2次関数を最小化する整数計画は解くことが困難な場合が多い．求解時間を短くする必要があるならば，要素ごとの誤差の絶対値の総和を最小化するのがよい．すなわち下記の最適化問題

$$\min\left\{\sum_{i=1}^{n}|z_i^* - z_i| \middle| (z_1, z_2, \ldots, z_n) \in \Omega\right\}$$

$$=\min\left\{\sum_{i=1}^{n} y_i \middle| -y_i \leqq z_i^* - z_i \leqq y_i (i=1, 2, \ldots, n), (z_1, z_2, \ldots, z_n) \in \Omega\right\}$$

を解くことによって求解時間を大幅に減らせることがしばしばある[4]．

8.3 緩和法の原理

ここでは，分枝限定法をはじめとする種々の厳密解法の核となる緩和法の原理について説明する．緩和法とは，問題の制約条件を緩めることによって解きやすい問題に変換し，それを解くことによって原問題に対する情報を得るテクニックの総称である．

最も単純な緩和としては，「制約式を取り除く」というものがある．すべての制約式を取り除いてしまったら，意味のある情報は得られない．取り除く制約式の選択において重要なことは，① その制約式を取り除いた問題が容易に解ける，② その制約式を取り除いた問題がもとの問題に近い，の2点であるが，この2つの要求は通常相反するものである．本節で述べるような方法で緩和を行って得られる問題を，単に**緩和問題**と呼ぶ．緩和問題を解くことによって，求められた解が運よく元の問題の最適解であることが望まれる．問題によっては，このような幸運はしばしば起こることもある．

例えば原問題が最大化問題ならば，制約条件を緩めた緩和問題の最適値は，原問題の最適値以上の値となる．このことから，(最大化問題の) 緩和問題の最適

[4] $n=2$ のとき，それぞれの目的関数の等高線を書いてみよう．

値は，小さい方が原問題の最適値に近く，よいものである．

(1) 線形緩和

(混合)整数線形計画問題において，変数の整数制約を外してしまう緩和を特に**線形緩和**と呼ぶ．(混合)整数線形計画問題の線形緩和問題は線形計画問題であり，単体法や内点法といった方法で効率的に解くことができる．線形緩和は，後述する分枝限定法において用いる緩和問題として最も標準的な方法である．

ナップサック問題： 例えば次の最大化ナップサック問題

$$
\begin{aligned}
\mathrm{P}: \max.\quad & 9x_1+30x_2+21x_3+15x_4+23x_5+28x_6+7x_7 \\
\mathrm{s.t.}\quad & 1x_1+8x_2+6x_3+9x_4+15x_5+23x_6+10x_7 \leqq 34, \\
& x_1, x_2, x_3, x_4, x_5, x_6, x_7 \in \{1, 0\},
\end{aligned}
$$

について議論しよう．線形緩和問題は，次の線形計画問題

$$
\begin{aligned}
\max.\quad & 9x_1+30x_2+21x_3+15x_4+23x_5+28x_6+7x_7 \\
\mathrm{s.t.}\quad & 1x_1+8x_2+6x_3+9x_4+15x_5+23x_6+10x_7 \leqq 34, \\
& 1 \geqq x_1, x_2, x_3, x_4, x_5, x_6, x_7 \geqq 0,
\end{aligned}
$$

となる．上記の問題は特に連続ナップサック問題と呼ばれる．このように，0-1 整数計画では，単に整数制約を外すのではなく，各変数が 0 以上 1 以下であるという不等式制約に置き換えるのがよい．上記の連続ナップサック問題の最適解は $(1, 1, 1, 1, 2/3, 0, 0)$，最適値は 90.33… である．この最適解は，単位重さあたりの価値が最も高いものからナップサックに詰めるだけで求めることができる(詳細については，章末の補遺を参照されたい)．問題 P の最適値が整数であることは明らかなので，90.33 の切り下げである 90 が，最適値の上界として得られる．連続ナップサック問題の最適解において 0 と 1 の間の値をとっている $x_5=2/3$ を切り下げることで許容解 $(1, 1, 1, 1, 0, 0, 0)$ が得られ，対応する目的関数値は 75 となる．ゆえに最適値は 75 以上 90 以下であることがわかる．また許容解 $(1, 1, 1, 1, 0, 0, 0)$ は，$(75/90=0.833\cdots$ より) 最適値の 83%以上の目的関数値を達成していることがわかる．

例えば上記の問題と目的関数係数が少し異なる問題

$$
\begin{aligned}
\max.\quad & 9x_1+30x_2+21x_3+15x_4+23x_5+209x_6+91x_7 \\
\mathrm{s.t.}\quad & 1x_1+8x_2+6x_3+9x_4+15x_5+23x_6+10x_7 \leqq 34, \\
& x_1, x_2, x_3, x_4, x_5, x_6, x_7 \in \{1, 0\},
\end{aligned}
$$

ならば，線形緩和問題の最適解は $(1/34, 0, 0, 0, 0, 1, 1)$ であり，最適値は $(9/34)+209+91=300.26\cdots$ となり，(整数に切り下げることで) 最適値の上界として 300 が得られる．ここで x_1 を切り下げて許容解 $(0, 0, 0, 0, 0, 1, 1)$ が得られるが，この目的関数値は 300 である．最適値の上界が 300 であり，許容解 $(0, 0, 0, 0, 0, 1, 1)$ は目的関数値 300 を

達成していることからこれは最適解であることがわかる．

(2) ラグランジュ緩和

ラグランジュ緩和 (Lagrangean relaxation) は，罰金法とも呼ばれる方法である．この方法は，制約式を単純に取り除いてしまうのではなく，その代わりに制約式を破るような解にはペナルティ (罰金) がかかるように，目的関数に制約式を繰り込む方法である．

最初に，ラグランジュ緩和の一般形について，次のような最大化最適化問題

$$
\begin{aligned}
\mathrm{P}:\ \max.\quad & \boldsymbol{w}^{\top}\boldsymbol{x}=\sum_{j=1}^{n} w_j x_j \\
\mathrm{s.t.}\quad & A\boldsymbol{x}=\boldsymbol{a},\ B\boldsymbol{x}\leqq \boldsymbol{b},\ \boldsymbol{x}\in\Omega,
\end{aligned}
$$

を用いて説明する，ただし Ω は $\{0,1\}^n$ あるいは Z^n といった集合となっているとする[5]．例えば等式制約 $A\boldsymbol{x}=\boldsymbol{a}$ を取り除き，i 番目の制約を適当な数値 α_i 倍して目的関数に繰り込んだ問題

$$
\begin{aligned}
\mathrm{L}_1(\boldsymbol{\alpha}):\ \max.\quad & \boldsymbol{w}^{\top}\boldsymbol{x}+\sum_{i=1}^{k}\alpha_i(a_i-\boldsymbol{a}^{i\top}\boldsymbol{x})=(\boldsymbol{w}^{\top}-\boldsymbol{\alpha}^{\top}A)\boldsymbol{x}+\boldsymbol{\alpha}^{\top}\boldsymbol{a} \\
\mathrm{s.t.}\quad & B\boldsymbol{x}\leqq \boldsymbol{b},\ \boldsymbol{x}\in\Omega,
\end{aligned}
$$

はラグランジュ緩和問題と呼ばれる，ただし $\boldsymbol{a}^i$ は行列 A の第 i 行ベクトルであり，a_i はベクトル $\boldsymbol{a}$ の第 i 要素とする．この問題は，ベクトル $\boldsymbol{\alpha}=(\alpha_1,\ldots,\alpha_k)^{\top}$ を１つ固定すると問題が１つ定まるというものである．任意のベクトル $\boldsymbol{\alpha}$ と，問題 P の任意の許容解 $\bar{\boldsymbol{x}}$ に対し，$\alpha_i(a_i-\boldsymbol{a}^{i\top}\bar{\boldsymbol{x}})=0(\forall i)$ が成り立ち，問題 $\mathrm{L}_1(\boldsymbol{\alpha})$ の目的関数値と原問題 P の目的関数値は変わらない．ゆえに，任意のベクトル $\boldsymbol{\alpha}$ に対し，問題 $\mathrm{L}_1(\boldsymbol{\alpha})$ の最適値は原問題 P の最適値以上となっている．上記の問題において，$\boldsymbol{x}\in\Omega$ という制約を取り除いて得られる問題も単にラグランジュ緩和問題と呼ばれることが多い．この問題は線形計画問題となる．

問題 P の不等式制約を緩和することもできる．それには非負の数値 $\beta_j\geq 0$ を用いて $B\boldsymbol{x}\leqq\boldsymbol{b}$ の j 列目の不等式制約 $\boldsymbol{b}^{j\top}\boldsymbol{x}\leqq b_j$ を目的関数に繰り込んだ問題

$$
\begin{aligned}
\mathrm{L}_2(\boldsymbol{\beta}):\ \max.\quad & \boldsymbol{w}^{\top}\boldsymbol{x}+\sum_{j=1}^{l}\beta_j(b_j-\boldsymbol{b}^{j\top}\boldsymbol{x})=(\boldsymbol{w}^{\top}-\boldsymbol{\beta}^{\top}B)\boldsymbol{x}+\boldsymbol{\beta}^{\top}\boldsymbol{b} \\
\mathrm{s.t.}\quad & A\boldsymbol{x}=\boldsymbol{a},\ \boldsymbol{x}\in\Omega,
\end{aligned}
$$

を用いる．これもラグランジュ緩和問題と呼ばれる．この問題も，非負ベクトル

---

[5] Z は整数全体の集合を意味する記号である．

$\boldsymbol{\beta}=(\beta_1, \ldots, \beta_l)^\top$ を1つ固定すると問題が1つ定まる．任意の非負ベクトル $\boldsymbol{\beta}$ と，現問題Pの任意の許容解 $\bar{\boldsymbol{x}}$ において，$b_j-\boldsymbol{b}^{j\top}\bar{\boldsymbol{x}}\geqq 0$ と $\beta_j\geqq 0$ より，問題 $\mathrm{L}_2(\boldsymbol{\beta})$ の目的関数値は，$\bar{x}$ が問題Pの許容解ならば，その値は $\boldsymbol{w}^\top\bar{\boldsymbol{x}}$ 以上となる．ゆえに $\mathrm{L}_2(\boldsymbol{\beta})$ の最適値は，原問題Pの最適値以上となっている（この性質を保つために，β_j は非負でなければならない）．また目的関数の $\sum_{j=1}^{l}\beta_j(b_j-\boldsymbol{b}^{j\top}\boldsymbol{x})$ の項は，この不等式制約を破る解についてはペナルティとして目的関数値を下げる（悪くする）という形で目的関数に反映しているとみることもできる．このことから，罰金項と呼ばれることがある．上記の問題から $\boldsymbol{x}\in\Omega$ という制約を取り除いて得られる問題も単にラグランジュ緩和問題と呼ばれることが多い．この問題は不等式のない特殊な線形計画問題となり，簡単に解くことができる．

等式と不等式すべてを同時にラグランジュ緩和してしまった問題もつくることができる．**もちろん，いつもすべての制約式を緩和する必要はなく，いくつかの制約式を選んで，それのみを緩和することもできる．**

ラグランジュ緩和問題をつくる際に用いた係数 α_i, β_j を**ラグランジュ乗数**（Lagrange multiplier）と呼ぶ．ラグランジュ乗数の選び方によって，ラグランジュ緩和問題の性能は大きく変わる．たとえばラグランジュ乗数をすべて0としてしまえば，このラグランジュ緩和問題は単に制約を除いたものと同じになる．もしラグランジュ乗数の各要素（の絶対値）を非常に大きくしてしまうと，原問題の目的関数値の影響力が非常に小さくなり，緩和問題と原問題の最適解が一致するようなことは期待できなくなる．

以下の2つの性質は容易に示すことができる．

補題1　等式制約をラグランジュ緩和して得られるラグランジュ緩和問題 $L_1(\boldsymbol{\alpha})$（または　$L_1(\boldsymbol{\alpha})$ から制約 $\boldsymbol{x}\in\Omega$ を取り除いて得られる問題）の最適解が，原問題の許容解ならば，その解は原問題の最適解である．

上記の補題のような状況下では，原問題の最適解が得られることから，**ラグランジュ緩和において緩和する制約式としては，まず等式制約を選ぶ方がよい結果をもたらすことが多い．**

補題2　不等式制約をラグランジュ緩和して得られるラグランジュ緩和問題 $L_2(\boldsymbol{\beta})$（または $L_2(\boldsymbol{\beta})$ から制約 $\boldsymbol{x}\in\Omega$ を取り除いて得られる問題）の最適解 $\boldsymbol{x}^*$ が，原問題の許容解であり，$\beta_j(b_j-h_j(\boldsymbol{x}^*))=0\ (\forall j\in\{1, 2, \ldots, l\})$ が成り立つな

らば，解 $\boldsymbol{x}^*$ は原問題の最適解である．

(3) ラグランジュ乗数の選択

比較的よいラグランジュ乗数としてしばしば利用されるのは，線形緩和問題の双対最適解である．この方法の性能は以下の性質より裏づけられている．

補題 3　最適化問題 $\max\{\boldsymbol{w}^\top\boldsymbol{x}|A\boldsymbol{x}=\boldsymbol{a}, B\boldsymbol{x}\leqq\boldsymbol{b}, \boldsymbol{x}\in\Omega\}$ が与えられたとする．線形緩和問題 $\max\{\boldsymbol{w}^\top\boldsymbol{x}|A\boldsymbol{x}=\boldsymbol{a}, B\boldsymbol{x}\leqq\boldsymbol{b}\}$ の双対問題 $\min\{\boldsymbol{p}^\top\boldsymbol{a}+\boldsymbol{q}^\top\boldsymbol{b}|\boldsymbol{p}^\top A+\boldsymbol{q}^\top B=c^\top, \boldsymbol{q}\geq\boldsymbol{0}\}$ の最適解 (の 1 つ) を $(\bar{\boldsymbol{p}}, \bar{\boldsymbol{q}})$ とする．線形緩和問題の最適値を z_{LP}，原問題の最適値を z_{IP}，$(\bar{\boldsymbol{p}}, \bar{\boldsymbol{q}})$ を用いたラグランジュ緩和問題

$$\max_x\{\boldsymbol{w}^\top\boldsymbol{x}+\bar{\boldsymbol{p}}^\top(\boldsymbol{a}-A\boldsymbol{x})+\bar{\boldsymbol{q}}^\top(\boldsymbol{b}-B\boldsymbol{x})|\boldsymbol{x}\in\Omega\}$$

の最適値を z_{L} とすると，$z_{\mathrm{LP}}\geqq z_{\mathrm{L}}\geqq z_{\mathrm{IP}}$ が成り立つ．

証明：　強双対定理より，$z_{\mathrm{LP}}=\bar{\boldsymbol{p}}^\top\boldsymbol{a}+\bar{\boldsymbol{q}}^\top\boldsymbol{b}$ である．また任意のベクトル $\boldsymbol{x}\in\mathrm{R}^n$ に対し $(\boldsymbol{c}^\top-\bar{\boldsymbol{p}}^\top A-\bar{\boldsymbol{q}}^\top B)\boldsymbol{x}=0$ が成り立つ．ゆえに，

$$\begin{aligned} z_{\mathrm{LP}}=\bar{\boldsymbol{p}}^\top\boldsymbol{a}+\bar{\boldsymbol{q}}^\top\boldsymbol{b}&=\max\{\bar{\boldsymbol{p}}^\top\boldsymbol{a}+\bar{\boldsymbol{q}}^\top\boldsymbol{b}+(\boldsymbol{c}^\top-\bar{\boldsymbol{p}}^\top A-\bar{\boldsymbol{q}}^\top B)\boldsymbol{x}|\boldsymbol{x}\in\mathrm{R}^n\}\\ &=\max\{\boldsymbol{c}^\top\boldsymbol{x}+\bar{\boldsymbol{p}}^\top(\boldsymbol{a}-A\boldsymbol{x})+\bar{\boldsymbol{q}}^\top(\boldsymbol{b}-B\boldsymbol{x})|\boldsymbol{x}\in\mathrm{R}^n\}\\ &\geqq\max\{\boldsymbol{c}^\top\boldsymbol{x}+\bar{\boldsymbol{p}}^\top(\boldsymbol{a}-A\boldsymbol{x})+\bar{\boldsymbol{q}}^\top(\boldsymbol{b}-B\boldsymbol{x})|\boldsymbol{x}\in\Omega\}=z_{\mathrm{L}}\geqq z_{\mathrm{IP}} \end{aligned}$$

が成り立つ．■

上記の証明より，線形緩和問題の双対最適解を用いたラグランジュ緩和を解くことにより，線形緩和よりよい (小さい) 上界を求められる可能性がある．ラグランジュ乗数として，線形緩和問題の双対問題の最適解を用いなくとも，ある程度よい双対許容解ならば十分であることも多い．

一般化割当問題：　下記のような問題

$$\begin{aligned} \text{GAP : max.}\quad & 5x_{11}+5x_{12}+6x_{13}+8x_{14}\\ & +7x_{21}+8x_{22}+9x_{23}+9x_{24}\\ & +12x_{31}+14x_{32}+15x_{33}+18x_{34}\\ \text{s. t.}\quad & 3x_{11}+7x_{12}+8x_{13}+9x_{14}\leqq 16,\\ & 4x_{21}+6x_{22}+7x_{23}+8x_{24}\leqq 15,\\ & 5x_{31}+8x_{32}+9x_{33}+9x_{34}\leqq 20,\\ & x_{11}+x_{21}+x_{31}\leqq 1,\ x_{12}+x_{22}+x_{32}\leqq 1,\\ & x_{13}+x_{23}+x_{33}\leqq 1,\ x_{14}+x_{24}+x_{34}\leqq 1,\\ & x_{11}, x_{12}, x_{13}, x_{14}, x_{21}, x_{22}, x_{23}, x_{24}, x_{31}, x_{32}, x_{33}, x_{34}\in\{0, 1\}, \end{aligned}$$

について，ラグランジュ緩和を使ってみよう(上記の問題は一般化割当問題と呼ばれる．この問題は，現実においてどのような場面で出てくるか？ 自分の言葉でストーリーをつくってみてほしい)．線形緩和問題

$$
\begin{aligned}
\overline{\text{GAP}}:\ \text{max.}\quad & 5x_{11}+5x_{12}+6x_{13}+8x_{14} \\
& +7x_{21}+8x_{22}+9x_{23}+9x_{24} \\
& +12x_{31}+14x_{32}+15x_{33}+18x_{34} \\
\text{s.t.}\quad & 3x_{11}+7x_{12}+8x_{13}+9x_{14}\leqq 16, & (1)\\
& 4x_{21}+6x_{22}+7x_{23}+8x_{24}\leqq 15, & (2)\\
& 5x_{31}+8x_{32}+9x_{33}+9x_{34}\leqq 20, & (3)\\
& x_{11}+x_{21}+x_{31}\leqq 1, & (4)\\
& x_{12}+x_{22}+x_{32}\leqq 1, & (5)\\
& x_{13}+x_{23}+x_{33}\leqq 1, & (6)\\
& x_{14}+x_{24}+x_{34}\leqq 1, & (7)\\
& x_{11}, x_{12}, x_{13}, x_{14}, x_{21}, x_{22}, x_{23}, x_{24}, x_{31}, x_{32}, x_{33}, x_{34}\geqq 0,
\end{aligned}
$$

の最適解は，$x=(x_{11}, x_{12}, x_{13}, x_{14}\,;\, x_{21}, x_{22}, x_{23}, x_{24}\,;\, x_{31}, x_{32}, x_{33}, x_{34})$ とすると，$x=(0, 0, 0, 0\,;\, 0, 1/4, 1, 0\,;\, 1, 3/4, 0, 1)$ であり，線形緩和問題の最適値は 51.5 となる．目的関数の係数がすべて整数より，最適値の上界として 51 が得られる．

線形緩和問題の双対問題をつくった際，制約式(1)～(7)に対応する双対変数をそれぞれ $u_1, u_2, u_3, v_1, v_2, v_3, v_4$ とすると，双対問題の最適解は $(u_1, u_2, u_3\,;\, v_1, v_2, v_3, v_4)=(0, 0, 0.25\,;\, 8.25, 8, 9, 11.25)$ となる[6]．ここで双対問題の最適解 $(v_1, v_2, v_3, v_4)=(8.25, 8, 9, 11.25)$ を用いて制約式(4)～(7)をラグランジュ緩和すると，次のラグランジュ緩和問題

$$
\begin{aligned}
\text{L}:\ \text{max.}\quad & -3.25x_{11}-3x_{12}-3x_{13}-3.25x_{14} \\
& -1.25x_{21}+0x_{22}+0x_{23}-2.25x_{24} \\
& +3.75x_{31}+6x_{32}+6x_{33}+6.75x_{34}+36.5 \\
\text{s.t.}\quad & 3x_{11}+7y_{12}+8x_{13}+9x_{14}\leqq 16, \\
& 4x_{21}+6x_{22}+7x_{23}+8x_{24}\leqq 15, \\
& 5x_{31}+8x_{32}+9x_{33}+9x_{34}\leqq 20, \\
& x_{11}, x_{12}, x_{13}, x_{14}, x_{21}, x_{22}, x_{23}, x_{24}, x_{31}, x_{32}, x_{33}, x_{34}\in\{0, 1\},
\end{aligned}
$$

が得られる．上記の問題で，目的関数係数が非正の変数は，最適解では明らかに値が 0 としてよいことから，上記の問題は以下の問題

$$
\begin{aligned}
\text{max.}\quad & 3.75x_{31}+6x_{32}+6x_{33}+6.75x_{34}+36.5 \\
\text{s.t.}\quad & 5x_{31}+8x_{32}+9x_{33}+9x_{34}\leqq 20, \\
& x_{31}, x_{32}, x_{33}, x_{34}\in\{0, 1\},
\end{aligned}
$$

---

[6] あなたがこの項をゼミで発表するならば，「双対問題を書きなさい」ときっと言われるので，双対問題を書けるように準備をしておいたほうがよい．

に帰着される．この問題は変数が 4 個のナップサック問題であり，しらみ潰しに調べることで，最適解 $(x_{31}, x_{32}, x_{33}, x_{34})=(0, 1, 0, 1)$ と最適値 $12.75+36.5=49.25$ を容易に得ることができる．すなわち，ラグランジュ緩和問題の最適値は 49.25 となり，これを切り下げて，元の問題 (GAP) の最適値の上界として 49 を得ることができる．ちなみに元の問題 (GAP) の最適解は $\boldsymbol{x}=(0, 0, 0, 0\,;\,1, 0, 1, 0\,;\,0, 1, 0, 1)$ であり，最適値は 48 である．

上記のように，ラグランジュ緩和をする際も，すべての制約を緩和せず巧妙にこれを選ぶことでより低い上界を得ることができる．

(4) ラグランジュ双対問題

上記の問題 $\mathrm{L}_2(\boldsymbol{\beta})$ の最適値が原問題の最適値にできるだけ近くなるようなラグランジュ乗数を求める問題は

$$\begin{aligned}&\text{min.} \quad f(\boldsymbol{\beta})=\max_x\{(\boldsymbol{w}^\top-\boldsymbol{\beta}^\top B)\boldsymbol{x}+\boldsymbol{\beta}^\top\boldsymbol{b} \mid A\boldsymbol{x}=\boldsymbol{a},\ \boldsymbol{x}\in\Omega\}\\&\text{s. t.} \quad \boldsymbol{\beta}\geqq\boldsymbol{0},\end{aligned}$$

という最適化問題となる．このように，最適なラグランジュ乗数を求める問題を，**ラグランジュ双対問題** (Lagrange dual problem) と呼ぶ．ラグランジュ双対問題は，最小化問題の中に最大化問題が入れ子になっている (またはその逆の構造になっている) ため，最適解を求めるのは一般に困難である．よいラグランジュ乗数を求めるには劣勾配法を用いることが多い．劣勾配法は重要かつ実用的なテクニックであるので，専門書を是非参考にされたい．

8.4 分 枝 限 定 法

分枝限定法は，組合せ最適化問題を厳密に解く，最も基本的でかつ適応範囲の広い方法である．本節では，基本的な分枝限定法の紹介を行う．分枝限定法は，緩和問題を何度も解くことで，原問題を解く方法である．解法は，分枝操作と限定操作の 2 つからなっている．以下では次のナップサック問題

$$\mathrm{P}_0 : \max\left\{z=3x_1+4x_2+x_3+2x_4 \,\middle|\, \begin{array}{l}2x_1+3x_2+x_3+3x_4\leqq 4,\\ x_1, x_2, x_3, x_4\in\{0, 1\}\end{array}\right\}.$$

を用いて順次説明を行う．

(1) 分 枝 操 作

分枝操作は，問題をより小さな問題に分ける操作であるが，要するに場合分けであると考えてよい．問題 P_0 において，各変数が 0 か 1 かで場合分けをすると，以下のような木構造で表すことができる．この木を分枝木と呼ぶ．○で表されているものを節点と呼ぶ．各節点はいくつかの変数の値を固定した問題に対応している．

max. $3x_1+4x_2+x_3+2x_4$
s.t. $2x_1+3x_2+x_3+3x_4 \leqq 4$,
 $x_1, x_2, x_3, x_4 \in \{1, 0\}$.

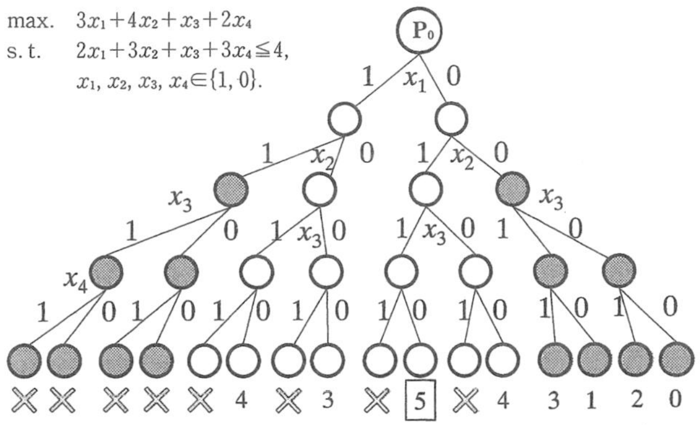

図 8.6 分枝木

この分枝木の最下部の節点は $2^4 = 16$ 個あり，すべての変数が 0 または 1 に固定された状況を表している．16 通りすべてについて「それが許容解であるか」「許容解ならば目的関数値はいくつか」を調べ，目的関数値が最大の許容解を見つければ，P_0 の最適解を見つけることができる．

この木構造をつくる際，最上部の節点から始めて，各節点の直下の節点を常に左から生成するようなプログラムをつくるとしよう．このようなプログラムは，再帰呼び出しを用いて容易につくることができるが，詳細についてはここでは避ける．このプログラムでは，最初に許容解として $x^T = (1, 0, 1, 0)$ という解を見つけ，その目的関数値は 4 である．この解を最適解の候補として暫定的に保持し，さらに分枝木の生成を続けると，3 つめの許容解として目的関数値が 5 というさらによい解 $x^T = (0, 1, 1, 0)$ を見つけることができる．そこで，暫定的に保持していた解 $(1, 0, 1, 0)$ をよりよい解 $(0, 1, 1, 0)$ で更新する（図 8.7）．

最終的に木全体を生成すると，目的関数値 5 という解が最適解であったことが

max. $3x_1+4x_2+x_3+2x_4$
s.t. $2x_1+3x_2+x_3+3x_4 \leqq 4$,
$x_1, x_2, x_3, x_4 \in \{1, 0\}$.

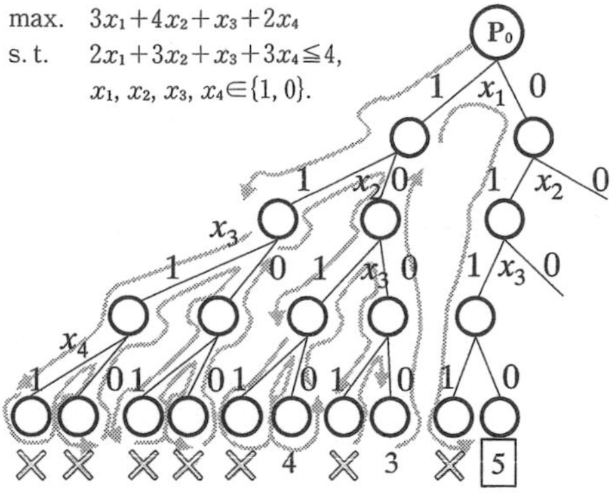

図 8.7　目的関数値が 5 の解の発見

わかる．分枝操作は，単なる場合分けであるので，非常に時間がかかる．この時間を短縮するために，分枝操作を省く工夫が次の限定操作である．

(2) 限定操作

上記の分枝木において，実は左最下段の節点 4 つは生成する必要がない（図 8.6）．それは，左下の部分には 1 つも許容解が存在しないからである．しかも重要なことは，左下に許容解がないことが，$x_1=1$, $x_2=1$ とした時点で判断できる点である．なぜならば，荷物 1 と 2 をナップサックに詰めた時点で総重量は 5 となり，ナップサックの重量制限 4 を越えているからである．そのため，左下の部分は生成せずに，木をたどることが許される．このように木の生成を省くことを限定操作と呼ぶ．この後，目的関数値が 4, 3, 5, ... となる解を順次発見することができるが，実は右最下段 4 つの節点もたどる必要がない（図 8.6）．分枝木をたどることによって，われわれは目的関数値が 5 である許容解 $x^{\top}=(0, 1, 1, 0)$ を見つけることができたが，右下には 5 よりよい目的関数値をもつ解は存在しない．しかも重要なのは，$x_1=0$, $x_2=0$ とした時点でそれが判断できることである．なぜならば，残りの (3, 4 番目の) 荷物をすべてナップサックに詰めたとしても，目的関数値は高々 $1+2=3$ にしかならず，現在われわれが知っている目的関数値 5 の解よりよくはならない．そのため右下の部分は生成せず（限定操作を行って）木をたどることが許される．

結果として，分枝木をすべて生成せずに探索を終え，最適解を得ることができ

max. $3x_1+4x_2+x_3+2x_4$
s.t. $2x_1+3x_2+x_3+3x_4 \leqq 4$,
　　　$x_1, x_2, x_3, x_4 \in \{1, 0\}$.

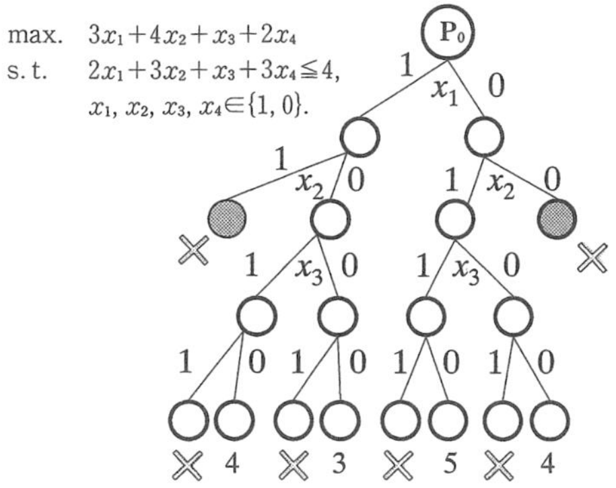

図 8.8 探索が省かれた分枝木

る(図 8.8).

上記が限定操作の基本的な考え方であるが,緩和問題を用いることで,さらに分枝木の探索(生成)を省くことができる.それには各節点で緩和問題を解き,最適解が運良く求まることを期待することである.緩和問題を解くことによって,このような幸運が起きて分枝木の生成を省くことができる場合がある.以上をまとめると,ある節点 v で限定操作を行うことができるのは,次のような状況である.以下では,節点 v に対応する問題を P_v とする.① 問題 P_v が実行不能である,② 問題 P_v の最適値の上界が,暫定解(原問題の許容解で,その時点までにわかった最もよい解)の目的関数値より悪い(小さい),③ 問題 P_v の緩和問題の最適解が原問題の許容解である.

上記 ② を効果的に実行するためのさらなるアイデアがある.先の図 8.8 の例の説明では,最適値の上界として,まだ値の固定されていない変数をすべて 1 としたものを用いたが,もっと性能のよい上界がある.それは問題 P_v の緩和問題の最適値である.すなわち,節点 v において問題 P_v の緩和問題を解いた際,その最適値が暫定解の目的関数値より小さければ(悪ければ),分枝木の生成を省くことができる.

a. ナップサック問題

上記の考え方を用いて,先ほどのナップサック問題に再び挑戦しよう.最初に,暫定解として $(z; x_1, x_2, x_3, x_4) = (0; 0, 0, 0, 0)$ を保持しておく.P_0 の線形緩和問題の最適解は $(z; x_1, x_2, x_3, x_4) = (17/3; 1, 2/3, 0, 0)$ である.最適値も整数値となることから,上界値として17/3を切り下げた5が得られる．

P_0　変数 x_2 が2/3となっていることに注目して，0または1で場合分けを行って得られる2つの節点 (P_1, P_4) を生成する (図8.9).

P_1　$x_2=0$ としたときの問題は，以下のようになる．

$$P_1: \max\{z=3x_1+x_3+2x_4 | 2x_1+x_3+3x_4 \leqq 4,\ x_1, x_3, x_4 \in \{0,1\},\ x_2=0\}$$

線形緩和問題の最適解は $(z\,;\,x_1, x_2, x_3, x_4)=(14/3\,;\,1, 0, 1, 1/3)$ である．上界値は，14/3を切り下げて4が得られる．変数 x_4 が1/3となっていることに注目して，$x_2=0$ の下で変数 x_4 が0または1で場合分けを行う．

P_2　$x_2=0, x_4=0$ のときの問題は，以下のようになる．

$$P_2: \max\{z=3x_1+x_3 | 2x_1+x_3 \leqq 4,\ x_1, x_3 \in \{0,1\},\ x_2=x_4=0\}$$

線形緩和問題の最適解は $(z\,;\,x_1, x_2, x_3, x_4)=(4\,;\,1, 0, 1, 0)$. 線形緩和問題の最適解が，整数解になっている．ゆえに問題 P_2 はさらに分枝操作を行う必要がない．現在の暫定解よりよい解が見つかったので，暫定解を $(z\,;\,x_1, x_2, x_3, x_4)=(4\,;\,1, 0, 1, 0)$ に更新する．

P_3　$x_2=0$ の下で変数 x_4 が0または1の場合分けを続ける．$x_2=0$, $x_4=1$ のときの問題は，以下のようになる．

$$P_3: \max\{z=3x_1+x_3+2 | 2x_1+x_3 \leqq 1,\ x_1, x_3 \in \{0,1\},\ x_2=0,\ x_4=1\}$$

線形緩和問題の最適解は $(z\,;\,x_1, x_2, x_3, x_4)=(7/2\,;\,1/2, 0, 0, 1)$ である．上界値は7/2を切り下げた3が得られる．現在までに見つかった解 $(z\,;\,x_1, x_2, x_3, x_4)=(4\,;\,1, 0, 1, 0)$ より上界値が低い．ゆえに問題 P_3 はこれ以上分枝操作を行う必要がない．

P_4　変数 x_2 が0または1の場合分けを続ける．$x_2=1$ としたときの問題は，

$$P_4: \max\{z=3x_1+x_3+2x_4+4 | 2x_1+x_3+3x_4 \leqq 1,\ x_1, x_2, x_4 \in \{0,1\},\ x_2=1\},$$

となる．線形緩和問題の最適解は $(z\,;\,x_1, x_2, x_3, x_4)=(11/2\,;\,1/2, 1, 0, 0)$ であり，上界値として11/2を切り下げた値5が得られる．$x_2=1$ の上で，変数 x_1 が0または1で場合分けを行う．

P_5　$x_2=1$, $x_1=0$ のときの問題は，以下のようになる，

$$P_5: \max\{z=x_3+2x_4+4 | x_3+3x_4 \leqq 1,\ x_3, x_4 \in \{0,1\},\ x_2=1,\ x_1=0\}.$$

線形緩和問題の最適解は $(z\,;\,x_1, x_2, x_3, x_4)=(5\,;\,0, 1, 1, 0)$ である．線形緩和問題の最適解が整数解となった．ゆえに問題 P_5 は，これ以上分枝する必要がない．さらに，現在までに求まった最もよい解 (暫定解) に比べ，よりよい解 $(z\,;\,x_1, x_2, x_3, x_4)=(5\,;\,0, 1, 1, 0)$ が求まった．ゆえに，暫定解を新たに求められた解 $(z\,;\,x_1, x_2, x_3, x_4)=(5\,;\,0, 1, 1, 0)$ に更新する．

P_6　$x_2=1$,　$x_1=1$ のときの問題は

$$P_6: \max\{z=x_3+2x_4+7 | x_3+3x_4 \leqq -1,\ x_3, x_4 \in \{0,1\},\ x_2=x_1=1\}.$$

となる．実はこの問題は，線形緩和問題の解が存在しない (実行不能) であることが簡

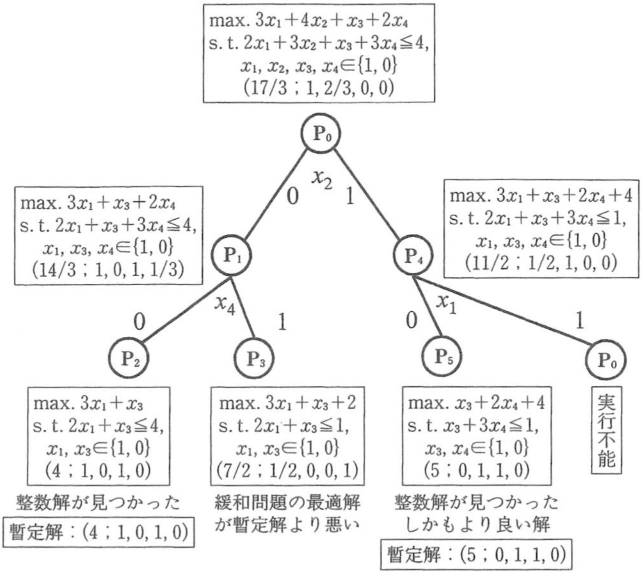

図 8.9 分枝操作

単にわかる．ゆえに問題 P_6 はこれ以上分枝操作を行う必要はない．現在の暫定解 $(z ; x_1, x_2, x_3, x_4)=(5 ; 0, 1, 1, 0)$ が最適解として得られる (図 8.9)[7]．

分枝限定法の基本的な枠組みは次のように記述できる．ただし，以下では最大化問題について説明している．下界値 (かかいち) とは最適値以下であることがわかっている値である．最大化問題においては，発見的解法などで下界値が得られる．上界値は，最適値以上であることがわかっている値である．最大化問題においては，緩和問題を解いて得ることができる．以下では原問題を P_0 とする．分枝木の各節点に対応する問題を子問題と呼ぶ．

Step 1　適当な方法で初期実行可能解を求め，それを暫定解 $\boldsymbol{x}$ とする．暫定解 $\boldsymbol{x}$ の目的関数値を z とする．問題の集合 $\mathcal{N}:=\{P_0\}$ とする (P_0 は原問題である)．

Step 2　$\mathcal{N}=\emptyset$ ならば，暫定解 $\boldsymbol{x}$ を最適解として出力し終了．
そうでなければ，$\mathcal{N}$ から適当な子問題を選びそれを P' とし，$\mathcal{N}$ から P' を取り除く．

---

[7] もしあなたが，この節をゼミで発表しなければならないのなら，是非上記とは違う数値例で分枝限定法を動かしたものを自分でつくって説明をしよう．上記の問題例の重みとナップサックの重量制限をすべて 10 倍程度して，1 桁目に 0 から 9 の適当な数値を入れた例を使ってみるとよい．

Step 3　P′の緩和問題を解き，緩和問題の最適解を $\bar{\boldsymbol{x}}'$，得られたP′の上界値を $\bar{z}'$ とする．緩和問題が許容解をもたないならばStep 2へ戻る．

Step 4　$\bar{\boldsymbol{x}}'$ が原問題 P_0 の実行可能解かつ $\bar{z}'>z$ の場合．

(原問題 P_0 の，よりよい許容解が得られたので) $\boldsymbol{x}:=\bar{\boldsymbol{x}}'$, $z:=\bar{z}'$ と更新する．Step　2へ戻る．

Step 5　$\bar{z}'\leq z$ の場合．

(子問題P′の最適解は $\boldsymbol{x}$ より目的関数値が大きくないので，) Step 2へ戻る．

Step 6　($\bar{\boldsymbol{x}}'$ が原問題 P_0 の実行可能解でない，かつ $\bar{z}'>z$ の場合.)

P′のどれかの変数を選び，変数の値を場合分けして子問題(複数)を生成し，それらをすべて $\mathcal{N}$ に加え，Step　2へ戻る．

分枝限定法は基本的に列挙法であり，最悪の場合はすべての許容解を列挙してしまうこともありうる．しかし現実には，性能のよい緩和問題を用いることにより，極めて効果的に働き，ほんのわずかな回数だけ緩和問題を解くことにより，大規模な問題の最適解を得ることに成功している．無駄な列挙を削除するには，より性能のよい緩和問題をつくることが必要不可欠である．その他にも，分枝限定法の効率化には，子問題の選択法や子問題の分割法などを工夫する必要がある．

補　　遺

連続ナップサック問題

例として，下記のような連続ナップサック問題

$$\begin{aligned} \text{CKP}: \max.\quad & 9x_1+30x_2+21x_3+15x_4+23x_5+28x_6+7x_7 \\ \text{s.t.}\quad & 1x_1+8x_2+6x_3+9x_4+15x_5+23x_6+10x_7\leqq 34, \\ & 1\geqq x_1, x_2, x_3, x_4, x_5, x_6, x_7\geqq 0. \end{aligned}$$

の最適解について議論する．上記の問題を解釈しよう．液体あるいは粉のような商品が7種類あり，それぞれの総価値と，手元にある総重量が表8.4のようになっている．

表8.4　単位あたりの価値と総重量

商品	1	2	3	4	5	6	7
総価値	9	30	21	15	23	28	7
総重量	1	8	6	9	15	23	10
単位重量あたりの価値	9	3.75	3.5	1.66	1.53	1.22	0.7

またナップサックの重量制限が34である．このとき単位重さあたりの価値が最も高いものから順に，ナップサックにできる限り詰め込むのが最適となるだろうことは直感的に理解できるだろう．このような詰め方をすると，(1, 1, 1, 1, 2/3, 0, 0) という許容解が得られ，目的関数値は 90.33…となる．

上記の許容解が最適であると直感的にわかっても，その証明は決して自明ではない．ここでラグランジュ緩和の考え方を使おう．2/3 入れたところでナップサックが一杯になった商品5について着目し，商品5の単位重さあたりの価値 23/15 を使って，不等式制約を目的関数に入れ込んだ(ラグランジュ緩和)問題は

$$\begin{aligned}\text{LCKP}: \max.\ & 9x_1+30x_2+21x_3+15x_4+23x_5+28x_6+7x_7\\ & +(23/15)(34-(1x_1+8x_2+6x_3+9x_4+15x_5+23x_6+10x_7))\\ & =(1/15)(782+112x_1+266x_2+177x_3+18x_4+0x_5-108x_6-125x_7)\\ \text{s.t.}\ \ & 1\geqq x_1, x_2, x_3, x_4, x_5, x_6, x_7\geqq 0.\end{aligned}$$

となる．この問題は，目的関数の係数が正のものは1に，その他のものは0にした (1, 1, 1, 1, 0, 0, 0) が最適解となることはすぐわかるだろう．またこの問題 (LCKP) は，もとの連続ナップサック問題 (CKP) と比べ，制約が罰金項として入っているラグランジュ緩和問題となっており，LCKP の最適値は CKP の最適値以上である．また LCKP の最適値は $(1/15)(782+112+266+177+18)=1355/15=90.33\cdots$ である．以上より，CKP の最適値の上界として 90.33…が得られる．ゆえに，(1, 1, 1, 1, 2/3, 0, 0) は CKP の許容解であり，最適値の上界 90.33… を達成することから，問題 CKP の最適解であることがわかる．

実際は，この数値例だけでなく，一般の価値と重みの場合で証明が可能であるが，これについては読者自ら試みられたい．

【演習問題】

8.1 現実的な設定の問題が，ナップサック問題として定式化される例を考え出せ．

8.2 8.1節の問題 KP′ において，新たに変数 $x_i=1-y_i$ を導入して，KP′ を KP の形式の問題に変形せよ．

8.3 ナップサック問題 KP において，以下のような変数 x_i があったときどうすればよいか．(1) $v_i<0,\ w_i\geqq 0$, (2) $v_i\geqq 0,\ w_i<0$, (3) $v_i<0,\ w_i<0$.

8.4 1辺5 mm 程度の小さな正方形の計算機があったとする．これで地球の表面を覆い，これらを同時に動かす巨大な並列計算機が存在すると仮想的に考えよう．各計算機

の速度が 1000 MIPS だったとき，上記の巨大な並列計算機で 2^{59}, 50! 回の命令を実行するのにそれぞれどのくらいの時間がかかるか．ただし地球の直径は 12000 km とする．

8.5　x_1, x_2, x_3 は 0-1 変数とし，$x_3 = x_1x_2$ を満たすとする．このとき，$x_3 = x_1x_2$ を満たす 4 点 (0, 0, 0), (0, 1, 0), (1, 0, 0), (1, 1, 1) を頂点とする 4 面体の 4 枚の面に対応する不等式を書け．

8.6　線形緩和の項で説明に用いられた 7 変数のナップサック問題を解け．

8.7　一般化割当問題 (GAP) に定式化されるような，現実的な問題を考えよ．また，線形緩和問題 $\overline{\text{GAP}}$ の双対問題を書け．

8.8　分枝限定法の項で説明に用いられた 4 変数のナップサック問題において，重さとナップサックの積載重量制限を 10 倍し，1 の位に 0～9 の間の値を入れた問題について，分枝限定法を実行せよ．

8.9　連続ナップサック問題の解法を記述し，その正当性を証明せよ．

【参考文献】

[1] 茨木俊秀：組合せ最適化—分枝限定法を中心として—，産業図書，1983.

[2] 伊理正夫，今野　浩，刀根　薫監訳：最適化ハンドブック，朝倉書店，1995.

[3] 今野　浩：整数計画法，産業図書，1981.

[4] 今野　浩，鈴木久敏編：整数計画法と組合せ最適化，日科技連出版社，1982.

[5] 山本芳嗣，久保幹雄：巡回セールスマン問題への招待，朝倉書店，1997.

[6] 久保幹雄，田村明久，松井知己編：応用数理計画ハンドブック，朝倉書店，2002.

9 動的計画モデル

現実の多くの問題には，逐次的な決定を行うものがある．例えばある製品について，この先１か月間の毎日の需要がわかっているとき，各日の生産量を時間軸に沿って逐次的に決定し，１か月間の総在庫費用を最小にする，といった問題などがある．このような問題においては，各日の最適生産量を決定するには，翌日だけではなくその先の需要全体を勘案する必要があることは明らかだろう．このような問題に対しては，**動的計画法 (Dynamic Programming, DP)** と呼ばれる手法が有効である．以下では具体的な例をあげて，動的計画法について説明しよう．

9.1 切符購入問題

動的計画法が有効となる例として，切符の購入問題とその解法を紹介しよう．

例 1 —— 切符購入問題

表 9.1 は，2002 年 11 月の東海道新幹線自由席特急券回数券の値段である．

表 9.1 東海道新幹線自由席特急券回数券 (2002 年 11 月)

駅名	掛川						
静岡	9420	静岡					
新富士	16020	7500	新富士				
三島	23940	10680	7500	三島			
熱海	25140	14940	10620	6240	熱海		
小田原	27060	17220	13920	10080	6840	小田原	
新横浜	37740	27060	23940	17220	14940	10680	新横浜

上記の回数券を組み合わせて切符を買う際，最も安い買い方はどうなるか？ 例えば三島-掛川間を購入する際，直行で回数券を購入すると 23940 円だが，途中の

静岡で分割して購入すると 10680＋9420＝20100 円となり，少し安くなる．では新横浜-掛川間を購入する際，最も安い買い方はどのような方法だろうか[1]？ 三島-掛川間は，1 か所で分割するのが最も安かったが，新横浜-掛川間はもしかすると 2 か所以上で分割するとさらに安くなるかもしれない．このように最も安い切符の買い方を求めるのが，ここで扱う切符購入問題である．

以下では，新横浜，小田原，熱海，...，掛川の駅にそれぞれ $0, 1, 2, \ldots, 6$ と番号をつけよう (図 9.1)．では新横浜で最初にどこまでの切符を買えばよいのだろう．安く済ませたいからといって，最も安い隣の駅である小田原までの切符をまず買うのが得策であるとは，もちろん限らない．その後の費用を勘案して決定を下す必要があるのは明らかだろう．

動的計画法の最初のポイントは，意思決定の順番を実際とは逆順に行うと捉えることである．すなわち新横浜で最初にどこまでの切符を買うのか決定するのではなく，最後に掛川に到着する直前は，どこの駅で降りるべきだったかを最初に決定しよう．仮にその正解は，第 i 駅で降りることだったとしよう．次に第 i 駅に到着する直前は，どこの駅で降りるべきであったかを決定しよう．以下，順次掛川から時間をさかのぼって決定を下していくとする[2]．例えば第 i 駅で下車したとして，その直前に下車する駅は以下のように考えることができる．新横浜から第 i 駅までの最も安い買い方で回数券を購入した際の値段を p_i としよう．すると，p_i の値は以下のように考えることができる．最も安い買い方で (新横浜から i 駅までをいくつかに分割して) 購入するとしたとき，i 駅の直前の下車する駅を j 駅とすると，新横浜から j 駅までは最も安い買い方をしているはずであり，その値段は p_j と書ける．すなわち

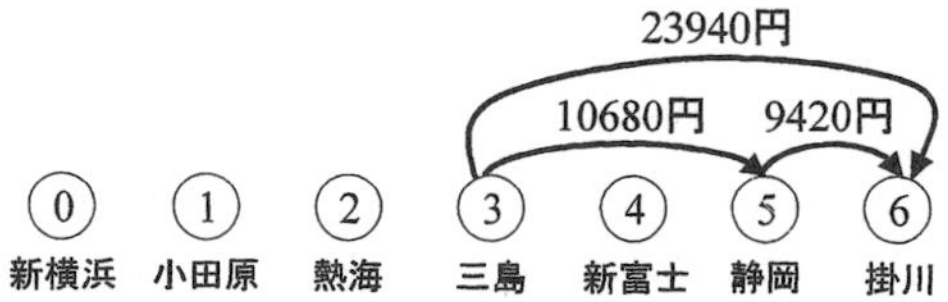

図 9.1 切符購入問題

[1] 東京でなく新横浜にしているのは，東京ではおもしろい解が出なかったからである．

[2] 本章冒頭で出した，この先 1 か月の各日の生産量を決定する問題ならば，1 か月後の最後の日から順に日付をさかのぼって決定することに対応する．

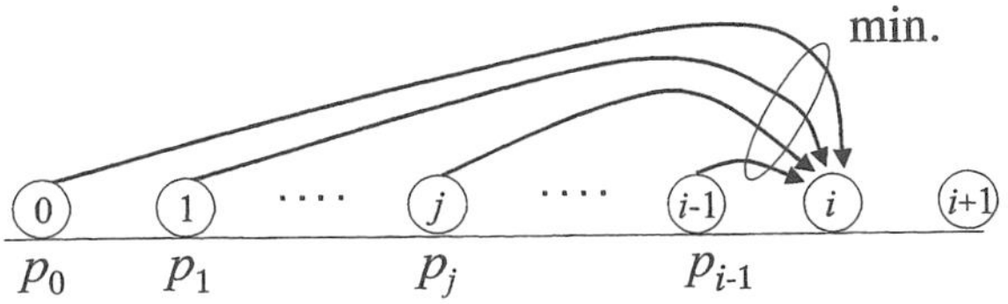

図 9.2 切符購入問題の再帰式

$$p_i=\begin{cases}0 & (i=0),\\ \min\limits_{j\in\{0,1,\ldots,i-1\}}(p_j+c_{ji}) & (i>0),\end{cases}$$

という再帰的な関係式が成り立つ，ただし c_{ji} は j 駅から i 駅までの回数券代である (図 9.2)．あとはこの再帰式を解けば解は得られる．このとき，上記で時間をさかのぼる順で p_i の値を特徴づけたおかげで，実際の p_i の決定は時間順に，すなわち新横浜から順に決定することができる．

実際に新幹線回数券の例を用いると

新横浜：$p_0=0$,

小田原：$p_1=\min\{0+10680\}=10680$,

熱海：$p_2=\min\{0+14940, 10680+6840\}=\min\{14940, 17520\}=14940$,

三島：$p_3=\min\{0+17220, 10680+10080, 14940+6240\}$
$=\min\{17220, 20760, 21180\}=17220$,

新富士：$p_4=\min\{0+23940, 10680+13920, 14940+10620, 17220+7500\}$
$=\min\{23940, 24600, 25560, 24720\}=23940$,

静岡：$p_5=\min\{0+27060, 10680+17220, 14940+14940, 17220+10680,$
$23940+7500\}=\min\{27060, 27900, 29880, 27900, 31440\}=27060$,

掛川：$p_6=\min\{0+37740, 10680+27060, 14940+25140, 17220+23940,$
$23940+16020, 27060+9420\}$
$=\min\{37740, 37740, 40080, 41160, 39960, 36480\}=36480$,

となる．ゆえに，新横浜-掛川間の最も安い買い方による値段は 36480 円となり，新横浜-掛川間を直行で購入する 37740 円より安い．ではどのように購入すればよいのだろう？ それは，各 p_i を求める際に $\min\{\cdot\}$ を達成しているものを，実際の時間と逆順に設定した決定の順に，すなわち掛川からたどればよい．掛川 $p_6=36480$ の値を与えているのは $27060+9420=p_5+c_{56}$ である．これは，掛川に到着する切符の出発駅が第 5 駅すなわち静岡であることを表している．静岡では $p_5=0+9420=p_0+c_{05}$ より，静岡に到着する切符の出発駅は第 0 駅，すなわち新横浜であることを示している．以上より，最も安い買い方は「新横浜-静岡」と「静岡-掛川」を購入することであるのがわかる．この例では，最も安い買い方は分割点が(偶然)1か所だった．しかしながらこの解法を使うと，分割をいくつでも許した買い方のうち，最も安いものが求まっていることに注意されたい．

9.2 最適性の原理

前の節で用いた動的計画法は，逐次的な決定を行う問題について，最適な決定を求める一般的な解法の枠組みである．動的計画法は，最適な解を特徴づける再帰式をつくる部分と，得られた再帰式を効率的に解く部分の2つに，大きく分かれている．

最適解を再帰的に特徴づけるためにしばしば用いられるのが，「**段階(stage)**」，「**決定(decision, action)**」，「**状態(state)**」の3つの概念である．前節の例では，「段階」は各駅に対応している．すなわち掛川駅，静岡駅，新富士駅，…がそれぞれ，第0段階，第I段階，第II段階，…と呼ばれる．ここで段階は実際の時間の流れとは逆順についていることに注意されたい．各段階すなわち駅において，直前に下車した駅がなんだったかを「決定」しなければいけない．これによって，対象としている問題が，各段階に従った逐次的な決定を行う問題として捉えられる．最後に，各段階(駅i)において，新横浜から駅iまで移動するのにかかる金額を表す変数p_iがとりうる値(ここでは非負整数値)を「状態」と呼ぶ．またp_iのとりうる値(状態)のなかで，最小のもの(新横浜からの最も安い切符代)を最適な状態と呼ぶ．すると各段階(駅)における最適な状態(新横浜からの最も安い切符代)の間には，前節で記したような再帰的な関係が成り立つことがわかる．得られる再帰的な関係の基本的な原理は，第i駅以降の切符の買い方がどうであろうと，先の段階(新横浜-i駅)間の買い方は，最も安いものとなっているということである．この性質は次のような一般化された形式で記述される，すなわち

> “最適方策は，最初の状態および最初の決定がどうであったにせよ，残りの決定は最初の決定の結果生じた状態に対して，最適方策になっていなければならない”

というものである．これは**最適性の原理(principle of optimality)**と呼ばれる．

再帰式において注意が必要なのは，段階iの最適な状態を求めるのに必要な情

報が，先の段階である $0, 1, 2, \ldots, i-1$ 駅における最適な状態であることに注意されたい．あとは，段階とは逆順に，すなわち実際の時間の流れに沿って $p_0, p_1, p_2, \ldots$ の順に再帰式を用いて値を決定すればよい．

この手続きは，新横浜からの最も安い切符代を，小田原，熱海，三島，…の順に求め，必要な情報を積み上げていくことで，最後に新横浜-掛川間の最も安い切符代を求めていると解釈することもできる．すなわち実際の時間の流れに沿って，将来必要となる情報を予測して積み上げていく方法と考えることができる．この意味では，実際の時間とは逆順に決定を捉えることで，時間軸に沿った将来において必要な情報が何かを明確にするのが，動的計画法の考え方ということもできる．

9.3 アミノ酸配列のアラインメント

生物の体を形づくっているタンパク質は，アミノ酸が数十個から数千個が鎖状につながった高分子である．アミノ酸は表 9.2 に示す 20 種類が存在する．

生物の遺伝子はさまざまな要因で突然変異を起こすが，遺伝子の変異はタンパク質の発現の抑制や構造変化を引き起こし，遺伝病の原因となる．具体的な構造変化として，タンパク質に対応するアミノ酸配列において，個々のアミノ酸が他のアミノ酸に置き変わったり，欠失したり，新たに挿入が行われたりする．近年，タンパク質の機能や性質を調べることにより，遺伝子の変異から起こる病気に対する治療薬をデザインする研究が行われている．さまざまなタンパク質の性

表 9.2 アミノ酸コード

アミノ酸	Alanine	Arginine	Asparagine	Aspartic acid	Cysteine
コード	A	R	N	D	C
アミノ酸	Glutamine	Glutamic acid	Glycine	Histidine	Isoleucine
コード	Q	E	G	H	I
アミノ酸	Leucine	Lysine	Methionine	Phenylalanine	Proline
コード	L	K	M	F	P
アミノ酸	Serine	Threonine	Tryptophan	Tyrosine	Valine
コード	S	T	W	Y	V

質を調べる際，対応するアミノ酸配列が互いにどのくらい似通っているか判定することで，各タンパク質の機能や性質を推定する方法がしばしばとられる．アミノ酸の配列は，各アミノ酸を上記の表のコードで置き換えることで，20 種類の文字を用いた文字列とみることができる．このため，タンパク質の機能や性質を推定する問題は，アミノ酸配列に対応する複数の文字列を比較する問題として捉えることができる．

文字列の比較の基本は，並べてみることである．この並べる操作をアラインメント (alignment) という．例えば，「DELTA」と「DATA」という 2 つの文字列をアラインメントする場合，$\begin{smallmatrix}\mathrm{DELTA}\\ \mathrm{DA\_TA}\end{smallmatrix}$ とすると，2 文字目の場所で文字 (アミノ酸) が置き換わり，3 文字目の場所で欠失あるいは挿入が起こっていることを意味する．下線はギャップと呼ばれ，その場所で欠失が，あるいは他方の配列で挿入が起こっていることを表している．「DELTA」と「DATA」という 2 つの文字列を $\begin{smallmatrix}\mathrm{DELTA}\\ \mathrm{D\_ATA}\end{smallmatrix}$ とアラインメントすることもでき，この場合置き換わりと欠失挿入の起こる場所が異なっている．異なる 2 本の配列を比較する場合，アラインメントの方法は通常 1 通りではない．アミノ酸配列に対し好ましいアラインメントを決定するには，個々のアミノ酸の置き換わりやすさを考慮する必要がある．アミノ酸の置き換わりやすさについては，生物学と統計学に基づいたモデルをもとに，それを数値化したものが公表されている．表 9.3 はそのうちのひとつで Blosum 50 と呼ばれる表である．またギャップについては，ギャップペナルティと呼ばれる数値を割り当てるが，-8 を用いる場合が多い．

例えば，$\begin{smallmatrix}\mathrm{DELTA}\\ \mathrm{DA\_TA}\end{smallmatrix}$ と $\begin{smallmatrix}\mathrm{DELTA}\\ \mathrm{D\_ATA}\end{smallmatrix}$ というアラインメントについて，Blosum 50 の数値とギャップペナルティ -8 を用いると，そのスコアはそれぞれ $8-1-8+5+5=9$, $8-8-2+5+5=8$ となる．与えられた 2 本の配列が，本来は同じものであったという仮説のもとでアラインメントを行うならば，このスコアができるだけ大きなアラインメントが好ましいアラインメントとなる．

以下では，アミノ酸配列に対応する 2 本の文字列 x, y が与えられた場合，スコアが最大となるアラインメントを求める問題について議論しよう．ここで，切符購入問題と同様に，2 本の文字列を 1 文字目からアラインメントするのではなく，2 本の文字列の後ろからアラインメントを徐々に決定すると考えよう．すなわち，文字列 x の $i+1$ 文字以降と，y の $j+1$ 文字以降からなる 2 本の文字列をすでにアラインメントしたとしよう．以降で考える動的計画法では，この (i, j)

表 9.3 Blosum 50 置換行列

	A	R	N	D	C	Q	E	G	H	I	L	K	M	F	P	S	T	W	Y	V
A	**5**	−2	−1	−2	−1	−1	−1	0	−2	−1	−2	−1	−1	−3	−1	1	0	−3	−2	0
R	−2	**7**	−1	−2	−4	1	0	−3	0	−4	−3	3	−2	−3	−3	−1	−1	−3	−1	−3
N	−1	−1	**7**	2	−2	0	0	0	1	−3	−4	0	−2	−4	−2	1	0	−4	−2	−3
D	−2	−2	2	**8**	−4	0	2	−1	−1	−4	−4	−1	−4	−5	−1	0	−1	−5	−3	−4
C	−1	−4	−2	−4	**13**	−3	−3	−3	−3	−2	−2	−3	−2	−2	−4	−1	−1	−5	−3	−1
Q	−1	1	0	0	−3	**7**	2	−2	1	−3	−2	2	0	−4	−1	0	−1	−1	−1	−3
E	−1	0	0	2	−3	2	**6**	−3	0	−4	−3	1	−2	−3	−1	−1	−1	−3	−2	−3
G	0	−3	0	−1	−3	−2	−3	**8**	−2	−4	−4	−2	−3	−4	−2	0	−2	−3	−3	−4
H	−2	0	1	−1	−3	1	0	−2	**10**	−4	−3	0	−1	−1	−2	−1	−2	−3	2	−4
I	−1	−4	−3	−4	−2	−3	−4	−4	−4	**5**	2	−3	2	0	−3	−3	−1	−3	−1	4
L	−2	−3	−4	−4	−2	−2	−3	−4	−3	2	**5**	−3	3	1	−4	−3	−1	−2	−1	1
K	−1	3	0	−1	−3	2	1	−2	0	−3	−3	**6**	−2	−4	−1	0	−1	−3	−2	−3
M	−1	−2	−2	−4	−2	0	−2	−3	−1	2	3	−2	**7**	0	−3	−2	−1	−1	0	1
F	−3	−3	−4	−5	−2	−4	−3	−4	−1	0	1	−4	0	**8**	−4	−3	−2	1	4	−1
P	−1	−3	−2	−1	−4	−1	−1	−2	−2	−3	−4	−1	−3	−4	**10**	−1	−1	−4	−3	−3
S	1	−1	1	0	−1	0	−1	0	−1	−3	−3	0	−2	−3	−1	**5**	2	−4	−2	−2
T	0	−1	0	−1	−1	−1	−1	−2	−2	−1	−1	−1	−1	−2	−1	2	**5**	−3	−2	0
W	−3	−3	−4	−5	−5	−1	−3	−3	−3	−3	−2	−3	−1	1	−4	−4	−3	**15**	2	−3
Y	−2	−1	−2	−3	−3	−1	−2	−3	2	−1	−1	−2	0	4	−3	−2	−2	2	**8**	−1
V	0	−3	−3	−4	−1	−3	−3	−4	−4	4	1	−3	1	−1	−3	−2	0	−3	−1	**5**

の組を「段階」として捉えることができる (段階は (0, 0), (0, 1), (1, 0), (2, 0), (1, 1), (0, 2), ... となっているため，切符購入問題とは異なり 0, I, II, ... と自然に番号をつけることはできない．これについては，後で議論する)．段階 (i, j) では，文字列 x の始めから i 文字目までと，y の始めから j 文字目までをアラインメントする方法を議論すればよい．

例えば x=(RESEARCH)，y=(DESIRE) としたとき，x の 4 文字目以降と y の 6 文字目以降をすでにアラインメントしたとしよう．あとは (RES) と (DESIR) をスコアが最大となるようにアラインメントすればよい．このときのアラインメントの最後は $\begin{smallmatrix}**\cdots*\mathrm{S}\\**\cdots*\mathrm{R}\end{smallmatrix}$, $\begin{smallmatrix}**\cdots*\mathrm{S}\\**\cdots*\_\end{smallmatrix}$, $\begin{smallmatrix}**\cdots*\_\\**\cdots*\mathrm{R}\end{smallmatrix}$ の 3 通りのうちのどれかである．この 3 通りのうちどれを選ぶかを，「決定」と位置づけることができる．すなわち，最適なアラインメントを求める問題は，2 本の文字列に対し，後ろから上記のような 3 通りのどれを選ぶかという決定を逐次行っていく問題と解釈することができる．

最後に「状態」を何にとるかが重要なポイントとなる．ここでは，文字列 x の始めから i 文字目までと，y の始めから j 文字目までからなる 2 本の文字列をアラインメントした際のスコアのとりうる値を状態としよう．またスコアが最大となるようにアラインメントした際のスコアを $s[i,j]$ とする．例えば $x=$(RESEARCH), $y=$(DESIRE) としたとき，$s[3,5]$ は (RES) と (DESIR) をスコアが最大となるようにアラインメントして得られるスコアである．するとスコアの最大値 $s[i,j]$，すなわち最適な状態，において上記の 3 通りの決定のどれが選ばれていたとしても，$\begin{smallmatrix}**\cdots*\\ **\cdots*\end{smallmatrix}$ の部分は，やはりスコアが最大になるようにアラインメントされているはずであり，そのスコアは上記の 3 通りについてそれぞれ $s[i-1,j-1]$, $s[i-1,j]$, $s[i,j-1]$ となっている．ゆえに $s[i,j]$ について

$$s[i,j]=\begin{cases}\max\{s[i-1,j-1]+b(x_i,y_j),\ s[i-1,j]-8,\ s[i,j-1]-8\} & (1\leqq i,j),\\ -8j & (i=0,1\leqq j),\\ -8i & (1\leqq i,j=0),\\ 0 & (i=j=0),\end{cases}$$

という再帰式が成り立つ，ただし $b(x_i,y_j)$ は，x の i 文字目と y の j 文字目を対応させたときのスコアである．

あとはこの再帰式を用いて，2 つの文字列を前から順にアラインメントするとして $s[i,j]$ を計算していけばよい．しかしながら切符購入問題と異なり，状態 (i,j) に自然な順番がついていないので，どの順番で決定すればよいのか自明ではない．以下では上記の再帰式をわかりやすく捉える図を考案することで，$s[i,j]$ の決定法について議論しよう．

「RESEARCH」と「DESIRE」の最適アラインメント： 図 9.3 のように，2 つの文字列「RESEARCH」と「DESIRE」を横と縦に並べたものを描く．すると，文字列のアラインメントにおいて，2 つの文字列の文字を対応させる際は右上に，ギャップを対応させる場合は上または右に進むようなパスをつくることができる．すなわち任意のアラインメントは，図中で左下の点から右上の点までのパスに対応している．図 9.3 中の太線に対応するパスは，アラインメント $\begin{smallmatrix}\text{R\_ESE\_ARCH}\\ \text{\_DES\_I\_R\_E}\end{smallmatrix}$ に対応している．逆に，図中左下から右上までのパスに対応するアラインメントは唯一存在することもわかるだろう．アラインメント $\begin{smallmatrix}\text{R\_ESE\_ARCH}\\ \text{\_DES\_I\_R\_E}\end{smallmatrix}$ のスコアは，文字列の対応のスコアとギャップペナルティの総和であり

$$\begin{aligned}&-8-8+b(\mathrm{E},\mathrm{E})+b(\mathrm{S},\mathrm{S})-8-8-8+b(\mathrm{R},\mathrm{R})-8+b(\mathrm{H},\mathrm{E})\\ &=-8-8+6+5-8-8-8+7-8+0=-30\end{aligned}$$

となる．ここで $s[i,j]$ の値を左下から決定していくことにより，$s[i,j]$ を順に決定することができる．図 9.3 においては，左の列から右の列へ，各列は下から上へ，$s[i,j]$ の

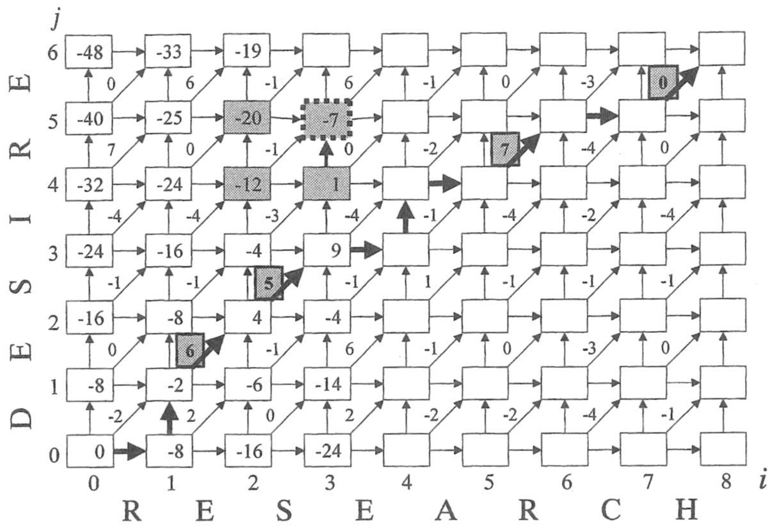

図 9.3　文字列「RESEARCH」,「DESIRE」のアラインメントの例

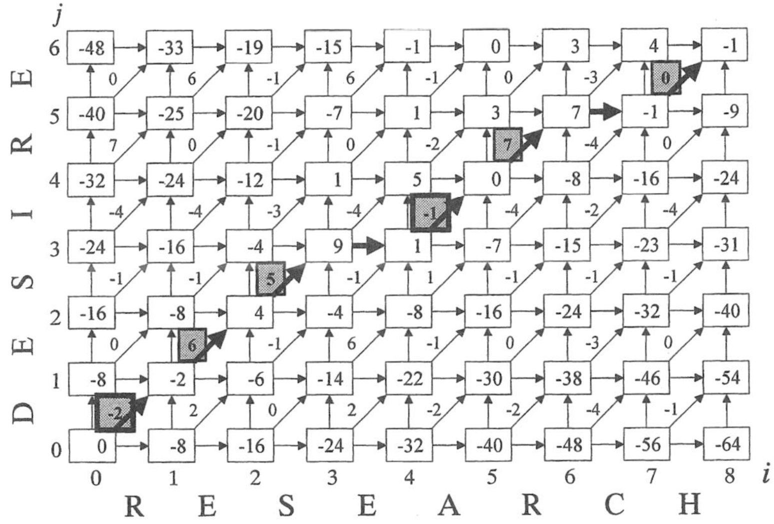

図 9.4　文字列「RESEARCH」,「DESIRE」の最適アラインメント

値を決定している途中で，$s[3,5]=-7$ までが得られている図である．四角中の数値が対応する $s[i,j]$ の値となっている．例えば，

$s[3,5]=\max\{s[2,4]+b(\mathrm{S,R}), s[2,5]-8, s[3,4]-8\}=\max\{-12-1, -20-8, 1-8\}=-7$ となり，(RES) と (DESIR) のアラインメントで $s[3,5]$ を達成するものの最後尾は $\begin{smallmatrix}**\cdots*-\\ **\cdots*\mathrm{R}\end{smallmatrix}$ であることがわかる (図 9.3)．上記の手続きを最後まで行うと図 9.4 が得られ，スコアの最大値は 11 となる．また最大値を達成するアラインメントとして，$\begin{smallmatrix}\mathrm{RESEARCH}\\ \mathrm{DES\_IR\_E}\end{smallmatrix}$ が得られる．上記の算法は，最終的に $s[8,6]$ を求めるために，i と j が小さなものから順に $s[i,j]$ の値を積み上げていく算法とみることもできる．

9.4 行列積の計算

いくつかの行列の積を計算する際，積の順序によって必要な計算量が異なることが知られている．まず，簡単にわかることだが，$p_0 \times p_1$ 行列 A_1 と $p_1 \times p_2$ 行列 A_2 の積 A_1A_2 を計算する際，掛け算の回数は $p_0p_1p_2$ 回行う必要がある (読者は各自確認されたい)．

例 2 —— 行列積の例

例えば 3 つの行列 A_1, A_2, A_3 の大きさがそれぞれ 10×100, 100×5, 5×50 のとき，$A_1A_2A_3$ を計算するとしよう．$((A_1A_2)A_3)$ という順序で計算すると，必要な掛け算の回数は $(10\times100\times5)+(10\times5\times50)=7500$ であり，$(A_1(A_2A_3))$ という順序で計算すると，$(10\times100\times50)+(100\times5\times50)=75000$ となり，10 倍も多くなる．では一般に複数の行列の積 $A_1A_2\cdots A_n$ を計算するとき，掛け算回数が最も少なくなる積の順序を求めるにはどうしたらよいだろうか．

この問題も，実際の掛け算と逆順に「段階」を設定することによって，問題の構造を明確に捉えることができる．すなわち，行列の積 $A_1A_2\cdots A_n$ を計算するとき，最後に行う積を $(A_1A_2\cdots A_i)(A_{i+1}\cdots A_n)$ とし，この i を $1, 2, \ldots, n-1$ のどれにするかを「決定」する問題を最初に考える．次に $(A_1A_2\cdots A_i)$ と $(A_{i+1}, \ldots, A_n)$ それぞれに対し，$(A_1A_2\cdots A_{i'})(A_{i'+1}\cdots A_i)$ と $(A_{i+1}\cdots A_{i''})(A_{i''+1}\cdots A_n)$ という分割を「決定」する問題を考える．以降同じ手続きを順次繰り返して，逐次に決定を行う．この問題は，それぞれの「決定」が同様の問題を 2 つ作り出すという再帰的な構造をもっている．そのため，「段階」という言葉で説明するより，「**子問題 (subproblem)**」という言葉の方が理解しやすいだろう．すなわち，行列の積 $A_1A_2\cdots A_n$ において，掛け算回数が最も少なくなる積を行う際，最後にする積の場所 $(A_1A_2\cdots A_i)(A_{i+1}\cdots A_n)$ を決定する問題が解けたとしよう．すると問題は，2 つの小さな問題 (子問題) に分割される．すなわち，$(A_1A_2\cdots A_i)$ と

$(A_{i+1}, ..., A_n)$ それぞれに対し，掛け算回数が最も少なくなる積を行う際，最後にする積の場所を決定する問題である．この手続きで，問題は2つずつに分割され列の長さが徐々に短くなってゆく．

では(「段階」改め)「子問題」はどのように定義すればよいのか．上記の議論からわかるように任意の $i, j \in \{1, 2, ..., n\}$，$i<j$ に対し，行列の積 $A_iA_{i+1}\cdots A_j$ を計算する際に，掛け算の回数が最小となる順序で行うためには，最後の積をどこにするかを「決定」する問題と捉えるのが自然である．

次に「最適な状態」，あるいは「積み上げる情報」を導入しよう．これまでの節と同様に，先々の「決定」による(「最適な状態」)「積み上げる情報」がわかっているとすると，今の決定で最適なものを知ることができると考えて再帰式をつくりたい．では，ある子問題Pにおいて，Pの子問題の何がわかっていれば，Pを解くことができるだろう．実は，任意の行列の部分列 $A_iA_{i+1}\cdots A_j$ に対し，$A_iA_{i+1}\cdots A_j$ を計算する際必要な掛け算回数の最小値(以下では $m[i, j]$ と表す)を「積み上げる情報」とすればよい．すなわち，$A_iA_{i+1}\cdots A_j$ という(部分)列において，その(さらに)部分列すべてについて，積の計算に必要な掛け算回数の最小値がわかっていれば，$m[i, j]$ を求めることができる．正確に記すならば，行列 A_i の大きさを $p_{i-1}\times p_i$ と書くこととすると，以下のような再帰式

$$m[i, j]=\begin{cases}0 & (i=j),\\ \min_{i\leqq k<j}\{m[i, k]+m[k+1, j]+p_{i-1}p_kp_j\} & (i<j),\end{cases}$$

が成り立つ．上記の $i<j$ のケースは，$A_iA_{i+1}\cdots A_j$ の計算の際，最後に行う積の計算が $(A_iA_{i+1}\cdots A_k)(A_{k+1}\cdots A_j)$ であるとして，k を動かして最もよいものを探していることに対応している．

上記の再帰式を用いて $m[1, n]$ を計算すれば，掛け算回数の最小値を求めることができる．求める順は，実際に計算を行う順と同様に，$m[i, j]$ において $j-i$ の値が小さいものから計算することができる．なぜならば，再帰式から明らかなように，$j-i$ の値が k であるような $m[i, j]$ を計算するには，$j'-i'$ の値が $k-1$ 以下の $m[i', j']$ がすべてわかっていれば十分だからである．

最適な行列積の例： では実際に A_1, A_2, A_3, A_4 の大きさが $30\times10, 10\times15, 15\times50, 50\times5$ の場合について計算してみよう(図9.5)．定義より $m[1, 1]=m[2, 2]=m[3, 3]=m[4, 4]=0$ である．次に $m[1, 2]=p_0p_1p_2=4500$，$m[2, 3]=p_1p_2p_3=7500$, $m[3, 4]=p_2p_3p_4=3750$ である．再帰式の定義より

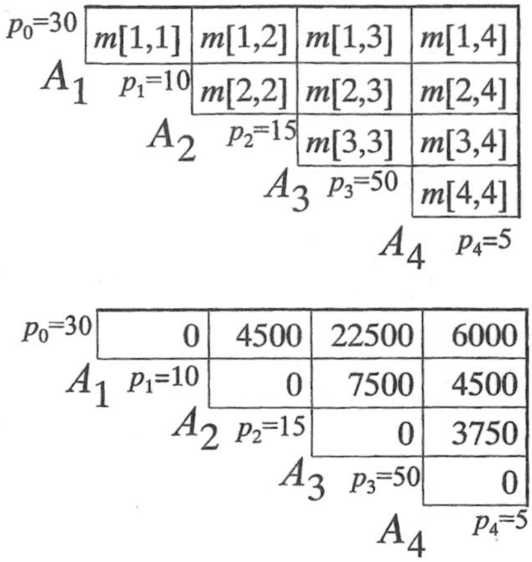
p_0=30
m[1,1]
m[1,2]
m[1,3]
m[1,4]
A_1
p_1=10
m[2,2]
m[2,3]
m[2,4]
A_2
p_2=15
m[3,3]
m[3,4]
A_3
p_3=50
m[4,4]
A_4
p_4=5
p_0=30
0
4500
22500
6000
A_1
p_1=10
0
7500
4500
A_2
p_2=15
0
3750
A_3
p_3=50
0
A_4
p_4=5

図 9.5 行列積の計算

$$
\begin{aligned}
m[1,3] &= \min\{m[1,1]+m[2,3]+p_0p_1p_3,\ m[1,2]+m[3,3]+p_0p_2p_3\} \\
&= \min\{(0+7500+30\times10\times50),\ (4500+0+30\times15\times50)\} \\
&= \min\{22500,\ 27000\}=22500, \\
m[2,4] &= \min\{m[2,2]+m[3,4]+p_1p_2p_4,\ m[2,3]+m[4,4]+p_1p_3p_4\} \\
&= \min\{(0+3750+10\times15\times5),\ (7500+0+10\times50\times5)\} \\
&= \min\{4500,\ 10000\}=4500,
\end{aligned}
$$

が成り立つ．最後に

$$
\begin{aligned}
m[1,4] &= \min\{m[1,1]+m[2,4]+p_0p_1p_4,\ m[1,2]+m[3,4]+p_0p_2p_4, \\
&\qquad m[1,3]+m[4,4]+p_0p_3p_4\} \\
&= \min\{(0+4500+30\times10\times5),\ (4500+3750+30\times15\times5), \\
&\qquad (22500+0+30\times50\times5)\} \\
&= \min\{6000,\ 10500,\ 30000\}=6000,
\end{aligned}
$$

が成り立つ．掛け算回数の最小値を達成する積の順序は，$m[1,4]$ の値を達成しているのが $m[1,1]+m[2,4]+p_0p_1p_4$ であることから，$(A_1(A_2A_3A_4))$ となっていることがわかる．さらに $m[2,4]$ の値を達成しているのは $m[2,2]+m[3,4]+p_1p_2p_4$ であることから，$A_2A_3A_4$ は $(A_2(A_3A_4))$ と計算する必要がある．上記をまとめると，$(A_1(A_2(A_3A_4)))$ という順序で計算することにより，掛け算回数の最小値である 6000 を達成することができる[3]．

この例でもわかるように，動的計画法の解法は，実際に行う手続きの時間順に

3) あなたがゼミ等でこの節の解説をする際は，上記の数値を自分で変えることをお勧めする．

沿って(この場合は行列2つの積，3つの積，4つの積，…という順)，時間軸に沿った将来の手続きの決定で必要となる情報を積み上げていく方法とみることができる．

9.5 最短路問題

この節では，ネットワーク上の最短路問題を扱う．この問題は，切符購入問題を特殊ケースとして含む，より一般的な問題である．この節は前節までと比べやや難しいが，最短路問題は重要な問題なので是非読み進めてほしい．この方法は，最適な状態の決定の順序があらかじめ定まらず，問題の数値に依存して順序が決まるという驚くべき例となっている．

まず最初に有向グラフの定義をしよう．**有向グラフ (directed graph, digraph)** は，実際の鉄道網や通信ネットワークを抽象化した構造である[4]．有向グラフは，**頂点 (vertex, node)** と呼ばれるものの集合 $V=\{0, 1, 2, \ldots, n-1\}$ と，相異なる頂点間を結ぶ**有向枝 (directed edge, arc)** (以下では単に**枝**と呼ぶ) と呼ばれるものの集合 $A\subseteq\{(u, v)\in V^2 | u\neq v\}$ からなる対，$G=(V, A)$ で表される．有向グラフは，頂点を表す○と，頂点を結ぶ枝に対応する，2つの○を結ぶ矢印で表される．より正確には，有向枝 (u, v) は頂点 u から頂点 v への枝と呼ばれ，u を表す○から v を表す○への矢印で表される (図 9.6)．u から v への枝と v から u への枝は異なるものとして扱う．任意の頂点 $v\in V$ について，v に入ってくる枝の根元の頂点の集合を $\mathrm{IN}(v)$ で表す，正確には $\mathrm{IN}(v) \overset{\mathrm{def.}}{=} \{u\in V | (u, v)\in A\}$ である．例えば図 9.6 の例において，$\mathrm{IN}(1)=\{0, 4\}$, $\mathrm{IN}(4)=\{0, 1, 5\}$ となる．

以下では，各枝 $(u, v)\in A$ に対して枝重み w_{uv} が与えられているとしよう．

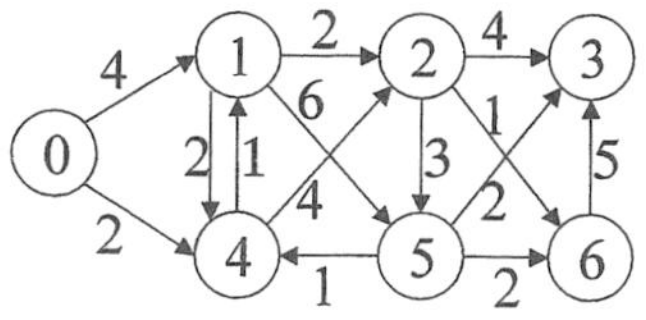

図 9.6 有向グラフ

4) 数学的な定義を読む際も，(鉄道網等の) 具体例を頭に描きながら読むのが重要である．

枝重みは，枝を与えるとその重みを返してくれる関数とみることもできるので，$w: A \to \mathrm{R}$ という関数として表すこともある．

有向グラフ $G=(V, A)$ において，枝の向きに沿って移動する経路を道と呼ぶ．正確には，頂点の列 $P=(v_0, v_1, \ldots, v_k)$ が，① 互いに異なる，すなわち $[i \neq j \Rightarrow v_i \neq v_j]$，② 連続する頂点間には枝がある，すなわち $(v_0, v_1), (v_1, v_2), \ldots, (v_{k-1}, v_k) \in A$，の 2 つを満たすとき，$P$ は v_0 から v_k までの**道**(**path**) であるという[5)]．特に，任意の頂点 $v \in V$ について，1 つの頂点からなる頂点の列 (v) も道と呼ぶことにする．u から v への道が存在するとき，u から v へ到達可能であるという．道 $P=(v_0, v_1, \ldots, v_k)$ の重さは，$w_{v_0v_1}+w_{v_1v_2}+\cdots+w_{v_{k-1}v_k}$ で定義される[6)]．道が 1 つの頂点からなるときは，その重みは 0 と定義する．任意の頂点対 $u, v \in V$ について，u から v までの道で重さ最小のものを u から v への最短路と呼ぶ．

有向グラフ $G=(V, E)$ と非負の枝重み $w: A \to \mathrm{R}_+$ が与えられているとしよう．このときさらに，G 中の相異なる 2 つの頂点 $s, t \in V$ が与えられているとして，s から t への最短路を見つける問題を**最短路問題**(**shortest path problem**) と呼ぶ．枝重みが非負であるので，どんな道も重さが非負であり，また s から t への最短 (最小重み) で移動するには，同じ頂点を 2 回以上通過する必要がないことは直感的にわかるだろう．以下では，最短路問題を解く方法について議論しよう．

ここでも，「段階」に対応するものを後ろから設定するのが成功の秘訣である．以下の考え方は，切符購入問題と酷似しているので，是非対応させて読んでいただきたい．まず s から t への最短路が頂点 v を通るとし，さらに v から t までの経路はすでにわかっているものとしよう．このとき，あとは s から v までの最短経路がわかればよい．ここで s から v までの最短経路が v の直前に訪れる頂点 u について考えよう．任意の頂点 $v' \in V$ について，頂点 s から v' までの最短路の重さを $d(v')$ と表すことにしよう．この情報を積み上げることで，v の直前に訪れる頂点を決定することができる．すなわち $d(v)$ は

5) この定義は初等的有向道と呼ばれることが多いが，ここでは簡単のため単に道と呼ぶ．

6) 枝重みを距離と名づけ，道の「重さ」ではなく「長さ」を定義したほうがよいかもしれないが，道の「長さ」をそれに含まれる枝の本数とする定義と混乱を招かないため，あえて「重さ」という単語を使っている．

$$d(v)=\begin{cases}\min_{u\in \mathrm{IN}(v)}(d(u)+w_{uv}) & (v\neq s),\\ 0 & (v=s),\end{cases}$$

という再帰式を満たす．上記の再帰式は，頂点 s から v までの最短路が v に到着する直前に通過する頂点を u としたとき，s から u までは最短で到達しているはずであることを表している．この再帰式を用いて最短路の長さを求めることができるが，これまでの問題のように $d(v)$ の値を定める自然な順序が存在しない．以下では，$d(v)$ の値を効率的に求める方法である Dijkstra (ダイクストラ) 法について記す．

Dijkstra 法の基本的な考え方は，$d(v)$ を決定する順番を $d(v)$ の小さい順に行うということである．$d(v)$ の値がわからない状態では，頂点を $d(v)$ の小さい順に並べることはできないが，$d(v)$ の値の決定と $d(v)$ の小さい順に頂点を並べる操作を同時に行うことでこれを可能にするのが Dijkstra 法の要点である．

Dijkstra 法の解説： なぜこれが可能になるのか以下で直感的に説明しよう．ここでは説明のために，$d(v)$ の値はすべて互いに異なると仮定する．またすべての枝重みは正であるとする．(これらの仮定はいつも成り立つわけではないが，いまは直感的な話なのでよいこととする．) V 中の頂点で，s から近い順に ($d(v)$ の値の小さい順に) k 個目までの頂点の集合を S としよう．s 自身は，s から 0 番目に近い頂点と考え，S の中に含まれるとする．また S 中の頂点については $d(v)$ の値がわかっているとしよう．s から $k+1$ 番目に近い頂点を v^* とする．s から v^* までの最短路を P とすると，P が v^* に到達する直前に通過する頂点は S 中の頂点である．なぜならば，P において v^* に到達する直前に訪れる頂点 v' が S 中に存在しないならば (図 9.7)，P に沿って v' まで到達する道を P' とすると，$d(v')\leqq(P'$ の重み$)=(P$ の重み$)-w_{v'v^*}<(P$ の重み$)=d(v^*)$ が成り立ち，$d(v')$ の方が $d(v^*)$ より小さくなるため，v^* が $k+1$ 番目に近いという定義と反する．

では，v^* はどのように決定できるだろうか．$V\backslash S$ 中の各頂点 v について，S 中の頂

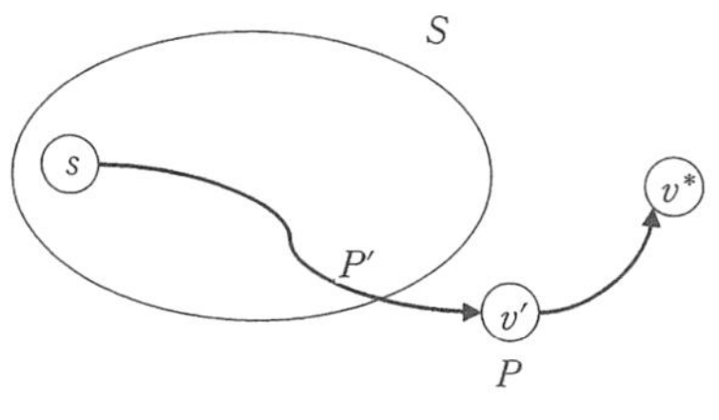

図 9.7 s から v^* への道 P と，s から v' への道 P'

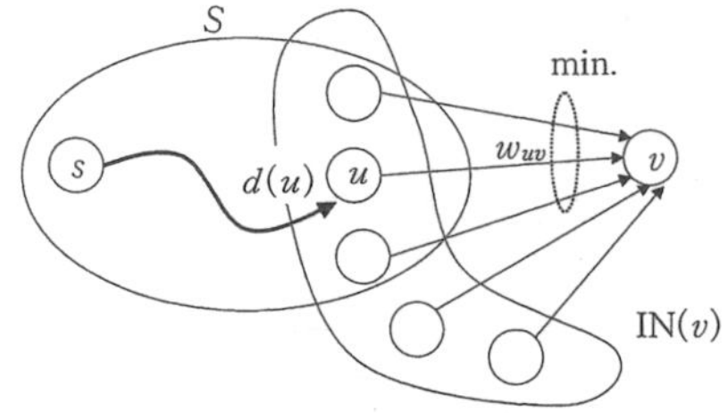

図 9.8　$d'(v)$ の決定

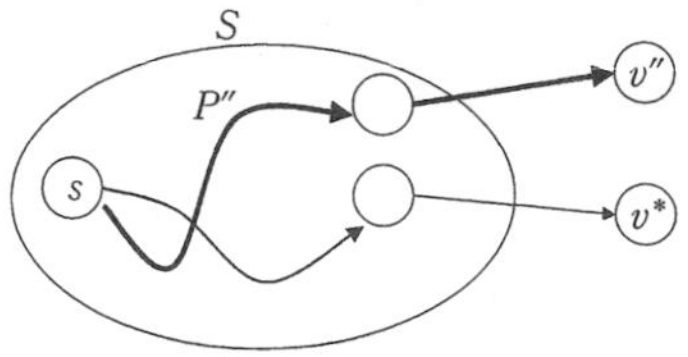

図 9.9　道 P''

点から1本の枝を経由して到達する際の距離を $d'(v)=\min_{u\in S\cap \mathrm{IN}(v)}(d(u)+w_{uv})$ とする(図 9.8)，ただし $S\cap\mathrm{IN}(v)=\emptyset$ のときは，$d'(v)=+\infty$ と定義する．このとき $d'(v)$ が最小となる頂点が s から $k+1$ 番目に近い頂点 v^* であり，$d(v^*)=d'(v^*)$ が成り立つ．なぜならば，v^* と異なる頂点 $v''\in V\backslash S$ が s から $k+1$ 番目に近い頂点だと仮定すると，次のように矛盾が起きるからである．

① まず，$d'(v^*)$ は，s から v^* までのある道の重さに対応しており，その重さは s から v^* への最短路の重さ以上になっているはずなので，$d(v^*)\leqq d'(v^*)$ が成り立つ．② v^* として $V\backslash S$ 中で $d'(v^*)$ が最小の頂点を選択したことから $d'(v^*)\leqq d'(v'')$ が成り立っている．③ s から v'' までの最短路を P'' とすると，v'' が s から $k+1$ 番目に近い頂点であることから，(上に述べたように) P'' は v'' に到達する直前に S 中の頂点を通過するはずである (図 9.9)．ゆえに，道 P'' の重みは $d'(v'')$ の定義から必ず $d'(v'')$ 以上になっている．以上より $d'(v'')\leqq(P''$ の重み$)=d(v'')$ が成り立っている．④ v^* と異なる頂点 v'' が s から $k+1$ 番目に近い頂点だとすると ($d(v)$ が互いに異なるという仮定より) $d(v'')<d(v^*)$ が成り立つ．以上 ①～④ をまとめると

$$d(v^*)\leqq d'(v^*)\leqq d'(v'')\leqq(P'' \text{の重み})=d(v'')<d(v^*)$$

となり矛盾である．また v^* が s から $k+1$ 番目に近い頂点ならば，v^* に到達する直前に S 中の頂点を通過しているはずなので，$d(v^*)=d'(v^*)$ が成り立つのは明らかであろう．

では上のアイデアを用いて，最短路を求める解法を設計しよう[7]．以下では簡

単のために，与えられた有向グラフにおいて，頂点 s から各頂点へ(いくつかの頂点を経由すれば)到達可能であると仮定する．s から到達可能でない頂点はあらかじめ消去されていると考えてもよい．あるいは下記の解法を改訂することで，この仮定を外すこともできるがここでは述べない[8]．以下で記す解法において，$r(v)$ は頂点 v が s から何番目に近い頂点かを表す．また $\mathrm{Pre}(v)$ は s から v までの最短路が v に到達する直前に通過する頂点を表す．k は反復回数を表すが，第 k 反復の冒頭における集合 S は，s に近い方から k 番目までの頂点の集合に対応しており，第 k 反復で見つかる頂点 v^* は $k+1$ 番目に近い頂点である．

Step 0　$r(s):=0$；$d(s):=0$；$\mathrm{Pre}(s):=s$；$k:=0$；$S:=\{s\}$ とする．

Step 1　任意の $v\in V\backslash S$ について $d'(v):=\min_{u\in S\cap \mathrm{IN}(v)}(d(u)+w_{uv})$ を計算する($S\cap\mathrm{IN}(v)=\emptyset$ のときは $\min_{u\in S\cap\mathrm{IN}(v)}(d(u)+w_{uv})=+\infty$ と定義する)．

Step 2　頂点 $v^*\in V\backslash S$ を，最小値 $\min_{v\in V\backslash S}d'(v)$ を達成する頂点とする．

さらに，$u^*\in S\cap\mathrm{IN}(v^*)$ を $d'(v^*)=\min_{u\in S\cap\mathrm{IN}(v^*)}(d(u)+w_{uv^*})$ の最小値を達成する頂点とする(上記において，最小値を達成する頂点が複数ある場合は，そのうちの1つを適当に選ぶ)．

$r(v^*):=k+1$；$d(v^*):=d'(v^*)$；$\mathrm{Pre}(v^*):=u^*$；$S:=S\cup\{v^*\}$；$k:=k+1$.

Step 3　$S=N$ ならば終了．$S\subset N$ ならば Step 1 に戻る．

Dijkstra 法を実行した例を図 9.10 に示す．図 9.10 において S に含まれる頂点 $v\in S$ については，頂点 v に入る枝は $\mathrm{Pre}(v)$ 以外は消去してある．上記の算法が終了したら，任意の頂点 $v\in V\backslash\{s\}$ について，得られた $\mathrm{Pre}(\cdot)$ を次々にたどることで s から v への最短路の頂点列を逆順で得ることができる．すなわち，終点 t だけでなく，s から他のすべての頂点への最短路が同時に求まっている．すなわち以下が成り立つ．

定理 1　上記の算法で得られた $d(v)\,(v\in V)$ の値と $\mathrm{Pre}(v)\,(v\in V\backslash\{s\})$ は以下を満たす．

① 任意の頂点 $v\in V\backslash\{s\}$ において，ある道 $P(v)=(u_j, u_{j-1}, \ldots, u_1, u_0)$ が存在

---

7) 上記の議論では，枝重みがすべて正で $d(v)$ の値が互いに異なるという仮定を用いているので，以下で記述する解法の正当性については，慎重に吟味する必要がある．解法の直感的なもっともらしさと，厳密な正当性の間にはしばしば大きな開きがある．とりあえずこの2つを混同してはならない．

8) あるいは与えられたグラフにおいて s からの枝がない頂点 $v\in\{v'\in V|(s,v')\notin A\}$ には，人工的に s からの枝 (s,v) を付加し，枝重みとして十分大きな値(例えばすべての枝重みの総和に1を加えたもの)を与えてもよい．この場合，得られた最短路が人工枝を含んでいる際は，s から t はもとの有向グラフで到達可能でない．

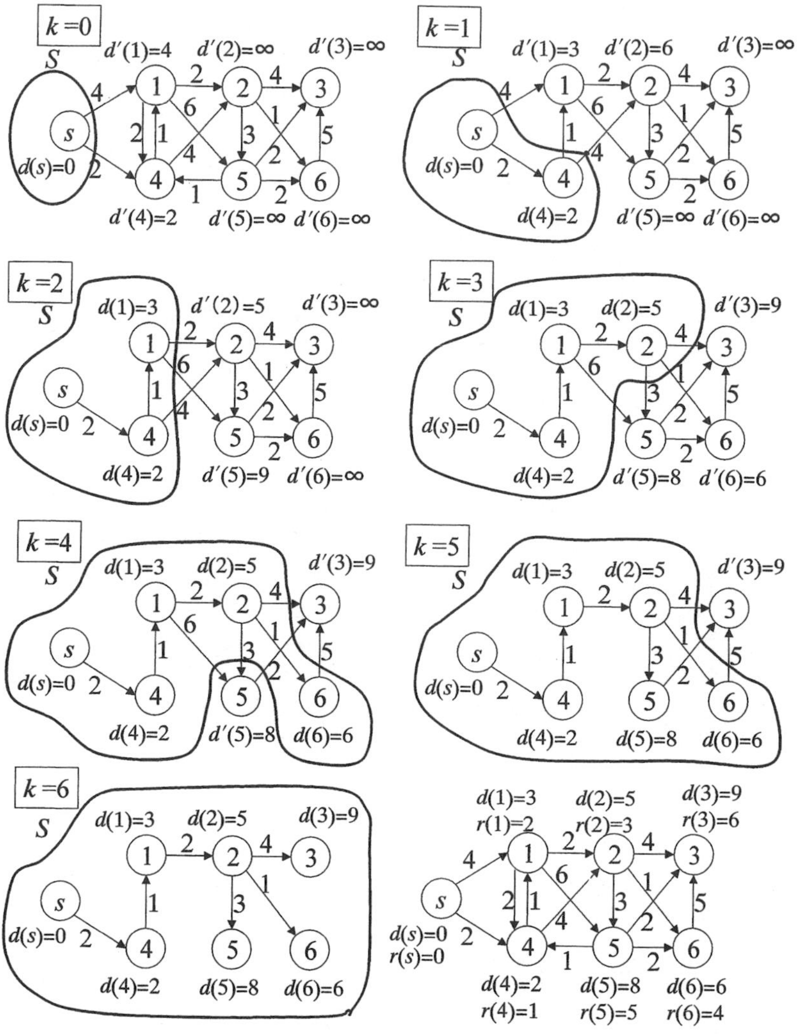

図 9.10 Djikstra 法

して，$s=u_j$, $v=u_0$, $\forall i\in\{j-1, j-2, \ldots, 0\}$, $u_{i+1}=\mathrm{Pre}(u_i)$ を満たし，道 $P(v)$ の重さは $d(v)$ となる[9]．

---

9) 道の添え字が逆順についているのは，もし証明を書くならば，その際に楽になるからで，それ以上の意味はない．

② 任意の頂点 $v' \in V$ において $d(v)$ は s から v への最短路の重さを表す．

上記の方法によって，s から各頂点への最短路を求めることができる．枝の重みに負の値があるときは，最短路問題は非常に難しい問題になることが知られている．また，同じ頂点を2度以上通過してもよいならば，負の重みの枝を何度も通過することにより，道の重みをいくらでも小さくすることができる可能性がある．このようなときは，最短路の意味から定義しなおす必要がある．

9.6　道の数え上げと Banzhaf 指数

最後に，これまでの動的計画法と異なり，最適化ではない問題に対して動的計画法の考え方が用いられる例を紹介する．

例3 —— 道の数え上げ問題

図9.11のような有向グラフにおいて，頂点1から頂点6までの道の数を計算する問題について議論しよう．図9.11のグラフは有向サイクルをもたないことから，頂点1から6までの道は有限本しかないことは明らかであろう．道の本数を数え上げるには，実際の道のたどる順とは逆順に，6から1へさかのぼるように問題を捉えるとわかりやすい．すなわち，6へ至る道は最後に5または4を通過するため，「1から5への道の本数」と「1から4への道の本数」の和を求めればよい．また1から5への道は，最後に4または3を通ることから，「1から5への道の本数」は，「1から4への道の本数」と「1から3への道の本数」の和に等しい．これを続けることにより，再帰的な関係を導くことができる．すなわち，頂点1から頂点 i への道の本数を F_i とすると，

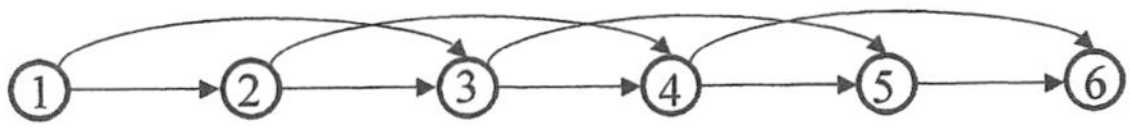

図9.11　有向グラフ

$$F_i = \begin{cases} F_{i-1} + F_{i-2} & (i \geqq 3), \\ 1 & (i = 1, 2), \end{cases}$$

が成り立つ．F_i を求めるには，今度は $i = 1, 2, 3, \ldots$ の順に求めてゆけばよい．すなわち $F_1 = F_2 = 1$, $F_3 = 1+1 = 2$, $F_4 = 2+1 = 3$, $F_5 = 3+2 = 5$, $F_6 = 5+3 = 8$ となり，頂点1から6への道の数は8本であることがわかる．ちなみに上記の再帰式はフィボナッチ数列の定義と同じである．

(有向サイクルをもたない)有向グラフにおいて，2頂点間の道を数える問題は，さまざまなところに出現する．例えば，遺伝子配列解析や音声認識に用いる隠れマルコフモデルの構築法に用いられたり，高速自動微分と呼ばれる数値微分アルゴリズムでも，上記の解法の変種が用いられる．以下では，Banzhaf指数と呼ばれるものを計算する問題での応用について簡単に記そう．

いま3つの政党A, B, Cがあり，それぞれの議席数が10, 10, 1であったとしよう．投票を行って過半数(すなわち11票)をとったとき議案を通すことができる状況を考えよう．このとき議案を通すことのできる政党の提携には，{A, B, C}, {A, B}, {A, C}, {B, C}の4つがある．議案を通すことのできる提携だけをみると，C党は1議席しかもっていないにもかかわらず他の2党と同じ立場となっていることがわかる[10)]．このように，各党のもつ議席数とその影響力は必ずしも一致しない．このようなとき，議席数から各党のもつ影響力を測る指数がいくつか提案されている．以下では法律家Banzhafによって提案されたBanzhaf指数を紹介しよう．

以下ではn個の政党があるとし，政党の集合を$N=\{1, 2, \ldots, n\}$とする[11)]．任意の政党の部分集合を提携と呼ぶ．以下では空集合も提携と呼ぶこととする[12)]．各政党のもつ議席数(票数)を$w_1, w_2, \ldots, w_n$とし，q票以上集まったとき議案を通すことができるとしよう．ただし$w_1, w_2, \ldots, w_n$は正整数とし，qは$q \geqq (w_1 + \cdots + w_n + 1)/2$を満たす整数とする．議案を通すことのできる提携を勝利提携と呼ぶ．また勝利提携でない提携を敗北提携と呼ぶ．すなわち提携$S \subseteq N$が勝利提携であるとは，$\sum_{i \in S} w_i \geqq q$が成り立つことである．

政党iのもつ影響力を示すBanzhaf指数β_iは，政党iを含まない敗北提携のうち，政党iを加えると勝利提携となるものの数を，2^{n-1}で割ったものと定義される．正確には

$$\beta_i \overset{\text{def.}}{=} \left| \left\{ S \subseteq N \setminus \{i\} \,\middle|\, \sum_{j \in S} w_j < q \leqq w_i + \sum_{j \in S} w_j \right\} \right| / 2^{n-1}$$

と書くことができる，ただし任意の集合S'に対し$|S'|$はS'中の要素数を表す．

10) このようなとき，C党がcasting vote(キャスティングヴォート)を握っているということが多い．「キャスティングボード」ではないことに注意．もしあなたがゼミでこの章を発表するのならば，辞書でcasting voteの本来の意味を調べてゼミで披露することをお勧めする．

11) 正確には，無所属の議員がいる場合もあるため，政党ではなく会派と呼ぶのが正しいが，ここでは簡単のために政党と呼ぶ．

12) 空集合は提携と呼ばないことも多いが，ここでは簡単のため空集合も提携と呼ぶこととする．

定義から明らかなように，Banzhaf 指数は 0 以上 1 以下の値をとる．また，ある政党 i の Banzhaf 指数が 1 ならば，任意の提携 S において，S が勝利提携となる必要十分条件が $i \in S$ となっている．ちなみに，この逆も成り立つ．すなわち，$\beta_i = 1 \Leftrightarrow [\forall S \subseteq N,\ [S$ は勝利提携 $\Leftrightarrow i \in S]]$ が成り立つ．

以下では簡単のために，Banzhaf 指数を求める政党を第 n 党としよう．上記の定義より，政党 n の Banzhaf 指数を求めるには，$N \backslash \{n\}$ の部分集合 S で，$q - w_n \leqq \sum_{j \in S} w_j < q$ を満たすものの数を計算すればよい（正確には，それを 2^{n-1} で割ればよい）．

Banzhaf 指数の計算例：　では実際に，

$$n=7,\ (w_1, w_2, w_3, w_4, w_5, w_6, w_7)=(1, 1, 2, 1, 3, 1, 3),\ q=8$$

の場合を用いて β_7 の計算法を説明しよう．図 9.12 に，縦軸に票数 r，横軸に政党番号 k をとった概念図を記した．空集合の提携に対応する原点から，各政党が提携に加わるあるいは加わらないという決定を，政党 $1, 2, \ldots, 6$ の順で行ったと仮想的に考えよう．各時点での提携のもつ票数が縦軸の値に対応している．図 9.12 で太い線で表されている道は提携 $\{2, 4, 5\}$ に対応している．すると任意の提携は，原点から $k=6$ の列の点までの道に対応することがわかるだろう．また逆に，原点から $k=6$ の列の点までの道には，対応する提携が唯一定まる．すると，$N \backslash \{n\} = \{1, 2, 3, 4, 5, 6\}$ の部分集合 S で，$q - w_n = 8 - 3 = 5 \leqq \sum_{j \in S} w_j < q = 8$ を満たすものの数は，原点から $(6, 5), (6, 6), (6, 7)$ の 3 つの点のどれかに至る道の本数にほかならない．

原点から点 (k, r) に至る道の数を $p(k, r)$ とし，$p(k, r)$ の効率的な求め方を図 9.13

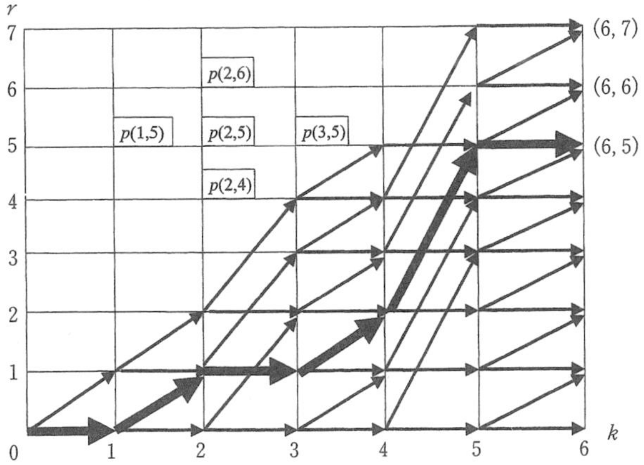

図 9.12　提携 {2, 4, 5} に対応するパス

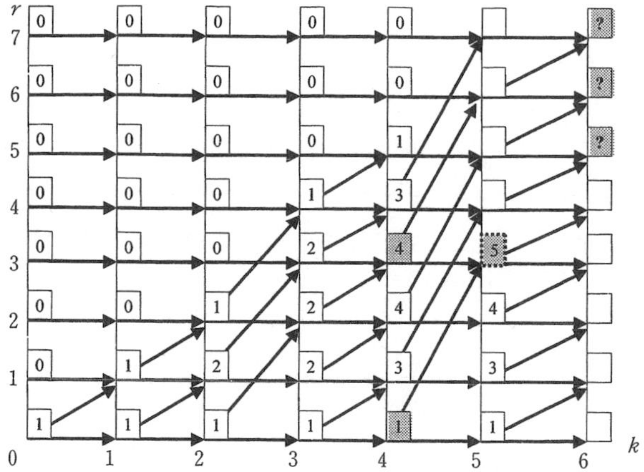

図 9.13 $p(k, r)$ を求める動的計画法

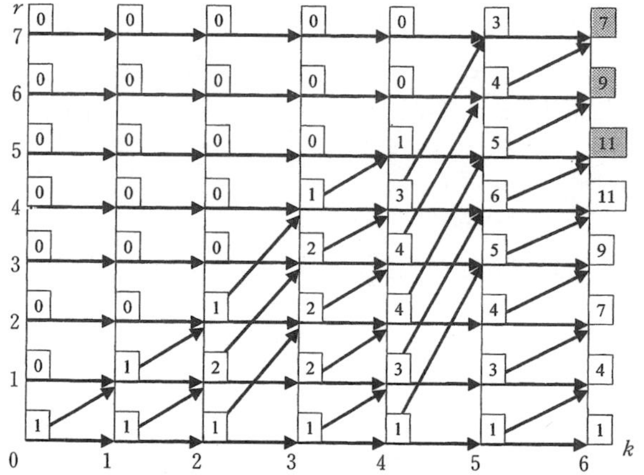

図 9.14 $p(k, r)$ の値

を用いて解説しよう．図 9.13 において各点 (k, r) のすぐ右上に書かれている数字が $p(k, r)$ の値となっている．$k=0$ の場合，$p(k, r)$ の値は定義より $r \geqq 1$ ならばすべて 0 となる．$k \geqq 1$ の場合は，$p(k, r)$ の値は図 9.13 において点 (k, r) に集まる矢印の根元に対応する数 ($p(*, *)$ の値) を加えることによって得られる．たとえば $p(5, 3)=p(4, 3)+p(4, 0)$ となっている．ゆえに $p(k, r)$ を求める際，k を $0, 1, 2, \ldots, 6$ の順に，それぞれの k に対して p の値の小さい順に求めることができる．

この作業をすべて終えると図 9.14 が求まり，政党 7 の Banzhaf 指数は ($p(6, 5)+$

$p(6, 6)+p(6, 7))/2^{n-1}=(11+9+7)/2^6=27/64$ となる．
Banzhaf 指数の実例については 5.2 節の表 5.2 を参照されたい．

9.7 動的計画法について

本章では，動的計画法について実際の例を通して，その構築法と解き方を示してきた．本来の動的計画法は，Bellman によって提案された最適性原理に基づく方法であるが，その適用範囲と変種が多種多様に発展し，動的計画法という名前が指すものの実態がよくわからないほど広がってしまっている．現在では，問題を解く方法を構成するための極めて基本的な考え方の 1 つとなっている．動的計画法のポイントは，実際の決定と逆順に問題を捉えることである．それによって，時間軸に沿ってどんな情報を積み上げておけばよいのかを見つけることができる．この積み上げてゆく情報を「(最適な) 状態」と定義すれば，自然な形で再帰式が得られ，算法も自然と得られることが多い．

ここまでの例からもわかるように，動的計画法を設計する際は，図による解釈が多くの場合に重要な示唆を与えてくれる．この際の図は，再帰式で書かれる関係を，状態間を結ぶ矢印で結んだものである．実際には，再帰式から図を構成するのではなく．図を用いた問題の解釈から再帰式を構成できることが非常に多い．

【演習問題】

9.1 今月号の時刻表を見て，列車の適当な区間で切符を購入する際の，切符購入問題を解け．

9.2 適当な文字列 2 つに対し，最適なアラインメントを求めよ．

9.3 あなたの県の議会の政党 (会派) の構成人数を調べ，Banzhaf 指数を計算せよ．また最後の選挙前の構成人数を調べ，Banzhaf 指数を計算し，選挙の前後で各政党の影響力がどう変わったか議論せよ．

9.4 適当な行列 4～5 つ程度の積について，掛け算の回数が最も少なくなる掛け算の方法を調べよ．

9.5 大きな都市の地下鉄網あるいはバスのネットワーク，あるいは JR 路線網について，適当な駅または停留所間の最短路を求めよ．また，乗り換え検索ソフトウェア等の検索結果が，あなたが計算して得た最短路と一致しているか調べよ (なっていない場合もしばしばある)．一致していない場合はその理由について予想し，調査せよ．

【参考文献】

[1] T. コルメン，C. ライザーソン，R. リベスト：アルゴリズムイントロダクション，近代科学社 (1995).（原著）：T. H. Cormen, C. E. Leiserson, R. L. Rivest, C. Stein, *Introduction to Algorithms* (第 2 版)，McGraw Hill (2001)).

[2] 久保幹雄，松井知己：組合せ最適化 [短編集]，朝倉書店 (1999).

[3] R. Durbin：バイオインフォマティクス，医学出版 (2001).（原著：R. Durbin, R. Eddy, A. Krogh, G. Mitchison : *Biological Sequence Analysis : Probabilistic Models of Proteins and Nucleic Acids*, Cambridge Univ. Press (1999)).

[4] 武藤滋夫，小野理恵：投票システムのゲーム分析，日科技連出版社 (1998).

III

不確実性分析の OR モデル

10 マルコフモデル

われわれの身のまわりには，株価や為替レート，毎日の天気模様，車の渋滞のように時間とともに変動し，少し先にどうなるかを確実には予測しがたい現象がたくさんある．そして，確実には予測できなくとも，どういうことが起きやすいかを洗い出し，あるいは「確率的」に予測して，生じうるリスクに対して対処したいと考える．

ここでは，株価のような複雑な現象を直接には取り扱わないが，時間とともに確率的に変化する現象を扱う方法の1つとしてマルコフモデルについて紹介する．

10.1 簡単なゲーム：破産する確率

次のような，みかん取りゲームを考えてみよう．

例1 —— みかん取りゲーム

> 太郎君と花子さんが，お正月にカルタ遊びをして，勝った方が相手からみかんを1個もらえるものとしよう．最初，2人はそれぞれみかんを3個ずつもっていて，どちらかのみかんがなくなるまでゲームは続けられるものとしよう．2人のカルタの腕が対等であれば，勝負は五分五分であろう．もし，太郎君の方がカルタが少しうまく，6-4で勝つとしたら，花子さんがみかんを全部とられてしまう可能性はどれくらいになるであろうか．

いま，t 回目のカルタ遊びの終了後に花子さんのもっているみかんの個数を X_t と表す．横軸にゲームの回数をとり，縦軸に花子さんのもっているみかんの個数をとって X_t のグラフを描くと，例えば図10.1のようになる．カルタゲームの勝ち負けによって違った道筋が描かれる．これを X_t のサンプルパス (見本路，あるいは標本関数 sample path) と呼ぶ．

問題は，このパスが上の6のラインに届く前に下の0のラインに達する確率を

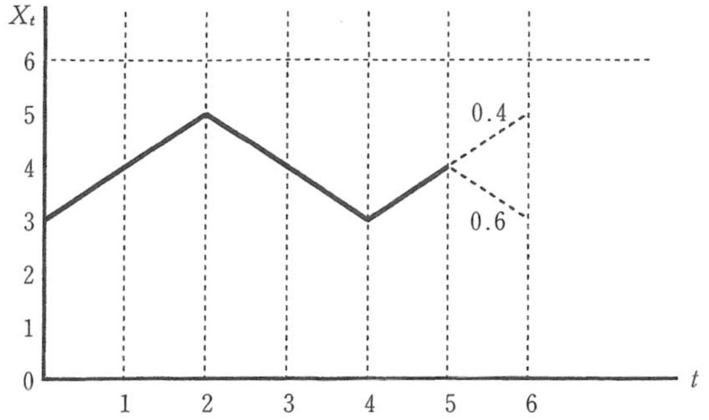

図 10.1　X_t のサンプルパス

求めることである．上のような条件を満たすパスは無数に想定されるので，この確率は簡単に計算できそうに思えない．

このパスの変化の仕方について眺めてみよう．例えば，$t=5$ のとき，$X_5=4$ であるが，次の時点では，花子さんがカルタに勝てば $X_6=5$ であり，負ければ $X_6=3$ となる．つまり，花子さんが勝つ確率が 0.4，負ける確率が 0.6 だから，$X_6=5$ となる確率が 0.4 で，$X_6=3$ となる確率が 0.6 となる．状態 0 か 6 に達するまで，そのときのカルタの勝負の結果で上下にふらふら動くので，このような現象を酔歩とかランダムウォークと呼んでいる．

別の見方をすると次のようにいうことができる．コインを投げて表が出たら勝ち，裏が出たら負けと決まるように，カルタの勝敗が前回までの勝敗に無関係に(正しくは，統計的に独立にという)決まるものとしよう．そうすると，

「これまで通ってきた路筋(履歴)とは関係なく，現在の状態がわかっていれば，次の状態がいくつになるか確率的に予測できる.」

このような性質を**マルコフ性**という．この性質を A. A. Markov (1856-1922) という 19 世紀末から 20 世紀にかけて活躍したロシアの数学者が考えついた．

X_t がマルコフ性をもつとき，その状態の変化する様子を図 10.2 のような推移図で表すことができる．ある状態にいるとき，次の時点でどの状態にいくらの確率で推移するかを図示している．0→0 と推移する確率が 1 になっているのは，手持ちのみかんの個数が 0 になればそこで勝負が終わり，みかんの数はずっと 0 になることを意味する．

図の推移の構造をいかして，花子さんがみかんを全部相手にとられる確率を計算することができる．この確率は 0.771 となる．それでも，4 回に 1 回くらいは花子さんが全

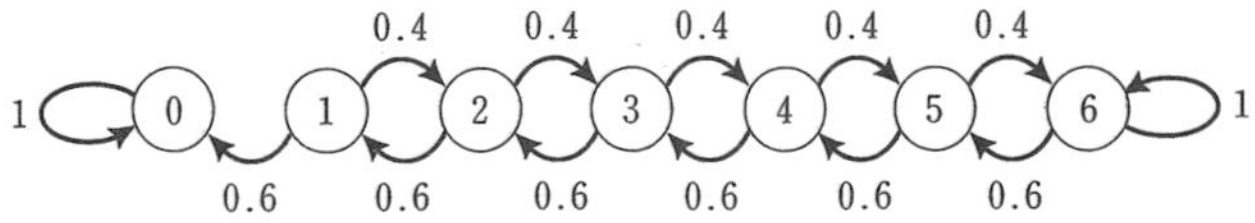

図 10.2　花子さんのもっているみかんの数 X_t の推移図

部とることがある．もし，最初に 6 個ずつもっていたらどうだろう．このとき，花子さんが全部とられてしまう確率は 0.919 とかなり大きくなってしまう．計算の仕方は後ほど紹介する．

これと似たような構造をもつ問題はたくさんあるであろう．例えば，玉が 1 個入ると $k+1$ 個玉が出てくるパチンコゲームを考えてみよう．ある人の t 回目の試技後の手持ちの玉数を X_t とすると，入れば k 個増え，入らなければ 1 個減る．例えば，$k=1$ として，あなたの腕前，つまり玉が入る確率が 0.4 で最初の手持ち数が 90 のとき，100 の大台に届く前に手持ちの玉が 0 となり破産してしまう確率はどのくらいだろう．なんと，…！　これも後ほど演習問題でやってみることにする．

10.2 マルコフ連鎖

前節のみかんの個数のように，状態が時間とともに変化する時系列を $\{X_t, t\in T\}$ で表し，これを**確率過程** (stochastic process) と呼ぶ．T はパラメータ t のとりうる値の全体を表し，パラメータ空間と呼ぶ．前節の例では，$T=\{0, 1, 2, \cdots\}$ と離散的な値をとった．中学の理科で学んだ水面上に浮かんだ小さな花粉の運動 (ブラウン運動) をずっと続けて観測する場合のように，t が実数値をとり $T=[0, \infty)$ と考えることもある．前者を**離散時間過程**，後者を**連続時間過程**という．また，みかんの例のように，X_t のとりうる状態 (state) が $0, 1, 2, \cdots$ のように離散的な値をとる場合や，ブラウン運動のように平面上の任意の点という連続的な値をとる場合もある．状態の全体を**状態空間** (state space) といい S で表す．以下では，離散時間・離散状態の確率過程を扱うことにする．

まず，いくつかの確率過程の例について眺めてみよう．

(1) サイコロ投げ

サイコロを t 回目に投げたときに出る目の数を X_t とする．$1, 2, \ldots, t$ 回とそれぞれに投げたときに出た目を観測してきた後で，$t+1$ 回目に出る目を予想することを考える．ふつうのサイコロであれば，それまでどのような目が出てきたかに関わらず，1から6の各目の出る確率は1/6と考えてよいだろう．これを確率の式で表すと

$$P\{X_{t+1}=k|X_1=j_1, X_2=j_2, \ldots, X_t=j\}=P\{X_{t+1}=k\}=1/6 \quad (k=1, 2, \ldots, 6)$$

と書ける．つまり，X_{t+1} は過去の履歴に関する条件 $\{X_1=j_1, X_2=j_2, \ldots, X_t=j\}$ とは関係なく定まり，その確率はいつも一定の値をとる．確率論の言葉では，$\{X_t\}$ は独立で定常性をもっているという．きわめて簡単な構造をもつ確率過程であり，そのつどの結果を予測することも(確率的には)容易である．しかし，サイコロがこんにゃくか豆腐のようなやわらかなものでできている場合はこうはいかない．

(2) 文　章

何か適当な英語の本をもってこよう．書き出しから t 番目の文字を X_t とする．それまでに書かれてきた文字の列(というより文章)がわかれば，$t+1$ 番目に現れる文字もある程度予想がつこう．t 番目までに与えられる文字の列が違えば，$t+1$ 番目の文字の予想も異なってくるであろう．つまり，$t+1$ 番目に現れる文字は，それまでの文字列，いわば過去の履歴によって違ってこよう．これを式で表そうとすると，

$$P\{X_{t+1}=k|X_1=j_1, X_2=j_2, \ldots, X_t=j\}=?$$

となり，これ以上簡単にできない！ ということである．つまり，文章はきわめて複雑な構造をもつ確率過程である．

もっとも，講義のうまくないM先生のように，何言目かには，ア～とかエ～が入るという場合は，そこだけはすぐ予想がつくこともあるかもしれない．それにしても，少しでも話を聞いていないとわからないだろう．

さて，(1)の場合は簡単に(確率的な)予想が立てられるが，(2)の場合は，過去の履歴をよほど考慮しないと予想が立てにくい．この予想を何とか計算可能にする方法はないだろうか？

そこで，マルコフは，$\{X_t\}$ の独立性を少し弱めて，ちょっと前の状態だけに関連する確率過程を考えてみた．式で表すと

$$P\{X_{t+1}=k|X_1=j_1, X_2=j_2, \ldots, X_t=j\}=P\{X_{t+1}=k|X_t=j\}$$

を満たす確率過程である．つまり，**マルコフ性**(Markov property)をもつ確率過程である．このような性質をもつ$\{X_t\}$を**マルコフ過程**(Markov process)と呼ぶ．特に，状態が離散的な場合，**マルコフ連鎖**(Markov chain)と呼ぶ．

——マルコフは上のような確率過程を考え出したものの，実際に当てはまりそうな現象が見つからず，苦労したらしい．しかし，20世紀に入って科学が進展するにつれ，人間は限られた情報の下で将来を予測することの必要に迫られ，厳密にはマルコフ性をもたない場合でも，近似的にでもマルコフ過程を当てはめて予測の役に立てようとしてきた．その計算の都合のよさは次節で紹介する．ある側面から見れば，20世紀はマルコフ過程でものを見た時代といっても過言ではない．

少し法螺を吹いたが，"情報理論"を産み出したシャノン(C. E. Shannon, 1916-2000)の興味深い実験を引用して埋め合わせをしておこう[2, 6]．

シャノンは情報理論を組み立てるに当たって，英文を数学的に表現する必要に迫られた．英文は，アルファベットにスペースを入れた27文字から成り立っているものと仮定した．ピリオドやカンマなどの記号については，無視するものとした．スペースは単語の切れ目として必要である．幸い，ある英語学の本に27文字の使用頻度を調べたものがあったので[1]，それを利用して次のようないたずらをした．1万個の目をもつサイコロがあるとして，各文字を頻度数に比例した数だけ各目に書き込む．例えば，スペースに1817個，Eに1073個の目を割り当てる．そのサイコロを投げれば，各文字が使用頻度にしたがってランダムに発生する．1万個の目のサイコロはいくら何でもつくれないので，代わりに乱数列を利用する．つまり，文字列の発生をシミュレーションする．その結果，次のような文字列が得られた．

第1次近似：　各文字が使用頻度にしたがってランダムに発生
OCRO HLI RGWR NMIELWIS EU LL NBNESEBYA TH EEI ALHENH-TTPA OOBTTVA NAH BRL

これを見ても，子音が続いたりして，誰も英文だとは思わないであろう．英単語には子音の次には母音がきやすいとか，あるいはQの次にはUがくるなどの2文字並び，さらには3文字並びの出やすさのパターンも入れたい．先の英語学の本には，驚くべきことに2文字，3文字の頻度表まで掲載されていた．コンピュータのない時代に，よくも調べたものだ．これを利用して，文字iの次に文字jに推移する確率を求め，各文字ごとのサイコロをつくる．文字Aが出たら，文字A用のサイコロを振り，次にTが出たらT用のサイコロを振る．いわばマルコフ的に文字を発生させることになる．3文

[1] アルファベット27文字を頻度の大きい順に並べると，スペース(0.1817)，E(0.1073)，T(0.0856)，A(0.0668)，O(0.0654)，N(0.0581)，R(0.0559)，I(0.0519)，S(0.0499)，...，X(0.0014)，J(0.0011)，Q(0.0010)，Z(0.0006)となっている．括弧内は相対頻度である([2]参照)．

字のときは，文字の組 (i, j) の次に文字 k がくる推移確率を求め，先と同じような実験をした[2]．この場合は，各文字の組 (i, j) ごとに別なサイコロが要るので 27×27 個のサイコロが必要になる．さて，このようにして実験した結果は次のようになった．

第 2 次近似： (1 重) マルコフ連鎖として発生
ON IE ANSOUTINYS ARE T INCOTORE ST BE S DEAMY ACHIN DILONASIVE TUCOOWE AT TEASONARE FUSO TIZIN ANDY TOBE SEACE CTISBE

第 3 次近似： (2 重) マルコフ連鎖として発生
IN NO IST LAT WHEY CRATICT FROURE GROICD PONDENOME OF DEMONSTURES OF THE REPTAGIN IS REGOACTIONA OF CRE

あわて者なら，わからない単語を辞書に当たってみたりするだろう．それなりに英語らしい雰囲気が出ている．このように，複雑に見える英文の文字列の動きも過去への依存の多重度を上げれば，それなりに近似できるように思えてくる．

10.3 計算の仕方 —— 将来を算出する

本節では，$\{X_t, t\in T\}$ がマルコフ連鎖のとき，何ステップか先にどのような状態にいる可能性が高いかを計算する方法について考えてみよう．ここでは，パラメータ空間を $T=\{0, 1, 2, \ldots\}$，状態空間を $S=\{1, 2, 3, \ldots, s\}$ とする．$s<\infty$ のとき，**有限マルコフ連鎖**という．$\{X_t\}$ がマルコフ連鎖であるから，

$$P\{X_{t+1}=k|X_1=j_1, X_2=j_2, \ldots, X_t=j\}=P\{X_{t+1}=k|X_t=j\}\equiv p_{jk}(t) \tag{10.1}$$

が成り立っている．$p_{jk}(t)$ を状態 j から k への (1 ステップでの) **推移確率** (transition probability) という．この確率が時刻 t によらず一定で $p_{jk}(t)=p_{jk}$ のとき，$\{X_t\}$ の動きが時間的に均一という意味で**斉時的マルコフ連鎖**と呼ぶ．本書では斉時的 (homogeneous) な場合だけを扱う．

この推移確率を行列の形にまとめた

$$P=(p_{jk})=\begin{pmatrix} p_{11} & p_{12} & \cdots & p_{1s} \\ p_{21} & p_{22} & \cdots & p_{2s} \\ \vdots & & & \vdots \\ p_{s1} & p_{s2} & \cdots & p_{ss} \end{pmatrix} \tag{10.2}$$

[2] このように直前の m 個の状態に依存して推移する場合，m 重マルコフ連鎖と呼ぶ．

を**推移確率行列**(transition matrix) といい，$p_{jk} \geqq 0$，各行の和は $\sum_{k=1}^{s} p_{jk}=1$ となる．推移確率行列が与えられれば，そのマルコフ連鎖の情報はすべてわかったことになり，将来の予測が可能となる．

(1) *m* ステップでの推移確率

まず，$m=2$ のときを求める．

$p_{jk}^{(2)}$：j にいるとき，2 ステップ後に k に推移する確率とおくと，

$$p_{jk}^{(2)}=P\{X_{t+2}=k|X_t=j\}=\sum_{h=1}^{s} p_{jh}\cdot p_{hk} \tag{10.3}$$

と 1 ステップの推移確率を使って計算できる．これは図 10.3 にみるように，時点 t で j にいて，次に h にいき，$t+2$ で k にいくパスの確率は $p_{jh}p_{hk}$ であり，途中の h についてはいろいろな状態をとりうるので，そのすべての場合について足し合わせたものになっている．マルコフ性はどこで生きているのか？パス $j \to h \to k$ の生ずる確率が簡単に積 $p_{jh}p_{hk}$ で書けるところに大いに効いている．マルコフ性がなければ，時点 $t+1$ で h にいて，$t+2$ で k に推移するとき，その前にどこにいたかが気になり，この確率は単純に p_{hk} と表すことができない．

上の式の右辺は，推移確率行列 P の 2 乗 $P\cdot P$ の jk 要素になっている．すなわち，2 ステップでの推移確率行列は，次のように簡単に表される．

$$P^{(2)} \equiv (p_{jk}^{(2)})=P^2$$

m ステップの推移行列も同じように考えればよく，

$$P^{(m)} \equiv (p_{jk}^{(m)})=P^m=P^{m-1}\cdot P \tag{10.4}$$

と計算できる．最後の表現のように，この確率が再帰的に計算できるからコン

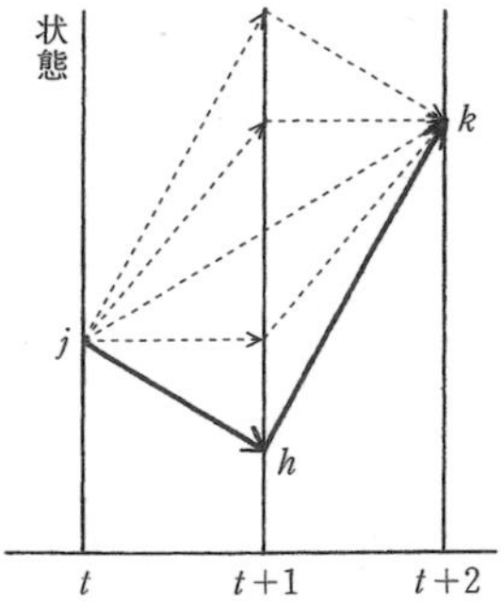

図 10.3 2 ステップの推移

ピュータでやれば楽である．状態数が大きいときはメモリを食うのでそう簡単ではない．

(2) m ステップ後の状態確率

m ステップ後に状態 k にいる確率を $\pi_k(m)$ とする．

$$\boldsymbol{\pi}(m)=(\pi_1(m), \pi_2(m), \ldots, \pi_S(m))$$

を時刻 m での状態確率ベクトル(状態分布)という．初期状態分布 $\boldsymbol{\pi}(0)$ が与えられたとき，$\boldsymbol{\pi}(m)$ は

$$\boldsymbol{\pi}(m)=\boldsymbol{\pi}(0)P^m=\boldsymbol{\pi}(m-1)P \tag{10.5}$$

と計算できる．最初に状態 k からスタートした場合は，$\boldsymbol{\pi}(m)$ は P^m の第 k 行目を見ればよい．

実際にいくつかの例について，その推移確率行列 P の P^m，$\boldsymbol{\pi}(m)$ を計算してみよう．

例 2 —— ランチの後の飲み物

M さんがお昼を食べる店では，食後にコーヒーかミルクティーかレモンティーをサービスする．M さんは毎日異なったものを飲みたいと考えており，前日飲んだものと違うものを頼むことにしている．前日にミルクティーかレモンティーを飲んだ場合は，残りの 2 つから適当に 1/2 の確率で選ぶ．どういうわけか，前日がコーヒーの場合だけは，どうしてもレモンティーを飲みたくなる．1 か月くらいの間に，M さんは各飲み物をどのくらいの割合で飲んでいるだろうか？

まず，推移図を描いて推移行列 P を求め，P^m をいくつかの場合について計算してみよう (図 10.4)．レモンティーを頼む場合を状態 1，ミルクティーを状態 2，コーヒーの場合を状態 3 とする．

$$P=\begin{pmatrix} 0 & .5 & .5 \\ .5 & 0 & .5 \\ 1.0 & 0 & 0 \end{pmatrix}$$

$$P^2=\begin{pmatrix} .750 & 0 & .250 \\ .500 & .250 & .250 \\ 0 & .500 & .500 \end{pmatrix} \qquad P^3=\begin{pmatrix} .2500 & .3750 & .3750 \\ .3750 & .2500 & .3750 \\ .7500 & 0 & .2500 \end{pmatrix}$$

$$P^5=\begin{pmatrix} .3750 & .2813 & .3438 \\ .4063 & .2500 & .3438 \\ .5625 & .1250 & .3125 \end{pmatrix} \qquad P^{10}=\begin{pmatrix} .4482 & .2188 & .3330 \\ .4473 & .2197 & .3330 \\ .4375 & .2285 & .3340 \end{pmatrix}$$

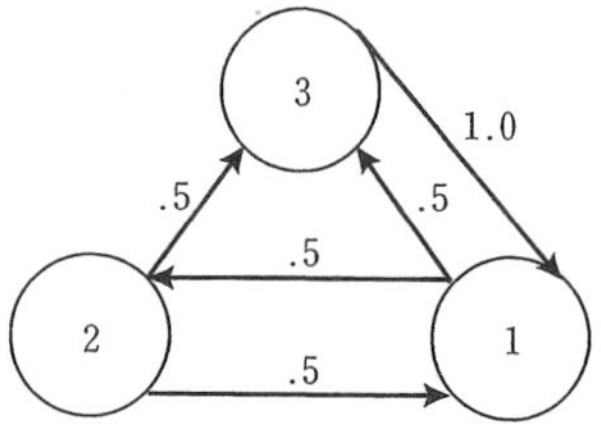

図 10.4　ランチの飲み物の推移図

$$P^{20}=\begin{pmatrix} .4445 & .2222 & .3333 \\ .4445 & .2222 & .3333 \\ .4444 & .2222 & .3333 \end{pmatrix} \quad P^{25}=\begin{pmatrix} .4444 & .2222 & .3333 \\ .4444 & .2222 & .3333 \\ .4444 & .2222 & .3333 \end{pmatrix}$$

状態確率ベクトルは，最初に状態 1 にいたとすると $\boldsymbol{\pi}(0)=(1.0\ \ 0\ \ 0)$ とおいて $\boldsymbol{\pi}(0)P^m$ を計算するわけだから，$\boldsymbol{\pi}(1)=(0.0\ \ 0.5\ \ 0.5)$，$\boldsymbol{\pi}(2)=(0.75\ \ 0.00\ \ 0.25)$，$\boldsymbol{\pi}(3)=(0.250\ \ 0.375\ \ 0.375)$ のように，$\boldsymbol{\pi}(m)$ は P^m の 1 行目のベクトルになる．

上の結果をみると，P^m の各要素の値は m が小さいうちは振動しているが，徐々に安定してきて，$m=25$ ではほぼ収束しており，各行が同じになっている．つまり，どの状態からスタートしても，十分な日数が経った後では，レモンティーを頼む確率が 4/9，ミルクティーが 2/9，コーヒーが 3/9 の確率となる．これは，時間の経過にともない初期状態の影響が薄れてくることを意味する．これより，1 か月の間に飲んだ割合もほぼこれに近いと考えてよいだろう．

例 3 —— 周期的に変化する場合

図 10.5 の推移図をみると，明らかに状態 1, 2 のグループと 3, 4 のグループが交互に現れる．つまり，現れ方に周期性がある．この場合，P^m は次のように振動している．

$$P=\begin{pmatrix} 0 & 0 & .6 & .4 \\ 0 & 0 & .3 & .7 \\ .4 & .6 & 0 & 0 \\ .8 & .2 & 0 & 0 \end{pmatrix}$$

$$P^2=\begin{pmatrix} .56 & .44 & 0 & 0 \\ .68 & .32 & 0 & 0 \\ 0 & 0 & .42 & .58 \\ 0 & 0 & .54 & .46 \end{pmatrix} \qquad P^3=\begin{pmatrix} 0 & 0 & .468 & .532 \\ 0 & 0 & .504 & .496 \\ .632 & .368 & 0 & 0 \\ .584 & .416 & 0 & 0 \end{pmatrix}$$

$$P^{10}=\begin{pmatrix} .607 & .393 & 0 & 0 \\ .607 & .393 & 0 & 0 \\ 0 & 0 & .482 & .518 \\ 0 & 0 & .482 & .518 \end{pmatrix} \qquad P^{11}=\begin{pmatrix} 0 & 0 & .482 & .518 \\ 0 & 0 & .482 & .518 \\ .607 & .393 & 0 & 0 \\ .607 & .393 & 0 & 0 \end{pmatrix}$$

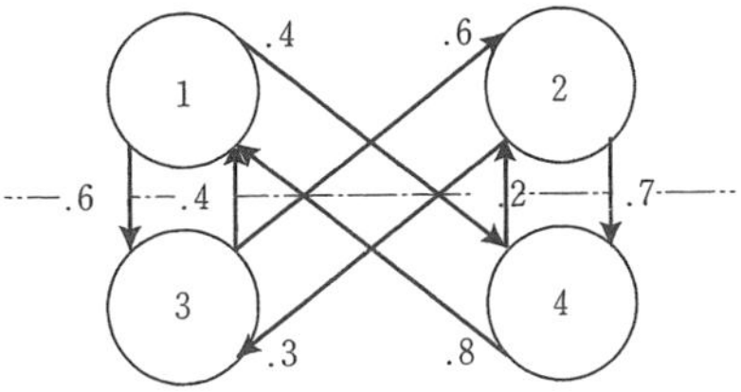

図 10.5 周期的に変化する例

例 4 —— みかん取りゲーム

例 1 で紹介したみかん取りゲームの場合について，コンピュータの力を借りて同じように計算してみよう．

状態は 0, 1, 2, ..., 6 の 7 個の状態である．ゲームの回数が進むにつれて，状態 0 と 6 に吸収されていく様子がよくわかる．お互いにみかんを 3 個ずつもった状態 3 から出発した場合でも，10 回目までには 0.564＋0.110＝0.674 の確率でどちらかに吸収されてしまいゲームが終了している．60 回目までには，ゲームがほとんど終了し，花子さんの負ける確率が 0.771 であることがわかる．状態 5，つまり花子さんがはじめに 5 個，太郎君が 1 個もってスタートした場合でも，花子さんが負けてしまう確率が 0.365 もあるのは驚きである．少し細かいことだが，中間の状態 1, 2, ..., 5 にあるときは，0 の現れる位置が順番（周期的）に変化していることがわかる．つまり，状態が 3 → 4 → 5 → 4 → 3 のように奇数，偶数の順番に現れるので，例えば，奇数回目では (3, 5) の要素，偶数回目では (3, 4) の要素は 0 となる．60 回目のとき，$(P^{60})_{35}=0.000$ と書いたのは，小数点 3 桁までは 0 だがもっと小さい桁になるとあるいは別な数値が入る可能性があることを意味している．$(P^{60})_{34}=0$ は，はじめに状態 3 からスタートしたときに 60 回目には状態 4 には決してならないので，その違いを示すように表記した．

$$P=\begin{pmatrix} 1.0 & 0 & 0 & 0 & 0 & 0 & 0 \\ .6 & 0 & .4 & 0 & 0 & 0 & 0 \\ 0 & .6 & 0 & .4 & 0 & 0 & 0 \\ 0 & 0 & .6 & 0 & .4 & 0 & 0 \\ 0 & 0 & 0 & .6 & 0 & .4 & 0 \\ 0 & 0 & 0 & 0 & .6 & 0 & .4 \\ 0 & 0 & 0 & 0 & 0 & 0 & 1.0 \end{pmatrix}$$

$$P^5=\begin{pmatrix} 1.000 & 0 & 0 & 0 & 0 & 0 & 0 \\ .813 & 0 & .115 & 0 & .061 & 0 & .010 \\ .533 & .173 & 0 & .207 & 0 & .061 & .026 \\ .372 & 0 & .311 & 0 & .207 & 0 & .110 \\ .130 & .207 & 0 & .311 & 0 & .115 & .237 \\ .078 & 0 & .207 & 0 & .173 & 0 & .542 \\ 0 & 0 & 0 & 0 & 0 & 0 & 1.000 \end{pmatrix}$$

$$P^{10}=\begin{pmatrix} 1.000 & 0 & 0 & 0 & 0 & 0 & 0 \\ .882 & .033 & 0 & .043 & 0 & .014 & .010 \\ .755 & 0 & .097 & 0 & .064 & 0 & .026 \\ .564 & .097 & 0 & .129 & 0 & .043 & .110 \\ .423 & 0 & .144 & 0 & .097 & 0 & .237 \\ .211 & .072 & 0 & .097 & 0 & .032 & .542 \\ 0 & 0 & 0 & 0 & 0 & 0 & 1.000 \end{pmatrix}$$

$$P^{60}=\begin{pmatrix} 1.000 & 0 & 0 & 0 & 0 & 0 & 0 \\ .952 & .000 & 0 & .000 & 0 & .000 & .048 \\ .880 & 0 & .000 & 0 & .000 & 0 & .120 \\ .771 & .000 & 0 & .000 & 0 & .000 & .229 \\ .609 & 0 & .000 & 0 & .000 & 0 & .391 \\ .365 & .000 & 0 & .000 & 0 & .000 & .635 \\ 0 & 0 & 0 & 0 & 0 & 0 & 1.000 \end{pmatrix}$$

例 5 —— 少し複雑な例

推移図が図 10.6 のように少し複雑な場合を考えよう．

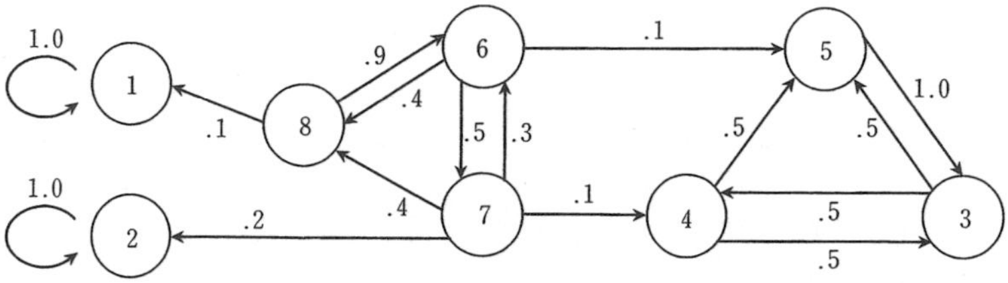

図 10.6　少し複雑な例の推移図

この場合，十分に時間が経つと，状態 6, 7, 8 にとどまっている確率はほとんど 0 になり，状態 1 または 2 に吸収されるか，状態 3, 4, 5 のグループに飛び込みそのなかで安定的に推移している様子がわかる．

状態数が小さいから，コンピュータで簡単に P^m を計算してみることができたが，状態数が千や1万を越える場合も多くあり，そのとき機械的に計算することは難しくなる．たとえば，この例のように複雑な推移をする場合は，計算する前にある程度どのような振る舞いになるのか見極めておく方が都合がよい．そのために，状態空間の分割をはかり，計算しやすい工夫をする必要がある．

$$P=\begin{pmatrix} 1.0 & 0 & 0 & 0 & 0 & 0 & 0 & 0 \\ 0 & 1.0 & 0 & 0 & 0 & 0 & 0 & 0 \\ 0 & 0 & 0 & .5 & .5 & 0 & 0 & 0 \\ 0 & 0 & .5 & 0 & .5 & 0 & 0 & 0 \\ 0 & 0 & 1.0 & 0 & 0 & 0 & 0 & 0 \\ 0 & 0 & 0 & 0 & .1 & 0 & .5 & .4 \\ .2 & 0 & 0 & .1 & 0 & .3 & 0 & .4 \\ .1 & 0 & 0 & 0 & 0 & .9 & 0 & 0 \end{pmatrix}$$

$$P^{20}=\begin{pmatrix} 1.000 & 0 & 0 & 0 & 0 & 0 & 0 & 0 \\ 0 & 1.000 & 0 & 0 & 0 & 0 & 0 & 0 \\ 0 & 0 & .444 & .222 & .333 & 0 & 0 & 0 \\ 0 & 0 & .444 & .222 & .333 & 0 & 0 & 0 \\ 0 & 0 & .444 & .222 & .333 & 0 & 0 & 0 \\ .193 & .323 & .215 & .108 & .161 & .000 & .000 & .000 \\ .168 & .413 & .186 & .093 & .140 & .000 & .000 & .000 \\ .274 & .290 & .194 & .097 & .145 & .000 & .000 & .000 \end{pmatrix}$$

10.4　状態空間の分割と状態の性質

図10.6において，状態7から状態3へは直接はいくことができないが，$7 \to 4 \to 5 \to 3$ のように何ステップか後に到達する可能性がある場合，状態7から状態3へ**到達可能** (accessible) であるといい，$7 \Rightarrow 3$ と表す．状態4と状態5のように双方に到達可能であるときは**連結** (communicative) している，あるいはコミュニケートできるといい，$4 \Leftrightarrow 5$ と表す．連結 ($\Leftrightarrow$) は同値関係であり，

① 反射律：　$j \Leftrightarrow j$,

② 対称律：　$j \Leftrightarrow k$ ならば，$k \Leftrightarrow j$,

③ 推移律：　$j \Leftrightarrow k$, $k \Leftrightarrow m$ ならば，$j \Leftrightarrow m$.

を満たす．これにより，状態空間 S を同値な仲間 (クラス) に分割することがで

きる.

1と同値関係にある仲間を C_1 とし，次に C_1 に入らない状態を1つ選びそれと同値な仲間を $C_2, \ldots,$ というふうに S の要素がなくなるまで順次新しいクラスをつくっていけばよい．図10.6の推移図の場合，次の4個のクラスができ，S を分割している.

$$C_1=\{1\},\ C_2=\{2\},\ C_3=\{3,4,5\},\ C_4=\{6,7,8\};$$
$$S=C_1\cup C_2\cup C_3\cup C_4$$

C_1, C_2, C_3 のようにその中だけを動き回る場合を**閉じたクラス**と呼ぶ．特に，C_1 のように1つの状態のみからなるとき，その状態を**吸収状態**と呼ぶ．いまの場合，状態1に入るとそのまま状態1に居続けるのでプロセスが止まってしまったようにみえる．C_3 のように複数の状態が含まれる閉じたクラスを**既約なクラス**という．いったんこのクラスに入ってしまえば，この中だけを動き，安定してみえる．C_4 のように何度かこの中を動いた後で，他のクラスにいったら再び戻ってくることがないクラスを**一時的なクラス**と呼ぶ．つまり，複雑な構造をもつ状態空間は次のようなクラスに分割される.

- 閉じたクラス (closed set)
  - 既約なクラス (irreducible set)　$C_3=\{3,4,5\}$
  - 吸収状態 (absorbing state)　$C_1=\{1\},\ C_2=\{2\}$
- 一時的なクラス (transient set)　$C_4=\{6,7,8\}$

次に状態の性質について紹介する．まず，いくつかの記号を定める.

$f_{jk}(n)$：　状態 j からスタートして，n ステップ目ではじめて状態 k を訪れる確率 (**初度到達確率**という)

$$f_{jk}=\sum_{n=1}^{\infty} f_{jk}(n):\quad \text{状態 } j \text{ から } k \text{ にいつか訪れる確率} \tag{10.6}$$

$$\mu_{jj}=\sum_{n=1}^{\infty} n\cdot f_{jj}(n):\quad \text{状態 } j \text{ から } j \text{ に戻る平均再帰時間} \tag{10.7}$$

(1) 再帰的な状態と一時的な状態

$f_{jj}=1$ のとき，状態 j は**再帰的** (recurrent) であるといい，$f_{jj}<1$ のとき**一時的** (transient) であるという．再帰的であれば，必ず繰り返し j に戻ってくる．特に，状態 j が再帰的で $\mu_{jj}<\infty$ のとき**正再帰的**，$\mu_{jj}=\infty$ のとき**零再帰的**という.

(2)　周期性

例4の場合，状態 $1, 2, \ldots, 5$ にあっては偶数の状態と奇数の状態が交互に現れた．つまり，周期2のリズムで現れた．一般に状態 j の**周期** (period) は

$$d(j)=\{m|p_{jj}^{(m)}>0\} \text{ の最大公約数} \tag{10.8}$$

と定義される．$d(j)>1$ のとき状態 j は**周期性**をもつといい，$d(j)=1$ のとき**非周期的** (aperiodic) であるという．

いま，1つの状態についての性質を述べたが，実は，「**同じクラスに属する状態は，みんな同じ性質をもつ**」ことが示される．これをクラスの性質という．つまり，j, k が同じクラスに属していれば，j が正再帰的であれば k も正再帰的であり，周期も同じになる．

また，状態空間 S の任意の状態どうしが連結であれば，クラスは S そのもの1つだけとなる．このとき，そのマルコフ連鎖を**既約なマルコフ連鎖**と呼ぶ．クラスの性質から，既約なマルコフ連鎖ではすべての状態が再帰的か，あるいは一時的となる．状態数が有限のときは，もちろん必ず同じ状態に有限時間で戻ってくるので正再帰的となる．状態数が ∞ のときは，後ほどランダムウォークの例でみるように，正再帰的であったり，零再帰的であったり，一時的であったりといろいろなケースが生じうる．状態空間がいくつかの吸収状態と一時的なクラスだけから構成される場合，**吸収的なマルコフ連鎖**という．

例6 —— 単純ランダムウォーク

確率変数列 $\{Y_n, n=1, 2, \ldots\}$ が独立で，同一分布に従うとする．その部分和を

$$S_n=\sum_{k=1}^{n} Y_k, \quad S_0=0$$

とおく．確率過程 $\{S_n, n=1, 2, \ldots\}$ を (1次元) **ランダムウォーク**と呼ぶ．S_n は1次元の数直線上を左右にふらふらと動く．特に，$P\{Y_n=1\}=p$, $P\{Y_n=-1\}=q=1-p$ のとき単純ランダムウォークという．p が0または1でない限り，任意の状態が連結となり，状態空間 S は既約である．また，各状態の周期は2である．$p=1/2$ のときは，0からスタートして0に必ず戻ってくるので再帰的であるが，平均再帰時間を計算すると∞になるので，零再帰的である．$1/2>p>0$ $(1>p>1/2)$ のときは，このランダムウォークは徐々に負の方向に (正の方向に) 流れていき，状態0には戻ってこない可能性もあるので，一時的なマルコフ連鎖となる．本当は計算してみないといけないが，直感的にはうなずけるだろう．

10.5　定常分布と極限分布

(1)　定常分布

確率ベクトル $\boldsymbol{\alpha}$ が

$$\boldsymbol{\alpha}P=\boldsymbol{\alpha} \tag{10.9}$$

を満たすとき，$\boldsymbol{\alpha}$ を推移確率行列 P の**定常分布** (stationary distribution) という．

ちなみに，初期分布を $\boldsymbol{\pi}(0)=\boldsymbol{\alpha}$ として各時点の状態分布を求めると

$$\boldsymbol{\pi}(1)=\boldsymbol{\pi}(0)P=\boldsymbol{\alpha}P=\boldsymbol{\alpha},$$
$$\boldsymbol{\pi}(2)=\boldsymbol{\pi}(1)P=\boldsymbol{\alpha}P=\boldsymbol{\alpha},$$
$$\vdots$$

とすべての時点で $\boldsymbol{\pi}(m)=\boldsymbol{\alpha}$ となり，分布はいつでも同じになるので定常分布という．

以下で，10.3 節の例に対して $\boldsymbol{\alpha}$ を計算してみよう．

ランチの後の飲み物 (例 2)：　$\boldsymbol{\alpha}=(\alpha_1, \alpha_2, \alpha_3)$ とおいて $\boldsymbol{\alpha}=\boldsymbol{\alpha}P$ を書き表すと

$$\begin{aligned}\alpha_1&=\phantom{0.5\alpha_1+{}}0.5\alpha_2+1.0\alpha_3\\ \alpha_2&=0.5\alpha_1\\ \alpha_3&=0.5\alpha_1+0.5\alpha_2\end{aligned}\qquad P=\begin{pmatrix}0 & .5 & .5\\ .5 & 0 & .5\\ 1.0 & 0 & 0\end{pmatrix}$$

となる．このままでは連立方程式が定数項を含まない斉次方程式となるため，各 α_k は一意には定まらない．このうちの 1 本の式を除いて，代わりに分布の和が 1 という条件

$$\alpha_1+\alpha_2+\alpha_3=1$$

を付け加えると，$\boldsymbol{\alpha}=(4/9, 2/9, 3/9)$ と求まる．これは m を大きくしたときの P^m の各行のベクトルと同じになっている．

周期的に変化する場合 (例 3)：　この場合，$\boldsymbol{\alpha}=(\alpha_1, \alpha_2, \alpha_3, \alpha_4)$ とおいて，例 2 と同様な計算を行うと，$\boldsymbol{\alpha}=(0.304, 0.196, 0.241, 0.259)$ となる．m が大きいとき，P^m と P^{m+1} の各要素を足し合わせて 2 で割ると各行ベクトルは定常分布と同じになる．グループ 1, 2 とグループ 3, 4 が順番に 1/2 の割合で現れるためである．

みかん取りゲーム (例 4)：　(10.9) の方程式を立てるとすぐわかるが，一時的な状態に対しては，$\alpha_1=\alpha_2=\alpha_3=\alpha_4=\alpha_5=0$ となるが，吸収状態の α_0 と α_6 は一意に定まらない．吸収状態のある場合，一時的な状態のどれからスタートするかによって状態 0 または 6 に吸収される確率が違ってくるからである．

m を大きくしたときの P^m の極限について次のような結果が知られている．状態数が有限な場合は各例の計算結果と付き合わせると容易に理解できる．状態数が無限な場

合は議論を必要とするが，ここでは直感的に理解してもらえればよい．

(2)　極限確率の性質

状態空間が既約で非周期的なマルコフ連鎖を考える．

① $s<\infty$ のとき

すべての状態が正再帰的で，m を大きくすると，$p_{jk}^{(m)}$ は出発点 j に関係なく α_k に収束する．ここで，$\boldsymbol{\alpha}=(\alpha_1, \alpha_2, \ldots, \alpha_s)$ は定常分布である．

② $s=\infty$ のとき

次の (a)，(b) のどちらかになる．

(a) すべての状態が正再帰的で，$p_{jk}^{(m)}$ の極限は ① と同様に α_k に収束する．

(b) すべての状態が一時的かあるいは零再帰的であり，$p_{jk}^{(m)}$ は 0 に収束する．

また，定常分布については，$\alpha_k=1/\mu_{kk}$ となる．

状態数が有限で既約なときは，どの状態からどの状態へも何回も行くことができるので，正再帰的となることは明らかであろう．状態 k が再現する平均時間が μ_{kk} だから k の出現する確率はその逆数ということもうなずけよう．

状態空間が既約で周期的なとき (例 3 の場合)，P^m が振動するので極限確率はそのままでは存在しないが，周期 d おきに見れば存在することがわかる．例 3 で偶数回目，奇数回目の P^{2m}, P^{2m+1} の極限は存在する．$(P^{2m}+P^{2m+1})/2$ の各行は定常分布に近づいていく．

(3)　定常分布の意味

定常分布 $\boldsymbol{\alpha}$ を求めることには次の 3 つの意味がある．

① 時間的に定常な分布を表す．つまり，$\boldsymbol{\alpha}=\boldsymbol{\alpha}P$ の解である．

② 既約で非周期的な場合は，m を大きくしたときの $p_{jk}^{(m)}$ の極限確率は α_k になる．

③ 観測時間を長くすると，状態 k の現れる回数の相対頻度 (あるいは時間平均) は，α_k に近づく．

特に，③ は観測結果と理論値とを結びつける大事な見方で，この性質を**エルゴード性** (ergodic property) と呼ぶ．この性質があるため，定常分布を計算することは重要になる．周期性のある場合の定常分布は，この時間平均の意味で考えるとよい．

10.6 吸収的なマルコフ連鎖

吸収状態をもつマルコフ連鎖の取り扱いについて述べる．図 10.6 の複雑な例で，状態 3, 4, 5 の既約なクラスをひとまとめにして状態 3′ とし，一時的な状態 6, 7, 8 を新たに 4′, 5′, 6′ と名づければ，吸収状態を 3 個もつ図 10.7 のような推移図が描ける．この推移行列は次のようになる．

$$P=\left(\begin{array}{ccc:ccc} 1.0 & 0 & 0 & 0 & 0 & 0 \\ 0 & 1.0 & 0 & 0 & 0 & 0 \\ 0 & 0 & 1.0 & 0 & 0 & 0 \\ \hdashline 0 & 0 & .1 & 0 & .5 & .4 \\ 0 & .2 & .1 & .3 & 0 & .4 \\ .1 & 0 & 0 & .9 & 0 & 0 \end{array}\right) \begin{array}{l} \text{吸収状態} \\ \\ \text{一時的状態} \end{array}$$

このように吸収状態に若い番号をつけて状態を並べ替えると，吸収的マルコフ連鎖の推移行列は上と同じように

$$P=\begin{pmatrix} I & 0 \\ R & Q \end{pmatrix} \quad \begin{array}{ll} \text{吸収状態：} & K \\ \text{一時的状態：} & T \end{array} \tag{10.10}$$

と書ける．吸収状態の集合を K とし状態数を $s-r$ 個，一時的状態の集合を T としその状態数を r 個とする．ここで，I は $(s-r)\times(s-r)$ の単位行列，0 は $(s-r)\times r$ のゼロ行列，R は $r\times(s-r)$，T は $r\times r$ の行列である．R_{jk} は一時的状態 j から吸収状態 k に 1 ステップで吸収される確率を表し，Q は一時的状態内での推移を表す．この推移行列 P の m 乗を順次求めると

$$P^2=\begin{pmatrix} I & 0 \\ R & Q \end{pmatrix}\begin{pmatrix} I & 0 \\ R & Q \end{pmatrix}=\begin{pmatrix} I & 0 \\ R+QR & Q^2 \end{pmatrix}$$

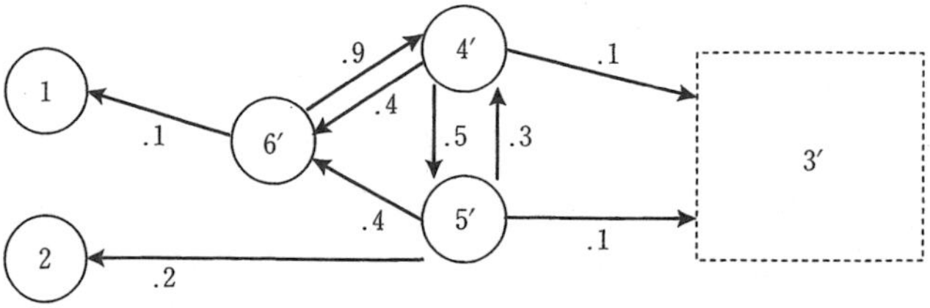

図 10.7　少し複雑な例の推移図

$$P^3=\begin{pmatrix} I & 0 \\ R+QR & Q^2 \end{pmatrix}\begin{pmatrix} I & 0 \\ R & Q \end{pmatrix}=\begin{pmatrix} I & 0 \\ R+QR+Q^2R & Q^3 \end{pmatrix}$$

となる．要素が行列で表される行列の積も，各要素行列の行・列の個数の整合がとれて掛け算が可能であれば，普通の行列の積と同じように計算できる．上の結果から類推すると一般的には

$$P^m=\begin{pmatrix} I & 0 \\ (I+Q+Q^2+\cdots+Q^{m-1})R & Q^m \end{pmatrix} \tag{10.11}$$

となる．

$$R^{(m)}=(I+Q+Q^2+\cdots+Q^{m-1})R \tag{10.12}$$

とおくと，$R^{(m)}_{jk}$ は一時的状態 j からスタートして m ステップまでに吸収状態の k に吸収される確率を表している．Q^m は m ステップの間吸収されないで，一時的な状態内を推移する確率を表す．一時的な状態のどれかから，1 ステップでどこかに吸収されることから Q の行和のうち少なくとも 1 つは 1 未満となるため，そこから“確率”が徐々に吸収状態の方に漏れ，Q^m の各要素はしだいに 0 に近づく．また，$I+Q+Q^2+\cdots+Q^{m-1}+\cdots$ も収束することがわかり，その極限値は $(I-Q)^{-1}$ となる．つまり，

$$M=I+Q+Q^2+\cdots+Q^{m-1}+\cdots=(I-Q)^{-1} \tag{10.13}$$

は吸収的なマルコフ連鎖の計算では重要な役割を果たすので**基本行列** (fundamental matrix) と呼ばれる．

(1)　吸収確率の計算方法

十分に時間が経ったときの極限確率は

$$P^{(\infty)}=\begin{pmatrix} I & 0 \\ MR & 0 \end{pmatrix} \tag{10.14}$$

となる．$(MR)_{jk}$ は一時的状態 j からスタートしていつかは吸収状態の k に吸収される確率を表す．そもそも M_{jk} は一時的状態 j からスタートして吸収されるまでの間に一時的状態の k を訪れた平均回数を意味している．したがって，$\boldsymbol{\xi}$ をすべての要素が 1 の r 次の列ベクトルとしたときの $(M\boldsymbol{\xi})_j$，つまり行列 M の j 行の行和は，一時的状態 j からスタートして吸収されるまでに一時的状態にとどまっていた平均滞在時間を表している．

吸収的なマルコフ連鎖の例(図10.7の推移図の場合)：　この場合の Q から基本行列 M を求める．

$$Q=\begin{pmatrix}0 & .5 & .4\\ .3 & 0 & .4\\ .9 & 0 & 0\end{pmatrix},\quad I-Q=\begin{pmatrix}1.0 & -.5 & -.4\\ -.3 & 1.0 & -.4\\ -.9 & 0 & 1.0\end{pmatrix},\quad M=\begin{pmatrix}3.226 & 1.613 & 1.936\\ 2.129 & 2.065 & 1.677\\ 2.903 & 1.452 & 2.742\end{pmatrix}$$

これより吸収確率は

$$MR=\begin{pmatrix}3.226 & 1.613 & 1.936\\ 2.129 & 2.065 & 1.677\\ 2.903 & 1.452 & 2.742\end{pmatrix}\begin{pmatrix}0 & 0 & .1\\ 0 & .2 & .1\\ .1 & 0 & 0\end{pmatrix}=\begin{pmatrix}.193 & .323 & .484\\ .168 & .413 & .419\\ .274 & .290 & .436\end{pmatrix}$$

となる．例えば，状態 $4'$ からスタートした場合，状態 $3'$ (元の3, 4, 5の状態のクラスに対応)に吸収する確率は0.484である．例5において，$C_3=\{3, 4, 5\}$ のクラスは既約でその極限分布は(4/9, 2/9, 3/9)であった．これの各要素に0.484を掛けると(0.215, 0.108, 0.161)となり，例5の一時的状態6からスタートしたときの3, 4, 5にいる極限確率を表している．つまり，例5のようにいくつかの吸収状態や既約なクラスと一時的な状態を含むような複雑なマルコフ連鎖も，既約なクラスを1つの状態に読み替えて吸収マルコフ連鎖として扱うと行列のサイズが小さくなり計算が容易になる．

形式的には基本行列 M を求めれば，吸収確率や一時的状態での平均滞在時間を計算できるが，例4のみかん取りゲームように推移の仕方に構造がある場合は次に述べる計算法の方が都合のよいときもある．

(2)　吸収確率の別な計算方法

a_{jk}=一時的状態 j からスタートして吸収状態 k に吸収する確率

とする．マルコフ性を使うとこの確率は次の再帰式を満たすことがわかる．

$$a_{jk}=p_{jk}+\sum_{i\in T}p_{ji}a_{ik},\quad j\in T,\quad k\in K \tag{10.15}$$

すなわち，$j\in T$ からスタートして k に吸収されるには，1ステップで直接 k に吸収される場合(その確率は p_{jk})と，まず一時的状態のどれかにいって，そこから新たにスタートして k にいずれ吸収される場合があると考える．$\sum$ の記号の下の $i\in T$ は，すべての一時的な状態について和をとることを意味する．もう1つの方法はこの再帰式を工夫して直接解くやり方である．

吸収確率の行列を $A=(a_{jk})$ とおいて上の再帰式を行列を使って表すと

$$A=R+QA \tag{10.16}$$

と書ける．これを A について形式的に解くと

$$A=(I-Q)^{-1}R=MR \tag{10.17}$$

となり，前の方法の解と同じになっていることがわかる．

例 7――破産の問題

> みかん取りゲームの例と同じ構造であるが，単純なパチンコゲームを考えよう．このパチンコでは玉が 1 個入ると 2 個出て，入らなければそのまま取られてしまう子供向きのゲームとしよう．つまり，手持ちの玉が確率 p で 1 個増え，確率 $q=1-p$ で 1 個減ると考える．あなたがゲームをやるとして，はじめに b 個の手持ちがあるとする．手持ちの玉が N 個に届くか，その前に 0 個になったらゲームが終了するものとする．$p=0.45$, $b=90$, $N=100$ のときに，あなたが破産する，つまり手持ちが N に届くより先に 0 個になる確率はどれくらいだろうか？

状態が $0, 1, 2, \ldots, 100$ で Q の推移行列が 99×99 のサイズになるので逆行列を求めて基本行列 M を計算するのは容易ではない．それで再帰式による方法で考えてみよう．

a_j＝手持ちの玉数が j 個からスタートして N に達する前に破産する確率

とする．あなたが勝つ確率，つまり破産する前に手持ちが N に達する確率は $1-a_j$ となる．いまの場合，上の再帰式は次のようになる．

$$a_j=pa_{j+1}+qa_{j-1} \qquad j=1,2,\ldots,N-1 \tag{10.18}$$
$$a_0=1,\quad a_N=0 \qquad \text{(境界条件)}$$

すなわち，最初に入れば玉数が $j+1$，入らなければ $j-1$ となりそれぞれそこから新たにゲームを始めたと考えればよい．これを解くには，$p+q=1$ を利用して，上の式を

$$(p+q)a_j=pa_{j+1}+qa_{j-1}$$

とおき，整理すると

$$p(a_{j+1}-a_j)=q(a_j-a_{j-1})$$

となり，階差 $(a_{j+1}-a_j)$ について公比 q/p の等比級数になる．したがって，

$$a_j-a_0=(a_1-a_0)\sum_{k=1}^{j-1}(q/p)^k$$

を得る．これに，境界条件を入れると

$$a_j=1-\frac{\sum_{k=1}^{j-1}(q/p)^k}{\sum_{k=1}^{N-1}(q/p)^k}=\begin{cases}\dfrac{(q/p)^j-(q/p)^N}{1-(q/p)^N} & p\neq q \text{ のとき}\\ 1-(j/N) & p=q \text{ のとき}\end{cases} \tag{10.19}$$

というきれいな解を求めることができた．

同様に，ゲームが終了するまでにパチンコをはじく期待回数 m_j については，どちらかに吸収されるまでに一時的状態に滞在した時間の期待値を求めればよい．最初に j にいた 1 回目を数え忘れないようにすると，上と似た再帰式を得る．

$$m_j=1+pm_{j+1}+qm_{j-1} \qquad j=1,2,\ldots,N-1 \tag{10.20}$$
$$m_0=0,\quad m_N=0 \qquad \text{(境界条件)}$$

これを解くと次のようになる．

$$m_j=\begin{cases}\dfrac{j}{q-p}-\dfrac{N}{q-p}\cdot\dfrac{1-(q/p)^j}{1-(q/p)^N}=\dfrac{j-a_jN}{q-p} & p\neq q \text{ のとき}\\ j(N-j) & p=q \text{ のとき}\end{cases} \tag{10.21}$$

この結果をいくつかの場合について表にまとめると表 10.1 のようになる．

表 10.1 破産の確率

p の値	はじめの玉数	N	破産の確率	終了までの期待回数
0.4	90	100	0.983	441
	99	100	0.333	161
0.45	90	100	0.866	766
	99	100	0.182	171
0.5	90	100	0.100	900
	99	100	0.010	99

また，$N=100$ ではじめの手持ち玉数を 90 として，入る確率 p を変化させたときの破産する確率のグラフは図 10.8 のように描ける．1 回 1 回の勝敗が五分となる $p=0.5$ 近辺の急激な変化は驚くほど激しい．われわれが勝負事の腕を過信すると，痛手を負う様子がよくわかる．また，五分五分の場合は，もともとの財力の差がものをいうこともわかろう．

【演習問題】

10.1 n 人でじゃんけんをして，1 人の勝者を決めたい．じゃんけんで勝ち残っていく人数の様子をマルコフモデルで定式化することを考える．このとき，次の問いに答え

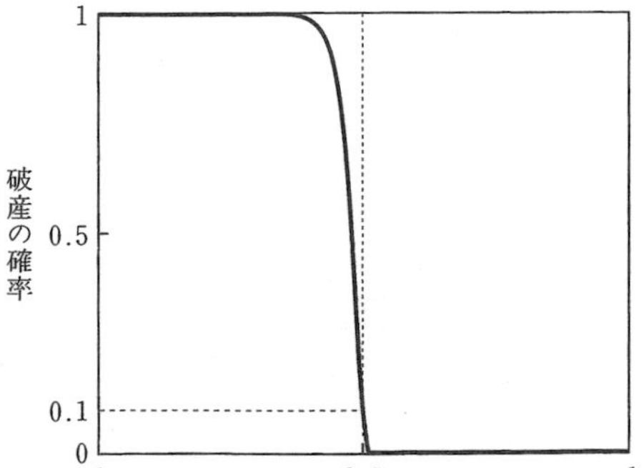

図 10.8 p による破産の確率の変化
($N=100$，手持ち 90 のとき)

よ．

(1) $n=3$ のとき，状態をうまく選んで，その推移確率行列を表せ．

(2) 1 人の勝者が決まるまでに，平均何回じゃんけんを行うことになるだろうか．

(3) 2 回以内で勝者の決まる確率はどのくらいか．

(4) $n=4$ のとき，上の各問いに答えよ．

10.2 A さんは財布の中の 1 円玉の個数がいつでも 4 個以下になるよう，釣り銭をもらうときに工夫している．例えば，財布の中に 1 円玉が 3 個あって，値段の端数が 6 円のとき 10 円玉を出してお釣りをもらうと 1 円玉が 7 個になるので，その場合は 10 円玉と 1 円玉を出して 5 円玉のお釣りをもらうようにしている．このようにしたとき財布の中の 1 円玉の個数の (定常) 分布はどのようになるかマルコフモデルで調べてみたい．

いま，昨年の家計薄で買い物で支払ったときの端数 (1 円の桁) の分布を調べたところ，だいたい下の表のようであった．このとき次の問いに答えよ．

(1) 財布の中の 1 円玉の個数の変化の推移確率行列を求めよ．

(2) その定常分布を求めよ．

(3) 一般に，支払った額の端数が k 円である確率を r_k としたときでも，定常分布は上と同じになることを示せ (ヒント：各列の和も 1 になっていることに注意)．

端数	0	1	2	3	4	5	6	7	8	9	計
分布	.21	.08	.09	.08	.09	.12	.08	.07	.09	.09	1.00

10.3 (釣り銭問題) ＊この演習問題はコンピュータがないと大変です．

B 君はあるパーティの幹事を引き受けた．会費は 7000 円である．参加者が受付で 1 万円札で支払う確率を p，5 千円札と千円札で支払う確率を q，千円札だけで支払う確率を r とし，これらで支払う客がランダムに到着するものとしよう．パーティに N 人参加するとしたときに，お釣りを千円札で何枚用意すればよいかを知りたい．この問題をマルコフモデルで定式化することとした．このとき，次の問いに答えよ．

(1) 状態を工夫し推移図の概略を描け．

(2) $N=20$ 人のとき，釣り銭を千円札で 10000 円分用意しておいたとする．このとき，途中で釣り銭のなくなる確率を求めよ．ここで，$p=0.4$, $q=0.5$, $r=0.1$ とする (状態数を大きくしすぎると，計算が大変になるので，よく考えること)．

10.4 ある部材を製造する工程は，日によって調子のよいときとやや調子のよくないときがある．いま工程の調子は 2 つの状態の間をマルコフ的に推移するものとする．つまり，n 日目の工程の調子を X_n で表すと，$\{X_n\}$ は状態 $\{1, 2\}$ をとり，推移確率行列が

$$P=\begin{pmatrix} a & 1-a \\ 1-b & b \end{pmatrix}$$

で与えられるマルコフ連鎖になるという．

また，工程のその日の調子によって製造される部材の不良率が異なり，n 日目に製造されたロットから1つ選んだ部材の品質 Y_n は，工程の状態が k のとき，

$$Y_n=\begin{cases}\text{不良品：} & \text{確率 } p_k \\ \text{良　品：} & \text{確率 } 1-p_k\end{cases}$$

であるという．このとき次の問いに答えよ．

(1) $\{X_n\}$ の定常分布を求めよ．

(2) 2次元ベクトル $\{(X_n, Y_n)\}$ がマルコフ連鎖になることを説明せよ．

(3) 上のマルコフ連鎖の推移確率行列を求めよ．

(4) $a=0.7$, $b=0.4$, $p_1=0.01$, $p_2=0.03$ のとき，この工程で製造される部材の長期間での不良率を求めよ．ただし，1期間あたりの部材の生産量は工程の調子に関係なく同じであるとする．

【参考文献】

[1] 宮沢政清：確率と確率過程，近代科学社 (1993).

[2] 森村英典：確率・統計 (理工学基礎講座 4)，朝倉書店 (1974).

[3] 森村英典，高橋幸雄：マルコフ解析 (ORライブラリー18)，日科技連出版社 (1979).

[4] R. Durrett : *Essentials of Stochastic Processes*, Springer (2001).

[5] S. M. Ross : *Stochastic Processes* (Second Edition), John Wiley & Sons (1996).

[6] C. E. Shannon and W. Weaver : *The Mathematical Theory of Communication*, The University of Illinois Press (1949).

* マルコフの一般的な解説および応用例を調べるには [3] をみるとよい．マルコフ過程をはじめ，確率過程を勉強したい人は [1, 4, 5] を読むとよい．[4] の説明はエレガントであり，ゼミのテキストによい．

11　待ち行列モデル

銀行の ATM の前やスーパーマーケットのレジの前にはいつ見ても長い行列ができている．また，直接は目にすることができないけれど，電話局の交換機のなかでは，情報のパケットがバッファのなかで送られる順番を待っている．待つといっても人間の日常感覚からすれば瞬時のことであるが，大量の情報の流れる通信網においてはその遅れの程度を評価しておかないと，例えば音声や画像に乱れが生ずるなど混乱をきたすことになる．

本章では，「待ち」の発生するメカニズムを調べ，因果関係を定量的に把握し，どの程度の渋滞が生ずるかを事前に予測する方法について学ぶ．

11.1　なぜ「待ち」が発生するか

簡単な待ち行列について見てみよう．いま，窓口の係員が 1 人いて順次到着する客にサービスをする状況を考える．客はサービスを終了すれば立ち去る．図 11.1 のような要素を含んだ系を待ち行列システムと呼ぶ．

「**待ち行列** (queue)」が発生する要因には，大きく分けて 2 つある．

① ラッシュアワー的：　ある時間帯に客がサービスの能力を超えて数多く到着する場合，一時的に長い行列ができる．　→ **流体近似モデル**

② 確率的なゆらぎ：　客の平均的な流れに比べてサービスの能力はあるが，到着の仕方やサービス時間のゆらぎのために，ときおり大きな行列が生じることがある．　→ **確率モデル**

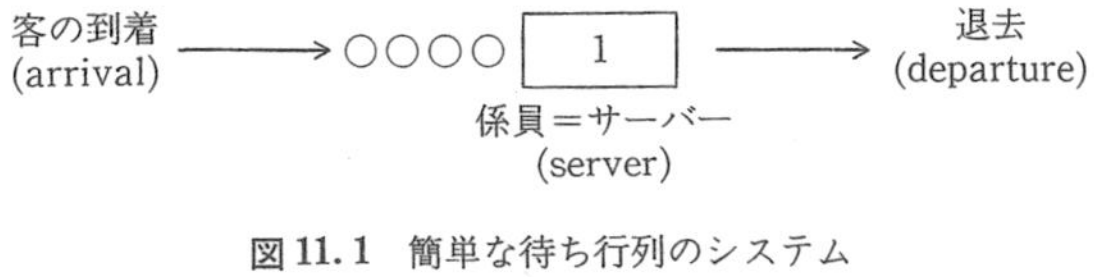

図 11.1　簡単な待ち行列のシステム

① については，朝の駅でのラッシュとか，飛行機の搭乗ゲートでの行列などをみてその様子がわかるだろう．② についても，銀行の ATM やコンビニエンスストアのレジの前で体験はしているだろう．簡単な絵を描いてそれらの様子をシミュレートしてみよう．

(1) ラッシュアワー的な場合 (流体近似モデル)

野球やサッカーの試合のとき，球技場の各ゲートの前に入場チケットを確認するための長い行列ができる．気の早い人はおよそ 1 時間前の開門時刻よりも早く並んでいる人もいるが，試合の始まる直前に飛び込んでくる人もいる．1 つの入場ゲートを通過する人数は，数千人のオーダーなので，1 人，2 人，…と数えるより流体がどのくらい溜まっているかとおおざっぱにみる方が様子がわかる．

ある時刻から観測を始めて，時刻 t までに到着した累積数を $A(t)$ とする．いま，時刻 s から開門したとして，1 分あたり μ 人のスピードでチケットの確認ができるとし，このときのこの入場口での累積処理数 (ゲートからの退去数) $D(t)$ は図 11.2 のように $A(t)>D(t)$ である限り直線になる．到着曲線 $A(t)$ と退去曲線 $D(t)$ の縦方向の差

$$Q(t)=A(t)-D(t)+Q(0) \qquad (A(t)+Q(0)\geqq D(t))$$

が行列の長さとなる．到着した順にサービスされるとすれば，時刻 t に到着した客の行列での待ち時間 W は，退去曲線と到着曲線の水平方向の差になる．つまり，自分の前に到着した客が退去するまで待たされるからである．

ワールドカップなどの国際的大会ではフーリガンなどへの対策のため，入場者の所持品等をチェックする必要がある．このとき，係員数を増やしたとしても 1 人ひとりのチェックに時間がかかる．もし，1 分あたりに処理できる人数が 1/2 になったとしたら，開門をどのくらい早めたら試合開始時間までに入場予定者全員をさばくことができ

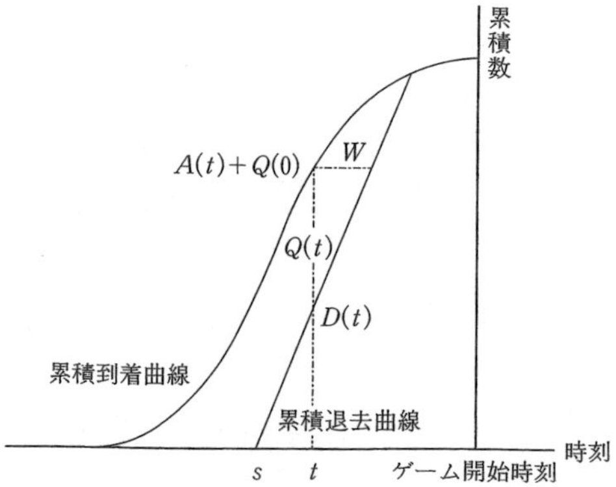

図 11.2 流体近似によるラッシュアワーの様子

るだろうか —— このような問題も，図 11.2 を参考にして簡単に考察できるだろう．

(2) ゆらぎによる場合（確率モデル）

いま，サービス時間の平均を 4 分，到着時間間隔の平均を 5 分としよう．1 時間あたりで平均的には 12 人の客が来て，サーバーは 1 時間あたり 15 人サービスする能力があるから，ふつうに考えれば余裕がある．系内人数 (system length，サービス中の客の人数＋行列で待っている人数) の変化する様子をいくつかの場合に分けてシミュレートする．

(a) 到着もサービスも一定の場合：

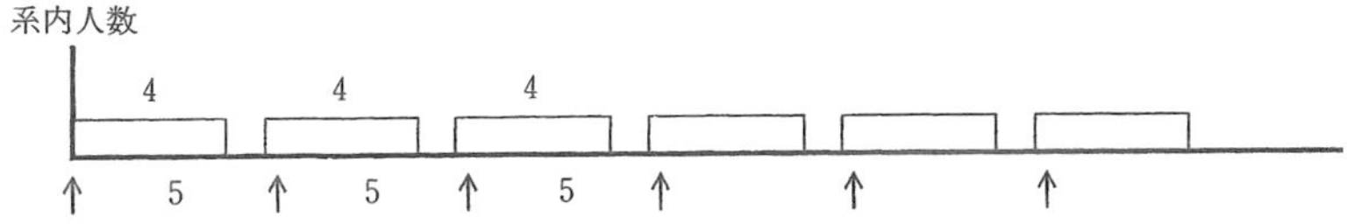

図 11.3 (a) 到着間隔・サービス時間が一定の場合

この場合，サービス中の客はいるが行列はできない．下の矢印は到着時点を表し，その間の数字は到着時間間隔 (分) を表す．

(b) サービスは一定で，到着が 1 分と 9 分とを 1/2 の確率でゆらぐ場合：

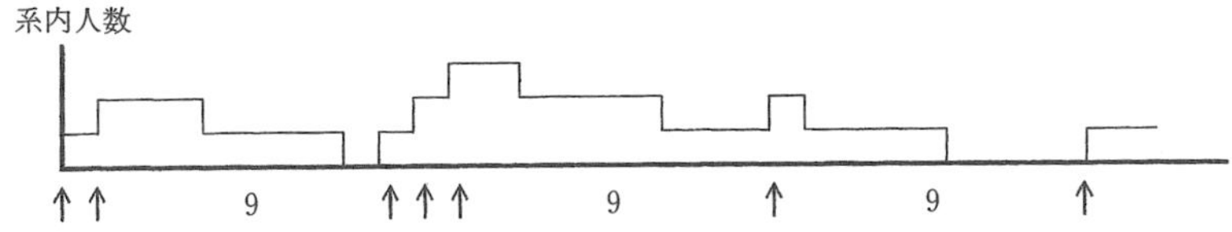

図 11.3 (b) サービス時間が一定で到着にゆらぎがある場合

ゆらぎをシミュレートするには，コインを投げて表が出たら 1 分間隔，裏が出たら 9 分間隔として実験した．この場合は，2 人が行列で待っていることがある．

(c) さらに，サービスも 2 分と 6 分とを 1/2 の確率でゆらぐとした場合：

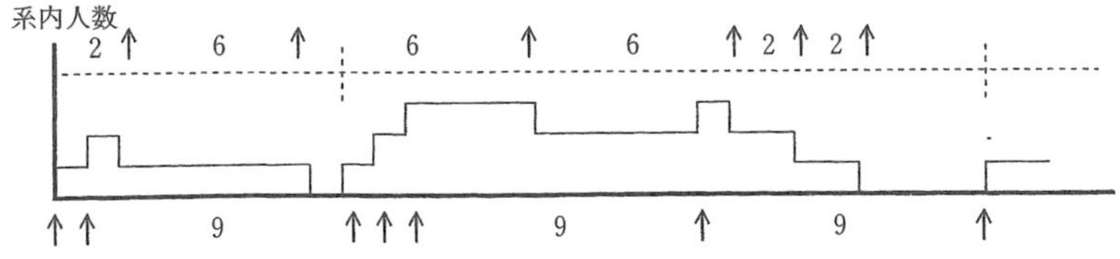

図 11.3 (c) 到着間隔・サービス時間がともにゆらぎのある場合

(b) と同じ到着のパターンについて，サービス時間が 2, 6, 6, 6, 2, 2, … 分とゆらいだ場合について描いた．点線の上の矢印は窓口からの退去時点を表している．待ち行列のできている時間が長くなる様子がわかる．

また，これらの絵から，到着時間間隔とサービス時間が次々と与えられれば，系内人数の変化の様子が描けることがわかる．次節以下では，到着やサービスの確率的なゆらぎを具体的にどう表現し，それから行列の長さや待ち時間についての情報をどのように導くかについて紹介する．その前に待ち行列システムの表記法について説明する．

11.2 基本的な待ち行列システムとケンドールの記号

待ち行列システムの基本形は，図 11.4 のように，到着のパターンに関係する入力源，係員の数やサービス時間に関連するサービスのメカニズム，待合室，サービス規律からなる．「待ち行列」の形成に大きく影響する要因を整理すると次のようになる．

a. 要　因

① 客の到着パターン

●入力源の大きさ，客の種類　●ラッシュアワー的か　●集団で到着するか　●到着率 (λ)〔＝単位時間あたりの平均到着数〕　●到着時間間隔のバラツキ，分布　など

② サービスのメカニズム

●サーバーの数，能力　●利用時間帯，故障等による休止の情報

●客を集団でサービスするか　●サービス率 (μ)〔＝1/平均サービス時間＝単位時間あたり 1 人のサーバーがサービスしうる平均人数〕　●サービス時間のバラツキ，分布　など

③ 待合室の大きさ

④ サービス規律

●先着順 (FIFO)／後着順 (LIFO)／ランダム順位 (RS)　●優先権 (Priority)〔客の種類やサービス時間の長さなどに依存して与えられる〕

●タイムシェアリング　●プロセッサシェアリング　など

b. 渋滞を測る尺度

●行列の長さ・系内人数の平均，分散，分布 (queue length distribution)

●待ち時間・系内滞在時間の平均，分散，分布 (waiting time distribution)

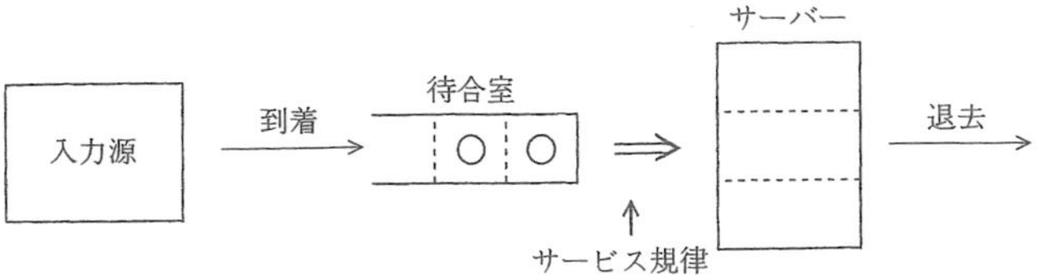

図 11.4 待ち行列システム

- 待つ確率，損失率，サーバーの稼働率，仕事の継続時間
- 過度な混雑状態から安定状態に戻るまでの時間　　など

c. ケンドールの記号

D. G. Kendall は図 11.4 のような待ち行列システムを表すモデルを A/B/c/K のように記号で表記した．これは，

到着パターンの情報/サービス時間の情報/サーバーの数/待合室の大きさ

を意味し，A, B には到着時間間隔やサービス時間の情報を表す次のような記号を用いる．

M：　ランダム到着（ポアソン到着ともいう），サービス時間が指数分布
D：　一定分布
G：　一般分布（分布系を特定化しないで一般的に扱う場合）
PH：フェーズ型分布[1)]

次は，代表的な待ち行列モデルの表記例である．

M/M/c：　到着がランダム，相続くサービス時間が互いに独立で指数分布に従い，サーバーの数が c 人である待ち行列システムを意味する．待合室の大きさに制限のない場合は，最後の /∞ を省略する．

M/G/c/0：　到着がランダム，相続くサービス時間が互いに独立で一般分布に従い，サーバーが c 人，待合室なしのシステム．電話交換や駐車場のモデル．

GI/G/c：　到着間隔が互いに独立で一般分布に従い，サービス時間も一般分布でサーバーが c 人で，待合室に制限のない一般的な待ち行列システムを表す．到着時間間隔の過程とサービス時間の過程も独立であると仮定される場合が多い．

---

1) 一般の分布形をよく近似し，待ち行列システムの状態推移をマルコフモデルで記述できるように工夫した分布．到着時間間隔やサービス時間がいくつかのフェーズからなるものと考え，それらのフェーズでの経過時間を指数分布としている [3, 4].

GIは相続く到着間隔が独立 (independent) で一般分布に従うことを意味する．

あとはサービス規律について付記すれば，対象とする待ち行列モデルが明確になる．

11.3 ランダム到着の特性

待ち行列モデルを扱う前に，**ランダム到着**とは何かを調べておこう．

(1) ランダム到着

ランダムにものごとが生起するというと，サイコロ投げやコイン投げを思い出す．そこで，客が時間的にランダムに到着していくことを表すわかりやすいモデルとして，コイン投げを取り入れた次の例を考える．

いま，ある時間 t の長さを図11.5のように微小時間に区切って，その微小時間の間にコインを1回投げて表が出たら，そこに客が1人到着すると考え，裏が出たら到着しなかったと考える．矢印が“客の到着”を表す．

この“客の到着”の仕方の特徴をまとめると次のようになる．

a) 重なり合わない時間区間の間に到着する個数は互いに独立である．
(つまり，矢印が立つか否かはそのつどのコイン投げで決まり，他の所での試行の結果に影響されない．**独立増分** (independent increments) をもつという．)
b) ある観測時間の間の到着数の分布は，その観測時間の長さだけに依存し，その観測をいつ始めたかには関係しない．これを**定常性** (stationarity) という．
c) 1時点で到着するのは高々1個．
d) 次の到着がいつ生ずるかは，前の到着からどのくらい経ったかには関係しない．これを**メモリーレス性** (memoryless property) という．

このような特徴をもつ客の到着の仕方を“ランダム到着”といい，連続的な時間軸上でランダムに生起する場合を**ポアソン到着**と呼ぶ．あるいは，到着が**ポアソン過程** (Poisson process) に従うという．

図11.5 客のランダムな発生のモデル

上のモデルを連続時間モデルに直すには次のように考えればよい.

① 時間長 t を n 等分する.

② 1つの微小区間の間に到着する確率(コインの表の出る確率)を $p=\lambda t/n$ とする. p は n を大きくすればいくらでも小さくなり各微小区間での到着は起きにくくなるが, 時間長 t の間にはコインを n 回投げるので到着数の期待値は $np=\lambda t$ となる. つまり, 到着数の期待値を一定に抑えてある.

③ 時間区間 $(0, t]$ の間の到着数を $A(t)$ とすると, $A(t)$ の分布は2項分布になる.

$$P\{A(t)=k\}=\binom{n}{k}p^k(1-p)^{n-k}$$

これに $p=\lambda t/n$ を代入すると

$$P\{A(t)=k\}=\binom{n}{k}\left(\frac{\lambda t}{n}\right)^k\left(1-\frac{\lambda t}{n}\right)^{n-k}=\frac{n(n-1)\cdots(n-k+1)}{k!}\cdot\frac{(\lambda t)^k}{n^k}\cdot\left(1-\frac{\lambda t}{n}\right)^{n-k}$$

と書ける. ここで, $n\to\infty$ とすると

$$P\{A(t)=k\}\to\frac{(\lambda t)^k}{k!}e^{-\lambda t}$$

となり, 平均 λt のポアソン分布となる.

$\{A(t)\}$ がポアソン過程の場合, そのサンプルパスのグラフは到着が生ずるたびに1個ずつジャンプする右上がりの階段状になる. また, d) から次の性質が導かれる.

d′) 相続く到着時間間隔は互いに独立で, 平均 $1/\lambda$ の指数分布に従う.

そこで, この後の計算に都合のよいように指数分布の性質を整理しておこう.

(2) 指数分布のメモリーレス性

一般に, 到着時間間隔などの時間長を表す確率変数を T とし, その分布関数を $F(t)$ とすると, T が t より大きくなる確率は

$$P\{T>t\}=1-F(t)$$

と書ける. いま, T が到着時間間隔を表すとして, x のあいだ次の到着客がこなかったときに, さらに t だけ待ってもこない確率という条件つき確率は

$$P\{T>t+x|T>x\}=\frac{1-F(t+x)}{1-F(x)}$$

となる. また, x のあいだこなかったときに, 次の瞬間 Δ の間に到着する確率は

$$P\{x<T\leqq x+\Delta|T>x\}=\frac{F(x+\Delta)-F(x)}{1-F(x)}=\frac{f(x)}{1-F(x)}\Delta\equiv r(x)\Delta$$

となる. $r(x)$ を**瞬間到着率**という. T がものの寿命時間長を表すとき瞬間故障

率，あるいは死亡率ともいう．

特に，確率変数 T が平均が $1/\lambda$ の指数分布に従うとすると，

$$P\{T>t\}=1-F(t)=e^{-\lambda t}$$

で与えられるから，

$$P\{T>t+x|T>x\}=\frac{e^{-\lambda(x+t)}}{e^{-\lambda x}}=e^{-\lambda t}$$

となる．これはいままでの経過時間 x に関係しない．これを指数分布の**メモリーレス性**と呼ぶ．また，瞬間到着率は

$$r(x)=\lambda$$

と常に一定になる．つまり，前の到着からの経過時間に関係なく，次の瞬間 Δ のあいだに到着する確率は，いつでも $\lambda\Delta$ となる．

(3) PASTA 性

いきなりイタリアの麺が飛び出してきたが，ここでいう **PASTA** とは，

"Poisson Arrivals See Time Average"

の略である．

「ポアソン到着の場合，到着する客はシステムの時間平均をとったものと同じ様子をみている」

ということである．つまり，ポアソン到着 (ランダム到着) の場合，

「到着 (直前) の時点で系内人数などの状態を観測してそれについて数多くの観測値の平均をとったものと，ある十分に長い時間の間ずっとシステムを観測して時間平均をとった値が等しくなる」

ことを意味する．

これを式で書くと以下のようになる．

$X(t)$：　時刻 t におけるシステムのある量 (系内人数など)

$A(t)$：　時刻 t までの総到着数

$t_1, t_2, t_3, \ldots$：　相続く到着時刻の列

とすると，ポアソン到着のとき，次の関係が成り立つ．

$$\lim_{t\to\infty}\frac{1}{A(t)}\sum_{k=1}^{A(t)}X(t_k-)=\lim_{t\to\infty}\frac{1}{t}\int_0^t X(s)\mathrm{ds} \qquad (11.1)$$

ここで，$X(t_k-)$ は k 番目の客の到着直前での X の値を意味する．上の等式が成り立つためには，もう少し正確にいうと，システムの状態 $X(\cdot)$ の時刻 t までの変化の情報が

t 以降の到着の仕方に影響を与えない，という条件が必要である．

もちろん，これは一般的には成り立たない．例えば，図 11.3 (a) の例をみればよい．$X(t)$ を系内人数とすれば，到着直前ではいつでも 0 であり，したがってその平均は 0 である．一方，時間平均は 4/5 になる．このように観測時点によってシステムの状態は違って見えるのがふつうである．

ポアソン到着の場合，なぜこの両者が一致するかというと，前に見たようにメモリーレス性があるため，それまでの到着の生じ方に関係なく，次の瞬間 Δ のあいだに到着する確率がいつでも同じになっていることから，任意の時点に観測するのと同様と考えられるためである．この PASTA 性は，後でいろいろな関係を導くのに便利である [8]．

11.4　M/M/1 型待ち行列モデル

客はランダムに到着(ポアソン到着)し，到着率は λ であるとする．相続くサービス時間は独立で平均 $1/\mu$ の指数分布に従うものとする．また，到着とサービス時間の過程は独立である．サーバーが 1 人で待合室の大きさには制限がなく，先着順にサービスを行う (FIFO) ものとする (図 11.6)．

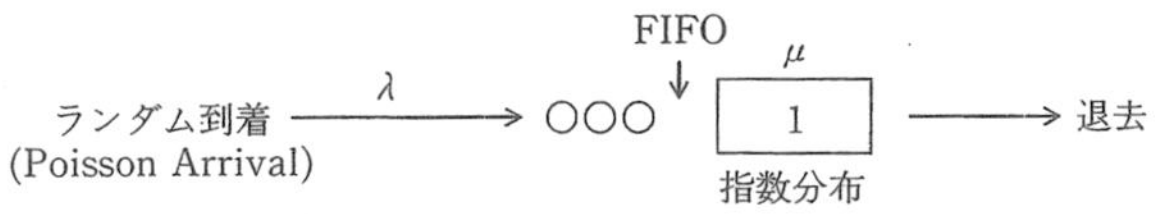

図 11.6　M/M/1 待ち行列モデル

(1)　系内人数の過程

時刻 t での**系内人数**を $l(t)$ と表す．$l(t)$ は到着すると 1 だけ増加し，サービス中の客のサービスが終了すると 1 だけ減少する．M/M/1 では到着やサービス時間過程がメモリーレス性をもつため，$\{l(t)\}$ はマルコフ過程になる．つまり，時刻 t での系内人数が $l(t)=n$ のとき，その前にいつ到着が発生し，あるいはいつサービスが終了して n 人になったかに関係なく，時刻 t での情報だけでその後の変化の仕方を確率的に予測可能となる．

これを式で表すと，以下のようになる．ここで，時刻 t で系内人数が n 人である確率を

$$p_n(t)=P\{l(t)=n\}$$

とおく．微小時間 Δ の間の推移を考えると推移確率は，$n \geqq 1$ のとき

・Δ のあいだにサービスは終了せず 1 人到着

$$P\{l(t+\Delta)=n+1 | l(t)=n\}=\lambda\Delta(1-\mu\Delta)=\lambda\Delta$$

・Δ のあいだに到着がなく 1 人サービスが終了

$$P\{l(t+\Delta)=n-1 | l(t)=n\}=\mu\Delta(1-\lambda\Delta)=\mu\Delta$$

・Δ のあいだに到着もサービス終了もなし

$$P\{(t+\Delta)n | l(t)=n\}=1-\lambda\Delta-\mu\Delta$$

となる．Δ は小さいため，Δ の間に到着やサービス終了などの事象が 2 つ以上起こる確率は Δ^2 となり Δ に比べ小さいので無視される．

この推移確率を用いて，マルコフ連鎖の状態確率を逐次求める場合と同様に考えると

$$p_n(t+\Delta)=p_{n-1}(t)\lambda\Delta+p_n(t)(1-\lambda\Delta-\mu\Delta)+p_{n+1}(t)\mu\Delta \quad (n \geqq 1)$$

$$p_0(t+\Delta)=p_0(t)(1-\lambda\Delta)+p_1(t)\mu\Delta \quad (n=0)$$

を得る．Δ を十分小さくとればこの関係式を用いて，時刻 t での系内人数の分布 $p_n(t)$ を逐次計算できる[2)]．しかし多くの場合，マルコフモデルの章で論じたように，定常分布に関心がある．このマルコフ連鎖は状態空間全体で閉じており周期がない．$\lambda>\mu$ だとサービス能力より到着の来方の方が勝るので，行列は次第に長くなり発散する．つまり，状態 0 からスタートして再び 0 に戻らない可能性もあるので一時的なマルコフ連鎖になる．それに対し，$\lambda<\mu$ だと何度も 0 に復帰するので既約なマルコフ連鎖となる．したがって，$p_n(t)$ の極限分布が存在し，定常分布と一致する．これを

$$p_n=\lim_{t\to\infty}p_n(t)$$

とおく．上の関係式で $t\to\infty$ とし，Δ を外すと

$$\begin{aligned}(\lambda+\mu)p_n&=\lambda p_{n-1}+\mu p_{n+1} \quad (n \geqq 1)\\ \lambda p_0&=\mu p_1 \quad (n=0)\end{aligned} \tag{11.2}$$

を得る．これを**平衡方程式** (balance equation) という．

上のような手順を踏まなくとも，平衡方程式は直感的に求めることができる．定常状

2) 系内人数の過程 $\{l(t)\}$ は連続時間の過程であるが，ここでは，微小時間 Δ ごとに区切って観測した離散時間マルコフ連鎖として近似していると考えてよい．

態においては，「状態 n に入る率と状態 n から出る率とのバランスがとれている」と考える．(11.2) の右辺が状態 n に入る率で，状態 $n-1$ のときに到着が発生し n になる率と状態 $n+1$ のときにサービスが終了し状態 n になる率の和である．左辺は状態 n から出る率である．M/M 型の場合，メモリーレス性があるので状態 n に入る率・出る率がこのように簡単に計算できる[1]．

平衡方程式 (11.2) を解くのは容易である．上の式の両辺を μ で割り $\rho=\lambda/\mu$ とおいて，順次整理すると

$$p_{n+1}-\rho p_n=p_n-\rho p_{n-1}=p_{n-1}-\rho p_{n-2}=\cdots=p_1-\rho p_0=0$$

となる．これより

$$p_n=\rho^n p_0$$

を得る．分布の和が 1 であることから，$p_0=1-\rho$ となる．$\rho=\lambda/\mu=1-p_0$ は窓口に誰か客のいる確率，あるいはサーバーが稼働中の確率を意味しており，**トラフィック密度** (利用率 traffic intensity) と呼ばれる．$\rho<1$ のとき定常 (平衡) 分布が存在するので，これを**平衡条件** (equilibrium condition) という．

(2) 待ち時間分布

次に待ち時間分布の求め方について簡単に述べる．

いま，ある客が到着したときに系内に n 人の客がすでにいるものとしよう．図 11.7 でみるように，FIFO 規律の場合，自分の前の客のサービスが完了するまで待たされるわけで，t 以上待たされる確率は，t の間に n 人のサービスが終了しない場合である．つまり，この客のサービスが始まるまでの**待ち時間** (waiting time) を w_q とすると，

$$P\{w_q>t\,|\,\text{到着時に } n \text{ 人いる}\}$$
$$=P\{t \text{ の間のサービス終了数}<n\,|\,\text{到着時に } n \text{ 人いる}\}$$

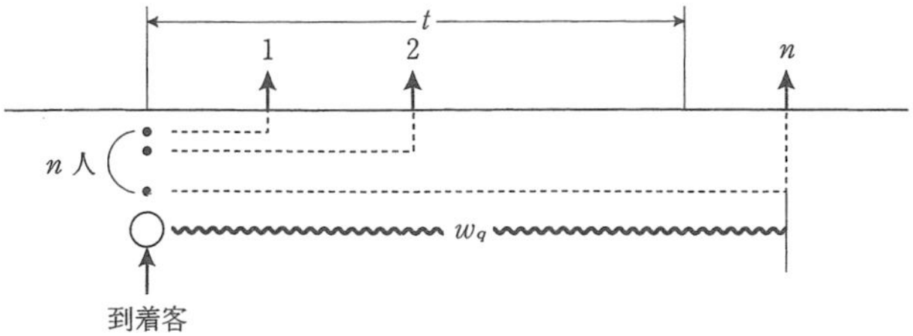

図 11.7 前に n 人いるときの待ち時間

[1] “率 (rate)” とは，単位時間あたりにある事象の発生する平均回数をいう．

となる．サービス時間はサービス率が μ の指数分布だから，ランダム到着の項を参考にすると，時間 t のあいだに k 人サービス終了する確率が平均 μt のポアソン分布となるから

$$=\sum_{k=0}^{n-1}\frac{(\mu t)^k}{k!}e^{-\mu t}$$

となる．

ところで，ポアソン到着だから PASTA 性が成立し，定常状態では

到着時に系内にすでに n 人いる確率

＝任意時点で観測したとき系内に n 人いる確率＝$p_n=(1-\rho)\rho^n$

が成り立っているので[3]，これを利用すると

$$P\{w_q>t\}=\sum_{n=1}^{\infty}P\{w_q>t\mid \text{到着時に } n \text{ 人いる}\}\cdot(1-\rho)\rho^n$$
$$=\sum_{n=1}^{\infty}(1-\rho)\rho^n\sum_{k=0}^{n-1}\frac{(\mu t)^k}{k!}e^{-\mu t}=\rho e^{-(1-\rho)\mu t}$$

と計算される．

M/M/1 の系内人数・待ち時間分布の情報をまとめると次のようになる．

(平衡条件)	$\rho=\dfrac{\lambda}{\mu}<1$
(系内人数分布)	$p_n=(1-\rho)\rho^n$, $(n\geqq 0)$
(平均系内人数)	$L=\sum_{n=0}^{\infty}np_n=\sum_{n=0}^{\infty}n(1-\rho)\rho^n=\dfrac{\rho}{1-\rho}$
(平均待ち人数)	$L_q=\sum_{n=0}^{\infty}(n-1)p_n=\sum_{n=0}^{\infty}(n-1)(1-\rho)\rho^n=\dfrac{\rho^2}{1-\rho}$
(待つ確率)	$P\{w_q>0\}=\rho$
(待ち時間分布)	$P\{w_q>t\}=\rho e^{-(1-\rho)\mu t}$
(平均待ち時間)	$W_q=E(w_q)=\dfrac{\rho}{1-\rho}\cdot\dfrac{1}{\mu}$
(平均系内滞在時間)	$W=W_q+\dfrac{1}{\mu}=\dfrac{1}{1-\rho}\cdot\dfrac{1}{\mu}$

これらの平均値は，$1-\rho$ が分母にあるため，ρ が1に近づくと急速に大きくなる．これが待ち行列の特質である(図 11.8)．ここではサービス規律が FIFO の場合を考えた

3) PASTA 性の式(11.1)において，系内人数が n のとき $X(t)=1$，それ以外のとき $X(t)=0$ とおけばこのことが示せる．PASTA 性を言い直すと，「ポアソン到着のとき，定常状態において，到着客の見る系の状態分布と任意時点における系の状態分布は同じになる」．

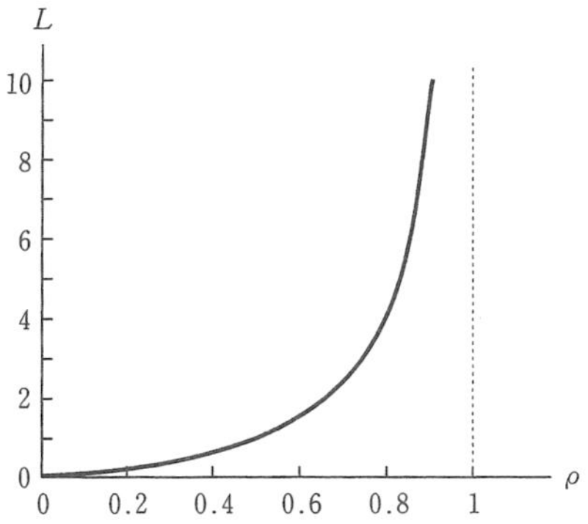

図 11.8　平均系内人数のグラフ

が，LIFO であろうと RS であろうとサービス時間の長さに依らない規律に対しては，系内人数に関する平衡方程式はまったく同じになり，系内人数分布は上と同じになる．

待ち時間分布は原点に $1-\rho$ のジャンプのある指数分布になっている．**系内滞在時間** (sojourn time) とは待ち時間＋サービス時間であり，計算機システムの世界では**レスポンスタイム**ともいう．待ち時間分布は規律によって違うが，平均待ち時間は LIFO, RS でも FIFO の結果と同じになる．

ところで，11.1 節で見たように，待ちが発生するのはゆらぎが原因ということであったが，M/M/1 の結果だけをみると，到着率 λ とサービス率 μ だけで表され，ゆらぎがどこに効いているのかわかりにくい．ゆらぎはどこに影響しているのだろうか？この答えは，後の M/G/1 モデルのところを読んで考えてほしい．

$\rho=0.8$ のとき平均系内人数は $L=4.0$ 人であるが，サーバーが手空きになる確率も $1-\rho=0.2$ で手空き時間が 20％もあり，結構余裕があるように思える．系内人数が 5 人以上となる確率は，$\rho^6=0.262$ であり，10 人以上になる確率は $\rho^{11}=0.086$ となり，かなり大きいことがわかる．待ち行列の長さは長くなったり，ほとんど空になったりと変動の激しい様子がうかがえる．

$\rho=0.8$ でサービス時間の平均を 1 分とすると，平均待ち時間は $W_q=4$ 分となる．このとき，10 分以上待たされる確率は $P\{w_q>10\text{ 分}\}=0.108$ と計算される．

11.5　その他の M/M 型の待ち行列モデル

(1)　M/M/c 待ち行列モデル

ポアソン到着でサーバーが c 人おり，1 人ひとりのサーバーのサービス時間が

平均 $1/\mu$ の指数分布に従うものとする．待合室の大きさには制限がなく，客は図 11.4 のように 1 本の行列に並び，サーバーが手空きになったら先着順にサービスを受けるものとする．

k 人のサーバーがサービス中のとき，メモリーレス性から各自のサーバーが微小時間 Δ の間にサービスを終了する確率は $\mu\Delta$ であるから，k 人のうち誰かが Δ の間にサービスを終了する確率は $k\mu\Delta$ となる．このことを考慮して系内人数の分布の平衡方程式を立てると次のようになる．

$$\begin{aligned} \lambda p_0 &= \mu p_1, & (n=0) \\ (\lambda+n\mu)p_n &= \lambda p_{n-1}+(n+1)\mu p_{n+1}, & (1 \leqq n < c) \\ (\lambda+c\mu)p_n &= \lambda p_{n-1}+c\mu p_{n+1}, & (c \leqq n) \end{aligned} \tag{11.3}$$

トラフィック密度を $\rho=\lambda/c\mu$ とおく．定常分布が存在するための平衡条件は $\rho<1$ である．サーバーがフルに働いたときのサービス率の合計 $c\mu$ が到着率 λ より大きければシステムは安定するだろう．

M/M/c の結果をまとめると次のようになる．ここで，$u=\lambda/\mu=c\rho$ とおいている．

(平衡条件)　$\rho=\dfrac{\lambda}{c\mu}<1$

(系内人数分布)　$p_n=\begin{cases} \dfrac{(c\rho)^n}{n!}p_0, & (n \leqq c) \\ \dfrac{c^c\rho^n}{c!}p_0=\rho^{n-c}p_c, & (n \geqq c) \end{cases}$

ここで，$p_0=\left(\displaystyle\sum_{n=0}^{c-1}\frac{(c\rho)^n}{n!}+\frac{c^c\rho^c}{(1-\rho)c!}\right)^{-1}$ である．

(待つ確率)　$\mathrm{C}(c, u) \equiv \displaystyle\sum_{n=c}^{\infty}p_n=\frac{u^c}{(1-\rho)c!}p_0$　(アーラン C 式)

(平均待ち人数)　$L_q=\dfrac{\rho}{1-\rho}\mathrm{C}(c, u)$

(平均系内人数)　$L=L_q+\dfrac{\lambda}{\mu}$

(待ち時間分布)　$P\{w_q>t\}=\mathrm{C}(c, u)e^{-(1-\rho)c\mu t}$

(平均待ち時間・滞在時間)　$W_q=\dfrac{\mathrm{C}(c, u)}{1-\rho}\cdot\dfrac{1}{c\mu}$,　$W=W_q+\dfrac{1}{\mu}$

系内人数分布は，$n \leqq c$ のときはポアソン分布的であり，$n \geqq c$ のときは幾何分布的である．待つ確率はすべてのサーバーが稼働中の確率でもあり，この式は A. K. Erlang が導いたいくつかの重要な式の1つで，**アーラン C 式**と呼ばれている．

サービスを終了して客がシステムから退去していく時間の列を**退去過程** (departure process，出力過程 output process) という．M/M/c では，退去過程もパラメータ λ のポアソン過程になることが知られている．この性質から，多段階の工程やジョブショップのように待ち行列がネットワーク状になっている場合で，外部からの加工されるユニット (客) の到着がポアソン過程，各工程の処理時間の分布が指数分布であれば，前の工程から次の工程への到着がポアソン過程になることがわかる．これを用いると複雑なシステムの解析が容易になる．

(2)　M/M/c/0 待ち行列モデル

ポアソン到着でサーバーが c 人おり，1人ひとりのサーバーのサービス時間が平均 $1/\mu$ の指数分布に従うものとする．待合室がなく，サーバーが一杯のとき到着した客はサービスを受けずに立ち去る．このモデルはアーランが即時式の電話交換の回線数を決めるモデルとして20世紀の初頭に解析したものであり，駐車場のモデルなどにもあてはまる．このように，待合室がないシステムを**損失系**ともいう．

この場合は，系内人数 (といってもサービス中の客しかいない) は高々 c 人までなので，λ や μ の値に関係なく定常分布をもつ．平衡方程式は

$$\begin{aligned} &\lambda p_0 = \mu p_1, && (n=0) \\ &(\lambda + n\mu) p_n = \lambda p_{n-1} + (n+1)\mu p_{n+1}, && (1 \leqq n < c) \\ &c\mu p_c = \lambda p_{c-1}, && (n=c) \end{aligned} \qquad (11.4)$$

で与えられる．

M/M/c/0 の特性は次の通りである．ここで，$\rho = \lambda / c\mu$，$u = \lambda/\mu$ とおく．

(系内人数の分布)	$p_n = \dfrac{(c\rho)^n}{n!} p_0 = \dfrac{u^n}{n!} p_0, \quad p_0 = \left(\sum_{n=0}^{c} \dfrac{u^n}{n!} \right)^{-1}$
(損失率)	$B(c, u) \equiv p_c = \dfrac{u^c}{c!} \cdot \left(\sum_{n=0}^{c} \dfrac{u^n}{n!} \right)^{-1}$　(アーラン B 式)

損失率 (loss rate) とは，サーバーがすべて稼働中で到着客をサービスせずに失う確率であり，この式を**アーラン B 式**という．

実は，損失系の場合，「サービス時間が一般分布の M/G/c/0 モデルでも，平均が $1/\mu$ と同じであれば，系内人数分布は M/M/c/0 とまったく同じになる」ことが知られている．サービス時間分布の形によっても変わらない性質という意味で，損失系は**不変性**をもつ．

この B 式は次のように再帰的に計算できる．

$$\mathrm{B}(c+1, u)=\frac{u\mathrm{B}(c, u)}{c+1+u\mathrm{B}(c, u)}, \qquad \mathrm{B}(1, u)=\frac{u}{1+u}.$$

また，C 式も B 式から次のように計算できるので都合がよい．

$$\mathrm{C}(c, u)=\frac{c\mathrm{B}(c, u)}{c-u+u\mathrm{B}(c, u)}.$$

11.6　平均値に関する保存則

(1)　待ち時間と待ち人数の関係式 (リトルの公式)

M/M/1 モデルや M/M/c モデルの結果を眺めてみると，平均待ち人数 L_q と平均待ち時間 W_q の間に，あるいは，系内人数の平均 L と系内滞在時間の平均 W の間に，

$$L_q=\lambda W_q, \quad L=\lambda W$$

という関係が成り立っている．この関係式は電気回路のオームの法則

電圧＝電流×抵抗

に似ている．客の流れや電気の流れなどの“流れ”に関連した一般的な関係式を予想させる．上の関係式を一般な待ち行列システムに対して，J. D. C. Littlle がはじめて証明したので**リトルの公式**，あるいは**平均値の法則**と呼ばれている．

ここでは，なぜ成り立つかをわかりやすく説明するために，GI/G/1 でサービス規律が FIFO の場合について，絵を描く．各客の到着時点を $t_1, t_2, t_3, \ldots$ とし，観測時間 $(0, T]$ の間の総到着数を $A(T)=N$ とする．n 番目の到着客のサービス時間を S_n，待ち時間を w_n とおくと下のような到着と退去の累積人数のグラフ $A(t)$ と $D(t)$ が描ける．後の計算をわかりやすくするために，T は十分大きな値で，T のときちょうど系内人数が 0 になるような時点を選ぶ．図 11.9 (b) は系内人数 $l(t)$ を表している．$l(t)$ は

$$l(t)=A(t)-D(t)+l(0)$$

として表される．ただし，ここでは $l(0)=0$ としている．図 11.9 (a)，(b) を比べることにより，系内人数のグラフは各到着客について，(c) 図のように高さが 1 で長さが w_n+S_n の短冊を積み重ねたものからなっていることがわかる．

この図において系内人数の観測時間 $(0, T]$ の間の時間平均 $\bar{l}$ を計算してみよう．まず，

$$H=(0, T]\ \text{間の系内人数のグラフの総面積}=\int_0^T l(t)dt$$

を計算し，これを観測時間長 T で割れば求まる．

$$\frac{H}{T}=\frac{1}{T}\int_0^T l(t)dt=\bar{l}.$$

系内人数が高さ 1×長さ (w_n+S_n) の短冊を積み重ねたものと考えられるから，総面積 H は

$$H=\sum_{n=1}^{N}(w_n+S_n)=\sum_{n=1}^{N}w_n^*$$

とも計算できる．ここで

$w_n^*=w_n+S_n$：　n 番目の客の系内滞在時間，

である．これを T で割ると

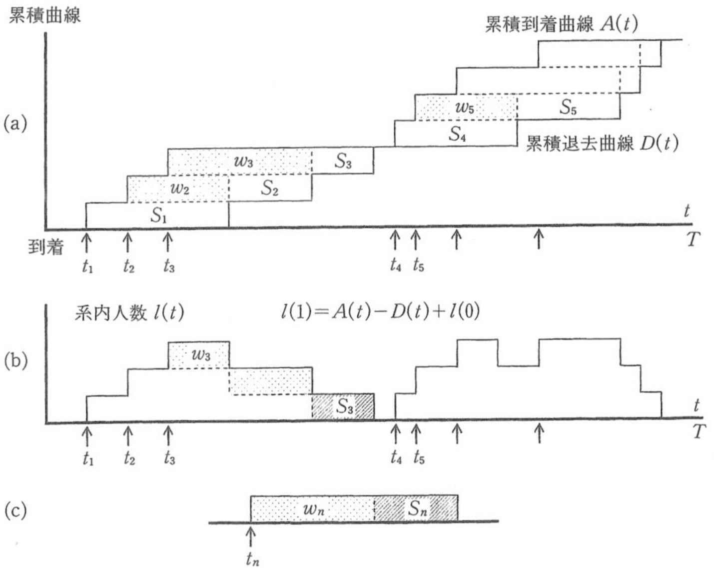

図 11.9　系内人数の標本関数 ($c=1$ で FIFO の場合)

$$\frac{H}{T}=\frac{N}{T}\cdot\frac{1}{N}\sum_{n=1}^{N}w_n^*=\bar{\lambda}\cdot\bar{w}^*$$

と書ける．真ん中の項は滞在時間の総和を客の総数 N で割り平均を求めるために，分母・分子の両方に N を掛けてある．$\bar{\lambda}$ は $(0, T]$ 間の到着率の標本平均である．$\bar{w}^*$ は系内滞在時間の標本平均である．これらをまとめると，標本平均について

$$\bar{l}=\bar{\lambda}\cdot\bar{w}^*$$

なる関係を得る．左辺の $\bar{l}$ は時間平均であるが，右辺の $\bar{w}^*$ は客ごとの平均であり，それが単位時間あたり $\bar{\lambda}$ の率で持ち込まれ系内人数を形成していると考えることができる．

システムのふるまいが安定的であれば，観測時間を十分長くとり，$T\to\infty$ とすると $N\to\infty$ となり大数の法則が適用でき，各標本平均は定常状態におけるそれぞれの期待値に収束する．これにより

$$L=\lambda W$$

が導ける．

図 11.9 (b) において，サーバーの数 (この図では $c=1$) より上の部分は待ち人数を表しており，これは各客の待ち時間の長さ w_n の短冊の積み重ねになっている．これを考慮して，待ち人数について上と同様なことを行うと

$$L_q=\lambda W_q$$

を得る．同様にサーバー数 c より下の部分は，サービス時間の短冊の積み重ねになり，

稼働中の平均サーバー数 $=\lambda E(S)$

を得る．

ここでは，GI/G/1 で FIFO 規律の場合のグラフを参考にして説明したが，議論の仕方からもわかるように，いろいろなシステムや規律に対応して図 11.9 のようなグラフが描けるはずであるから，それをもとに同様な関係式が得られる．

つまり，システムを s，規律を d としたときの平均系内人数，到着率，系内滞在時間の平均を $L(s, d)$, $\lambda(s, d)$, $W(s, d)$ で表すと

$$L(s, d)=\lambda(s, d)\cdot W(s, d)$$

が成り立つ．いわば，客の“流れ”に伴うシステムの平均に関するマクロな関係式である．

また，以上からも推測されるように，待合室に制限のない GI/G/c の場合，システムが安定的にふるまうための平衡条件は，稼働中のサーバー数の平均が c より小さいこと，つまり

$$\lambda E(S)<c$$

が成り立つことである．

損失系の場合の平均値の法則：　この場合，待ちがないわけだから $w_n=0$ であり，L

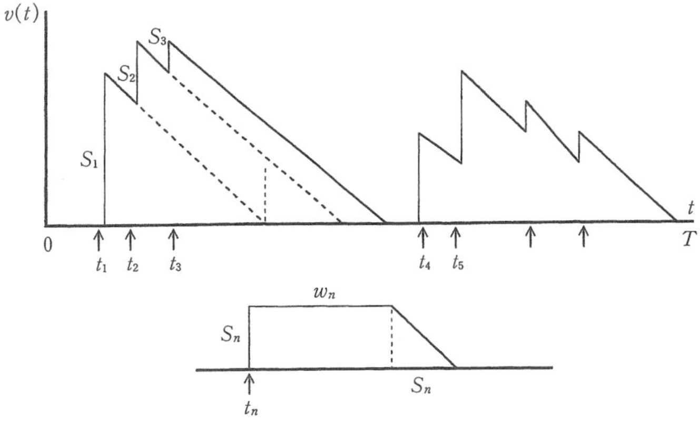

図 11.10 残り仕事量の標本関数（$c=1$ の場合）

$=\lambda E(S)$ でよいだろうか．実際に，サービスを受けられた人はサービス時間長分の短冊を持ち込むが，損失客は系内人数に何も寄与しない．したがって，実際にサービスを受けられた人の実効の到着率を λ_e とすると，この場合は，$L=\lambda_e E(S)$ が成り立つ．損失率は $1-(\lambda_e/\lambda)$ となる．

(2) 残り仕事量と待ち時間の関係

時刻 t において，システムにある**残り仕事量**（サービス中の客のサービス時間の残り＋待っている客の総サービス時間．work load ともいう）を $v(t)$ とし，そのグラフを描いてみよう．ここでは，わかりやすくするために，GI/G/1 でサービス規律が FIFO の場合について絵を描く．

各客の到着時点を $t_1, t_2, t_3, \ldots$ とし，n 番目の到着客のサービス時間を S_n とする．客が到着するとそのサービス時間分だけ仕事量が増える．サーバーが 1 人の場合，1 単位時間分働けば 1 単位時間分の仕事量が減る．つまり，仕事がある限り，1 の割合で仕事が減る．

したがって，図 11.10 のように到着すると S_n だけジャンプして，-1 の傾きで減少する鋸状のグラフが描ける．実は，このグラフは仕事があればサーバーが休まず働くシステムで**仕事量保存型の規律**である限り，グラフは同じになる[4]．

[4] 規律の中には，ある客のサービスを途中でやめて他の客のサービスを行うと，切り換えのために仕事量が余分に増える場合もある．仕事量が変化しないような規律を仕事量保存型の規律という．

このグラフを$(0, T]$の間観測する．Tは前と同様十分大きな値で，Tのときちょうど残り仕事量が0になっているような時点を選ぶ．このグラフの$(0, T]$間の総面積を，リトルの公式を導いたときと同じように2通りに計算する．図11.10上図の点線で囲った図形をみるとわかるように，平行四辺形部分のS_2の線をそのまま下にスライドすると，面積は変化せず下図の台形のような形になる．つまり，$v(t)$のグラフは，各客の持ち込む下の台形図の重ね合わせになっている．台形の面積は$w_nS_n+S_n{}^2/2$だから，$(0, T]$間の総面積は

$$\int_0^T v(t)dt=\sum_{n=1}^{N}\left(w_nS_n+\frac{1}{2}S_n{}^2\right)$$

となる．この両辺をTで割り，前と同じような計算を行うことにより，最終的に

$$V=\lambda\left[W_qE(S)+\frac{1}{2}E(S^2)\right] \tag{11.5}$$

を得ることができる．ここで，Vは定常状態における残り仕事量の期待値である．

サーバーが複数の場合，k人がサービス中であれば1単位時間の間に仕事量がk単位時間分減るので，何人サービス中であるかによって傾きが違ってくる．絵は少し複雑になるが，いずれにせよ先の台形図の和として表されるので，GI/G/cに対しても上と同様な関係式が成り立つ．

11.7 M/G/1待ち行列モデル

客はランダムに到着（ポアソン到着）し到着率はλであるとする．相続くサービス時間は独立で平均b_1の一般分布に従うものとする．また，到着とサービス時間の過程は独立である．サーバーが1人で待合室の大きさには制限がなく，規律はFIFOとする．システムが安定するための平衡条件$\rho=\lambda E(S)=\lambda b_1<1$は成り立っていると仮定する．

M/G/1ではサービス時間が一般分布に従いメモリーレス性をもたないため，系内人数過程$\{l(t)\}$はマルコフ性をもたない．そのため，そのままでは定常分布を求めることが難しい．待ち行列の理論の開拓者の1人であるケンドールは，各客のサービスを終了した直後の時点で系内人数を観測すれば，マルコフ連鎖がつくれることに気づき，その解析の仕方を示した．この方法は特別な時点を選んでマルコフモデルを適用するので“**隠れマルコフ法**”と呼ばれている．議論が少し面倒になるので，ここでは述べない．興味のある人は[6]を参照してほしい．ここでは，PASTA性を使って簡単に結果を導いてみよう．

まず，GI/G/1 で FIFO 規律のとき，n 番目の到着客の待ち時間は $w_n = v(t_n-)$ と表されることに注目する．n 番目の客の到着直前の時点を便宜的に t_n- と書く．$v(t_n-)$ は，n 番目の客が到着時に観測した残り仕事量であり，FIFO のとき客は到着時の残り仕事量分待たなければ自分のサービスが受けられないから，待ち時間ともなる．

ポアソン到着の場合，PASTA 性より，「定常状態において，客のみた残り仕事量 $w_n = v(t_n-)$ の平均と任意時点で観測した $v(t)$ の平均が同じになる」．これより，

$$W_q = V$$

が成り立つ．これを，(11.5) に代入して W_q を求めると下のようになる．

M/G/1 の待ち時間の平均と分散を整理すると次のようになる．

$$W_q = \frac{\lambda b_2}{2(1-\rho)} = \frac{\rho}{(1-\rho)} b_1 \cdot \frac{1+C_b{}^2}{2} = W_q(\mathrm{M/M/1}) \cdot \frac{1+C_b{}^2}{2}$$

(ポラツェック・ヒンチンの公式)

$$\sigma_w{}^2 = \frac{\lambda b_3}{3(1-\rho)} + \frac{(\lambda b_2)^2}{4(1-\rho)^2}$$

ここで，b_k はサービス時間分布の k 次モーメントを表す．この公式をはじめて導いた 2 人の数学者 Pollaczek と Khintchine の名を冠して**ポラツェック・ヒンチンの公式**と呼ばれている．平均待ち時間の公式を上のように書き表しておくと，待ち現象を理解するうえで都合がよい．サービス時間の分散を $\sigma_b{}^2$ とおくと $b_2 = \sigma_b{}^2 + b_1{}^2$ と書ける．バラツキの大きさを平均値の単位で計り直した変動係数 $C_b = \sigma_b / b_1$ を用いている．$W_q(\mathrm{M/M/1})$ は M/M/1 の平均待ち時間であり，それを基準として $(1+C_b{}^2)/2$ 倍ということである．つまり，M/G/1 の場合，サービス時間のバラツキが待ち時間に影響を与えるが，M/M/1 の値からの補正の仕方がこれでわかる．待ち人数の平均は，リトルの公式 $L_q = \lambda W_q$ から求められる．待ち時間分散 $\sigma_w{}^2$ はこの方法では導けないが，サービス時間の 3 次モーメントが影響していることがわかる．

サービス時間分布の影響：　指数分布はバラツキが大きく変動係数が $C_b = 1$ であるが，サービス時間が一定の場合はバラツキがないので $C_b = 0$ である．したがって，

$$L_q(\mathrm{M/D/1}) = L_q(\mathrm{M/M/1})(1/2)$$

であり，M/D/1 の場合，待ち人数の平均が M/M/1 の半分である．つまり，サービス時間の平均が同じであっても，作業の標準化をすることによってバラツキを小さくすれ

ば，混雑をかなり減らすことができる.

11.8 GI/G/c の平均待ち時間の近似式

これまで見てきたように，何らかの形でマルコフ性が見つかると解析できるようになるが，到着間隔やサービス時間の分布が一般分布になると，単純な形でのマルコフモデルでの表現ができず，解析困難な場合が多い. GI/M/c や M/D/c はいろいろな工夫により解析的に解を求めることができるが，M/G/c，ましてや GI/G/c となると一般には計算することが難しい.

近年，1つの方法として，到着時間やサービス時間を PH タイプという，マルコフモデルで近似して数値計算する方法が開発されて実際のシステムの設計に応用されている [3, 4]. 議論が複雑になりこの本の範囲を超えるのでここでは述べない. また，これまで多くの数値実験の経験から，比較的手軽に利用できる近似式が知られている [2, 7]. ここでは，簡単な近似式の1つを紹介する.

$$W_q(\mathrm{GI/G/c}) \fallingdotseq \frac{C_a{}^2 + C_b{}^2}{2} W_q(\mathrm{M/M/c})$$

ここで，C_a, C_b は到着時間分布，サービス時間分布の変動係数である. 待ち人数の平均や系内人数の平均を求めるにはリトルの公式を用いればよい. 特に M/G/c の場合について，待つ確率については M/M/c のときの待つ確率がそのままよい近似を与えることが知られている.

11.9 サービス規律の影響

サービス規律を変えた場合，混雑の様子はどの程度違ってくるだろうか. ここでは，簡単な例をあげて，実験的に調べてみよう.

例1 —— 優先権による混雑の違い

客に2つのタイプ a, b があり，タイプ a の客のサービス時間の方がタイプ b に比べて，かなり短めであるという. このとき，系内人数の平均を小さくするうえで，次の3つの規律のうち，どれが得策であろうか.

① タイプ a に優先権を与える，② タイプ b に優先権を与える，③ FIFO 規律.

ただし，**優先権** (priority) が高い客でも，優先権が低い客のサービスの途中に割り込んでサービスを受けることはないものとする.

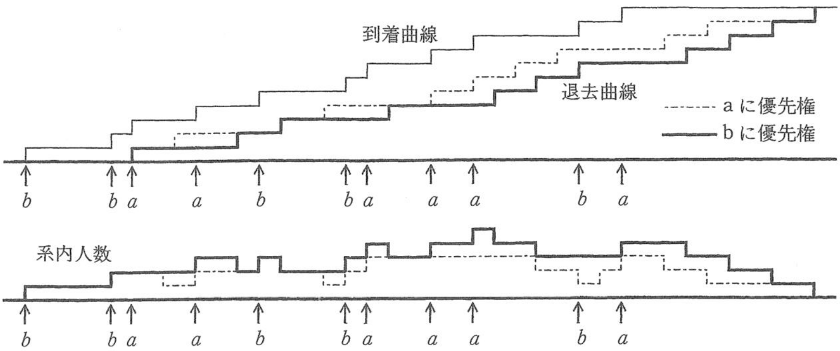

図 11.11　各規律に従った場合の退去曲線と系内人数の変化

タイプ a, b のサービス時間分布を 1 分と 2.5 分の一定分布と仮定して，絵を描いてみよう．到着のパターンが下記の例のように発生したとき，各サービス規律の場合の，退去曲線を描き，それをもとに系内人数のグラフを描いてみた．もちろん，到着曲線は共通にして考える．

ここでは，図が見にくくならないよう a, b それぞれに優先権を与えた 2 つの場合についてだけ絵を重ね合わせて描いてみた．サービス時間の短い方に優先権を与えた場合の方が，系内人数を小さくすることがわかる．FIFO 規律は両者の中間になる．また，サービスの順序を変えても，仕事量には変化を与えないので，当然のことながら**仕事継続時間** (busy period，はじめの客がきてから系内人数が 0 になるまでの時間) はいずれの場合も同じになっている．

このように，サービス規律によって系内人数の変化する様子はだいぶ異なる．いくつか客種が想定される場合，適切な優先順序を与えることによって，系内人数を小さくできることがわかる．優先順序の付け方によってどのくらい違うかを定量的に調べた研究も多くある [1, 6]．

11.10　待ち行列ネットワーク

これまでは，待ち行列が 1 つからなる単一待ち行列系を扱ってきたが，ここではいくつかの待ち行列がネットワーク的に接続された場合について，紹介しておこう．まず，その最も単純なモデルとして，2 つの工程が直列につながった次のようなモデルを考える．

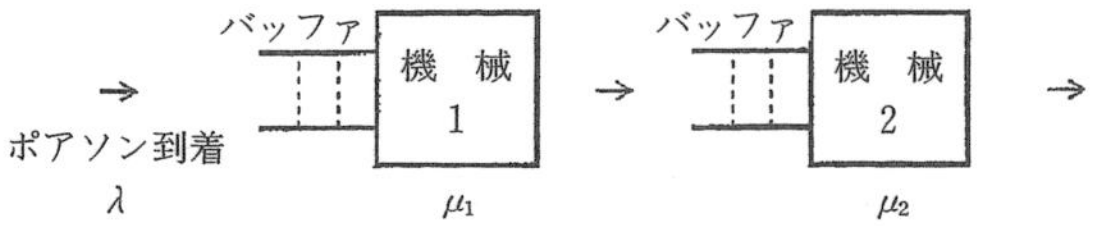

図 11.12　M/M/1→M/1 型 2 段直列型モデル

(1)　M/M/1→M/1 型〔2 段直列型モデル〕

図 11.12 のような部品ユニットの 2 段からなる加工工程がある．ユニットはその上流の工程からランダムに到着する．その到着率を λ とする．各ユニットは機械 1 での加工が終了したら機械 2 で加工される．それぞれの機械の加工時間 (サービス時間) は平均がそれぞれ $1/\mu_1$, $1/\mu_2$ の指数分布に従うものとする．それぞれの工程の前の**バッファ** (待合室) の大きさには制限がないものとする．最初の待ち行列が M/M/1 型で次工程のサービス分布が指数分布に従うので，このシステムを M/M/1→M/1 と記すことにする．

この場合，時点 t で，サービス中のユニットをも含めて 1 段目の工程にあるユニット数を $l_1(t)$，2 段目の工程にあるユニット数を $l_2(t)$ とすると，指数分布のメモリーレス性から 2 つを同時に見た $(l_1(t), l_2(t))$ はマルコフ性をもつことがわかる．いま，システムが安定するとして，定常状態において状態 (n_1, n_2) にある確率を $p(n_1, n_2)$ とおくと平衡方程式は次のようになる．

$$(\lambda+\mu_1+\mu_2)p(n_1, n_2)$$
$$=\lambda p(n_1-1, n_2)+\mu_1 p(n_1+1, n_2-1)+\mu_2 p(n_1, n_2+1) \ (n_1, n_2\geqq 1 \text{ のとき}) \quad (11.6)$$

$(n_1, 0)$ や $(0, n_2)$ などの場合の式も少し注意すれば同様に書き出すことができるが省略する．これを解くと次の平衡分布を得る．

$$p(n_1, n_2)=(1-\rho_1)\rho_1{}^{n_1}\cdot(1-\rho_2)\rho_2{}^{n_2}=p_1(n_1)\cdot p_2(n_2)$$

ここで，$\rho_1=\lambda/\mu_1$, $\rho_2=\lambda/\mu_2$ でそれぞれの段のトラフィック密度である．この解をよくみると，1 段目，2 段目とも到着率が λ でサービス率がそれぞれ μ_1, μ_2 の M/M/1 モデルのそれぞれの定常分布 $p_1(n_1)=(1-\rho_1)\rho_1{}^{n_1}$, $p_2(n_2)=(1-\rho_2)\rho_2{}^{n_1}$ の積になっていることがわかる．これを**積形式解**という．つまり，それぞれ個別に M/M/1 として解いて，同時分布についてはその積で表せばよいということである．2 段目の到着が到着率 λ のポアソン過程になっていることは，M/M/c の退去過程のところで述べたとおりである．

バッファの大きさに制限のある場合は，積形式解にはならず解くことが難しい．平衡方程式は (11.6) 式と同様になるが，境界付近の式を注意しながら立てて，その連立方程式を数値的に解くことはできる．

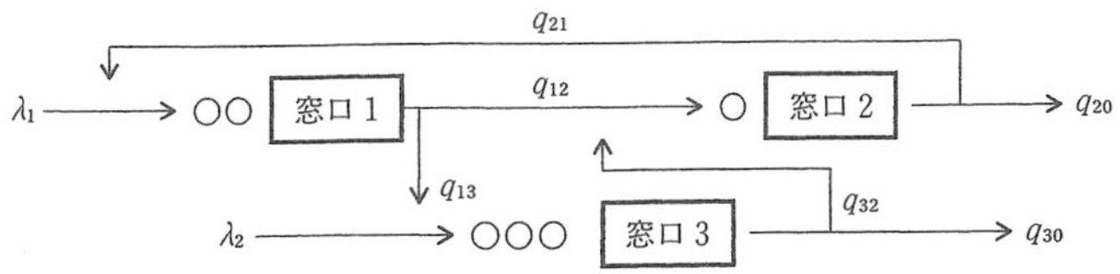

図 11.13 ジャクソン型オープンネットワーク・モデル

(2) ジャクソン型オープンネットワーク・モデル

図 11.13 のような，**ジョブショップ型**ネットワークの場合について見てみよう．いまサービスを行う窓口が 3 か所あり，客は外部から窓口 j に到着率 λ_j でポアソン到着する．窓口 j には c_j 人のサーバーがおり，各サーバーのサービス時間は平均 $1/\mu_j$ の指数分布に従う．客は窓口 j のサービスを終えたら，q_{jk} の確率で窓口 k に行きそこでサービスを受ける．サービスを終了してそのネットワークから立ち去る確率を q_{j0} とする．各窓口の前の待合室の大きさには制限がないものとする．このような**待ち行列ネットワーク**を最初に解析した人の名にちなんで**ジャクソン型オープンネットワーク待ち行列モデル** (Jackson type open network queue) と呼ぶ．

いま，窓口の j の系内人数を n_j とし，それらを同時に見た (n_1, n_2, n_3) を状態として，(11.6) と同様なやり方で平衡方程式を立て解くことができる．その結果を整理すると，解は同じく積形式で表されることが知られている．

$$P(n_1, n_2, n_3)=P_1(n_1)\cdot P_2(n_2)\cdot P_3(n_3) \qquad \text{(積形式解)}$$

ここで，$P_j(n)$ は $\mathrm{M}(\alpha_j)/\mathrm{M}(\mu_j)/\mathrm{c}_j$ の平衡分布である．ここで，$\mathrm{M}(\alpha)/\mathrm{M}(\mu)/\mathrm{c}$ は到着率 α，サービス率 μ のときの M/M/c モデルを表す．

α_j は窓口 j への総到着率で，外部からの到着と内部からの到着をあわせたものであり，次の**フロー方程式**を解くことにより求められる．

$$\alpha_j=\lambda_j+\sum_{k=1}^{3}\alpha_k q_{kj}$$

このように，ポアソン到着でサービス時間が指数分布の待ち行列がネットワーク的につながっていても，総到着率を求めて個別に M/M 型として解き，積形式で最終的な解を表すことができる．それゆえ，ネットワークでの滞在時間の平均などもリトルの公式を利用して容易に求めることができる．

【演習問題】

11.1 日頃，経験する待ち行列の現象の例をあげ，その特徴について考えよ．また，そのシステムを図式化してみよ．

11.2 ある銀行の支店の ATM の前の行列を観測したところ，M/M/4 で考えてよいという．土曜のピーク時に調べたところ，到着率は1時間あたり48人であり，サービス率はATM 1台につき1時間あたり15人であるという．このとき，次の問いに答えよ．

(1) ATMの稼働率を求めよ．

(2) 客が待つ確率を求めよ．

(3) 客の待ち時間の平均，および系内滞在時間の平均を求めよ．

(4) 10分以上待たされる確率を求めよ．

(5) 系内人数の平均を求めよ．

(6) 来期には現在あるATMおよび中央のコンピュータが高速化されて，ATM 1台あたり20人/hサービスできるようになったとする．その代わり，スペース等の関係でATMが3台に減らされたとすると，上記の諸量はどうなるか．

11.3 ある駅にはみどりの窓口が1つしかない．そのサービス分布を調べたところ，いろいろなタイプの切符を扱っているせいか，指数分布より変動が大きいようである．平時の到着率は15人/h，サービス時間は平均3分であり，分散は13.5である．このとき，次の問いに答えよ．

(1) サービス時間の変動係数を求めよ．

(2) 係員が手空きである時間比はどのくらいか．

(3) 平均待ち時間を求めよ．

(4) 系内人数の平均 L，待ち人数の平均 L_q を求めよ．

(5) もし，サービス時間の分散を調べないで指数分布を仮定して計算したら，待ち人数の平均はどのくらい違うだろうか．

11.4 ある航空会社の航空券の予約受付窓口では，係員が3人おり，先着順にサービスを行っている．客の到着率は16人/hであり，ポアソン到着とみてよい．サービス時間の平均は9分であり，標準偏差は4分であるという．このとき，次の問いに答えよ．

(1) M/M型だと思って，平均待ち時間を求めたらどうなるか．

(2) 近似式を用いて，平均待ち時間の近似値を求めよ．

11.5 ある銀行の駐車場は5台分のスペースがある．ピーク時には車で来る人が15人/hで，ランダムに到着すると考えてよい．駐車時間は平均20分で，標準偏差は10分であるという．このとき，次の問いに答えよ．

(1) お客が来たときに，駐車場が満杯である確率を求めよ．

(2) 隣の空き地を借りて，駐車スペースが3台分増えたらどうなるか．

11.6 図11.14のような機械保守の問題を考える．ある工場においてときどき調整の必要な同じような機械が m 台稼働しており，不具合が発生したら保守要員が点検・保全をし再稼働させる．機械の保守には保守要員1人があたる．このとき，保守要員を何人配置させるとよいかを検討したい．

それぞれの機械が稼働してから保守を要するするまでの稼働時間は平均 $1/\alpha$ の指数

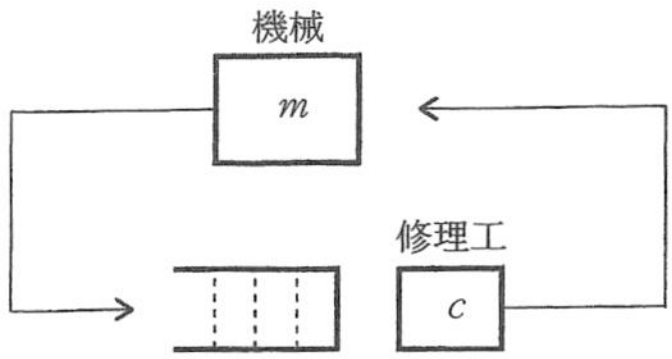

図 11.14　機械保守のモデル

分布に従うものとする．保守要員が c 人おり，保守に要する時間は平均 $1/\mu$ の指数分布に従うとする．

このとき，保守中または保守待ちの機械の台数を状態として次の問いに答えよ．

(1) 微小時間 Δ の間に，状態 $n\rightarrow$ 状態 $n+1$，および状態 $n\rightarrow$ 状態 $n-1$ に推移する推移確率を求めよ．

(2) 平衡方程式を立てて，定常分布を求めよ．

(3) この場合，リトルの公式はどのようになるか考えよ．また，機械のサイクルタイム (稼働開始 → 不具合発生 → 保守→再稼働開始までの時間) 平均はどのように表されるだろうか．

(4) $m=6$, $c=2$, $1/\alpha=60$ 分, $1/\mu=15$ 分のとき，定常分布を計算せよ．また，修理中または修理待ちの機械の台数の平均，サイクルタイムの平均，機械の平均稼働率，保守要員の手空き率を求めよ．

(5) 上の場合で，$c=1$ だったらそれぞれの値はどのようになるだろうか．

【参考文献】

[1] 川島幸之助，町原文明，高橋敬隆，斉藤　洋：通信トラヒック理論の基礎とマルチメディア通信網，電子情報通信学会 (1995).

[2] 木村俊一：M/G/s 待ち行列の近似式の有効性について，オペレーションズリサーチ，Vol. 33, No. 5 (1988).

[3] 牧本直樹：待ち行列アルゴリズム—行列解析アプローチ— (経営科学のニューフロンティア 3)，朝倉書店 (2001).

[4] 高橋幸雄他：(講座) 待ち行列研究の新しい潮流 (1)～(4)，オペレーションズ・リサーチ，Vol. 43, No. 9～12 (1998).

[5] 高橋幸雄，森村英典：混雑と待ち (経営科学のニューフロンティア 7)，朝倉書店 (2001).

[6] 森村英典，大前義次：待ち行列理論，日科技連出版社 (1975).

[7] T. Kimura : A Two-Moment Approximation for the Mean Wating Time in the GI/G/s Queue, *Management Science*, Vol. 32 (1986).

[8] R. W. Wolff : *Stochastic Models and Queues, Introduction to Stochastic Processes*, Printice-Hall (1989).

* 待ち行列の基礎については，[6] が定評がある．[1] は待ち行列モデルと情報通信との関連をよく整理している．待ち行列の新しいアプローチや最近の動向を知るには [3, 4] をみるとよい．[5] は混雑や待ちの現象が見られる例を多くあげており，直感的な解説とあまり難しい式を使わないで数理的な説明をも工夫したユニークな著書であり，読み物としてもおもしろい．

12 シミュレーション

シミュレーション(simulation)のもとの意味は,「まねること,△△のふりをすること」である.転じて,「模擬実験をすること,模擬すること」,さらには,「社会的・物理的過程をコンピュータ上で再現し,その解明を企てること」を意味する.2002年のワールドカップでは,相手にやられたふりをして倒れ込んだ選手が,“シミュレーション”と判定されて退場になったことも記憶に新しい.子供の頃の遊びであった,鬼ごっこ,チャンバラごっこ,ままごとなど,いずれもシミュレーションにあたり,いわば,小さい頃からわれわれの馴染んできた道具であるといえよう.

ここでは,理論的な解析が難しいような「複雑なシステム」に対し,モデルをつくり,コンピュータを用いて実験を行い解析をするプロセスをシミュレーションと呼ぶ.20世紀の終わりに,アメリカの国防省が21世紀に向けた重要技術を22項目洗い出したが,シミュレーションはその中核技術の1つとして取り上げられている.

12.1 シミュレーションのタイプ

シミュレーションには大きく分けてハードをベースにしたものとソフトなものとがある.直接的にあるいは物理的に物まねをし擬似体験をするためのハードベースのものとして,航空機などの設計をサポートする風洞実験,自動車や飛行機の操縦技術習得のための運転シミュレータなどがある.また,新しく住宅を建てる際に,例えばキッチンシステムの使い勝手を,3次元映像のなかで体験し事前に確かめる人工現実感(virtual reality)なども一種のシミュレーションである.以下では,現実のものの流れや情報の流れをまねて,(数学的な)モデルをつくりコンピュータ上で数値実験を行う,ソフトなシミュレーションについて説明する.

ソフトなシミュレーションには，大きく分けて「確定論的モデル」に基づいたものと，「確率論的モデル」に基づいたものとがある．また，対象システムの状態の変化の仕方には，ロケットの位置制御の場合のように，位置，つまり状態が時間とともに連続的に変化する「**連続的モデル**」(continuous model) と，待ち行列のように到着などの事象が発生したときにそれに伴って状態が変化する「**離散事象モデル**」(discrete event model) がある．シミュレーションの代表的なタイプをいくつかあげてみよう．

① **システム・ダイナミックス**： 都市問題，資源・環境問題などの大規模な問題では，個々の要因の因果関係はわかるが，多くの要因が絡み合っていて全体像がつかみにくいことが多い．因果関係のあるものは確定的に把握できる場合もあるし，確率的にしかわからない場合もあろう．このような大規模システムの挙動の把握，その評価に使われる．1970 年代にローマクラブが世界の資源・環境の有限性を訴えて提出したレポート「成長の限界」は，綿密なモデルに基づいたシステム・ダイナミックスの成果として著名である．

② **モンテカルロ・シミュレーション**： 1946 年にアメリカの数学者 S. Ulam が原子炉設計のために，拡散方程式を解く必要に迫られた．数値解析的に解くことが難しいので，コンピュータ上で実際の粒子の動きを模倣して，ある条件を満たす場合の数を高速に数える数値実験の方法を提案した．

複雑な形状の面積や体積を計算したり，多次元積分，微分方程式の数値解を求める場合や，インプットが確率的に変動するシステムの，アウトプットの値の分布を調べたりするのに使われる．最近では，ファイナンスの問題において，オプションのより精密な評価などにも使われている．いろいろな状況やデータがランダムに発生する様子を反映するために，「乱数」を用いる．モンテカルロはモナコ公国にある観光地区でカジノで有名であり，乱数とカジノの賭け事のルーレットやサイコロによるランダムネスの利用とを引っかけてこのように呼んだ．

③ **システム・シミュレーション**： 時間を追って発生する，不確定な事象の流れを明示的にモデル化し，システムの特性を調べ評価する方法である．在庫，生産プロセスの設計・管理，生産や情報通信における渋滞・待ち行列などの問題を評価するときに用いられる．確率的変動要因を含んだシミュレーションを行うことにより，考えられるさまざまな状況を再現し，システムの動的な挙動を知ることができる．

システム・シミュレーションを行ううえで，状態の時間的な変化を記述していく「時間進行」の方法に 2 通りある．一定時間ごとに状態の変化を書き換えていく「**時間駆動型（固定時間増加法）**」と，到着やサービス終了などの事象が発生するごとにシステムの状態を書き改めていく「**事象駆動型**」である．毎日の在庫の変化を調べる在庫の問題などには前者が適するが，事象が発生するたびにシステムの様子が変化し，その変化を順次たどらないとシステムの状況が記述できない場合は，後者の方法をとるとよい．

12.2　シミュレーションのメリット

シミュレーションで，われわれの調べたいことを要約すると次のようになる．

・システムの動的な挙動を調べたい
・不確定要因の影響を調べたい
・理論的には計算できないシステムの特性の数値を知りたい
・システムの強みや弱みなどの構造の特性を知りたい

これらをかみくだいて，シミュレーションを行う利点を整理すると以下のようになる．

シミュレーションの利点：

① 計画中のシステムに対し，そのシステムを実際に組み立てずに，モデルを用いて実験でき，因果関係を定量的に調べられる．
② 稼働中のシステムの場合，その機能を損なうことなく，実システムではやりにくい仮説のテストがモデルを用いてできる．
③ システムにとって何が重要なパラメータか明確にできる．
④ 類似システムの比較ができる．
⑤ システムの限界を調べる場合にも，システムを破壊せずに実験できる．
⑥ モデルを通して将来の予測もできる．
⑦ 実験解析の過程を誰もが理解しやすく，説得力がある．

こうみると利点ばかりのようであるが，シミュレーションは詳細にやろうとするとモデルをつくり，実験するのに時間と費用がかかるのが難点といわれてきた．しかし，近年，シミュレーションの目的・用途に応じたシミュレーション用のソフトウェアが数多く開発され，シミュレーションをパソコン上でも比較的手軽にできるようになってきた．

12.3 シミュレーションの進め方

通常，シミュレーションを行う手順を示すと次のようになる．これはORのサイクルと本質的には変わらない．

シミュレーションの進め方：

Step 1 問題の定式化＋作業の計画
Step 2 データの収集とシミュレーション・モデルの定式化
Step 3 モデルの精確さのチェック
Step 4 ソフトウェアの選択とプログラムの作成
Step 5 モデルの妥当性の検討…アニメーションも重要
Step 6 シミュレーション実行の計画…入力データのパラメータ選択など
Step 7 シミュレーション実験の実施と結果の分析
Step 8 プレゼンテーション，マネジメントへの提言

シミュレーションを行ううえで，まず心がけることは次に要約される．

「実システムの動きによく似ていて，あまり大きくないモデルをつくる．
いかに能率よく実験できるかを工夫する．」

現在市販されているパソコン用のシミュレーションソフトの代表的なものを簡単に紹介すると次のようなものがある．待ち行列的な現象を扱う汎用シミュレーション・モデルの構築ツールとしてVisual SLAMがある．特に生産・物流向きのシミュレーションを行うには，FACTOR/AIMやArenaなどが使いやすく工夫されている．また，ビジネスの企画を立てるときに行うリスク分析を支援するためのソフトとしてCRYSTAL BALL, RiskSim, @RISKなどがある．Webで調べてみるとおもしろい［5〜7, 9］．

12.4 簡単なシミュレーションの例

例1――パチンコのモデル（破産の確率）〔モンテカルロ・シミュレーション〕

10.6節の吸収的マルコフ連鎖の項で説明した単純なパチンコのモデルを考える．玉が1個入れば，2個出てくるので手持ちの玉数は+1となる．入らなければ，−1となる．入る確率がp，入らない確率が$q=1-p$であるとする．n回目の試行での玉数の増・減をX_nで表すと，n回目の試行の後の手持ち玉数は次のように表せる．

手持ちの玉数：
$$S_n = S_0 + X_1 + X_2 + \cdots + X_n = S_{n-1} + X_n$$

ここで，

$$X_n=\begin{cases}+1 & \text{確率 } p\\ -1 & \text{確率 } q=1-p\end{cases}$$

である．いま，手持ちが a 個になったら打ち止めとし，玉がなくなれば破産とする．このとき，破産する確率を推定したい．

これは簡単にシミュレーションできるだろう．表が出る確率が p のコインを見つけて，コインを投げ，表が出たら +1，裏が出たら −1 として手持ち玉数を計算し，a に達したら打ち止め，0 になったら破産とする．この一連の実験（**ラン** run という）を 1000 回くらい繰り返して破産となった割合を求めればよい．この場合，おそらくは $p=0.5$ 近辺で，確率を少しずつ変化させて実験すると興味深いであろう．

それでは，$p=0.45$ で実験したいとして，表の出る確率が 0.45 のコインをどうやって見つけてくればよいだろう．1 つの簡便な方法は，例えば，「乱数表」を利用することである．乱数表は，何桁かの数字がまったくランダムに（詳しくは，12.5 節参照）並んでいると考えてよい．この乱数表をどこから読み出してもよいが，一定の順番で読んでいくことにする．そして，

00〜44 の数字が出たら表で，$X_n=+1$,

45〜99 の数字が出たら裏で，$X_n=-1$

とみなす．そうすれば，表が 0.45 の割合で実現するものと考えられる．

それでは，早速，最初の手持ちの玉数を $S_0=90$ とし，$a=100$ として実験をしてみよう．

しかし，実際に実験を始めてみるとなかなか 100 にも達しないし，破産もしない．いつになったら終わるのかと，不安になる．この一連の実験を 1000 回も繰り返すなんて，気が遠くなる．そこで乱数表を使うハンドシミュレーションはあきらめて，パソコンでやることにする．Excel に慣れた人なら，表 12.1 のような計算をして，S_n が 100 に達したか 0 になったかを判定すればよいのだから，そんなに難しくなくできるであろう．もちろん，Excel の中には乱数表はないが，乱数を生成する機能はある．それにしても

表 12.1 パチンコのシミュレーション実行表（$p=0.45$ のとき）

	ラン 1			ラン 2			…
n	乱数	X_n	S_n	乱数	X_n	S_n	…
1	23	+1	91				
2	65	−1	90				
3	78	−1	89				
4	49	−1	88				
⋮	⋮		⋮				
1000							

1回のランにおいて勝敗が決するまでに，試行回数がどのくらいかかるのだろうか？これが1000回も2000回もかかるようではExcelも膨大なものになる．

例題　上のサイズの問題はハンドシミュレーションでは手に負えそうもないので，最初の手持ちの玉数を$S_0=5$とし，$a=10$として，$p=0.4$と$p=0.5$の場合のシミュレーションを実行してみよ(クラスで手分けして集計すると，ランの数が増やせておもしろい)．

ここでは，$S_0=90$，$a=100$のときの実験の結果を紹介しておこう．ランの長さがどのくらい長くなるか本当のところ見当もつかないので，Visual Basicでプログラムを書いてシミュレーションをやってみた．勝敗が決するまで試行を行い，そのランを100回繰り返したときと，10000回繰り返したときと，両方とも3個ずつデータをとってみた．その結果を表12.2に示す．

これにより，破産確率の推定にはランの数が少ないとバラツキがかなりあるが，10000回もやれば，±0.005程度の範囲の誤差で推定できていることがわかる．1回1回のランが独立だから，n回ランを繰り返せば，そのなかで破産する回数は2項分布となる．破産する確率をrとおくと，rの推定値の分散は$r(1-r)/n$となる．これより，$n=10000$のとき推定値の標準偏差は$r=0.5$のときが最大で0.005となり，rが0.5より離れるにつれ，より小さくなる．しかし，終了までの期待試行回数の推定は，$p=0.5$のとき必ずしもよくない．シミュレーションで破産するまでの試行回数の分布を調べてみると，500回以内で終える場合が65%程度あるが，10000回を超えるような場合も0.3%程度あり，裾が長い分布であることがわかる．このようにデータのバラツキが大きいため，その期待値の推定値の精度がよくない．

手持ち数の増減が±1の場合は，マルコフモデルの項で見たように破産の確率や期待

表12.2　パチンコのシミュレーションの結果(玉数の増減が+1と−1のとき)

p	S_0	a	破産の確率			終了までの期待試行回数		
			シミュレーション		理論値	シミュレーション		理論値
			100回	10000回		100回	10000回	
.40	90	100	0.98	0.9858	0.983	434	440	441
			0.99	0.9858		432	441	
			0.98	0.9860		434	441	
.45	90	100	0.88	0.8761	0.866	745	774	766
			0.83	0.8758		751	773	
			0.86	0.8760		745	773	
.50	90	100	0.06	0.0985	0.010	926	838	900
			0.14	0.0989		753	837	
			0.08	0.0990		685	836	

試行回数が理論的に計算できる．しかし，本当のパチンコに近づけて，玉が入ると11個出る，つまり X_n が $+10$ と -1 の値をとる場合はどうであろうか？この場合でも，マルコフモデルを用いて，理論的に解くことはできるが，解は複雑になり数値計算を行うのも容易ではない．この場合について，様子を知るためにシミュレーションをランの繰り返し数が100回と10000回の両方を2度ずつ行い，最初の手持ち玉数についても $S_0=100, 200$ の2通りやってみた．

これにより，$p=0.100$ の近辺で破産する確率が大きく変化することがわかる．実際のパチンコ同様，ちょっとした腕の差で勝敗に大きな差がつく．また，勝敗の決着するまでの試行回数の期待値が予想以上に大きいことがわかる．パチンコ屋に行くと，時間がつぶれる様子がわかろうというものである．また，最初の手持ち玉数を200に増やすと，$p=0.100$ の近くでは破産の確率が大きく減少することがわかる．すなわち，賭け事は手持ち資金の多い方が有利であることがわかる．

表 12.3　パチンコのシミュレーションの結果（玉数の増減が $+10$ と -1 のとき）

p	S_0	a	破産の確率		終了までの期待試行回数	
			100回	10000回	100回	10000回
.090	100	1000	0.97	0.9627	5315	6080
			0.98	0.9624	5635	6109
	200		0.94	0.9369	15323	15132
			0.95	0.9474	10680	11138
.095	100	1000	0.36	0.3614	11244	11318
			0.42	0.4202	11423	10745
	200		0.19	0.1895	12922	13693
			0.16	0.1579	14393	14539
.100	100	1000	0.17	0.1750	7874	7746
			0.08	0.1752	8162	7744
	200		0.01	0.0105	7871	7934
			0.02	0.0210	8337	8326
.105	100	1000	0.04	0.0366	5823	5791
			0.07	0.0420	5481	5674
	200		0.01	0.0000	4977	5056
			0.00	0.0000	5022	5164
.110	100	1000	0.03	0.0169	4088	4192
			0.00	0.0252	4289	4306
	200		0.00	0.0000	3787	3800
			0.00	0.0000	3695	4031

例 2—— 簡単な生産システムのスループット〔固定時間増加法によるシミュレーション〕

次の例題は，サプライチェーンの関係でビジネス界において一世を風靡した「制約理論」の主唱者 E. M. Goldratt がその小説『ザ・ゴール』で紹介しているモデルをアレンジしたものである．

図 12.1 のように直列型に配置された 3 台の加工機械からなる生産システムがある．各ユニットは機械 A, B, C の順に加工され，製品となって出荷される．この生産システムに関して次のことを仮定する．

① 各機械は 10 分ごとに生産したものを，次の機械に移送する．つまり，これらの機械の間の仕掛かりユニットの搬送は 10 分ごとに行われ，同期化されている．

② 機械 A には，毎期その期首に 3 個のユニットが到着する．

③ 各機械の作業者・機械に調子の波があり，各期ごとに加工されるユニット数にバラツキがある．

④ 各機械の前には仕掛品がいくらでも置けるものとする (無限大のバッファ).

⑤ この生産システムを毎日 50 期間運転する．50 期の終わりに各工程に残っているユニットは別に処理する．したがって，毎朝，この生産システムには仕掛かりユニットが何もない状態からスタートすると考えてよい．

このとき，次のようなことを調べたい．

1) 50 期が終了した時点での出荷される製品数の期待値はどのくらいか？
投入されたユニット数に対して，出荷された製品数の比率は？
ここでは，この比率をスループットと呼ぶことにする (通常，スループットの定義は，単位期間あたりの出荷製品数を指すことが多い．ここでは，50 期末に残った仕掛品は別処理するので，このように定義した).

2) 各期末に各加工工程に残された仕掛品の量はどのくらいか？ その平均や最大量を知りたい．

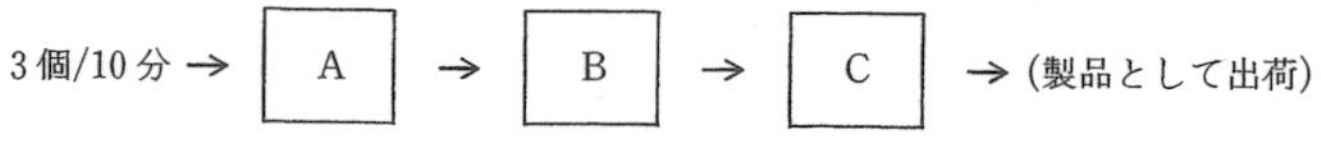

図 12.1　3 段階の生産システム

この生産システムのシミュレーションを行うには，各機械の作業能力を決めないといけない．ここでは，2 つのケースを想定して，その違いを調べてみる．

ケース 1：現状

各機械の作業能力は同じで，調子のよいときはたくさんつくれるが，調子が悪いときは1個も生産できないこともあり，安定せずバラツキが大きい．仕掛品が十分あるときの1期あたりに可能な加工数の確率分布は表12.4の上段の通りとする．

ケース2：改善案

機械の保守を十分やり，作業員のマニュアルを整えることにより，多くつくりすぎるということがなく，ムラもなくなり，その確率分布が表12.4の下段のようになると想定されている．

シミュレーションのやり方は特に難しいものではない．『ザ・ゴール』のなかでは，ボーイスカウトの遠足の途中で，どうすればみんなの行進が遅れないですむかを，子供たちに納得させるために，このようなモデルを使ってサイコロを振らせて実験させている．

要は，表12.5のような表をつくって，各期ごとに各機械に対応して3回サイコロを振り，1期から順に各期の状態の変化を記録していけばよい．つまり，固定時間増加法によるシミュレーションとなる．ここでは，サイコロの代わりに乱数表を用いることにする．乱数の読み替えは例1のときと同じようにすればよい．乱数を2桁ずつ読むとして，ケース1の場合，

表12.4 可能加工ユニット数の確率分布

可能加工ユニット数	0	1	2	3	4	5	平均	分散
ケース1	0.2	0.2	0.0	0.0	0.0	0.6	3.2	4.96
ケース2	0.0	0.0	0.1	0.6	0.3	0.0	3.2	0.36

表12.5 生産システムのシミュレーション(ケース1の例)

	A				B				C				生産量	
k期後	期首手持ち	可能加工数	実加工数	期末在庫	期首手持ち	可能加工数	実加工数	期末在庫	期首手持ち	可能加工数	実加工数	期末在庫	出荷数	累積出荷数
1	3	5	3	0										
2	3	0	0	3	3	1	1	2						
3	6	1	1	5	2	5	2	0	1	5	1	0	1	1
4	8	5	5	3	1	0	0	1	2	0	0	2	0	1
5	6	1	1	5	6	5	5	1	2	5	2	0	2	3
6	8	5	5	3	2	0	0	2	5	0	0	5	0	3
⋮														
50														
計														
平均														

乱　数	00〜19	20〜39	40〜99
可能加工数	0	1	5個

と割り当てる．

表のなかの可能加工数は，各期に発生させた乱数に対応した可能加工数を記している．各期の実可能数，および期末在庫は各期，各機械ごとに次のように計算する．

実加工数＝Min (期首手持ち，可能加工数)

期末在庫＝期首手持ち－実加工数

期首手持ちは，

機械 A：　機械 A の前期の期末在庫＋3

機械 B：　機械 A の前期の実加工数＋機械 B の前期の期末在庫

機械 C：　機械 B の前期の実加工数＋機械 C の前期の期末在庫

と計算できる．そして，出荷数，総出荷数は

出荷数＝機械 C のその期の加工数

累積出荷数＝前期の累積出荷数＋その期の出荷数

と計算すればよい．このように計算すればよいことはすぐにわかるであろう．したがって，Excel に慣れた人なら，上のような表計算の形でのシミュレーション・モデルは簡単につくれるであろう．

例題　表 12.5 をつくり，それぞれのケースについて，乱数表を使ってハンドシミュレーションをやってみよう (授業でやる場合，クラスを 2 つに分けて手分けし，後でまとめるとよい)．

例 3 —— 床屋のシミュレーション 〔事象駆動型のシミュレーション〕

駅の近くにサービスがよくて比較的安い床屋さんがあり，いつのぞいても盛況のようである．いまは，その床屋さんは理髪師 2 人でやっているが，このところ客数も多いし，スペースに余裕もあるので，もう 1 人雇い入れてやる方がよいか思案している．そんな悩みをお客の 1 人である大学生に話したところ，いま大学で OR の勉強をしており，その授業の自由演習の課題にちょうどよいから調べてあげるよ，といわれた．まだ，習ったばかりなので精確のことはできないけれど，おおざっぱな目安なら立てられると思うよ，とのことであった．

早速，店の状況を調べてもらい，必要といわれるデータをできる限り提供した．例えば，客の到着時刻の精確な情報はないが，どの時間帯に何人の客をサービスしたかなどの情報は，レジの記録を見ればある程度わかる．また，必要なデータが欲しければ，実際お店で計ってもらったりもした．ここでは，ページ数にも制限があるので，その簡略化したモデルを紹介し，自分たちで手を動かしてシミュレーションを体験してもらおう．

問題意識を整理すると次のようになる．

いま，理髪師 2 人でやっているが，
① もう 1 人雇ったら採算がとれるかどうか検討したい．
給料・諸経費を含めて，1 人雇うと 1 日 1 万円かかるものとする．
② また，そのとき客の待ち時間がどのくらい変化するかを調べたい．

ここでは，次のようなモデルを考え，表のように調べたデータに基づいて，上の ①，② について検討してみる．

モデルの仮定：

1) 店の営業時間は 9:00～18:00 とし，閉店間近にきた客はカーテンを降ろしてサービスする．昼食は，手の空いたときに順番に，客のサービスに影響がないように簡単にすませている．
2) 客は店に入る前に，中をのぞいて混雑の具合を調べて店に入るか否かを決める．少し混んでいると，待つのが嫌いで立ち去る人もある程度いる．
3) 客は先着順にサービスを受ける．自分の番がきたら，調髪かパーマかを告げる．

表 12.6 のデータの時間は 5 分を単位で計られているが，実際はちょうど 15 分ということではなくて，12.5 分から 17.5 分の間を代表して 15 分とおいた．シミュレーションの実験を簡単にするために，ここでは 5 分単位で考えることにする．

床屋のモデルのフローチャート〔事象駆動型のシミュレーション〕：　客の到着した順番に，1 人ひとり，到着時刻や店に入るか否か，サービスの種類，サービス時間，待ち時間などを図 12.3 のフローチャートに従って計算していく．到着やサービス終了など

表 12.6　床屋の諸データ

① 客のタイプ

	割合 (%)	値段 (円)
パーマ	30	2500
調　髪	70	1500

② サービス時間

パーマの場合		調髪の場合	
40 分	30%	25 分	40%
45 分	60%	30 分	60%
50 分	10%		
(平均)	44.0 分	(平均)	28 分

③ 到着時間間隔

間隔 (分)	割合 (%)
5	30
10	50
15	10
20	10
25	0
(平均)	10.0 分

④ 逃げる客の割合

店内にいる客数 (人)	0	1	2	3	4	5	6	7
理髪師 2 人のとき (%)	0	0	10	20	30	80	100	100
理髪師 3 人のとき (%)	0	0	0	10	20	30	60	100

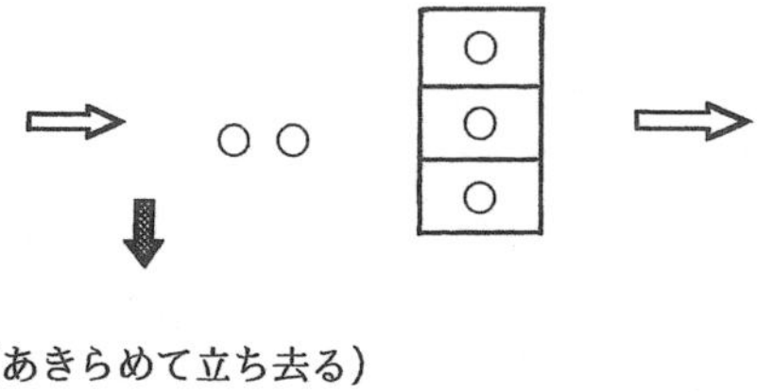

図 12.2 床屋のモデル(理髪師が3人のとき)

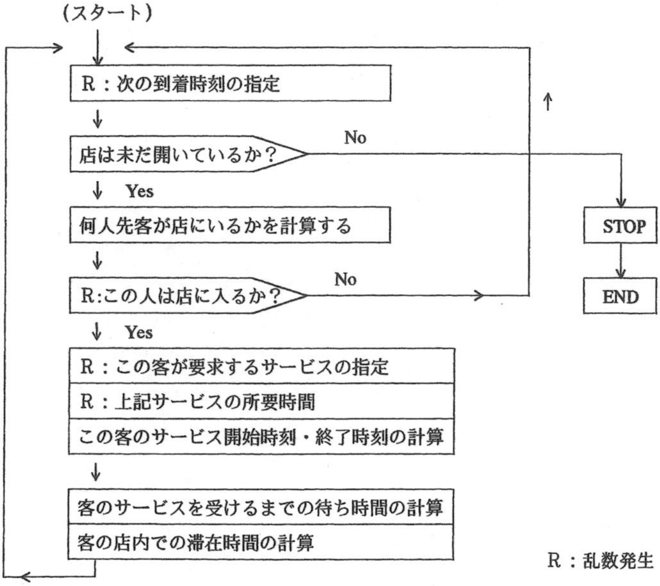

図 12.3 床屋のシミュレーションのフローチャート

の事象が生起するたびに，それによるシステムの状態の変化を見直し記録していく.

Rと書いてあるところで乱数を発生させ，到着の事象がいつ起きたかなどの値が与えられていく．この分布と乱数の対応のさせ方は前の例のようにやればよい.

ここでは，図12.3のフローチャートの手順に従って，表12.7のようなものを用意して順次埋めていけばよい．表12.7では，理髪師が2人の場合について，7人目のお客まで試みにやってみた．少しやってみると，サービス開始時刻を決めたり，店内客数を数えるのが面倒である.

いま時間単位が5分になっているので，サービスの終了時刻と到着時刻が重なることがある．これを避けるために，到着時刻は計算した到着時刻の1秒後に到着したものと

表 12.7 床屋モデルの計算プロセスの例(理髪師2人の場合)

客の番号	到着時刻			店内客数	店に入る?		サービスの種類		サービス所要時間		サービス開始・終了時刻		待ち時間	店内滞在時間
	乱数	到着間隔	到着時刻		乱数	決定	乱数	種類	乱数	時間	開始時刻	終了時刻		
1	13	5	9:05	0	—	y	78	c	89	30	9:05	9:35	0	30
2	22	5	9:10	1	—	y	95	c	19	25	9:10	9:35	0	25
3	31	10	9:20	2	36	y	23	p	64	45	9:35	10:20	15	60
4	65	10	9:30	3	61	y	44	c	26	25	9:35	10:00	5	30
5	04	5	9:35	3	47	y	11	p	98	50	10:00	10:50	25	75
6	83	15	9:50	3	13	n								
7	09	5	9:55	3	85	y	26	p	19	40	10:20	11:00	25	65
⋮														

見なし，サービスは計算した終了時刻の1秒前に終了したものと見なそう．そうすれば，店内客数を数えるのに混乱が起きないだろう．店内客数が0または1の場合，必ず入ることになっており，乱数を発生させる必要がないので，そのときは − を記入した．店に入る場合をyで，入らない場合をnで表す．サービスの種類はパーマをp，調髪をcで表した．

サービス開始時刻と(到着時点での)店内の客数は次のように計算される．まず，次のように記号を定める．客nの到着時刻をT_n，サービス時間をS_n，客nが到着する直前の店内の客数をQ_n，客nのサービス開始時刻をSB_n，終了時刻をSC_n，サービスを受け始めるまでの待ち時間をW_n，店内滞在時間をWS_nとおく．すると，

$$Q_n = \#\{k : SC_k > T_n,\ k \leqq n-1\},$$

$$SB_n = \begin{cases} T_n, & Q_n \leqq 1 \text{ のとき} \\ \text{2-}\max\limits_{k \leqq n-1} SC_k, & Q_n \geqq 2 \text{ のとき} \end{cases}$$

と表すことができる．まず店内の客数については，自分より前にきた客でそのとき残っている客の数を数えればよい．$\#\{k:\quad\}$は条件を満たすkの個数の意味である．サービス開始時刻については，理髪師が手空きであれば，到着したらすぐにサービスを受けられる．理髪師が手空きでなければ，自分の番がきて初めてサービスを開始できる．これは，次のように考えるとよい．自分の前にきた客のサービスをに対して，理髪師2人のうちどちらかが手空きになる時間である．つまり，前の客たちのサービス完了時刻のうち，大きい方から2番目がそれに当たる．2-Maxは2番目に大きいものをとるという意味である．理髪師が3人の場合，3番目に大きな値をとればよい．このように書くと面倒くさそうであるが，図示すると図12.4のようになる．自分の前の各客の到着時刻とサービス終了時刻を区間でマークする．客nの到着時に引っかかる区間の数がQ_nであり，前の客たちのサービス終了時刻の最後から2番目が客nのサービス開始時刻

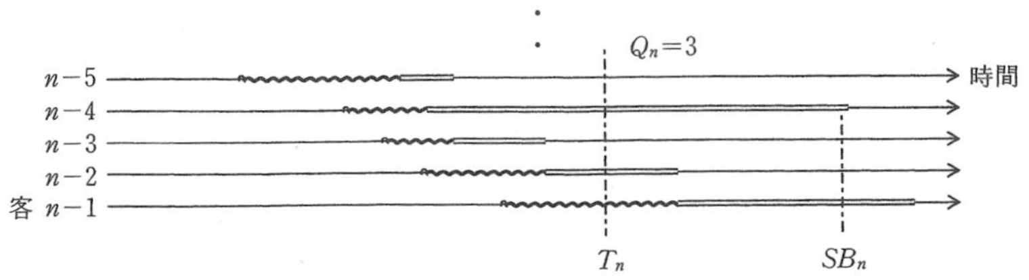

図 12.4 到着時の店内客数とサービス開始時刻
〜〜は待ち時間，══はサービス時間.

となる．その時点で，1人の理髪師が手空きになるからである．図のように，サービス終了時刻は到着順とは順番が同じではないので，サービス終了時刻が T_n より大きい少し前の客 ($T_n < SC_k$, $k < n$ となる客) までみる必要がある．

あるいは待ち行列の項でやったように，時間を追って行列の変化する様子をグラフに描けば間違わずにすむであろう．これらが定まれば，サービス終了時刻，待ち時間，店内滞在時間は

$$SC_n = SB_n + S_n, \quad W_n = SB_n - T_n, \quad WS_n = W_n + S_n$$

と簡単に求まる．

例題　表 12.7 をつくり，理髪師が 2 人の場合と 3 人の場合の，1 日分のシミュレーションをやり，もう 1 人雇う方がよいか考えよ (授業でやる場合，クラスを 2 つに分けて手分けし，後でまとめるとよい).

12.5 乱　　数

これまで乱数表とその使い方については簡単に触れたが，そもそも「乱数」とはなんであろう．シミュレーションではランダムに発生するデータを再現するための道具として必要になる．ランダム性を発現させるための数の並び方で，正しくは「**乱数列**」(random number sequence) という．以下では，その考え方や作り方を簡単に紹介する．

(1) 乱数 (列) とは

乱数とは，簡単にいえば，乱数サイを振って得られるような数列のことをいう．ふつうのサイコロは正立方体で 6 つの目しか出ないが，乱数サイは正 20 面体で 0 から 9 の数字が 2 個ずつ割り振ってある．これを振って得られる数列は，

① 各数字の出現率が等しいこと (等出現性) と，② 出現の仕方がランダムである，あるいは無規則であること (無規則性，独立性) が想定される．この意味で，この乱数列を「**一様乱数**」と呼ぶ．つまり，

一様乱数＝乱数サイを振って得られる数列

＝① 等出現性と，② 無規則性を満たす数列

となる．数学的に，これを厳密に定義することも試みられているが，容易ではない．

ところで，「無規則性」とは何であろうか．ある規則があれば，その規則を満たすかどうかは容易にチェックできる．無規則となると，あらゆる規則を考えて，それらが満たされないということをいわなくてはならない．このようなことは正確にはできない．そこで，いくつかの大事な規則を想定して，それらの規則を満たさなければ，まあ無規則と考えてよいことにする．ここで，①, ② の規則は，統計的な性質なので，そのチェックに統計的検定の考え方を用いる．つまり，次のように行う．

「何らかの方法で乱数らしき数列を入手する」

(例)　1, 0, 1, 1, 0, 0, 0, 1, 1, 0, 0, 0, 1, 1, 0, 1, 0, 0, 0, 0, 1, 1, 0

↓

①, ② を満たすかをテスト (統計的検定) して用いる

等出現性や無規則性 (独立性) をチェックするには，通常次のようなテストを行う．

① 等出現性：　カイ 2 乗適合度検定

② 無規則性：　系列相関 (無相関性)，連の検定，gap テスト，組合せ検定，スペクトル分析，目でみるテスト．

詳しくは統計のテキストを見てほしい．

そういうわけで，これらの性質を (近似的に) 満たす数列を，乱数列に似た性質をもつという意味で，**擬似乱数 (擬似ランダム系列)** (pseudorandom numbers) と呼ぶ．

ここでは簡単のために，$\{1, -1\}$ からなる長さ T の系列 $\{X_t, t=1, 2, ..., T\}$ を考える．例えば，この系列が，コインを投げて表が出たら 1，裏が出たら -1 として得られたとすれば，次のような性質をもつであろう．

性質1　T が大きいとき，1 と -1 の相対度数率がほぼ同じになる．

性質2　連の比率に関して，T が大きいとき

$$\frac{\text{長さ } n+1 \text{ の連の個数}}{\text{長さ } n \text{ の連の個数}} \fallingdotseq \frac{1}{2}$$

となる．

性質3〔無相関性〕　コイン投げのように本当にランダムなら，

$$E(X_t X_{t+s}) = E(X_t)E(X_{t+s}) = 0 \quad (s \neq 0)$$

だから，遅れ $s\,(>0)$ の自己相関関数 $R(s)$ は

$$R(s) = \lim_{T\to\infty} \frac{1}{T-s} \sum_{t=1}^{T-s} X_t X_{t+s} = 0$$

を満たす．

性質 1, 2, 3 を近似的にもつ系列を擬似ランダム系列（擬似乱数）と呼ぶことにする．ここで，連（これも run という）とは，1 あるいは -1 の続いている部分をいい，その長さを連の長さという．

(2)　なぜ乱数を使うか

① 偏ったサンプルについて実験することなく，現実の現象を忠実に反映したい．

② シミュレーションの精度を上げるため，現実を反映した大量のデータ (sample) がいる．

(3)　乱数の入手の仕方

乱数を入手するための道具として次のようなものがある．

・乱数サイ，サイコロ，コイン　　・物理乱数（熱雑音などを利用）

・乱数表　　・算術乱数

算術乱数とは，何らかの方法で計算しながら，次々と乱数列らしきものを作り出す方法である．計算規則があるから，そもそも乱数であるはずがないが，先のテストで棄却されなければ，擬似乱数と考えて使うことにする．乱数の作り方の望ましい条件は次のようになる．

望ましい条件：

① 再現性：　再現性があれば乱数に近いか否かの検証もしやすく，また，同じ乱数列を使って類似システムの比較がしやすくなる．

② つくりやすい：　シミュレーションを効率よく行うためにも，高速発生できることが必要となる．

③ メモリ消費が少ない：　高速発生できてもメモリを多く必要とすると，他の計算に影響が出る．

④ 周期が長い：　周期を超えると同じ数列が現れ，乱数列とはいえなくなる．1つの周期の間を乱数列として扱うが，シミュレーションに必要とする乱数の数は膨大なので，周期の大きいことが望ましい．

(4) 算術乱数の発生法

代表的な**線形合同法**について紹介する．

Lehmer の線形合同法 (mixed congruential method)：　x_0, a, c, M を与えて，次の合同式で順次計算される $\{x_n\}$ を擬似乱数の候補と考える．

$$x_{n+1} \equiv ax_n + c \pmod M$$

記号 $(\mathrm{mod}\ M)$ は M を法として合同をとることをいい，右辺で計算した値を M で割り，余りを x_{n+1} とおくという意味である．得られる数は当然 M より小さい．これについては，周期がどのくらいになるかなどが調べられている．

例えば，$M=10^p$，$x_0 \equiv 1, 3, 7, 9 \pmod{10}$，$c=0$，$a \equiv 3, 11, 13, 19, 29, 37, \ldots \pmod{200}$ とおいたときの周期が $5\times10^{p-2}$ となることが知られている．次の例は，よく用いられる乱数発生装置 (random numbers generator) としていろいろなソフトに組み込まれている．

(例)　Learmouth-Lewis generator　　$M=2^{31}-1$，$a=7^5$，$c=0$.

しかし，この線形合同法でつくられる数列は，多くの場合 $\{(x_n, x_{n+1})\}$ を平面上にプロットすると一様に散らばらず，いくつかの層に分かれるなど結晶構造ができることが知られている．つまり，はっきりとした規則性が現れる．この数を増やして多次元の空間にプロットすると，なおこの構造 (多次元疎結晶構造) が出やすいこともわかってきている．そこで，最近では，乱数を大量に必要とされる場合には，**M 系列乱数** (線形最大周期列，Max-length linear recurring sequence) による方法が用いられている．これにより，周期が大きく，性質のよい 擬似ランダム系列が高速に得られることが知られている [2, 3]．

(5) いろいろな分布に従う乱数の作り方

上のような方法でつくった擬似乱数は，検定で棄却されなければ，各数字の出方が同じようになっている一様乱数列と考えてよい．これらを小数点何桁かの数値として読めば，$[0, 1)$ 上の一様分布に従う一様乱数列が得られる．この一様乱数列をもとに，いろいろな分布に従う乱数列をつくることができる．その作り方には，逆変換法，合成法，棄却法などがあるが，ここでは**逆変換法**についてのみ述べる．

いま，

$$(0,1)\text{ 上の一様乱数列：}\quad y_1, y_2, y_3, y_4, \ldots$$

が得られるものとしよう．

a. 逆変換法

分布関数 $F(x)$ に従う乱数列をつくることを考える．図 12.5 のように分布関数のグラフを描く．一様乱数 y_k の値を縦軸に記入し，そこから水平に線を引き分布関数 F にぶつかった点の x 座標を x_k とする．つまり，この点は $y_k=F(x_k)$ を満たす．$F(x)$ の逆関数がわかっていれば，$x_k=F^{-1}(y_k)$ と容易に求まる．

離散分布の場合は，右図のようにその対応する区間の代表値をとる．12.4 節の各例の乱数列の作り方は，この方法と同じであることに確かめてほしい．つまり，とりうる値の確率に対応して一様乱数を割り当てておけばよいので簡単である．

このようにしてつくった $x_1, x_2, x_3, x_4, \ldots$ が分布 F に従うことを示しておこう．これは，y_k, x_k を確率変数と考えると

$$P\{x_k \leqq u\}=P\{F^{-1}(y_k)\leqq u\}=P\{y_k \leqq F(u)\}=F(u)$$

と計算できる．最後の等号は，y_k が $(0,1)$ の一様分布に従っていることから明らかであろう．

b. 特別な分布の場合

① **指数乱数**　平均が $1/a$ の指数分布 $F(x)=1-e^{-ax}$ の逆関数は $F^{-1}(y)=-\{\log(1-y)\}/a$ であるので，これを利用して

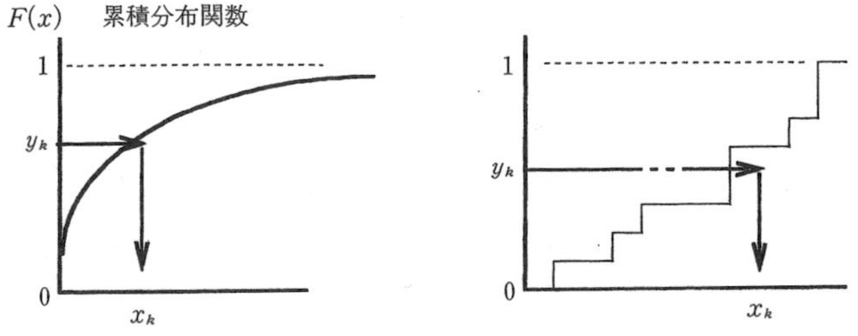

図 12.5　逆変換法により分布関数 $F(x)$ に従う乱数例の作り方

$$x_k=-\{\log(1-y_k)\}/a \quad \text{または} \quad x_k=-\{\log(y_k)\}/a$$

として容易に求まる．しかし，計算機のなかで対数の値を計算するのは手間がかかるので，大量の指数乱数を必要とする場合は，計算時間を短くするためにMarsagliaの合成法などが工夫されている．

② **正規乱数**　この場合は，正規分布関数そのものが陽に表せないので，逆変換法は使えない．ここでは，中心極限定理を利用した方法を紹介する．(0, 1)上の一様分布の平均は1/2，分散は1/12である．中心極限定理によれば，$\{y_k\}$を(0, 1)上の一様分布に従う確率変数列とすると，nが大きいとき，

$$x=(y_1+y_2+\cdots+y_n-n/2)/\sqrt{n/12}$$

は近似的に標準正規分布$N(0, 1)$に従うことが知られている．ここでは，とくに$n=12$とすると

$$x=y_1+y_2+\cdots+y_{12}-6$$

と簡単になり，その分布は標準正規分布にかなり近いと考えられる．これを利用して，一様乱数を12個ずつ用いて標準正規分布に従う乱数列$\{x_k\}$をつくることができる．平均μ，分散σ^2の正規分布に従う乱数z_kは

$$z_k=\sigma\cdot x_k+\mu$$

とおけば得られる．より精確に正規分布に従う乱数列をつくる方法もBox & Mullerなどにより工夫されている．

【演習問題】

12.1　p. 224の例題

12.2　p. 228の例題

12.3　p. 232の例題

12.4　結婚相手選びの問題（秘書問題・最適停止問題）

(1) Mさんはこれから毎週土曜に1人ずつ，合計n人の人とお見合いをする．

(2) Mさんは見合いの後，今までに逢った人と比べて何番目によいかランクをつけることができる．

(3) 見合いの後，2, 3日後には相手にYes, Noの返事をする．一度断ったらその後は逢えない．Yesといったら結婚することになる．

(4) $n-1$人断ったら，n人目の人とは必ず結婚せざるをえない．
（少し厳しいかもしれないが，せっぱ詰まっている状況ではやむをえない．）

(5) ランク$1, 2, \ldots, n$の人がランダムに来ると仮定する．

(よい人から順にランク 1, 2, ..., n とする.)

このときMさんとしては，できるだけうまくやるように作戦を立てたいと考えたが，次のことに思い悩んだ.「全体の中でベストの人を選ぶ可能性を最も大きくするには，どのような戦略をとればよいのだろうか？」

さて，上のMさんの疑問に応えるには，シミュレーションをどのように行えばよいだろうか？ $n=2, 3, 4, 5, 10$ の場合について，実験を行ってみよ.

(実は，上の疑問に対する戦略については，動的計画法を用いて理論的に調べられている [1]. ここでは，考えうる方策に対して，理論的に計算しないで，シミュレーションで評価することを考えてほしい.)

【参考文献】

[1] 穴太克則：タイミングの数理，朝倉書店 (2000).
[2] 伏見正則：乱数，東京大学出版会 (1989).
[3] 森戸　晋，逆瀬川浩孝：システムシミュレーション (経営工学ライブラリー5)，朝倉書店 (2000).
[4] 森戸　晋，相澤りえ子，貝原俊也：Visual SLAM によるシステムシミュレーション (改訂版)，構造計画研究所 (発売：共立出版) (2001).
[5] J. R. Evans　and　D. L. Olson (服部正太監訳)：リスク分析・シミュレーション入門—Crystal Ball を利用したビジネスプランニングの実際，構造計画研究所 (発売：共立出版) (CD-ROM 付き) (1999).
[6] F. S. Hillier and G. E. Lieberman : *Introduction to Operations Research* (Seventh Edition), McGraw-Hill (CD-ROM 付き) (2001)
[7] W. D. Kelton 他 (高桑宗右ヱ門訳)：シミュレーション—Arena を活用した総合的アプローチ，コロナ社 (CD-ROM 付き) (1999).
[8] S. M. Ross : *Simulation* (3rd Edition), Academic Press (2002).
[9] N. Thomson (福田好朗，錦戸和久，野本真輔訳)：FACTOR/AIM による生産・物流シミュレーション入門，構造計画研究所 (発売：共立出版) (1998).

13 選択行動のモデル

第2章でも述べたように，われわれは何かを選ぶ，選択するということを何気なくやっている．選挙である人を選ぶ，プロジェクトでいくつかの代替案から選ぶ，TV セットを買うなどのやや構えた問題から，シャンプーを買う，牛乳を買うなどの日常的なことまで，「選ぶ・選択する」がつきまとう．日常行っている「何かを選ぶ」という行動をモデル化して，マーケティングなどの戦略につなげることができるか考えてみよう．

13.1 何を基準にものを選ぶか

まず，次の簡単な例を考えてみよう．

例 1 —— レストランにて

この2週間ほど，大事な会議が毎日あり，会議の合間にみんなで同じレストランでランチをとっている．食後には，「コーヒーにしますか，紅茶にしますか？」，「紅茶はミルクティーにしますか，レモンティーにしますか？」と聞かれる．6人のメンバーの，この数日の注文は次の通りである．

表 13.1 レストランでの毎日の飲み物に関するデータ

人	月	火	水	木	金	月	火	水	木	金
A	c	c	c	c	c	c	c	c	c	
B	m	m	l	m	m	m	l	m	l	
C	c	m	m	c	m	c	m	m	c	
D	c	c	l	c	m	c	m	l	c	
E	l	c	l	m	c	m	c	l	c	
F	l	l	l	m	m	m	m	c	c	
料理	肉	肉	魚	肉	魚	肉	魚	肉	肉	魚

c：コーヒー，m：ミルクティー，l：レモンティー．
水曜日には，紅茶にはプチケーキがつく．

さて，これらの人たちはどんな基準で毎日の飲み物を決めているのだろうか？さしあたり，明日の金曜日は何を頼むと予想されるか？

はたしてこのような予測を合理的に行うことはできるのだろうか？

(1) 消費者の行動とマーケティング

消費者はある商品を買うようになるまで，心のなかでは図 13.1 のようなプロセスを経るといわれている．あるカテゴリーの商品について，消費者がどのように評価し，その結果何を購買したかのメカニズムがわかれば，その情報をもとにメーカーや小売業者は，消費者の好む商品の企画や，セールスの仕方を考えるなど**マーケティング戦略**を立てることができるであろう．

現在，コンビニエンスストアなどのお店で売行き情報 (**POS データ**，point of sales) が整理され，タイミングのよい商品の発注や在庫管理に利用されていることは皆さんも知っているだろう．また，コンビニエンスストアやスーパーなどではポイントカードを普及させて消費者の便宜をはかるとともに，消費者がどのような販売状況のときに，いつ，何を，どのくらい買ったかというような消費者個々の行動データをレジに打ち込んだ情報から大量に入手している．このようなデータを**スキャンパネル・データ**という．あるいは，消費者が商品のどのような属性に惹かれて購買しているかを調査するためのアンケートなども広く行われている．

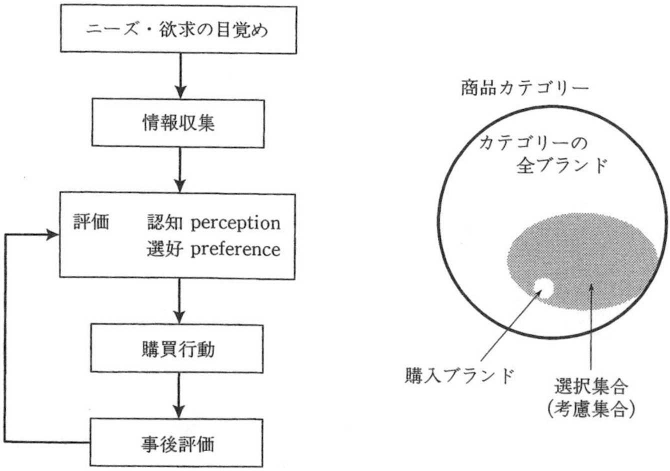

図 13.1　消費者の購買行動のプロセス

(2) データマイニング

スキャンパネル・データは，マーケティングの戦略を考えるうえで貴重な情報を含んでいるとされながらも，構造や因果関係が明示的でないものも多く，しかも大量のデータがあるため扱いにくいものとされてきた．世の中には，このほかにも，何らかの形で膨大な記録やデータが蓄積されてきたものがたくさんある．これらのデータの山から，何とか意味のある情報を引き出そうという試みが，いろいろな分野で近年盛んに行われている．宝の山から宝石を探り出すという意味で，**データマイニング**と総称され，いろいろなアプローチが試みられている．データマイニングは，構造のはっきりしない大量のデータから知識を発見するという意味で，発見科学とも呼ばれている [7]．もちろん統計的な手法がメインであるが，OR の手法を適用したものや機械学習によるアプローチなど新しい工夫が試みられており，いままさに発展中である．ここでは，データマイニングの全体像を紹介するゆとりはないが，その雰囲気だけでもということでその一例を紹介したい．

その前に，われわれはいくつかの候補，代替案の中からある特定のものを選択するが，その行動の基礎となる考え方を示す **(離散) 選択モデル** (discrete choice model) について述べる．

13.2 選択モデル

選択モデルには，企業のプロジェクトの選択などのように，合理的に理詰めで選択を行う確定的な選択モデルと，ちょっとした日用品を買う場合のように，ある程度のことは決めていてもその場のセールスの状況により選ぶなど心のゆらぎをも考慮した確率的な選択モデルとがある．

(1) 確定的な選択モデル

近く学長選挙があり，n 人の候補者があがっている．M 氏はできるだけ合理的な行動をとりたいと考えている．ものの本によると，合理的に選択できるためには，選好が首尾一貫していないといけないという．選考の一貫性や効用関数 $U(\ \ )$ に基づく選択については，すでに 2.1 節で紹介した．

効用関数が見つかれば，(経済的に) 合理的に行動する人であれば，効用値の最大となる代替案 a^* を (常に) 選択する，と考える．つまり，

確定的な選択モデル

すべての $a \in A$ に対して，$U(a^*) \geqq U(a) \Rightarrow A$ の中から a^* 選択する

と考える．なるほどとは思うが，経済的に合理的に選択するとは，少し息の詰まるような話である．20 世紀半ば頃までの新古典派の経済学者たちは，世のなかの人たちはこのようにとことん合理的に行動すると考えて，経済学を打ち立てていた．

余談ではあるが，先のような選挙の場合には，1 人ひとりが合理的に判断するとしても，選挙をする人は大勢おり，その投票の結果が社会全体として合理的な判断を導くことになるかという疑問が生ずる．あるいは，どのような**投票方式** (選択方法) であれば，社会的にも公正で望ましい選択ができるかという問題にもつながる．このようなことを議論する分野を**社会選択理論** (social choice theory) という．実のところ，アロウ (K. Arrow) らにより，社会全体として合理的に選ぶ仕組みをつくることはできないという否定的な結果 (**一般可能性定理**) が証明されている．アロウはこの研究によりノーベル経済学賞を得ている (詳しくは 5.3 節参照) [4, 6].

(2) 確率的な選択モデル

日用品などのものを選ぶ場合，いつも同じものを選ぶというよりは，その日のセールスの仕方とか価格の割引があるかとかにより，ゆらぎをともなう．ゆらぎの発生する要因として，商品に関する情報不足などにより生ずる不確定性やそのときの心のゆらぎなど心理学的な要因も考えられよう．ゆらぎをモデルに組み入れるとき，次の 2 つの考え方がある．

① 確率的行動モデル： 効用は確定的に定まるが，選択行動をするときにゆらぎが生ずると考える．

② 確率的効用モデル： 効用を決めるときにゆらぎが生ずるが，そのときの最大効用を選択すると考える．

確率的行動モデルと確率的効用モデルは，それぞれ心理学者の R. D. Luce と L. L. Thurstone により提唱された．**ルースのモデル**では，代替案のなかから特

定のものを選ぶ確率は期待効用の比率で表され，簡単で使いやすい形になるが解釈にやや難がある．ここでは，**サーストンのモデル**について紹介する [8].

いま，n 個の代替案の集合

$$A=\{k|k=1, 2, \ldots, n\}: \quad \text{代替案の集合}$$

を考える．代替案 k に対する効用が

$$U_k=u_k+\varepsilon_k \quad (k=1, 2, \ldots, n)$$

と表されるとする．ここで，

u_k： 効用の確定部分 (観測可能な効用，あるいは期待効用)

ε_k： ランダム要素 (不完全な情報，観測しにくい部分など)

と考える．サーストンは，各代替案の効用値はゆらぐが，代替案を選択するときはその効用値のうちで一番大きなものを選ぶと考えた．このとき，代替案の集合 A の中から，代替案 j の選ばれる確率を $P_A(j)$ とすると，次のようになる．

サーストンの比較判断の法則

各代替案の効用のうちで，そのつど，効用値の一番の大きな代替案を選択する

$$\Rightarrow P_A(j)=P\{U_j=\max_k U_k\}=P\{u_j+\varepsilon_j=\max_k(u_k+\varepsilon_k)\}.$$

このとき，ランダム要素の分布として何を考えるかによって，選択する確率の値は違ってくる．ここでは，代表的な 2 つのモデルを紹介する．

① **2 項プロビットモデル (binary probit model)**　ランダム要素の分布を正規分布と考える．ある意味で自然な考え方であるが，$n=2$ の場合ですら，積分計算が必要となる．具体的には

$$\varepsilon_2-\varepsilon_1 \sim N(0, \sigma^2): \quad \text{正規分布}$$

と仮定すると，代替案 $k=1, 2$ のうち，代替案 1 を選ぶ確率は

$$P_A(1)=P\{\varepsilon_2-\varepsilon_1 \leqq u_1-u_2\}=\frac{1}{\sqrt{2\pi}\,\sigma}\int_{-\infty}^{u_1-u_2}\exp\left(-\frac{x^2}{2\sigma^2}\right)dx$$

と計算される．$n \geqq 3$ のときは，多重積分の計算が必要となり，これまで利用しにくかったが，最近ではモデルが自然であるし，コンピュータの能力も上がったので，このモデルに基づいて計算しようとする試みもなされている．プロビットとは，確率の単位という意味で，この計算法に期待されてつけられた呼び名である．

② **多項ロジットモデル (multinomial logit model)**　上のように，ランダム要素の分布を正規分布と考えると計算しにくいので，いろいろ工夫した結果，

$\varepsilon_1, \varepsilon_2, \ldots, \varepsilon_n$ は互いに独立で同一な**2重指数分布**(第1種の極値分布ともいう)に従うと見なすこととした．分布関数と密度関数は次のように表される．密度関数のグラフを描いてみると，正規分布と違って偏りがあるが，ランダム要素の分布としての広がりがかなりうまく表されているように思える．

分布関数： $F(x)=P(\varepsilon \leqq X)=\exp-[\exp-(bx+\gamma)]$

密度関数： $f(x)=b\cdot[\exp-(bx+\gamma)]\cdot\{\exp-[\exp-(bx+\gamma)]\}$

ここで，$b>0$ であり，γ は Euler 定数 $\gamma=0.5722\cdots$ である．この分布の平均，分散は

$$平均=0,\quad 分散=\frac{\pi^2}{6b^2}$$

となる．このように仮定すると，選択確率は次のように簡潔に表され，計算も容易である．

ランダム要素 $\varepsilon_1, \varepsilon_2, \ldots, \varepsilon_n$ は互いに独立で，同一な2重指数分布に従うとする．このとき，選択集合 A から j を選択する確率は

$$P_A(j)=\frac{\exp(bu_j)}{\sum_k \exp(bu_k)} \tag{13.1}$$

と表される．

また，$n \geqq 3$ のときは，選択確率がロジットモデルとして表されるのは2重指数分布の場合しかない．

この，ロジットモデルは，最初は $n=2$ の場合について，$\varepsilon_2-\varepsilon_1$ の分布がロジスティック分布に従うと仮定して導かれた．そのため，この名前が残っている．これは，

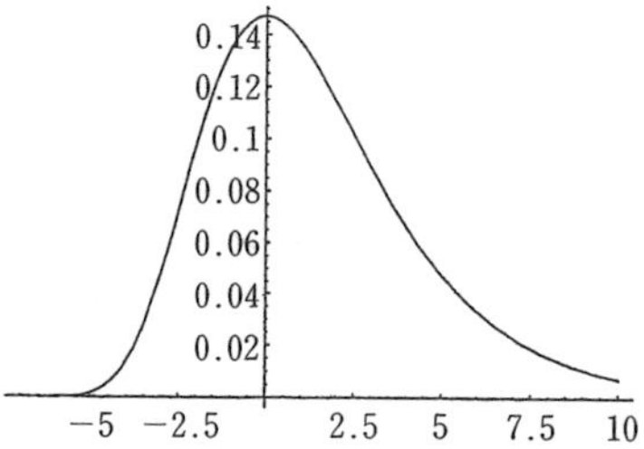

(a) $b=0.4$ のとき

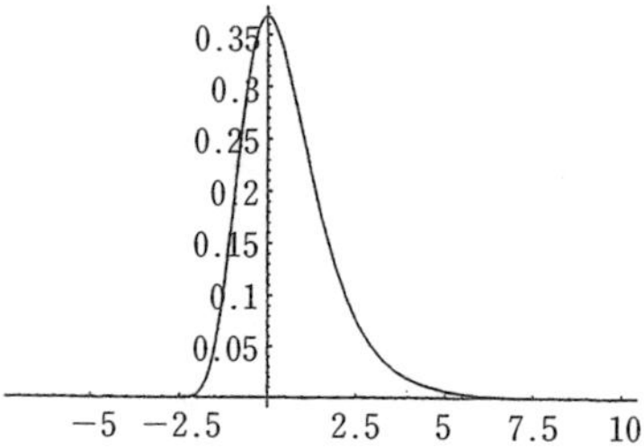

(b) $b=1.0$ のとき

図 13.2 2重指数分布の密度関数の形
$g(x)=b\cdot\exp(-bx)\cdot\exp-[\exp(-bx)]$

ルースのモデルにおいて，効用値を対数で再評価しなおした場合と一致する．人間の聴覚などにおいても，人間の感じる音の大きさは，物理的な大きさの対数をとったものであるとするフェヒナーらの心理物理学の研究もあり，ある程度解釈可能となる．マーケティングでの研究では，ほとんどの場合，このロジットモデルが利用される．

13.3 効用を表現する

最初のレストランの例(例1)に関して，次の2つの問題を考え，ロジットモデルの利用の仕方，計算の流れを説明する．

設問1 レストランでのデータをもとにして，明日の金曜日に各自がどの飲み物を選択するか，その選択確率を推定せよ．

設問2 さらに，次のような情報が加わったとき，各自の飲み物の選択確率を推定するとこれらの情報をどのように利用できるであろうか．

情報① 各日のメインの料理のメニューがわかる(メインが肉か，魚か)．

情報② 水曜日は，紅茶にはプチケーキがつく．

はたして，これらの情報をロジットモデルのなかにどのように取り込んだらよいのであろうか．ロジットモデルでは代替案 j の選択確率が(期待)効用の値によって違ってくる．したがって，この効用に必要な情報を取り込んで表現してやればよい．翌日何を飲むかは，いろいろなものに影響されるであろうが，可能性のあるものをいくつか拾い出してみる．

① その飲み物独自の魅力．人によって違うかもしれない．

② 料理がお肉か魚かによって影響されるかもしれない．

③ プチケーキがつくかどうかで変わるかもしれない．

④ 前の日に何を飲んだかに影響されるかもしれない．

⑤ 同じものを飲み続けているうちに愛着が出る場合もある(ブランドロイヤリティ)．

いまこれらが，効用に影響するものとして，効用がこれらの変数の線形和で表されるものとしよう．つまり，日 t における人 i の飲み物 k に対する効用 u_{ikt} に関して，次のような線形モデルを考える．

効用のモデル：

$$u_{ikt}=\beta_{ik0}+\beta_{k1}\cdot\mathrm{Meat}_t+\beta_{k2}\cdot\mathrm{Fish}_t+\beta_{k3}\cdot\mathrm{Loyal}_{ikt}+\beta_{k4}\cdot X_{ikt}+\beta_{k6}\cdot\mathrm{Cake}_t \tag{13.2}$$

各記号は次のことを表すものとする．

i： 人

k： 飲み物 (1：coffee, 2：milk tea, 3：lemon tea)

$$\text{Meat}_t=\begin{cases}1 & t\text{ 日の料理が肉のとき}\\ 0 & \text{他}\end{cases}$$

$$\text{Fish}_t=\begin{cases}1 & t\text{ 日の料理が魚のとき}\\ 0 & \text{他}\end{cases}$$

$$\text{Cake}_t=\begin{cases}1 & t\text{ 日にプチケーキがつくとき}\\ 0 & \text{他}\end{cases}$$

$$\text{Loyal}_{ikt}=\alpha\cdot\text{Loyal}_{ikt-1}+(1-\alpha)X_{ikt}$$

$$X_{ikt}=\begin{cases}1 & i\text{ が前の日に }k\text{ を選んだ}\\ 0 & \text{他}\end{cases}$$

ここで，α は記憶の指数と呼ばれ，α が 1 に近いほど過去の記憶が残りロイヤリティが強くなる．各変数の前の β はそれらの変数が効用値に及ぼす影響を表すパラメータである．β_{ik0} は，人 i が飲み物 k に対して本質的にもっている魅力の大きさを表す (基本的効用ともいう)．他の要因の効果 β_{kj} は，人によって違いがないものと仮定する．

パラメータ $\boldsymbol{\beta}$ の推定：　表 13.1 のようなデータを得たときに，最尤法によりパラメータ $\boldsymbol{\beta}$ を推定する．つまり，対数尤度を求め，それを最大にするパラメータ $\boldsymbol{\beta}$ を求める．ここで

$$P_i(k_t:\boldsymbol{\beta})=\text{人 }i\text{ が }t\text{ 日に，飲み物 }k_t\text{ を選ぶ確率}$$

とおくと，対数尤度は

$$L(\boldsymbol{\beta})=\log\{\prod_i\prod_t P_i(k_t:\boldsymbol{\beta})\} \tag{13.3}$$

と表される．これを最大にするようにパラメータ $\boldsymbol{\beta}$ を推定する．$P_i(k_t:\boldsymbol{\beta})$ は，パラメータを $\boldsymbol{\beta}$ のときの効用関数の値をロジットモデル (13.1) に入れた式である．人 i が t 日目に飲んだ飲み物 k_t が実現されたデータである．

$L(\boldsymbol{\beta})$ は $\boldsymbol{\beta}$ の非線形関数となるので，これを解くには非線形計画法の知識が必要となる．最尤法に関しては，SAS や S-PLUS, SPSS などの統計パッケージを利用するとよい．

モデルの選択：　ここでは，(13.2) の効用関数を整理して，問題 1, 2 を考えるために適した形に整理する．

設問 1 では，情報 ①, ② はない．人ごとに個別に扱い，次の 2 つのモデルを比べる．

モデル 1：　$u_{ikt}=\beta_{ik0}$　　他の変数の影響は考えない

モデル 2：　$u_{ikt}=\beta_{ik0}+\beta_{ik4}\cdot X_{ikt}$　　前回の選択の影響だけを追加

モデル 1 は，人 i の飲み物 k への嗜好性だけを考えている．この場合は，人を個別に扱い，それぞれが毎回独立に選択すると考えた多項分布によるモデルと同じになる．

設問 2 に対しては，次の 3 つのモデルを考える．この場合，人を個別に扱うと推定するパラメータ数が多くなりすぎ推定の精度が落ちる．そこで，データをよく眺めると，同じような傾向の 4 つのセグメント (グループのこと) {A}, {B}, {C}, {D, E, F} に分けて

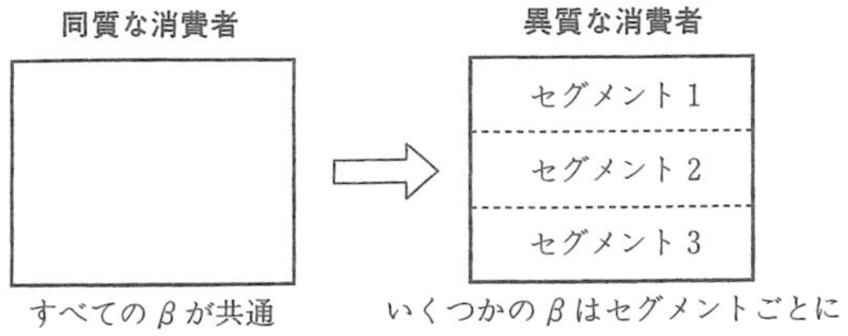

図 13.3　セグメント化

よいように思われる．そこで，基本的効用はセグメントごとに異なるが，他の要因の効果はセグメントに関係なく共通であるとする．

モデル 3：　全部の効果を考慮する．(13.2) そのまま．

モデル 4：　料理の効果は考えない．

モデル 5：　料理とケーキの効果を考えない．

はたして，どのモデルが現実によくフィットしているであろうか．一般に，パラメータの数を多くするとあわせやすくなり，尤度は大きくなる．したがって，尤度の大きさだけではどのモデルがよいかわからない．より適切なモデルを選択する基準の 1 つとして，赤池の**情報量基準** (**AIC**：Akaike information criteria)

$$\mathrm{AIC} = -2L(\boldsymbol{\beta}) + 2\times(\text{モデルに含まれるパラメータの数}) \tag{13.4}$$

がよく用いられる [5]．AIC の小さなものがよいモデルとして選択される．この場合，対数尤度は確率の積に関するものであるから負の値をとることに注意する．

セグメントに分ける：　対象とする人の母集団が，ほとんど同質のふるまいをすると考えられる場合は，それぞれの要因の効果 β_{kj} は，母集団全体で共通の値と考える．ところが，上の例で見たように，特徴的なセグメントに分けられる場合は，セグメントごとに分析する方がより詳細な情報を得ることができる．例えば，シャンプーなどのように，20 歳代と 40～50 歳代では購買行動が明らかに違うと見られる場合は，年齢によるセグメント化が有効であろう．自明なセグメント化が難しい場合，いくつかのセグメントが潜在的に存在するとして分析する方法も行われている (**潜在的セグメンテーション**)．また，セグメント化するとパラメータ数が増えるので，要因によってはその効果が各セグメントに共通と仮定して分析することもできる．

13.4　食後の飲み物の分析例

レストランの例 (例 1) に関して，2 つの設問の分析結果を紹介する．

設問 1：　この場合，前節のモデル 1, 2 を各個人ごとに考える．金曜日にコーヒー，ミルクティー，レモンティーを選ぶ確率 $P(c), P(m), P(l)$ を推定すると表13.2のようになる．

表 13.2 飲み物の選択確率の推定値

	モデル1：基本効用のみ				モデル2：前回の選択にも依存			
客	$P(c)$	$P(m)$	$P(l)$	対数尤度	$P(c)$	$P(m)$	$P(l)$	対数尤度
A	1.000	.000	.000	0.00	1.000	.000	.000	0.00
B	.000	.667	.333	−5.73	.000	1.000	.000	−4.16
C	.444	.556	.000	−6.18	.111	.889	.000	−4.87
D	.556	.222	.222	−8.96	.233	.383	.383	−7.08
E	.444	.222	.333	−9.55	.000	.357	.643	−5.98
F	.222	.444	.333	−9.55	.758	.132	.110	−6.97

データ数が少ないので，どちらのモデルがよいとははっきり言いにくいが，推定された確率はかなり様子が違う．AICを求めるためにパラメータ数をみると，モデル1は意味のあるものは2個である．見かけは3個あるが，そのうちの1つは基準値として0とおく．モデル2は2+2=4個である．したがって，客E, Fに関してはモデル2の方がAICの値が小さくより好ましいモデルと考えられるが，客A, B, C, Dでは単純なモデルの方がよりよいといえる．

設問2：　この場合，分析すると表13.3のようになる．

表 13.3 モデルの比較と推定された選択確率

(a)　モデルの比較

モデル	3	4	5
料理効果	○		
ケーキ効果	○	○	
前回の選択	○	○	○
ロイヤリティ	○	○	○
対数尤度	−35.7	−37.4	−39.6
パラメータ数	15	11	10
AIC	101	96.8	99.2

○印：各モデルに組み入れた要因

(b)　モデル4の選択確率の推定値

客	$P(c)$	$P(m)$	$P(l)$
A	1.000	0.000	0.000
B	.000	.853	.147
C	.365	.635	.000
D	.340	.334	.326
E	.333	.344	.323
F	.338	.312	.350

この場合，モデル4のAICが一番小さく，好ましいモデルと考えてよいだろう．右側の表にモデル4のときの，選択確率の推定値を示してある．ここでは設問1と違って，個別に客を分析していないので，際だった特徴がつかみきれていないところもある．

ここでは，わずかの個数のモデルだけを比較してきたが，考えうる数多くのモデルについて比較し，よりよいモデルを探求していくのがデータマイニングの考え方でもある．また，AICの値が小さいものをよいモデルとしてきたが，それだけでは信憑性が高くない．実際に使うには，つくったモデルが十分機能するかをいろいろとチェックする必要がある．マーケティングにおいては，このようなモデルを用いて，将来のマーケットシェアなどを推定したい．そのためには，予測性が優れているかなども調べておきたい．通常，POSデータなどでこのような分析を行うときは，例えば1年分のデータが得られているとすると，半年分ずつ2つのグループに分け，前期半分をパラメータの推定に使い，ある程度よしとされたモデルに対して，後期半分のデータで予測がうまくできるかをチェックする，などの方法でより好ましいモデルを選択している．

ロジットモデルの利用の目的として

- 各要因がどのように効くか調べる，
- 価格などを少し変えたときに，購買行動がどうなるかを調べる(価格弾力性)，
- 将来需要を予測する，

などが考えられる．

【演習問題】

13.1　コンビニエンスストアなどの小売店において，インスタントコーヒーなどの日用品に関して，どのようなセールスの仕方が行われているか調べてみよ．また，それらのセールスの仕方の要因となるものを，どう表現すれば効用関数のなかに組み入れることができるだろうか(例えば，要因としては，価格による差別化，値引き，チラシ広告，店頭販売などがよく見受けられる)．

【参考文献】

[1] 岡太彬訓，木島正明，守口　剛：マーケティングの数理モデル(経営科学のニューフロンティア)，朝倉書店(2001).
[2] J. Eliashberg and G. L. Lilien (森村英典他監訳)：マーケティング・ハンドブック，朝倉書店(1997).
[3] 片平秀貴：マーケティング・サイエンス，東京大学出版会(1987).
[4] 佐伯　胖：「きめ方」の論理，東京大学出版会(1980).
[5] 廣田　薫，生駒哲一：確率過程の数理，朝倉書店(2001).
[6] 中村和男，富山慶典：選択の数理(シリーズ現代人の数理)，朝倉書店(1998).
[7] 森下真一，宮野 悟編：発見科学とデータマイニング，共立出版(2001).
[8] S. P. Anderson, A. de Palma and J. F. Thisse : *Discrete Choice Theory of Product Differentiation*, The MIT Press (1992).

演習問題略解

第2章

2.1　ゲームを2回やるということで決定の木も複雑になりそうである．実は，この問題は，見かけは2段階の問題であるが，最初の行動を決めると2ゲーム目の行動は自動的に決まるので1段階の問題と同じに扱える．したがって，決定の木も図2.2と同じで，期待値の計算だけ2回目のゲーム分を足し合わせればよい．つまり，最初に1が k 個出て all one を選んだとき，「そのゲームの期待利得＋2回目のゲームで「1を集める」をやるときの期待利得」を計算すればよい．後者の期待値は $10\times5(1-(5/6)^3)=21.06$ である．ちなみに，2回目にとにかく all one をやるときの期待利得は $100\times(1-(5/6)^3)^5=1.33$ となる．例えば，$k=4$ のとき，all one を選ぶと $30.56+21.06=51.62$ となり，「1を集める」を選ぶと $43.06+1.33=44.39$ となり all one を選ぶ方がよくなる…このようにゲームも何段階か先まで考えるとき，戦略がおのずと違ってくる．本当はもう1つ役があって，残り3回のゲームを行うとしたらどうなるであろうか？　一見，多段階の問題で複雑になりそうに思えるが，各役の期待利得さえ計算できれば，構造的には上の場合と同じになる．ただし，他の役入れるには最初に5個のサイコロを振ったときの目の出方の表現を工夫する必要がある．

第6章

6.1　(1) $(x, y, z)=(4, 2, 0)$，最適値 14，(2) $(x, y, z)=(4, 3/2, 0)$，最適値 21/2.

6.3　(1) $\max\{\boldsymbol{y}^\top \boldsymbol{b} | \boldsymbol{y}^\top A \leqq \boldsymbol{c}^\top\}$，(2) $\max\{\boldsymbol{y}^\top \boldsymbol{b} | \boldsymbol{y}^\top A \leqq \boldsymbol{c}^\top,\ \boldsymbol{y} \geqq \boldsymbol{0}\}$.

6.4　(1) $\min\left\{2(x_U-x_L)+2(y_U-y_L)\middle|\begin{pmatrix}x_L\\y_L\end{pmatrix}\leqq\begin{pmatrix}x_i\\y_i\end{pmatrix}\leqq\begin{pmatrix}x_U\\y_U\end{pmatrix}\ (\forall i)\right\}$,

(2) $\min\{\pi(q_1-q_2) | q_2 \leqq (x_i^2+y_i^2)-(x_ix+y_iy) \leqq q_2\ (\forall i)\}$,
ただし $q_1=r_1^2-(x^2+y^2)$，$q_2=r_2^2-(x^2+y^2)$ である．

第7章

7.7　与えられた点集合を $\{(x_1, y_1), (x_2, y_2), \dots, (x_n, y_n)$ とすると，最小包囲円問題は

$$\min\{q+x^2+y^2 | q+2x_ix+2y_iy \geqq x_i^2+y_i^2\ (i=1, 2, \dots, n)\},$$

と定式化される．ただし，求める円の中心は (x, y) であり，半径 r は $r^2=q+x^2+y^2$ で表される．

最適性条件は

$$q+2x_ix+2y_iy \geqq x_i^2+y_i^2\ (i=1, 2, \dots, n)$$

$$\sum_{i=1}^n \lambda_i\begin{pmatrix}x_i\\y_i\end{pmatrix}=\begin{pmatrix}x\\y\end{pmatrix},\ \sum_{i=1}^n \lambda_i=1,\ \lambda_i \geqq 0\ (i=1, 2, \dots, n),$$

$$\lambda_i(q+2x_ix+2y_iy-(x_i^2+y_i^2))=0\ (i=1, 2, \dots, n),$$

と表される．上記1行目は，(x, y) を中心とし半径 $\sqrt{q+x^2+y^2}$ の円が包囲円である

ことを意味する．2行目は，円の中心 (x, y) が，与えられた点集合の凸結合で表されることを意味する．3行目より，$\lambda_i>0$ ならば，$q+2x_ix+2y_iy-(x_i^2+y_i^2)=0$ すなわち点 (x_i, y_i) が円周上にあることを表している．以上より，円の中心 (x, y) が，与えられた点集合のうち円周上の点の凸結合で表されることを意味する．上記の最適性条件は必要十分条件なので，逆もまた成り立つ．

7.8 (1) $(x, y, z)=(18/7, 8/7, -4/7)$

(2) KKT 条件 $\begin{cases} 2x+3y+z\geqq 7,\ 3x+y+2z\geqq 11, \\ 2\lambda_1+3\lambda_2=2x,\ 3\lambda_1+\lambda_2=6y,\ \lambda_1+2\lambda_2=4z,\ \lambda_1\geqq 0, \lambda_2\geqq 0, \\ \lambda_1(2x+3y+z-7)=0,\ \lambda_2(3x+y+2z-11) \end{cases}$

を解いて $(x, y, z\,;\lambda_1, \lambda_2)=(99/34, 11/34, 33/34\,; 0, 33/17)$ が得られる．

(3) KKT 条件 $\begin{cases} x+y+z\geqq 4,\ x\geqq 0,\ y\geqq 0,\ z\geqq 0, \\ \lambda\leqq 6/(x+1)^2,\ \lambda\leqq y,\ \lambda\leqq 1, \\ x(6/(x+1)^2-\lambda)=0,\ y(y-\lambda)=0,\ z(1-\lambda)=0,\ \lambda(x+y+z-4)=0 \end{cases}$

を解いて $(x, y, z\,;\lambda)=(\sqrt{6}-1, 1, 4-\sqrt{6}\,; 1), (0, 1, 3\,; 1), (2+\sqrt{3}, 2-\sqrt{3}, 0\,; 2-\sqrt{3})$ が得られる．

(4) KKT 条件 $\begin{cases} (4-2\lambda)x-\mu\sqrt{3}=0,\ (8-2\lambda)x-\mu\sqrt{2}=0,\ (12-2\lambda)x-\mu\sqrt{3}=0, \\ 1-(x^2+y^2+z^2)=0,\ -\sqrt{3}x-\sqrt{2}y-\sqrt{3}z=0, \end{cases}$

を解いて

$$(x, y, z\,;\lambda, \mu)=(-3/4, \sqrt{6}/4, 1/4\,; 3, \sqrt{3}/2), (3/4, -\sqrt{6}/4, -1/4\,; 3, -\sqrt{3}/2),$$
$$(-1/4, -\sqrt{6}/4, 3/4\,; 5, \sqrt{3}/2), (1/4, \sqrt{6}/4, -3/4\,; 5, -\sqrt{3}/2),$$

が得られる．

7.9 $A\boldsymbol{x}\geqq \boldsymbol{b}, M\boldsymbol{x}=\boldsymbol{c}, \boldsymbol{y}^\top A+\boldsymbol{z}^\top M=(D\boldsymbol{x}+\boldsymbol{d})^\top, \boldsymbol{y}\geqq \boldsymbol{0}, \boldsymbol{y}^\top(A\boldsymbol{x}-\boldsymbol{b})=0.$

第8章

8.3 (i) $x_i=0$ とする．(ii) $x_i=1$ とする．(iii) $y_i=x_i-1$ という変数を導入し，変数 x_i を消去する．

第10章

10.1 (1) 残り人数を状態にとる．推移確率行列 P を求め，基本行列 M を計算し吸収確率を求めると以下のようになる．

$$P=\begin{pmatrix} 1 & 0 & 0 \\ 2/3 & 1/3 & 0 \\ 1/3 & 1/3 & 1/3 \end{pmatrix},\quad M=(I-Q)^{-1}=\begin{pmatrix} 3/2 & 0 \\ 3/4 & 3/2 \end{pmatrix}$$

推移確率は，例えば p_{32} ならば，3人がパー，グー，チョキを出すすべての組合せが $3\cdot 3\cdot 3=27$ 通りあり，そのなかで2人が同じものを出しそれが勝つ組を拾うと ${}_3C_2\cdot 3=9$ 通りあるので，$p_{32}=9/27=1/3$ となる．

(2) 基本行列 M から，$3/4+3/2=9/4=2.25$ 回

(3) 2回以内で勝者が決まる（吸収される）確率は，$(I+Q)R$ を計算すればよい．

$$(I+Q)R=\begin{pmatrix} 4/3 & 0 \\ 1/3 & 4/3 \end{pmatrix}\begin{pmatrix} 2/3 \\ 1/3 \end{pmatrix}=\begin{pmatrix} 8/9 \\ 6/9 \end{pmatrix}$$

つまり，$2/3=0.667$ となる．

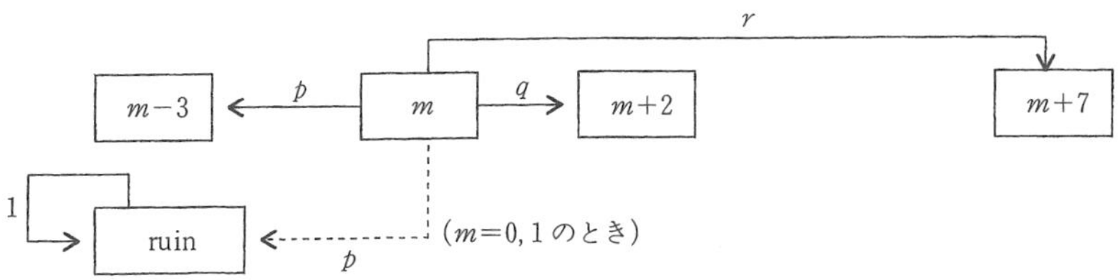

図 10.9 釣り銭問題の推移図

(4) 上と同様に計算すればよく，勝者が決まるまでの平均回数は 45/14=3.21 回，2 回以内で勝敗の決まる確率は 0.417 となる．この場合，平均回数を求めるのに (10.20) と同様の再帰式を考えると簡単である．k 人のとき勝者が決まるまでの平均回数を m_k とすると，

$$m_4=1+p_{44}m_4+p_{43}m_3+p_{42}m_2=1+39/81\cdot m_4+12/81\cdot m_3+18/81\cdot m_2$$

となる．先に求めたように $m_3=9/4$ であり，$m_2=3/2$ とすぐにわかるから，m_4 が容易に求まる．このやり方なら，人数が増えても順次計算ができる．

10.2 (1) 例えば 1 円玉が 0 個のときの推移は次のように求めればよい．

0 個 → 0 個：　端数が 0 円と 5 円のときで，その確率は 0.21+0.12=0.33

0 個 → 1 個：　端数が 9 円と 4 円のときで，その確率は 0.09+0.09=0.18

⋮

0 個 → 4 個：　端数が 6 円と 1 円のときで，その確率は 0.08+0.08=0.16

これをまとめると推移確率行列は下のようになる．

$$P=\begin{pmatrix} .33 & .18 & .17 & .16 & .16 \\ .16 & .33 & .18 & .17 & .16 \\ .16 & .16 & .33 & .18 & .17 \\ .17 & .16 & .16 & .33 & .18 \\ .18 & .17 & .16 & .16 & .16 \end{pmatrix} = \begin{pmatrix} r_0+r_5 & r_9+r_4 & r_8+r_3 & r_7+r_2 & r_6+r_1 \\ r_6+r_1 & r_0+r_5 & r_9+r_4 & r_8+r_3 & r_7+r_2 \\ r_7+r_2 & r_6+r_1 & r_0+r_5 & r_9+r_4 & r_8+r_3 \\ r_8+r_3 & r_7+r_2 & r_6+r_1 & r_0+r_5 & r_9+r_4 \\ r_9+r_4 & r_8+r_3 & r_7+r_2 & r_6+r_1 & r_0+r_5 \end{pmatrix}$$

(2) $\alpha=\alpha P$ と確率の和が 1 となることより，$\boldsymbol{\alpha}=(1/5, 1/5, 1/5, 1/5, 1/5)$ と求まる．

(3) 推移確率行列の各列の和もすべて 1 になっていることに注意する．このような性質をもつ P を 2 重確率行列という．このとき，m ステップでの推移確率行列の列和も同じく 1 になる．2 ステップの場合から確かめてみるとよい．したがって，m をいくら大きくしてもこの性質をもつから，極限分布でも列和が 1 になる．極限では各行はみな同じベクトルになるから，$\alpha=(1/5, 1/5, 1/5, 1/5, 1/5)$ となる．

10.3 (1) お釣りを払えなくなった状態を ruin とすると，ありうる状態（千円札の枚数）は，20 人が千円札で払ったとき 150 枚になりうるから，{ruin, 0, 1, 2, ..., 150} と状態数が 152 個となる．いま状態 m にあるときの推移図は図 10.9 のようになる．

このように大きな状態数のまま計算機を回すのは得策ではない．20 人までの間に ruin になる確率を求めるのであるから，必要な状態数はもっと少なくてよいと思われる．実際，n 人が千円札だけでもってきて，残りの人が 1 万円札で払ったとして

ruin にならないためには，$10+7n-3(20-n)\geqq 0$ であればよい．$n\geqq 5$ で千円札の枚数が $10+7\cdot 5=45$ 枚に達すれば ruin することはないので，釣り銭切れを表す状態 (-1) と 46 枚以上を表す $(46+)$ を吸収状態として加えた 47 個の状態を考えれば十分である．

(2) P^{20} を計算して $p_{10,\mathrm{ruin}}$ の値を求めればよく，0.1858 となる．試みにはじめに用意した枚数によって途中でお釣りが切れる確率を幾例か計算すると次のようになる．

はじめに用意した枚数	0	4	8	12	16	20
お釣りの切れる確率	.752	.465	.267	.134	.065	.028

10.4 (1) $\alpha_1=(1-b)/(2-a-b)$，$\alpha_2=(1-a)/(2-a-b)$．

(2) 過去の履歴：$(X_1 Y_1)=(k_1, j_1)$, $(X_2, Y_2)=(k_2, j_2)$, ..., $(X_n, Y_n)=(k_n, j_n)$ が与えられて $(X_{n+1}, Y_{n+1})=(k, j)$ となる確率を求めることを考える．このとき，Y_{n+1} は X_{n+1} のみに依存し，X_{n+1} はマルコフ性から X_n のみに依存しているので，結局 (X_{n+1}, Y_{n+1}) は (X_n, Y_n) のみに依存していることになり，2 次元ベクトルの過程がマルコフ性をもつことがわかる．

(3) 状態を (1，不良品)，(1，良品)，(2，不良品)，(2，良品) の順に並べ，その推移確率行列を Q とする．ここで，$q_1=1-p_1$，$q_2=1-p_2$ とおく．

$$Q=\begin{pmatrix} ap_1 & aq_1 & (1-a)p_2 & (1-a)q_2 \\ ap_1 & aq_1 & (1-a)p_2 & (1-a)q_2 \\ (1-b)p_1 & (1-b)q_1 & bp_2 & bq_2 \\ (1-b)p_1 & (1-b)q_1 & bp_2 & bq_2 \end{pmatrix}$$

(4) この定常分布を π とすると，$\pi=(0.0067, 0.6600, .0100, 0.3233)$ となり，不良品の発生率は $\pi_1+\pi_3=0.0067+0.0100=0.0167$ となる．

あるいは，n 日目の良品・不良品かどうかの変数 Y_n はその日の工程の調子 X_n のみに依存するので，長期間での不良率 r は，$r=\alpha_1 p_1+\alpha_2 p_2$ と計算してよい．これより，$r=2/3\times 0.01+1/3\times 0.03=0.0167$ となる．

第 11 章

11.2 (M/M/c の結果を利用すればよい)

(1) $\rho=\dfrac{\lambda}{c\mu}=\dfrac{48}{4\times 15}=0.8$

(2) $u=c\rho=4\times 0.8=3.2$

$$p_0=\left(1+\frac{3.2}{1!}+\frac{3.2^2}{2!}+\frac{3.2^3}{3!}+\frac{3.2^4}{(1-0.8)4!}\right)^{-1}=0.0273$$

$$\mathrm{C}(4, 3.2)=\frac{3.2^4}{(1-0.8)4!}\times 0.02730=0.5964$$

(3) $W_q=\dfrac{\mathrm{C}(4, 3.2)}{(1-0.8)\times 4\times 15}\times 60=2.98$ 分，$W=W_q+\dfrac{60}{15}=6.98$ 分

(4) $P\{w_q>10\}=\mathrm{C}(4, 3.2)e^{-(1-0.8)\cdot 4\cdot 15\cdot (10/60)}=0.0807$

(5) $L=\lambda W=(48/60)\cdot 6.98=5.584$

(6) $\rho=\dfrac{\lambda}{c\mu}=\dfrac{48}{3\times 20}=0.8$

$u=c\rho=3\times 0.8=2.4$

$p_0=\left(1+\dfrac{2.4}{1!}+\dfrac{2.4^2}{2!}+\dfrac{2.4^3}{(1-0.8)3!}\right)^{-1}=0.05618$

$\mathrm{C}(3, 2.4)=\dfrac{2.4^3}{(1-0.8)3!}\times 0.05618=0.6472$

$W_q=\dfrac{\mathrm{C}(3, 2.4)}{(1-0.8)\times 3\times 20}\times 60=3.24$ 分， $W=W_q+\dfrac{60}{20}=6.24$ 分

$P\{w_q>10\}=\mathrm{C}(3, 2.4)e^{-(1-0.8)\cdot 3\cdot 20\cdot (10/60)}=0.0876$

$L=\lambda W=(48/60)\cdot 6.24=4.992$

11.3 (M/G/1 の結果を用いる)

(1) $C_b=\dfrac{\sqrt{13.5}}{3}=\sqrt{1.5}=1.225$

(2) $1-\rho=1-(15/20)=0.25$

(3) $W_q=\dfrac{0.75}{1-0.75}\times 3\times\dfrac{1+1.5}{2}=11.25$ 分

(4) $L_q=(15/60)\cdot 11.25=2.81,\quad L=2.81+0.75=3.56$

(5) M/M/1 を適用すると平均待ち時間は 9 分となり，小さく見積もりすぎることになる．

11.4 (1) $u=16/(60/9)=2.4$ となり，11.2 の解答例から $\mathrm{C}(3, 2.4)=0.6472$ となる．

平均待ち時間は

$$W_q=\frac{\mathrm{C}(3, 2.4)}{(1-0.8)\cdot 3\cdot (60/9)}\times 60=9.71\text{ 分}$$

(2) 到着はポアソン到着だから，補正係数は $(1+C_b^2)/2$ と考えてよいので，この場合，

平均待ち時間は $9.71\cdot\dfrac{(1+(4/9)^2)}{2}=5.81$ 分となる．

11.5 (1) $\mathrm{B}(c+1, u)=\dfrac{u\mathrm{B}(c, u)}{c+1+u\mathrm{B}(c, u)}$, $\mathrm{B}(1, u)=\dfrac{u}{1+u}$

を用いて，順に計算する．

$u=15/(60/20)=5$ であるから，

$\mathrm{B}(1, 5)=0.833,\ \mathrm{B}(2, 5)=0.676,\ \mathrm{B}(3, 5)=0.530,\ \mathrm{B}(4, 5)=0.398$

$\mathrm{B}(5, 5)=0.285,\ \mathrm{B}(6, 5)=0.192,\ \mathrm{B}(7, 5)=0.121,\ \mathrm{B}(8, 5)=0.070$

と計算できる．つまり，駐車スペースが 5 台のとき，満杯である確率は 0.285.

(2) 3 台分増えると，0.070 になる．

11.6 (1) 状態 n のとき，稼働中の機械は $(m-n)$ 台なので Δ の間に状態 $n\to$ 状態 $n+1$ となる確率は $(m-n)\alpha\Delta$ であり，状態 $n\to$ 状態 $n-1$ に推移する確率は $n\leqq c$ のとき $n\mu\Delta$, $n\geqq c$ のとき $c\mu\Delta$.

(2) 平衡方程式は次のとおり．

$$m\alpha p_0=\mu p_1$$

$$\{(m-n)\alpha+n\mu\}p_n=(m-n+1)\alpha p_{n-1}+(n+1)\mu p_{n+1}\quad (0<n<c\text{ のとき})$$

$$\{(m-n)\alpha+c\mu\}p_n=(m-n+1)\alpha p_{n-1}+c\mu p_{n+1}\quad (c\leqq n\leqq m)$$

$$c\mu p_m=\alpha p_{m-1}$$

これを番号の小さい順に代入して整理すると，次のように簡単な形になる．

$$(n+1)\mu p_{n+1}=(m-n)\alpha p_n \qquad (n<c)$$

$$c\mu p_{n+1}=(m-n)\alpha p_n \qquad (n\geqq c)$$

これを細部平衡方程式という．この式を順次解くと定常分布を得る．

$$p_n=\begin{cases}\binom{m}{n}\left(\frac{\alpha}{\mu}\right)^n p_0 & (n<c)\\ \frac{n!}{c!\,c^{n-c}}\binom{m}{n}\left(\frac{\alpha}{\mu}\right)^n p_0 & (n\geqq c)\end{cases}$$

(3) まず，保守中を含めた遊休中の機械台数の平均 $L=\sum_{n=1}^{m} nP_n$ を計算する．保守要員への故障機械の平均到着率を λ(未知な量)とし，機械の遊休時間の平均を W とするとリトルの公式 $L=\lambda W$ が成り立つ．サイクルタイムの平均は $W+1/\alpha$ となるから，これに関するリトルの公式を考えると，サイクルの中に m 台あるので $m=\lambda(W+1/\alpha)$ となる．この2つのリトルの公式を利用して，$W+1/\alpha=m/\alpha(m-L)$ と計算できる．

(4) 細部平衡方程式を利用して p_n/p_{n-1} の比を求め，上から順次積を取って p_n/p_0 計算する．確率の和が1となるように p_0 を定め，表11.1のように p_n を計算する．ここで $\alpha/\mu=1/4$．これよりサイクルタイムの平均は $W+1/\alpha=6\times60/(6-1.39)=78.1$ 分であり，機械の遊休時間の平均は $W=18.1$ 分，$\lambda=L/W=4.63$ 台/h である．機械の平均稼働率は $(m-L)/m=0.768=76.8$ % であり，保守要員の平均稼働率は $\lambda/c\mu=0.58=58$ % である．

表 11.1

n	p_n/p_{n-1}	p_n/p_0	p_n	np_n
0	1.0	1.0	0.242	0.0
1	1.5	1.5	0.363	0.363
2	0.625	0.9375	0.227	0.454
3	0.5	0.46875	0.114	0.342
4	0.375	0.17578	0.042	0.168
5	0.25	0.04395	0.011	0.055
6	0.125	0.00549	0.001	0.006
計		4.13147		$L=1.388$

(5) 上と同様な計算をすると，$L=2.46$，機械の遊休時間の平均は $W=41.8$ 分，$\lambda=L/W=3.54$ 台/h である．機械の平均稼働率は $(m-L)/m=0.589=58.9$ % であり，保守要員の平均稼働率は $\lambda/c\mu=0.885=88.5$ % である．これでは，保守待ち時間が多くなるため，機械の稼働率が低すぎて困ってしまうだろう．

第12章

12.2　ケース1,2についてそれぞれ10日分のシミュレーションを，Excel上で実施してみた．その結果を表にまとめると下表のようになる．

これでみると，1期あたりの生産可能数の期待値は，両ケースとも3.2で，毎期の投入ユニット数を若干上まわるだけだが，バラツキの少ないケース2はスループット

ラン	総生産数		期首手持ち A		期首手持ち B		期首手持ち C	
	ケース 1	ケース 2	ケース 1	ケース 2	ケース 1	ケース 2	ケース 1	ケース 2
1	118	140	20.68	3.50	5.65	3.67	5.81	3.81
2	91	140	5.22	3.28	15.86	3.84	10.27	3.69
3	119	141	4.52	3.28	14.35	5.12	6.35	3.10
4	124	139	4.80	4.56	7.88	3.33	11.21	3.27
5	126	142	5.04	3.38	7.49	3.51	5.06	4.15
6	131	144	4.26	3.70	7.49	3.71	7.54	5.15
7	127	143	11.76	3.78	5.12	3.20	6.67	3.58
8	123	141	7.90	3.22	8.80	3.37	7.08	3.71
9	138	143	5.26	3.34	5.10	3.49	8.75	3.83
10	121	140	5.14	3.40	10.33	3.65	16.44	4.31
平　均	122	141	7.46	3.54	8.81	3.69	8.52	3.86
標準偏差	12	2	5.17	0.40	3.72	0.54	3.39	0.58

が 141/150＝0.94 とかなり高い．ケース 1 のスループットは 122/150＝0.81 である．ケース 1 は各段での期首手持ち数の平均が大きく，そこに溜まっている様子がよくわかる．ここでは，極端なケースについて比べてみたが，生産能力が変化したときの様子が，このような簡単なシミュレーションでわかる．

12.3　理髪師が 2 人の場合，3 人の場合について，それぞれ 10 日分のシミュレーションを Excel 上で行ってみた．各日の総売上げ，店内客数や待ち時間の平均値は下表のようになった．

	総売上 (円)		店内客数 (人)		待ち時間 (分)	
	2 人	3 人	2 人	3 人	2 人	3 人
1	75500	86000	2.53	2.69	8.84	5.10
2	80000	88500	2.94	2.51	10.76	3.04
3	80500	103500	3.04	3.17	10.00	6.23
4	70000	101500	2.64	3.71	12.14	11.13
5	79000	90500	2.70	2.91	8.33	4.90
6	71500	89000	2.70	2.96	10.90	5.31
7	84500	82500	3.26	2.39	10.78	3.78
8	75000	90500	2.79	2.95	11.67	6.37
9	77500	93500	2.88	3.04	10.70	6.73
10	68500	90000	2.21	2.60	6.28	3.44
平　均	76200	91550	2.77	2.89	10.04	5.60
標準偏差	5089	6487	0.29	0.38	3.39	2.32

これをみると，10 日間の平均で 1 日あたり 15000 円程度の売上げの差があるので，理髪師を 1 人雇っても採算がとれるであろう．しかし，日によって売上げの変動が大きいことがわかる．ここでは，混んでいると待ち人数をみてお客が店に入らないので，

待ち時間はかなり小さくなっている．本当は，1 日に変動の様子をみるとよいのだが，ページ数をとるので省略する．

12. 4 余裕のある人は，自分で戦略を考えて，コンピュータプログラムをつくってみるとよい．穴太 (12 章 [1]) の理論値と比べてみるとおもしろいであろう．

索　　引

欧　文

ア　行

カ　行

サ 行

タ　行

ナ 行

ハ 行

マ　行

ヤ　行

ラ　行

著者略歴

森　雅夫（もり　まさお）

1942年　新潟県に生まれる
1967年　東京工業大学大学院理工学研究科修了
1989年　東京工業大学工学部教授
現　在　慶應義塾大学理工学部管理工学科
教授・理学博士

松井知己（まつい　ともみ）

1962年　静岡県に生まれる
1990年　東京工業大学大学院博士後期課程修了
現　在　中央大学理工学部情報工学科
教授・博士（理学）

経営システム工学ライブラリー 8

オペレーションズ・リサーチ　　定価はカバーに表示

2004年6月1日　初版第1刷
2020年1月15日　第13刷

著　者　森　雅夫
　　　　松井知己
発行者　朝倉誠造
発行所　株式会社　朝倉書店
東京都新宿区新小川町6-29
郵便番号　162-8707
電　話　03(3260)0141
FAX　03(3260)0180
http://www.asakura.co.jp

〈検印省略〉

ISBN 978-4-254-27538-4　C3350